紫禁城宮殿

DIE PALÄSTE DER VERBOTENEN STADT

紫禁城宮殿
于倬雲主編

Hauptautor: Yu Zhuoyun

Übersetzer: Gu Xiaoyun, Li Xiuzhen,
Ren Shuyin, Tian Hui, Wang Huanqian, Wang Yu,
Xu Shumin und Zhang Zhenhua

Redaktion der deutschen Ausgabe:
Dr. Friedemann Berger und Dai Shifeng

The Commercial Press Ltd.,
Hong Kong Branch

Erste Auflage   1988

Erste Ausgabe in Chinesisch unter dem Titel
Zijincheng Gongdian by The Commercial Press Ltd., 1982

Copyright © The Commercial Press Ltd., Hong Kong Branch, 1982
Deutsche Übersetzung copyright © The Commercial Press (Hong Kong) Ltd., 1988

Alle Rechte vorbehalten. Ohne ausdrückliche Genehmigung des Verlages ist es nicht gestattet, das Buch oder Teile daraus auf fotomechanischem Wege zu vervielfältigen (Fotokopie, Mikrokopie) oder in Zeitungen und Zeitschriften, Rundfunk oder anderen Medien zu verbreiten.

Verantwortlicher Herausgeber und Hauptautor: Yu Zhuoyun
Verantwortlicher Redakteur: Chan Man Hung
Bildredakteur: Wan Yat Sha
Fotos: Alfred Ko und Hu Chui
Layout: Yao Pik Shan

Satz: Verlag für fremdsprachige Literatur, Beijing
Druck: C & C Joint Printing Co., (H.K.) Ltd., Hong Kong
Vertrieb: Chinesische Internationale Buchhandelsgesellschaft
(GUOJI SHUDIAN), Postfach 399, Beijing, China

ISBN 962-07-5046-2

Vorwort

IN der langen Geschichte Chinas hat es viele berühmte Palastanlagen wie den Epanggong (Epang-Palast) der Qin-Dynastie (221–207 v. u. Z.), den Weiyanggong (Weiyang-Palast) der Han-Dynastie (206 v. u. Z.–24 u. Z.), die Paläste in Chang'an, der Hauptstadt der Tang-Dynastie (618–907), in Bianjing, der Hauptstadt der Song-Dynastie (960–1127), und in Dadu, der Hauptstadt der Yuan-Dynastie (1271–1368), gegeben. Keiner der Paläste jedoch ist erhalten geblieben. Nur aus literarischen Dokumenten und an Hand der Ruinen läßt sich eine grobe Vorstellung dieser Palastbauten gewinnen. Allein die Paläste der Verbotenen Stadt aus der Ming- (1368–1644) und der Qing-Dynastie (1644–1911), die sich auf der Zentralachse der Stadt Beijing erheben, haben sich in unversehrtem Zustand erhalten. Die Paläste der Verbotenen Stadt sind nicht nur der noch vorhandene größte Holzbaukomplex Chinas, sondern stellen als großdimensionierte Palastanlage auch eines der bemerkenswertesten historischen Architekturensembles der Welt dar.

Zwar wurden die Paläste der Verbotenen Stadt erst in den 20er Jahren des 15. Jahrhunderts fertiggestellt, in ihnen aber haben sich der Geist und die Architekturformen der traditionellen chinesischen Palastbauten des Altertums bewahrt. Anordnungen und Bauausführungen fußten auf den Konventionen und technischen Erfahrungen der Staatslehrer, Architekten und Künstler der Vorläufer-Dynastien, wobei sich die Weiterentwicklungen vornehmlich auf den technischen und künstlerischen Bereich konzentrierten. Infolgedessen nehmen die Bauten der Verbotenen Stadt in der Geschichte der chinesischen Architektur eine äußerst wichtige Stellung ein.

Um allseitig und systematisch mit den Palästen der Verbotenen Stadt bekannt zu machen und um dadurch die hochentwickelte Technik und Kunstfertigkeit der traditionellen chinesischen Architektur zu demonstrieren, beschlossen das Palastmuseum und die Zweigstelle Hong Kong des Verlags Commercial Press, den vorliegenden großangelegten Text-Bild-Band *Die Paläste der Verbotenen Stadt* in Kooperation zusammenzustellen und herauszubringen. Herr Oberingenieur Yu Zhuoyun, Vizepräsident der Chinesischen Gesellschaft zum Schutz der Kulturdenkmäler und Vizedirektor der Abteilung für die Alte Architektur des Palastmuseums, wurde mit der Leitung der Redaktionsarbeiten betraut. Außerdem verfaßte er die Einleitung, die das geistige Konzept der Anlage, die Planung und Durchführung sowie die baugebundene Kunst der Verbotenen Stadt umfassend darstellt.

Der vorliegende Band stellt an Hand zahlreicher ausgezeichneter Fotografien die wichtigsten Paläste, Hallen, Türme, Pavillons, Gärten und Tore der Verbotenen Stadt vor und vermittelt durch Innenaufnahmen, Detailwiedergaben von Dekor und Ausstattung einen Eindruck vom Leben in der Palaststadt. Der nach thematischen Gesichtspunkten gegliederte Begleittext informiert fachkundig und allgemein verständlich über die architektonischen Prinzipien und Besonderheiten der einzelnen Baueinheiten. Darüber hinaus tragen die ausführlichen Bilderläuterungen dazu bei, das Verständnis des Lesers zu vertiefen und den Blick für den gedanklichen Reichtum und die Vielfalt der Palastanlage zu schärfen. Die Architekturaufnahmen werden durch seltene Dokumentarfotos, Reproduktionen von Gemälden, Karten, Plänen, Rissen und historischen Skizzen aus den Sammlungen des Palastmuseums ergänzt.

Das vorliegende Buch ist das Ergebnis der gemeinsamen Bemühungen und der erfolgreichen Zusammenarbeit zwischen den betreffenden Abteilungen des Palastmuseums. Daran waren beteiligt: die Abteilung für die Alte Architektur, die Forschungsabteilung, die Ausstellungsabteilung, die Abteilung für Konservation und die Abteilung für Öffentlichkeitsarbeit. Herr Liu Beizhi, stellvertretender Vorsitzender des Publikationskomitees des Palastmuseums und Chefredakteur des *Journal of the Palace Museum*, und Herr Wu Kong, stellvertretender Vorsitzender des Publikationskomitees und Direktor der Forschungsabteilung des Palastmuseums, assistierten dem Hauptautor bei der Abfassung und Herausgabe des Buches. Die Herren Zheng Lianzhang und Liu Ce sowie Frau Ru Jinghua arbeiteten am Text der Einzelkapitel und bei der Anfertigung der Graphiken mit. Frau Zhou Suqin war für die Organisation der fotografischen Arbeit und für die Materialsammlung verantwortlich. Fast alle Fotos dieses Bandes wurden von den Herren Alfred Ko und Hu Chui aufgenommen.

Hiermit danken wir auch Herrn Tong Heling, außerordentlicher Professor der Fakultät für Architektur an der Universität Tianjin, für die Anfertigung der Abbildung der Verbotenen Stadt aus der Vogelperspektive.

Das Palastmuseum
März 1982

Anmerkung: Die Verbotene Stadt wird jetzt üblicherweise als *Gugong Bowuyuan* (abgekürzt: *Gugong*), also Palastmuseum, bezeichnet.

Inhaltsverzeichnis

Vorwort 5

Einleitung 16
  Geschichte 18
  Baumaterial 20
  Bedeutende Baumeister und ihre Leistung 23
  Baukunst 24
  Die Prinzipien von *yin* und *yang* und der Fünf Elemente in der architektonischen Praxis 26

Die Baukomplexe der Verbotenen Stadt 30
  Palastmauer und Wallgraben 32
  Waichao (Der Äußere Hof) 48
  Neiting (Der Innere Hof) 72
  Gärten 120
  Theaterbühnen 162
  Buddhistische und daoistische Hallen und andere Bauten für Opferzeremonien 176
  Lesesäle und Bibliotheken 200
  Amtsgebäude 206

Baukonstruktion und Dekoration 210
  Terrassen und Balustraden 212
  Balken- und Dachkonstruktion 222
  Konsolensystem 228
  Dächer und ihre Dekoration 232
  Die Ausstattung innerhalb und außerhalb des Traufenvorsprungs 236
  Deckenkassetten und Deckenbemalung 252
  Dekorationsmalerei am Balkenwerk der Holzkonstruktion 266
  Glasierte Ornamente 280

Versorgungseinrichtungen	286
Brücken und Wasserdurchlässe	288
Wasserversorgung und -ableitung	292
Schutz vor Kälte und Hitze	296
Beleuchtung	300
Anhang	308
Wichtige Bauelemente der Verbotenen Stadt in graphischer Darstellung	310
Chronologie	325
Die chinesischen Dynastien	327
Bibliographie	328
Chinesische Literatur	328
Weiterführende Literatur	328
Register	329

1 Ditan (Erdaltar)
2 Deshengmen (Tor des Tugendhaften Sieges)
3 Huchenghe (Wallgraben)
4 Xizhimen (Westliches Aufrechtes Tor)
5 Shichahai (Shicha-See)
6 Gulou (Trommelturm)
7 Andingmen (Tor der Ruhigen Festigkeit)
8 Dongzhimen (Östliches Aufrechtes Tor)
9 Di'anmen dajie (Straße des Tors des Irdischen Friedens)
10 Di'anmen (Tor des Irdischen Friedens)
11 Beihai (Nördlicher See)
12 Jingshan (Schöner Berg)
13 Fuchengmen (Tor der Großen Stadt)
14 Zijincheng (Verbotene Stadt)
15 Wangfujing dajie (Straße der Fürstenresidenz)
16 Ritan (Sonnenaltar)
17 Yuetan (Mondaltar)
18 Wumen (Mittagstor)
19 Tian'anmen guangchang (Platz des Tores des Himmlischen Friedens)
20 Tian'anmen (Tor des Himmlischen Friedens)
21 Chang'an dajie (Straße der Langen Ruhe)
22 Fuxingmen (Tor der Wiedererstehung)
23 Zhengyangmen (Tor der Mittagssonne)
24 Chongwenmen (Tor der Erhabenen Literatur)
25 Dongbianmen (Tor der Östlichen Bequemlichkeit)
26 Tonghuihe (Tonghui-Fluß)
27 Xibianmen (Tor der Westlichen Bequemlichkeit)
28 Xuanwumen (Tor der Verkündung der Militärischen Stärke)
29 Qianmen dajie (Straße des Vordertors)
30 Guang'anmen (Tor der Umfassenden Ruhe)
31 Guangqumen (Tor des Breiten Kanals)
32 Tiantan (Himmelstempel)
33 Taoranting hu (See des Pavillons des Frohsinns)
34 Yongdingmen (Tor der Ewigen Festigkeit)
35 Zuo'anmen (Ruhiges Tor zur Linken)

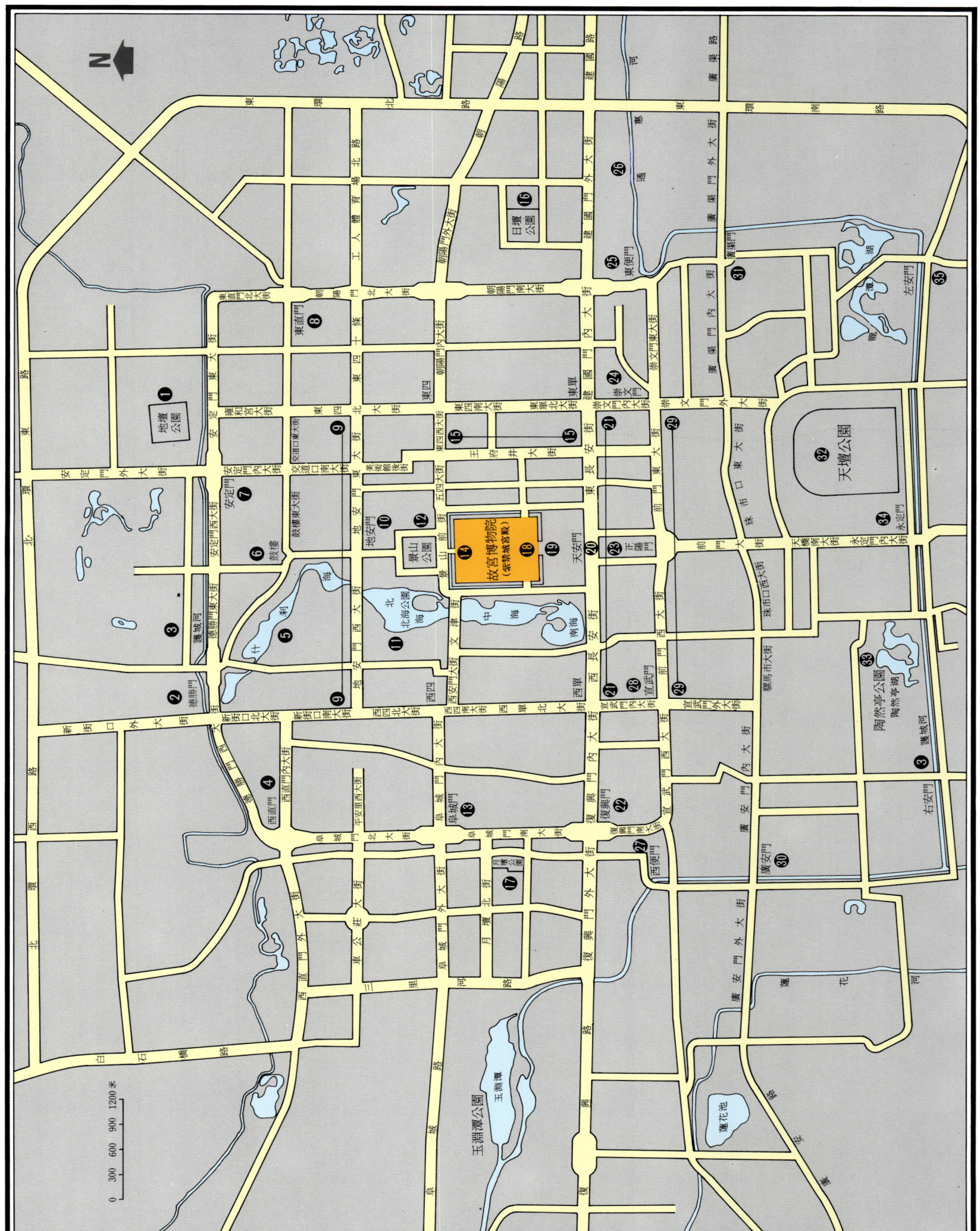

Abb. 1 Stadtplan von Beijing

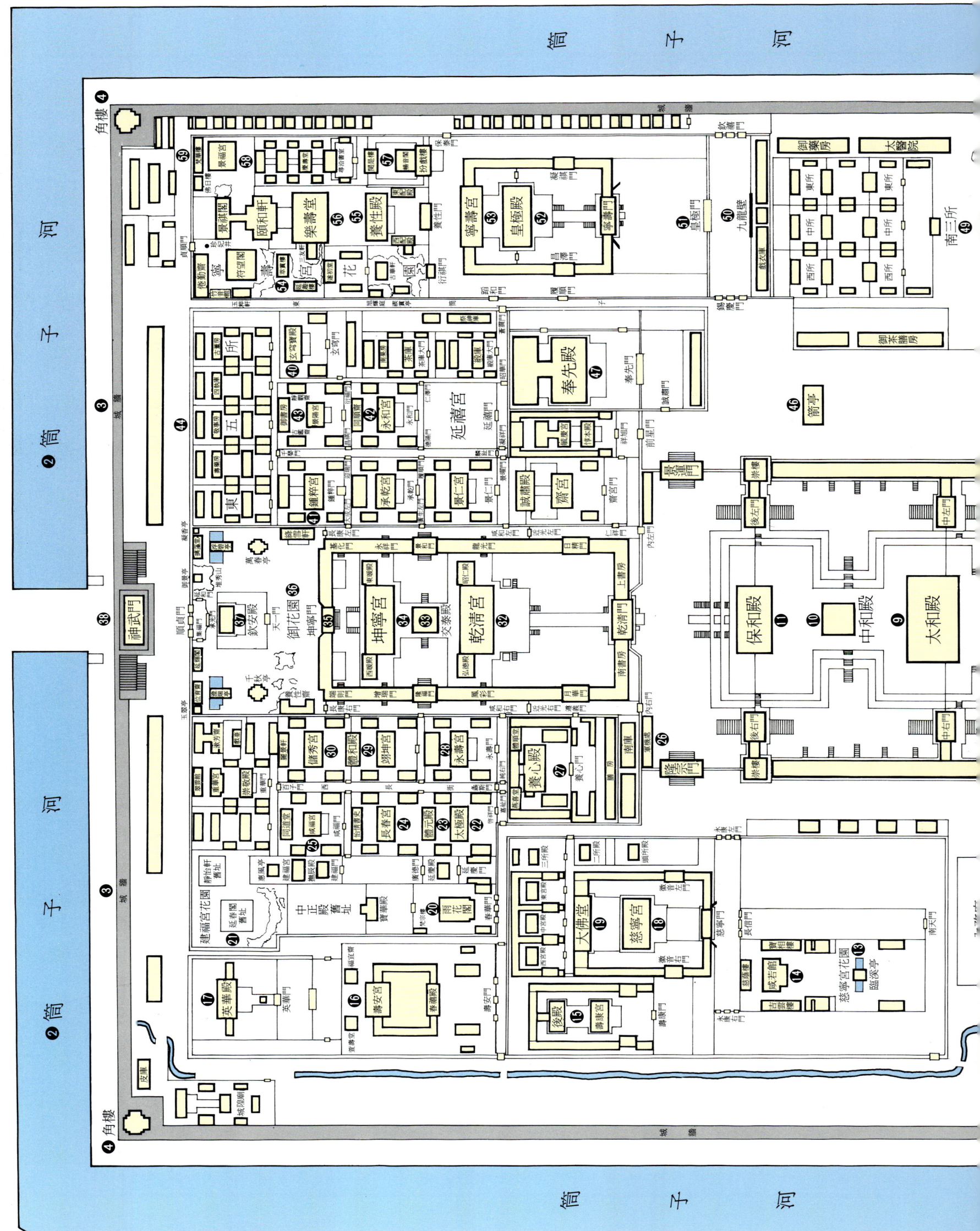

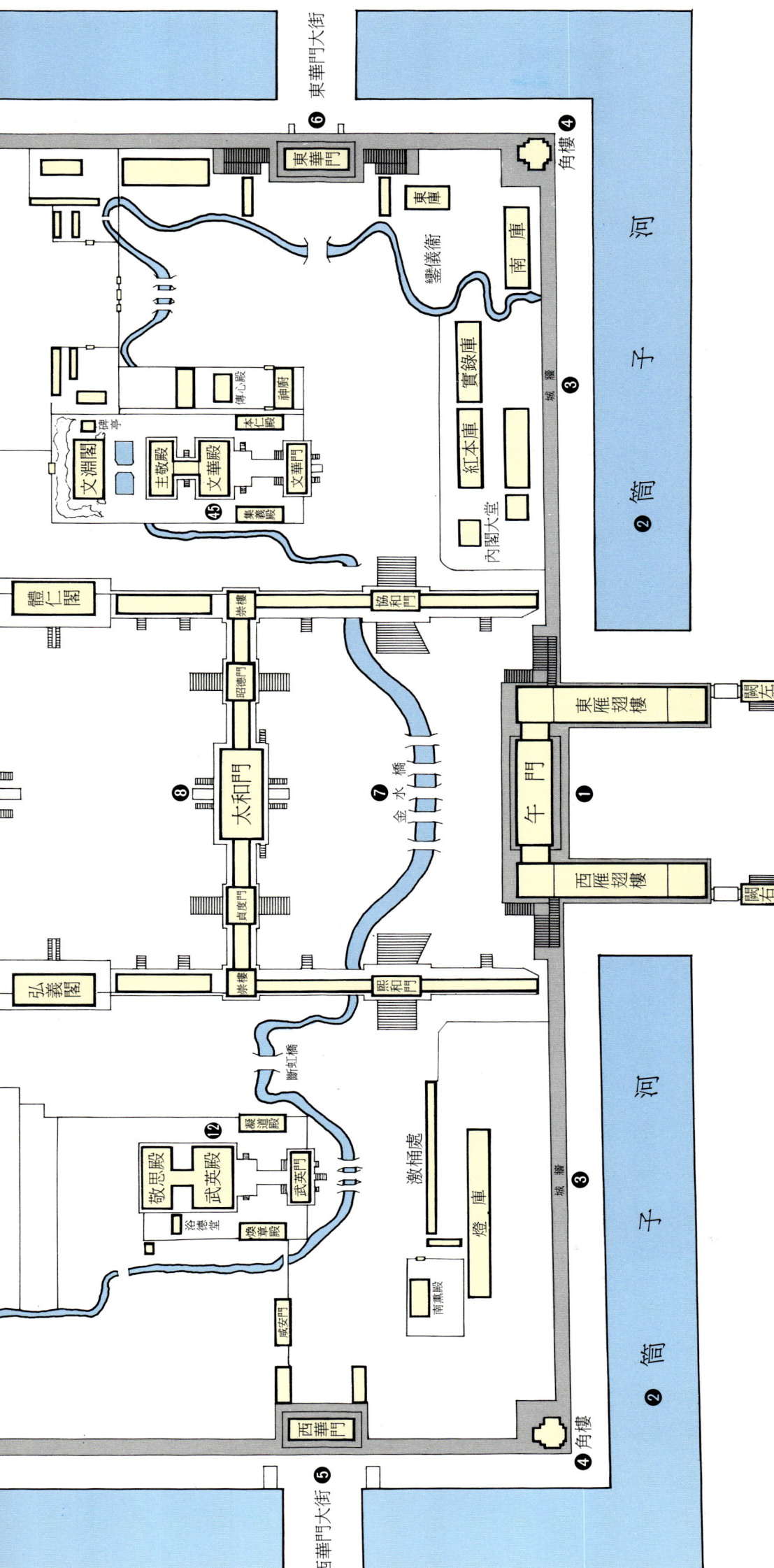

1 Wumen (Mittagstor)
2 Tongzihe (Wallgraben)
3 Chengqiang (Palastmauer)
4 Jiaolou (Eckturm)
5 Xihuamen (Tor der Westlichen Blüten)
6 Donghuamen (Tor der Östlichen Blüten)
7 Jinshuiqiao (Goldwasserbrücke)
8 Taihemen (Tor der Höchsten Harmonie)
9 Taihedian (Halle der Höchsten Harmonie)
10 Zhonghedian (Halle der Vollkommenen Harmonie)
11 Baohedian (Halle zur Erhaltung der Harmonie)
12 Wuyingdian (Halle der Militärischen Tapferkeit)
13 Cininggong huayuan (Garten des Palastes der Barmherzigen Ruhe)
14 Xianruoguan (Halle der Allumfassenden Übereinstimmung)
15 Shoukanggong (Palast des Rüstigen Alters)
16 Shou'angong (Palast des Friedvollen Alters)
17 Yinghuadian (Halle des Üppigen Blühens)
18 Cininggong (Palast der Barmherzigen Ruhe)
19 Dafotang (Halle des Großen Buddha)
20 Yuhuage (Pavillon des Blütenregens)
21 Jianfugong huayuan (Garten des Palastes der Glücksgründung)
22 Taijidian (Halle des Höchsten Prinzips)
23 Tiyuandian (Halle des Verkörperten Ursprungs)
24 Changchungong (Palast des Immerwährenden Frühlings)
25 Xianfugong (Palast des Allumfassenden Glücks)
26 Junjichu (Büro des Großen Staatsrats)
27 Yangxindian (Halle der Pflege des Herzens)
28 Yongshougong (Palast des Ewigen Alters)
29 Tihedian (Halle der Verkörperten Harmonie)
30 Chuxiugong (Palast der Gesammelten Eleganz)
31 Qianqingmen (Tor der Himmlischen Reinheit)
32 Qianqinggong (Palast der Himmlischen Reinheit)
33 Jiaotaidian (Halle der Berührung von Himmel und Erde)
34 Kunninggong (Palast der Irdischen Ruhe)
35 Kunningmen (Tor der Irdischen Ruhe)
36 Yuhuayuan (Kaiserlicher Garten)
37 Qin'andian (Halle des Kaiserlichen Seelenfriedens)
38 Shenwumen (Tor des Göttlichen Kriegers)
39 Jingrengong (Palast der Strahlenden Menschlichkeit)
40 Xuanqiong baodian (Schatzhalle der Dunklen Himmelstiefe)
41 Zhongcuigong (Palast der Gesammelten Essenz)
42 Yonghegong (Palast der Ewigen Harmonie)
43 Jingyanggong (Palast der Strahlenden Sonne)
44 Dongwusuo (Fünf Östliche Höfe)
45 Wenhuadian (Halle der Literarischen Blüte)
46 Jianting (Pfeilpavillon)
47 Fengxiandian (Halle der Ahnenverehrung)
48 Chengqiangong (Palast des Himmlischen Erbes)
49 Nansansuo (Drei Südliche Höfe)
50 Jiulongbi (Neun-Drachen-Mauer)
51 Huangjimen (Tor der Kaiserlichen Absolutheit)
52 Huangjidian (Halle der Kaiserlichen Absolutheit)
53 Ningshougong (Palast des Ruhevollen Alters)
54 Ningshougong huayuan (Garten des Palastes des Ruhevollen Alters)
55 Yangxingdian (Halle der Pflege der Persönlichkeit)
56 Leshoutang (Halle des Freudvollen Alters)
57 Changyinge (Pavillon des Heiteren Klangs)
58 Jingfugong (Palast des Strahlenden Glücks)
59 Fanhualou (Gebäude des Blühenden Buddhismus)

Abb. 2 Gesamtplan der Verbotenen Stadt

紫禁城宫殿鸟瞰图

1 Zeichnung des ursprünglichen Zustands der Verbotenen Stadt und ihrer Umgebung
2 Die Verbotene Stadt aus der Vogelschau

Einleitung

專論──于倬雲

紫禁城宮殿的營建及其藝術

Geschichte

Die Verbotene Stadt, der Komplex des Kaiserpalastes der beiden letzten Dynastien Chinas, befindet sich im Zentrum des heutigen Beijing. Hier im Palast erließen vierzehn Kaiser der Ming-Dynastie und zehn Kaiser der Qing-Dynastie 491 Jahre hindurch ihre Edikte und beherrschten auf diese Weise China.

Der Name *Zijincheng*, „Verbotene Stadt", ist von Symbolik erfüllt. Die drei Schriftzeichen *zi*, *jin* und *cheng* hängen aufs engste mit Begriffen des traditionellen Glaubens der Chinesen zusammen. *Zi* bezieht sich auf den Ziwei-Stern (Polarstern), auf dem der Himmelskaiser im Ziwei-Palast seinen Wohnsitz hat. Der Ziwei-Stern befindet sich auf immer und ewig im Zenit des Himmelsgewölbes, und alle anderen Sterne drehen sich um ihn. Da der Kaiser das himmlische Mandat, die Menschen zu beherrschen, erhielt, wurde er als Himmelssohn bezeichnet. Er war die Personifikation der zentralen und ranghöchsten Instanz unter den Menschen auf Erden, so daß die Analogie zum *zi*-Zeichen naheliegend war. Der Palast, in dem der Kaiser lebte, war ein heiliger Ort, sicher bewacht und mit Mauer und Türmen versehen. Kein gewöhnlicher Sterblicher wagte es, die Grenze des Unerlaubten zu überschreiten. So bürgerte sich die Bezeichnung „verboten" ein, was mit dem Schriftzeichen *jin* ausgedrückt wird. Das Zeichen *cheng* wird seit alters für von Wällen befestigte Städte gebraucht. So erhielt der Kaiserpalast der Ming- und der Qing-Dynastie den Namen „Verbotene Stadt". Die Bezeichnung hat den numinosen Charakter des Palastes noch erhöht.

3

Der Kaiserpalast wurde unter Zhu Di, dem Kaiser Chengzu der Ming-Dynastie, erbaut. Zhu Yuanzhang, der als Kaiser Taizu 1368 die Ming-Dynastie gründete, hatte die Stadt Jinling im Herzen des Reiches unter dem Namen Nanjing („Südliche Hauptstadt") zu seiner Hauptstadt gemacht. Er verlieh seinem vierten Sohn Zhu Di den Titel eines Fürsten von Yan und setzte ihn in der ehemaligen Hauptstadt des Yuan-Reiches, die den Namen Beijing („Nördliche Hauptstadt") erhielt, als Präfekt ein. Nachdem Zhu Yuanzhang im 31. Regierungsjahr 1398 gestorben war, wurde sein erster Enkelsohn als Kaiser Jianwen zum Nachfolger ausgerufen. Zhu Di, der sich bei der Thronfolge übergangen fühlte, weigerte sich, die Autorität des neuen Kaisers anzuerkennen; er sammelte seine Truppen und eroberte die „Südliche Hauptstadt" Nanjing. Er machte sich zum Kaiser und gab seiner Regierungsperiode (1403–1424) den Namen Yongle (Immerwährendes Glück). Da er lange Zeit in Nordchina gelebt hatte, wußte er um die Bedrohung, der die junge Ming-Dynastie noch immer von der vertriebenen mongolischen Yuan-Dynastie ausgesetzt war, und erließ im Interesse der Landesverteidigung und der Konsolidierung seiner Macht im vierten Jahr seiner Regierung (1406) ein Edikt, in dem er die Verlegung der Reichshauptstadt von Nanjing nach Beiping (Beijing) verkündete. Im 5. Monat seines 5. Regierungsjahrs (1407) wurde daraufhin mit dem Bau des Kaiserpalasts und der für den Staatskult erforderlichen Tempel in der neuen Hauptstadt begonnen. Gleichzeitig wurde auch der Bau der kaiserlichen Grabanlage, des Changling-Grabes — das erste der dreizehn Ming-Gräber im Nordwesten Beijings — in Angriff genommen. Vor Beginn der Bauarbeiten schickte Kaiser Yongle seine Beamten in die Provinzen Sichuan, Hunan, Guangxi, Jiangxi, Zhejiang und Shanxi, um von dort hochwertiges Bauholz heranzuführen. Dem neuen Präfekten Chen Gui wurde der Auftrag erteilt, die Rekonstruktionsarbeiten in der Stadt sowie den Bau des Palastes zu beaufsichtigen. Wu Zhong, ein erfahrener und bekannter Bauplaner, wurde mit der Aufgabe betraut, die konkrete Projektierung durchzuführen.

Die Planung der Verbotenen Stadt zeichnete sich durch drei markante Gesichtspunkte aus. Erstens: Der Kaiserpalast der Ming-Dynastie wurde auf den Fundamenten des Palasts von Dadu („Große Hauptstadt"), der Hauptstadt der Yuan-Dynastie, errichtet. Bei der Projektierung waren die Planer der Ming-Dynastie sowohl mit den Lokalitäten der Hauptstadt der Yuan-Dynastie wie auch mit dem Standort jedes Gebäudes und mit der Anlage der Kanalisationen und des Drainagesystems vollkommen vertraut, so daß sie die vorhandene städtische Bausubstanz effektiv nutzen sowie material- und zeitsparend arbeiten konnten. Da das Gelände der Verbotenen Stadt keine Wasserversorgung besaß, wurde durch einen Kanal Wasser vom außerhalb der Nordwestecke der Palastmauer gelegenen Taiye-Teich (heute Beihai) in die Verbotene Stadt geleitet. Von hier floß es nach Süden und strömte dann in den Innenhof hinein, wo der Wasserlauf den Namen Nei jinshuihe (Innerer Goldwasserfluß) erhielt. Unter diesem Namen durchlief er von Westen nach Osten den vom Wumen (Mittagstor) abgeschlossenen südlichen Hofkomplex. Nachdem der Graben den Südostbereich des Palastes erreicht hatte, floß das Wasser in die Stadt zurück, wo es sich mit den Flüssen Changpu, Yuhe (Kaiserlicher Fluß) und Tonghui vereinte.

Zweitens: Bei der Planung der Hauptstadt der Ming-Dynastie wurde auf die Traditionen und die Vorteile der hauptstädtischen Anlagen der voraufgegangenen chinesischen Dynastien zurückgegriffen, wobei sich jedoch die Grundstruktur des Palastes gegenüber dem Kaiserpalast der Yuan-Dynastie wesentlich veränderte. Da die Entfernung zwischen dem Chongtianmen (Tor der Anbetung des Himmels, später Mittagstor), das den Großen Innenhof des Yuan-Palastes nach Süden abschloß, und dem südlichen Lizhengmen (Fronttor der Schönheit), dem Haupttor der Stadt Dadu, nicht groß war, gab es keinen breit angelegten, imposanten Prozessionsweg, wie er einst in der Hauptstadt Bianjing der Nördlichen Song-Dynastie (960–1127) vom Stadttor bis zum Haupttor des Kaiserpalastes geführt hatte. Die „Straße des Himmels von Norden nach Süden über die Zhou-Brücke" war damals ein wichtiger Bestandteil der zeremoniösen Annäherung an den Sitz des Himmelssohnes gewesen, so daß die Planer des neuen Ming-Palastes darauf nicht verzichten wollten. Sie ließen demzufolge die Südmauer der Hauptstadt abtragen und sie um mehrere *li* (1 *li* = 0,5 km) weit nach Süden bis zum jetzigen Zhengyangmen (Tor der Mittagssonne) versetzen. Auf diese Weise entstand eine sehr lange und

4

gerade Prozessionsstraße, die als zentrale Achse vom Südtor der Stadt bis zum Sitz des erhabenen Herrschers führte. Vom Zhengyangmen aus konnte man, durch das Damingmen (Tor der Großen Ming, während der Qing-Dynastie Daqingmen, Tor der Großen Qing, genannt), über die Wai jinshuiqiao (Äußere Goldwasserbrücke) und durch das Chengtianmen (Tor der Stütze des Himmels, seit Anfang der Qing-Dynastie Tian'anmen, Tor des Himmlischen Friedens, genannt) sowie durch das Duanmen (Tor der Aufrichtigkeit) nach Norden blickend, das hochragende und prächtige Haupttor der Verbotenen Stadt Wumen (Mittagstor) erblicken. Diese stattliche Reihe von Toren, mit imposanten Torbauten gekrönt, bil-

— Rekonstruktion der Hauptstadt der Yuan-Dynastie
⌒ Stadttore   ⌇⌇⌇ Stadtmauer aus Erde   ⇌ Brücken über den Wallgraben
 1 Shejitan (Altar für die Götter des Bodens und der Feldfrüchte)
 2 Taiye-Teich (heute Beihai, Nördlicher See)
 3 Xingshenggong (Palast des Großen Glücks)
 4 Yuyuan (Kaiserlicher Garten)
 5 Mauer um den Inneren Palast
 6 Longfugong (Palast des Gedeihens und Glücks)
 7 Danei (Großer Innenhof)
 8 Chongtianmen (Tor der Anbetung des Himmels)
 9 You qianbulang (Rechter Tausend-Schritte-Korridor)
10 Zuo qianbulang (Linker Tausend-Schritte-Korridor)
——— Spätere Gestaltung von Beijing
Die ummauerten Teile geben den Grundriß der Hauptstadt der mandschurischen Qing-Dynastie wieder

A. Mandschurenstadt
B. Kaiserstadt
C. Verbotene Stadt
D. Chinesenstadt

 1 Ditan (Erdaltar)
 2 Beihai (Nördlicher See)
 3 Qiongdao (Insel der Erlesenen Jade)
 4 Jingshan (Schöner Berg)
 5 Mauer der Verbotenen Stadt
 6 Zhonghai (Mittlerer See)
 7 Zijincheng (Verbotene Stadt)
 8 Nanhai (Südlicher See)
 9 Shejitan (Altar der Götter des Bodens und der Feldfrüchte)
10 Taimiao (Kaiserlicher Ahnentempel)
11 Zhengyangmen (Tor der Mittagssonne)
12 Tiantan (Himmelstempel)
13 Xiannongtan (Altar des Ackerbaus)

Abb. 3 Porträt Zhu Dis, des Kaisers Chengzu der Regierungsperiode Yongle (1403–1424) der Ming-Dynastie, der den Ausbau der Nördlichen Hauptstadt veranlaßte

Abb. 4 „Kaiser Kangxis Reise nach dem Süden". Bildrolle von Wang Hui (1632–1717) u.a. (Palastmuseum, Beijing)

Der Ausschnitt zeigt die Prozessionsstraße vom Zhengyangmen (Tor der Mittagssonne) bis zum Duanmen (Tor der Aufrichtigkeit).

Abb. 5 Lage der wichtigsten Baukomplexe in der Hauptstadt der Ming- und der Qing-Dynastie (schwarz) sowie in Dadu, der Hauptstadt der Yuan-Dynastie (rot)

det ein würdevolles und ehrfurchtgebietendes Präludium zur numinosen Atmosphäre der Verbotenen Stadt. Während der Ming-Dynastie wurden zu beiden Seiten der zentralen Achse außerhalb des Chengtianmen „Tausend-Schritte-Korridore" (Qianbulang) und Regierungsgebäude angelegt. Zwischen dem Chengtianmen und dem Eingang zur Verbotenen Stadt erhielten zu beiden Seiten der Achse der Kaiserliche Ahnentempel (Taimiao) und der Altar für die Götter des Bodens und der Feldfrüchte (Shejitan) ihren Platz, die während der Yuan-Dynastie weit entfernt von der Palaststadt gelegen hatten.

Drittens: Der Palastkomplex der Yuan-Dynastie umfaßte drei Baugruppen, den Xingshenggong (Palast des Großen Glücks), den Longfugong (Palast des Gedeihens und Glücks) und den Danei (Großer Innenhof). Diese drei Paläste waren um die Insel Qiongdao (Insel der Erlesenen Jade) im Taiye-Teich gruppiert. Die ersten beiden dienten der Kaiserinmutter, den kaiserlichen Konkubinen und Prinzen als Wohnsitz, im Danei waren die inneren Wohnräume des Kaisers und der Kaiserin sowie die kaiserlichen Kanzleien untergebracht. Der Danei war von einer Mauer umgeben, besaß aber keinen Wallgraben und keinen die Einflüsse des Nordens abschirmenden Hügel hinter sich. Die Ming-Konstrukteure verlegten die Wohnpaläste der Kaiserinmutter, der Konkubinen und Prinzen in die Verbotene Stadt und zogen zu Füßen der Palastmauer um das ganze Gelände einen 52 Meter breiten, wassergefüllten Wallgraben, um die Verteidigungskraft des Palastes zu erhöhen. Die dabei anfallende Erde (mehr als eine Million Kubikmeter) wurde im kaiserlichen Gartengelände hinter der Verbotenen Stadt zu einem 49 Meter hohen Hügel aufgetürmt, der den Namen Wansuishan (Berg der Langlebigkeit, heute Jingshan) erhielt. Der berggekrönte nördliche Abschluß der Palastanlage entsprach nicht nur der klassischen Tradition und gab dem Komplex der Verbotenen Stadt Ähnlichkeit mit dem Ming-Palast in Nanjing, er erübrigte auch den aufwendigen Abtransport des Erdreichs. Während der Regierungsperiode Qianlong (1736–1795) der Qing-Dynastie wurden auf den fünf Spitzen des Wansuishan anmutige Pavillons errichtet, die dem Hügelgelände besonderen landschaftlichen Reiz verliehen. Vom Wanchunting (Pavillon des Ewigen Frühlings) auf der höchsten Erhebung des Hügels aus bietet sich das Panorama der Verbotenen Stadt dem Betrachter als Palastmeer mit goldschimmernden glasierten Dächern dar.

Baumaterial

Die Verbotene Stadt umfaßt fast eintausend Bauwerke — prachtvoll ausgestattete Paläste, Hallen, Pavillons, Hofensembles und Türme. Die Realisierung des großangelegten Projekts erforderte eine Unmenge an Baustoffen und Arbeitskräften. Deshalb stellten Planung und Budget eine mehr als delikate Aufgabe dar.

Bauholz

Holz war der wichtigste Baustoff in der klassischen chinesischen Architektur. Für den Bau der Paläste legten die Planer der Ming-Dynastie strenge Qualitätsmaßstäbe für das zu verwendende Holz fest. So sollte für das Balkenwerk und die dekorativen Holzelemente nur Nanmu-Holz (*Phoebe nanmu*), das beste aller Harthölzer, Verwendung finden. Der Nanmu-Baum wächst fast nur in der Provinz Sichuan. Holzeinschlag und Transport über mehr als 1500 Kilometer nach Beijing waren eine mühevolle Aufgabe. Ein zeitgenössisches Sprichwort besagte: „Tausend Männer gehen ins Gebirge, aber nur fünfhundert kehren zurück."

Der Transport der Stämme erfolgte auf dem Wasserweg. Zuerst wurden die Stämme in Gebirgsbächen zu Tal gebracht, dort zu Flößen verbunden und den Flüssen zugeführt. Stromabwärts bewegten sich die schweren Flöße mittels Wasserkraft, stromaufwärts mußten sie getreidelt werden. Es gab mehrere Routen, die alle in den Großen Kanal mündeten. Durch ihn gelangte das Holz bis zum Tonghui-Fluß bei Beijing, durch den es bis zur Shenmu-Holzverarbeitungswerkstätte geschwemmt wurde. Beispielsweise wurde Holz aus der Provinz Zhejiang durch den Fuchun-Fluß dem Großen Kanal zugeführt. Holz aus der Provinz Jiangxi trieb durch den Ganjiang und den Changjiang (Yangtse) bis zur Abzweigung des Großen Kanals bei Yangzhou. Holz aus den Provinzen Hunan und Hubei wurde über den Xiangjiang und den Hanshui und

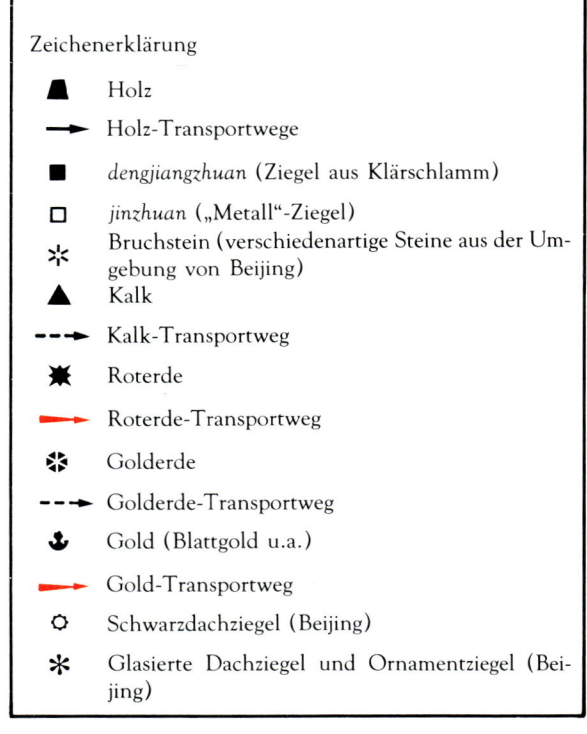

Abb. 6 Lageskizze der Herkunftsorte der beim Bau der Verbotenen Stadt verwendeten Baumaterialien sowie der Transportwege

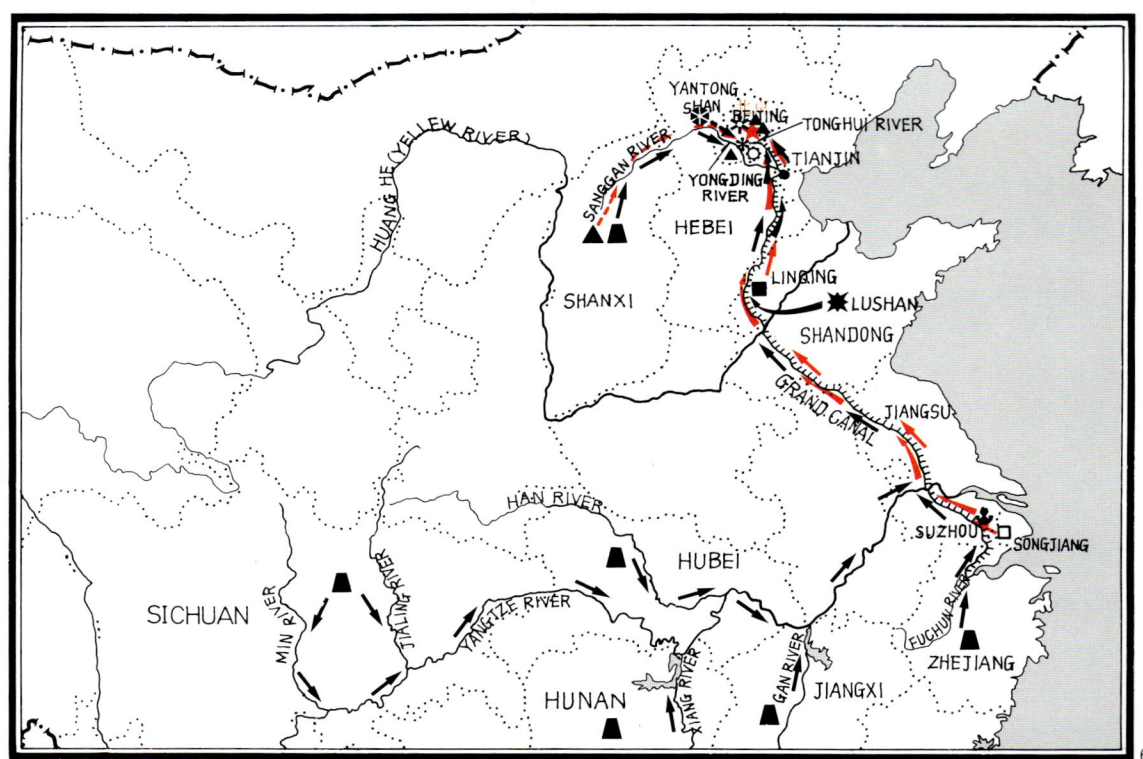

Zeichenerklärung

▲ Holz

→ Holz-Transportwege

■ *dengjiangzhuan* (Ziegel aus Klärschlamm)

□ *jinzhuan* („Metall"-Ziegel)

✳ Bruchstein (verschiedenartige Steine aus der Umgebung von Beijing)

▲ Kalk

--→ Kalk-Transportweg

✱ Roterde

→ Roterde-Transportweg

✸ Golderde

--→ Golderde-Transportweg

⚜ Gold (Blattgold u.a.)

→ Gold-Transportweg

○ Schwarzdachziegel (Beijing)

✱ Glasierte Dachziegel und Ornamentziegel (Beijing)

Holz aus der Provinz Sichuan durch den Jialingjiang und Minjiang dem Changjiang und weiter dem Großen Kanal zugeleitet. Im allgemeinen war davon auszugehen, daß ein Holztransport aus der Provinz Sichuan bis nach Beijing drei bis vier Jahre dauerte. Die Qualität des Holzes aus den genannten Gebieten war sehr gut, weshalb man es als „heiliges Holz" bezeichnete. Auf Grund ihrer reichen Waldbestände kam gerade aus diesen Gegenden besonders viel Holz, so daß man von einem ununterbrochenen „Strom des Holzes" zwischen dem Süden und den Holzverarbeitungsstätten in Beijing sprechen konnte. Eine kleinere Holzroute stellten der Sanggan-Fluß in der Provinz Shanxi und der Yongding-Fluß, der im Süden an Beijing vorbeiströmte, dar. Über diesen Weg gelangte Holz vom Lüliang-Gebirge in die Hauptstadt.

Die heutige Damucang-Hutong (Großes-Holzlager-Gasse) in der Weststadt Beijings erhielt ihren Namen nach einem großen Holzlager, das während des Baus der Verbotenen Stadt dort eingerichtet wurde. Für die Bauarbeiten hielten zwei Holz-Lagerplätze im Westen und Osten Beijings so viel Holz in Reserve, daß der Bau nie wegen Materialmangels unterbrochen werden mußte. Das Damucang-Holzlager verfügte über 3600 Lagerhallen, in denen bis zum Jahr 1437 immer noch insgesamt 380 000 Stämme bereitgehalten wurden.

Backsteine und Dachziegel

Die Sortimente und die Menge von Backsteinen und Dachziegeln, die beim Bau der Verbotenen Stadt verwendet wurden, sind erstaunlich. Die Ursache für den immensen Ziegelverbrauch liegt neben dem Umfang der Palastbauten und der großen Ausdehnung der Palastmauer auch in dem besonderen Verfahren, nach dem Paläste und Höfe konstruiert wurden. Beispielsweise wurde der Boden eines Hofes mindestens mit drei Schichten von Ziegeln, manchmal sogar mit sieben übereinanderliegenden Ziegelschichten gepflastert. Für sämtliche Höfe wurden schätzungsweise 20 Millionen Ziegel gebraucht. Die Verbrauchsmenge bei der Befestigungsmauer und den inneren Palastmauern sowie den dreistufig angelegten Terrassen liegt noch höher. Allein für die äußere Mauer wurden etwa 80 Millionen Ziegel verwendet. Jeder Ziegel wog 24 Kilogramm. Produktion und Transport der 1,93 Millionen Tonnen Ziegel war eine Herkulesaufgabe in jener Zeit.

Es gab mehrere Sorten von Ziegeln, die sich in Größe, Gestalt und Qualität unterschieden. Die weitaus größte Menge wurde für den Bau der Mauer der Verbotenen Stadt benötigt. Die dabei gebrauchten Ziegel wurden *tingni chengzhuan* (Stadtmauerziegel aus festem Schlamm) genannt. Die Ziegel sind äußerst haltbar, leiden aber unter ständiger Abreibung durch Tritte und andere Oberflächenbeanspruchungen. Deshalb wurden sie für die unteren Schichten in der Mauer oder für andere wenig exponierte Bauteile verwendet. Eine andere häufig gebrauchte Sorte von Ziegeln wurde *dengjiangzhuan* („Ziegel aus Klärschlamm") genannt. Die Bezeichnung ergab sich aus dem Produktionsprozeß dieser Ziegel. Zuerst wurde unbearbeitete Erde mit Wasser zu Schlamm vermischt. Danach wurde die auf der Oberfläche sich absetzende Erde abgehoben und zu Ziegeln geformt. Die Ziegel sind von hoher Qualität und verschleißfest. Deswegen wurden sie bei der Pflasterung der oberen Hof- und Mauerpartien eingesetzt. Linqing in der Provinz Shandong war der wichtigste Produzent dieser Ziegel. Es war festgelegt, daß jedes getreidebefördernde Schiff, das über Linqing nach Beijing fuhr, eine bestimmte Menge von Ziegeln aufzunehmen hatte, ehe ihm die Weiterfahrt nach Norden gestattet wurde. Eine dritte Sorte von Ziegeln waren die quadratischen Ziegel, mit denen die Fußböden der Hallen und Korridore ausgelegt wurden. Es gab quadratische Ziegel von unterschiedlicher Größe und Qualität: 1,2-*chi*-Ziegel (1 chi = 33,3 cm) für kleine Räume, 1,4-*chi*-Ziegel für Seitenkammern und 1,7-*chi*-Ziegel für größere Hallen. Daneben fanden auch noch größere quadratische Ziegel mit den Maßen 2 chi und 2,2 chi Verwendung, deren Struktur besonders fest und fein ist. Da diesen Ziegeln ein metallischer Klang eigen war, wurden sie *jinzhuan* („Metall"-Ziegel) genannt. Sie stammten in erster Linie aus Suzhou, Songjiang und fünf weiteren Präfekturen. Die Böden der Haupthallen der Verbotenen Stadt wurden sämtlich mit „Metall"-Ziegeln ausgelegt.

Die meisten quadratischen Ziegel wurden wie das Bauholz über den Großen Kanal und den Tonghui-Fluß nach Beijing gebracht. Zu Beginn der Ming-Dynastie war der Kaiserliche Fluß in der Innenstadt Beijings auch noch mühelos schiffbar, so daß die quadratischen Ziegel aus dem Großen Kanal und dem Tonghuihe direkt bis zur Fangzhuanchang (Lagerstätte für quadratische Ziegel) an der Ostseite des Gulou (Trommelturm) außerhalb des Di'anmen (Tor des Irdischen Friedens) transportiert werden konnten. Die Gasse Fangzhuanchang trägt bis heute immer noch den Namen dieses Lagerplatzes.

Vielfältig war auch das Sortiment der verwendeten Dachziegel. „Metall"-Dachziegel oder *qingwa* (Schwarzdachziegel) kamen nur bei einigen wenigen Bauten zum Einsatz. Bei den meisten Bauwerken wurden gelbglasierte Dachziegel verwendet. Es gab mehrere Arten und Formen glasierter Dachziegel. Da die Herstellung der Rohziegel, ihre Bemusterung, Glasierung und der Brennprozeß viel Zeit erforderten, wurden die glasierten Dachziegel objektgebunden auf Bestellung angefertigt. Nach einer traditionellen Berechnungsmethode waren die Architekten und Ziegelbrenner in der Lage, an Hand der Maße des Bauwerks, der Form des Dachs und der Größe der Ziegel Sorte und Menge des benötigten Materials im voraus genau festzulegen.

Die Liuliwachang (Werkstätte für glasierte Dachziegel) befand sich im Südwesten der Stadt zwischen dem Zhengyangmen (Tor der Mittagssonne) und dem südlich davon gelegenen Xuanwumen (Tor der Verkündung der Militärischen Stärke). Noch jetzt weisen außerhalb des Hepingmen (Tor des Friedens) zwei Namen auf die Existenz des damaligen Dachziegelbrennofens hin: Liulichang (eine bekannte Antiquitäten-Straße) und Changximen (Westtor der Ziegelei). In der südlichen Vorstadt, in der Nähe des heutigen Parks Taoranting (Pavillon des Frohsinns) und der Yaotai (Terrasse des Brennofens), lag der Heiyaochang (Brennofen für schwarze Dachziegel). Die Seen, die jetzt dem Taoranting-Park sein Gepräge geben, entstanden vor fünfhundert Jahren durch die Aushebung der für die Dachziegel des Kaiserpalasts benötigten Erde.

Während der Ming-Dynastie und auch später während der Regierungsperiode Qianlong (1736–1795) der Qing-Dynastie gab es eine Verfügung, der zufolge es verboten war, „innerhalb einer Entfernung von 5 *li* (1 li = 0,5 km) nördlich der Hauptstadt einen Brennofen zu betreiben". Die heftigen Nordwestwinde, denen Beijing oft ausgesetzt ist, mußten in der Hauptstadt zu Luftverschmutzung führen, wenn Brennöfen in den nordwestlichen Vororten eingerichtet worden wären. Infolgedessen wurden die meisten Brennöfen im Südosten Beijings angelegt. Während der Regierungsperiode Kangxi (1662–1722) der Qing-Dynastie wurde die Produktionsstätte für glasierte Dachziegel nach Liuliqu (Kanal für glasierte Dachziegel) in Mentougou verlegt, was dazu beitrug, einerseits die Ziegelherstellung in der Nähe Beijings zu belassen, andererseits Luftverschmutzung von der Hauptstadt fernzuhalten.

Abb. 7 Tuschmarkiergerät

Abb. 8 Holzlineal mit einer Einteilung in *chi* (0,33 m) und *cun* (10 *cun* ergeben 1 *chi*).

Beide Geräte wurden beim Bau der Verbotenen Stadt verwendet.

Bruchstein

In der Regel werden für Bauwerke aus Holz auf dem Flachland nur geringfügige Mengen von Bruchgestein als ergänzendes Baumaterial benötigt. Dennoch waren Menge und Format der Steine, die beim Bau der Verbotenen Stadt verwendet wurden, außergewöhnlich groß. Besonders in der ersten Phase des Palastbaus wurden hohe Anforderungen an die Qualität der Baumaterialien für die Verbotene Stadt gestellt. Beispielsweise mußte die Länge der Quader jedes Absatzes der Plattform, auf der ein Bauwerk stand, dem Abstand zwischen zwei Säulen, das heißt der Breite eines *jian*, entsprechen (*jian*: der von vier Säulen als Eckpunkten gebildete Raum, wird in der chinesischen Architektur als Maßeinheit zur Angabe der Grundfläche eines Bauwerks benutzt). Der Abstand zwischen den mittleren Säulen des Qianqinggong (Palast der Himmlischen Reinheit) beträgt sieben Meter; also mußte jeder Stein der zum Palast hinaufführenden Stufen eine Länge von mehr als sieben Meter aufweisen. Es kostete immense Schwierigkeiten, Quader solchen Formats zu brechen, zu bearbeiten und zu transportieren. Zum Bau der Verbotenen Stadt benötigte man derartige Steine in großer Zahl. Allerdings weisen nicht alle Terrassenstufen, die es heute in der Verbotenen Stadt gibt, die Länge des Säulenabstandes auf. Sogar die Stufen zur Plattform vor der Taihedian (Halle der Höchsten Harmonie) entsprechen nicht der ursprünglichen Anforderung. Die Ursache dafür liegt darin, daß bei den Instandsetzungsarbeiten während der Qing-Dynastie das Verfahren geändert wurde. Um die Schwierigkeiten bei der Herstellung der Bruchsteine zu verringern, ließ man kleinere Formate zu, was die Renovierung erheblich erleichterte und beschleunigte.

Bruchstein wurde nicht nur für die Terrassen und Fundamentsockel in der Verbotenen Stadt benötigt, sondern auch für die Steinplatten des Kaiserlichen Weges, der die Haupthallen des Palastes miteinander verbindet. Die Platten hatten ungewöhnliche Ausmaße und erreichen oft ein Gewicht von fünf Tonnen. Der Kaiserliche Weg verläuft von Norden nach Süden als zentrale Achse quer durch die Verbotene Stadt und führt auch vom Wumen (Mittagstor) aus weiter über das Duanmen (Tor der Aufrichtigkeit) bis zum Tian'anmen (Tor des Himmlischen Friedens). Die riesigen Platten wurden im Steinbruch Dashiwo (Große Steinöffnung) im Kreis Fangshan und im Steinbruch Qingbaikou (Grün-weiße Steinöffnung) bei Mentougou gebrochen. Wegen ihrer Härte und ihrer grün-weißen Farbe waren diese Steine sehr bekannt und wurden als „grün-weißer Marmor" oder „Beifußblatt-Marmor" bezeichnet. Mehr als zehntausend dieser Steinplatten wurden beim Bau der Verbotenen Stadt verlegt. Die Steinplatten mit eingemeißelten Drachenmustern, die zur Terrasse der Taihedian (Halle der Höchsten Harmonie) hinaufführen, sind jeweils 16,57 Meter lang und 3,07 Meter breit. Die Platten, die schätzungsweise 250 Tonnen wiegen, müssen vor der Bearbeitung durch die Steinmetzen ein Gewicht von wenigstens 300 Tonnen aufgewiesen haben. Derart mächtige Steinplatten zu brechen, zu transportieren und fehlerlos zu bearbeiten war Anfang des 15. Jahrhunderts eine überaus komplizierte Aufgabe.

Für den Wiederaufbau der Drei Großen Hallen während der Regierungsperiode Wanli (1573–1619) der Ming-Dynastie wurde festgelegt, daß die Platten für den Kaiserlichen Weg vor der Taihedian folgende Maße aufzuweisen hätten: „1 *zhang* (3,33 m) Breite, 5 *chi* (1,66 m) Dicke und mehr als 3 *zhang* (10 m) Länge". Jede dieser Platten wiegt ungefähr 180 Tonnen. Weder auf Lastkarren noch mit Hilfe hölzerner Bodenroller ließen sich solche riesigen Steinplatten transportieren. Man bediente sich einer einfachen und wirkungsvollen Methode. Vor Beginn des Winters wurden entlang des Weges vom Steinbruch bis zur Baustelle in einem Abstand von jeweils ein *li* (0,5 km) Brunnen gebohrt. Während der Frostperiode wurde dann das Brunnenwasser auf den Weg geleitet, so daß die Steinplatten auf der glatten Eisbahn relativ mühelos vorangeschleppt werden konnten. Für den Transport einer Steinplatte brauchte man auf diese Weise 28 Tage. Mehr als 20 000 Arbeitskräfte wurden an der Wegstrecke bis nach Beijing zum Abschleppen der Blöcke eingesetzt. Allerdings waren die Steinplatten des 16. Jahrhunderts um ein Drittel kürzer als die Platten des Kaiserlichen Weges aus der Gründungszeit der Verbotenen Stadt. Deshalb mußten sie durch kleinere Platten ergänzt werden. Begabte Steinmetzen hatten dafür zu sorgen, daß die in Hochrelief ausgeführten Wolkenornamente so kunstvoll ausfielen, daß die Nahtstelle zwischen der Haupt- und den Ergänzungsplatten nicht wahrzunehmen war. Im Ergebnis der Oberflächengestaltung griffen die drei Steinplatten so fugenlos ineinander, daß lange Zeit hindurch niemand bemerkte, daß die Platte aus drei Stücken zusammengesetzt war. Erst als sich in Folge jahrhundertelanger Witterungseinflüsse ein Riß zeigte, entdeckte man, daß die Steinplatte vor der Taihedian nicht wie die Steinplatte vor der Baohedian (Halle zur Erhaltung der Harmonie) aus einem einzigen Steinblock herausgemeißelt war.

Neben dem „grün-weißen Marmor" verfügte der Kreis Fangshan auch über verschiedene weiße Steine. Darunter gab es eine Steinsorte, die hart wie Jade, weiß und glatt ist. Dieser Stein wurde als *hanbaiyu* (weißer Han-Jade, eine Art von weißem Marmor) bezeichnet. Alle Balustraden und Geländer, die in der Verbotenen Stadt zu errichten waren, wurden aus *hanbaiyu* gemeißelt. Die Ähnlichkeiten mit dem Jade verliehen ihnen im Volksmund den Namen „Jade-Balustraden". Allerdings ist *hanbaiyu* gegen Witterungseinflüsse sehr anfällig. Deshalb verwendete man für die Pflastersteine des Kaiserlichen Weges vor der Yangxindian (Halle der Pflege des Herzens), für die Balustraden der Qin'andian (Halle des Kaiserlichen Seelenfriedens) sowie für die Geländer und Behältnisse für Bonsai-Miniaturlandschaften (*penjing*) im Kaiserlichen Garten echten weißen Marmor, der bis heute seine funkelnde, kristallene Klarheit bewahrt hat.

Weitere Baumaterialien

Kalk wurde beim Palastbau in großer Menge gebraucht. Die meisten Kalköfen wurden in Zhoukoudian (Heimat des Peking-Menschen) und Cijiawu in der Nähe Beijings, bei Niulanshan im Kreis Shunyi und im Kreis Huairou sowie in einigen Gegenden der Provinz Shanxi eingerichtet. Die damals gegründete Kalkbrennerei bei Ma'anshan produziert noch jetzt Qualitätskalk. Weiterhin wurde Roterde in großer Quantität benötigt, um die Farbe für den Anstrich der Mauern und Wände zu gewinnen. Eine Mischung aus Roterde und Kalk diente außerdem als Fixiermittel für Dachziegel. Lushan in der Provinz Shandong war der Herkunftsort der Roterde, die dann in Boshan (ebenfalls in Shandong) weiter verarbeitet wurde. Bis heute ist Boshan als Zentrum der Roterde-Produktion bekannt. „Golderde", eine aprikosengelbe Tünche, die zum Anstrich der Wände in den großen Hallen Verwendung fand, kam aus Yantongshan nördlich der Stadt Xuanhua in der Provinz Hebei. Neben diesen Materialien kam Gold bei der Ausgestaltung des Palasts eine besondere Rolle zu. Es war einer der wesentlichen Bestandteile der Innendekoration und fand als Goldlack (eine Mischung aus Goldpuder und Transparentlack) sowie als Blattgold an den Thronensembles der Hallen und an anderen dekorativen Partien in großer Menge Verwendung. Das meiste Blattgold kam aus dem reichen Gebiet südlich des Changjiang (Yangtse), insbesondere aus Suzhou.

Bedeutende Baumeister und ihre Leistung

Nach sorgfältiger Projektierung, vollzähliger Materialbeschaffung und Vorfertigung der wichtigsten Bauteile wurde im 15. Jahr der Regierungsperiode Yongle (1417) mit dem Bau der Verbotenen Stadt begonnen. Ihre Fertigstellung erfolgte bereits 1420. Die erstaunlich kurze Bauzeit ist angesichts der Größe und Kompliziertheit des Palastkomplexes einmalig in der Architekturgeschichte. Die Leistung wurde ermöglicht durch den Einsatz von über einer Million Arbeitskräften und die Erfahrung und Zusammenarbeit von 100 000 Konstrukteuren und Künstlern, die nach strengen Auswahlprinzipien aus allen Landesteilen nach Beijing berufen worden waren. Einige von ihnen beschäftigten sich ausschließlich mit der Planung, andere mit der Arbeitsorganisation, wieder andere mit der konkreten Bauausführung. Lu Xiang, Yang Qing und Kuai Xiang beispielsweise, drei berühmte Baumeister der Zeit, entstammten traditionsreichen Bauhandwerker-Familien.

Steinmetzmeister Lu Xiang erlernte von seinem Vater die Kunstfertigkeiten seines Berufs. Als Kaiser Zhu Yuanzhang seine Hauptstadt in Nanjing errichten ließ, meldete sich Lu auf Anforderung hin dort zur Mitarbeit. Präzision und gewissenhafte Herausarbeitung des Details waren kennzeichnend für seine Steinmetzarbeit. Beispiele dafür liefern die Balustraden aus weißem Marmor vor der Qin'andian (Halle des Kaiserlichen Seelenfriedens) und das Relief „Tausend Drachen speien Wasser", das auf die Terrasse vor der Taihedian hinaufführt. Ziegeldeckermeister Yang Qing, ein Spezialist für den Einsatz des zweckdienlichsten Materials und der Arbeitskräfte, beaufsichtigte und koordinierte die Massenherstellung der Ziegel, die für das Projekt benötigt wurden. Zimmermeister Kuai Xiang stammte aus dem Kreis Wuxian bei Suzhou. Sein Vater Kuai Fu war ein erfahrener und geschickter Zimmermann und hatte die Errichtung der Balkenkonstruktionen im Kaiserpalast von Nanjing geleitet. Kuai Xiang ging bei seinem Vater in die Lehre. Während seiner Jugendzeit machte er sich als geschickter Zimmermann in Nanjing einen Namen. Nachdem sein Vater in den Ruhestand getreten war, übernahm er dessen Posten als kaiserlicher Zimmermeister. 1417 folgte er Kaiser Yongle nach Beijing und war dort mit der Beaufsichtigung aller Zimmermannsarbeiten beim Bau der Verbotenen Stadt beauftragt.

Die Projektierung des Kaiserpalastes und sämtliche Konstruktionspläne wurden zuerst von den besten Fachkräften der verschiedenen Branchen ausgearbeitet, dann vom Ministerium für Öffentliche Bauten geprüft und als letztes über Eunuchen dem Kaiser zur Genehmigung und zur formellen Bestätigung durch Aufdruck des kaiserlichen Siegels vorgelegt. In den Dokumenten ist festgehalten, daß für den Bau der Verbotenen Stadt der Präfekt Chen Gui, der Minister für Öffentliche Bauten Wu Zhong und der Eunuch Ruan An verantwortlich waren. In Wirklichkeit aber war es Cai Xin, der am wesentlichsten die Projektierungsarbeiten leistete. Er muß in vielfacher Hinsicht als der eigentliche Konstrukteur, Organisator und Erbauer des Palastes bezeichnet werden. Seiner allseits respektierten Persönlichkeit war es zu verdanken, daß die Zusammenarbeit der Meister aus den verschiedensten Berufszweigen so reibungslos und erfolgreich verlief. Als das Bauwerk seiner Vollendung entgegenging, proklamierte der Kaiser Yongle am 9. Tag des 9. Monats seines 18. Regierungsjahrs (1420), daß am ersten Tag des nächsten Jahres der neue Palast eingeweiht und Beijing offiziell zur Reichshauptstadt erklärt werden sollten. Im 12. Monat des gleichen Jahres waren alle Tempel und Paläste fertiggestellt. Aber bereits am 8. Tag des 4. Monats 1421, nur hundert Tage nach der Vollendung der Verbotenen Stadt, brannten die Drei Großen Haupthallen nieder. Die Beamten am Kaiserhof waren daraufhin sehr unterschiedlicher Meinung, wie dieses ungünstige Schicksal der Kaiserhallen zu bewerten sei, so daß einige die Rückverlegung der Hauptstadt und des Palasts nach Nanjing befürworteten. Infolge des Meinungsstreits wurde der Wiederaufbau verschoben und der kaiserliche Regierungssitz für Audienzen und Amtsgeschäfte vorübergehend ins Fengtianmen (Tor zur Anbetung des Himmels) innerhalb der Verbotenen Stadt verlegt. Nach dem Tod des Kaisers Zhu Di 1424 beabsichtigte sein Sohn Zhu Gaozhi, Kaiser Renzong der Regierungsperiode Hongxi, nach Nanjing zurückzukehren, und ließ den Kaiserpalast in Nanjing renovieren. Nach nur einjähriger Regierungszeit starb Zhu Gaozhi 1425. Sein Sohn Zhu Zhanji, der Kaiser Xuanzong der Regierungsperiode Xuande (1426–1435), konnte sich zu einer Entscheidung zwischen Nanjing und Beijing nicht durchringen. Erst Zhu Qizhen, der ihm als Kaiser Yingzong der Regierungsperiode Zhengtong (1436–1449) auf den Thron folgte, entschied im 12. Monat seines 4. Regierungsjahrs (1439), die niedergebrannten beiden Paläste und die Drei Großen Hallen wiederaufzubauen. Wu Zhong, Minister für Öffentliche Bauten, wurde mit der Abwicklung der Rekonstruktion und der erfahrene Kuai Xiang mit der Projektierung und der Durchführung des Baus betraut. Der Wiederaufbau begann 1440 und nahm zwei Jahre in Anspruch.

115 Jahre nach der zweiten Fertigstellung der Verbotenen Stadt brach an einem Abend des 36. Jahres der Regierungsperiode Jiajing (1557) im Kaiserpalast wieder ein durch Blitzschlag verursachter Brand aus, dem mehrere Paläste und Tore zum Opfer fielen. Damals wagten es die Beamten des Ministeriums für Öffentliche Bauten nicht, einen Plan zum Wiederaufbau vorzulegen, da die Originalzeichnungen der Palastanlagen nicht aufbewahrt worden waren. Zwei erfahrene Baumeister, Xu Gao und Lei Li, rekonstruierten nach dem Zustand der Ruinen die Baupläne, an Hand derer die Wiederaufbauarbeiten im 10. Monat dieses Jahres begannen. Die Rekonstruktion des Balkenwerks des Fengtianmen nahm allein den ganzen Winter in Anspruch, und die Dachdecker- und Malerarbeiten zogen sich das ganze Frühjahr hin. Nach Abschluß aller Arbeiten im 7. Monat des 37. Jahres der Regierungsperiode Jiajing (1558) wurde das Tor in Dachaomen (Tor der Großen Dynastie) umbenannt. Die Renovierungsarbeiten der Drei Großen Hallen wurden erst 1562 beendet. Um Schäden durch Blitzschlag künftig vom Palast fernzuhalten, befahl der Kaiser Shizong (Zhu Houcong) der Regierungsperiode Jiajing (1522–1566) den Bau eines Tempels zur Anbetung des Donnergotts sowie die Umbenennung einiger Baukomplexe.

40 Jahre später wurde die Verbotene Stadt erneut von einem verheerenden Brand heimgesucht und der ganze Palast verwüstet. Weil es an Bauholz in der Umgebung der Hauptstadt mangelte, mußte man Holz unter großen Mühen aus den Provinzen Sichuan, Hunan, Guangdong, Guangxi und Guizhou heranschaffen. Infolgedessen konnte der Wiederaufbau erst nach achtzehn Jahren 1615 abgeschlossen werden. Die Hallen Zhonghedian (Halle der Vollkommenen Harmonie) und Baohedian (Halle zur Erhaltung der Harmonie) sind in ihrem heutigen Zustand ein Ergebnis des Wiederaufbaus von 1615. Zwischen 1625 und 1627 wurden die Drei Gro-

8

ßen Hallen neuerlich umfassend renoviert. Einigen Aufzeichnungen zufolge sollen die drei Haupthallen ihre jetzige Gestalt während der Regierungsperiode Tianqi (1621–1627) erhalten haben. Aber die Analyse der Konstruktionsprinzipien des Balkenwerks weist zahlreiche Ähnlichkeiten zu Bauwerken aus der Regierungsperiode Wanli (1573–1619) auf. Auch wenn manche Balken während der Renovierung 1625 ersetzt wurden, stammen die tragenden Bauelemente doch unzweifelhaft aus dem Jahr 1615.

Meister Feng Qiao, ein gewandter Zimmermann, widmete in den Regierungsperioden Wanli und Chongzhen (1628–1644) sein Talent der Ausstattung und Renovierung der Paläste der Verbotenen Stadt. Mit dem talentierten jungen Zimmermann Liang Jiu zog er sich einen begabten Schüler und späteren Nachfolger heran, dem er seine ganzen Kenntnisse vermittelte. Auf Fengs Anregung hin fertigte Liang ein maßstabgetreues Architekturmodell der Verbotenen Stadt an. Als im 34. Regierungsjahr der Ära Kangxi (1662–1722) der Qing-Dynastie die Taihedian neu aufzubauen war, geschah dies dank des präzisen Architekturmodells. Liang, der den Wiederaufbau leitete, konnte an Hand des Modells die Proportionen, die Struktur und die Gestaltung des Bauwerks exakt rekonstruieren.

Im alten China war es üblich, daß die erfahrenen Handwerksmeister ihre Kenntnisse an ihre Söhne oder ausgewählte Schüler weitergaben. Auf diesem Weg hat sich die Tradition der Palastarchitektur durch Zimmerleute wie Kuai Xiang und Steinmetzen wie Lu Xiang von Generation zu Generation vererbt. In den ersten Jahren der Qing-Dynastie standen Lei Faxuan und Lei Fada in Beijing als Zimmerleute im Dienst. Wegen ihres umfassenden technischen Wissens erhielten sie durch die Qing-Administration schon bald bedeutende Stellungen und den Auftrag, sich mit der Planung und den Entwürfen für die Veränderungen in der Verbotenen Stadt für die neue Dynastie zu beschäftigen. Für seine Tätigkeit erfand und verwendete Lei Fada Architekturmodelle aus Kartonpapier. Die Kunstfertigkeit in Leis Familie wurde sieben Generationen hindurch bis zum Ende der Qing-Dynastie weitergegeben. Mehr als 240 Jahre lang standen sie als Baumeister in kaiserlichem Dienst. Während dieser Zeit leistete die Familie Lei einen großen Beitrag zur Projektierung und zum Bau aller Paläste und Höfe einschließlich der Sommerresidenz in Chengde nördlich von Beijing und des berühmten Sommerpalastes Yuanmingyuan bei Beijing. 1699 nahm Kaiser Kangxi während des Wiederaufbaus der Taihedian persönlich an der Zeremonie der Montage des oberen Hauptbalkens teil. Als der Balken emporgehoben und in die Zapfen eingesetzt werden sollte, stellte sich heraus, daß Zapfen und Zapfenloch nicht zueinander paßten. Die Beamten fürchteten sehr, das Malheur würde den Kaiser in äußerste Wut versetzen. In diesem kritischen Augenblick setzte sich der über fünfzigjährige Lei Fada in seiner zeremoniellen Hofkleidung rittlings auf den Balken und bearbeitete in luftiger Höhe von fast zwanzig Meter noch einmal mit seiner Axt Zapfenloch und Zapfen, so daß die Montage reibungslos zu Ende geführt werden konnte. Der Kaiser war so beeindruckt, daß er Lei unverzüglich zum Leiter der Abteilung für Bau- und Renovierungsarbeiten der Verbotenen Stadt beförderte, die bis dahin unter der Führung des Ministeriums für Öffentliche Bauten gestanden hatte.

Für die kaiserliche Bautätigkeit während der Qing-Dynastie waren zwei eigenständige Abteilungen — das Büro für Projektierung und das Büro für Planung — verantwortlich. Alle Bauprojekte unterstanden der Leitung durch die Familie Lei, Finanzen und Verwaltung beaufsichtigten Liang Jiu, Liu Tingzhan und Liu Tingqi.

Baukunst

Die Verbotene Stadt wurde auf der Grundlage der traditionellen Architekturprinzipien der Paläste früherer Dynastien errichtet. Wie alle chinesischen Kaiserpaläste symbolisierte sie die absolute Macht des Himmelssohnes. Aber der Palastkomplex der Verbotenen Stadt unterscheidet sich von den Vorgängern durch den Umfang, die Einheitlichkeit der Konzeption sowie durch den auch mittels des Variantenreichtums der Ausstattung hervorgerufenen geschlossenen Gesamteindruck.

Räumliche Komposition

Um die räumliche Komposition einheitlich und doch abwechslungsreich zu gestalten und differenzierte visuelle Eindrücke durch die unterschiedlichsten Bau- und Schmuckelemente hervorzurufen, muß ein Architekt die räumlichen Relationen zwischen den einzelnen Bauwerken sowie die Beziehungen zwischen Baugruppen und Menschen erkennen und berücksichtigen.

Das Wumen (Mittagstor) bildet den Hauptzugang zur Verbotenen Stadt. Der Kaiserliche Weg vor dem Wumen, auch „Straße des Himmels" genannt, stellt eine an die tausend Meter lange, breite Prozessionsstraße dar, die jeder, der in amtlicher Mission zum Kaiserpalast gelangen wollte, zu durchschreiten hatte. Korridore und Galerien zu beiden Seiten der Prachtstraße bilden einen tiefen, langgezogenen und in sich abgeschlossenen Raum. Durchschreitet man diese Straße, gewinnt man den Eindruck, wie von einer beidseitig aufgereihten Ehrengarde bei jedem Schritt inspiziert zu werden. Außerdem lenkt die Symmetrie der Anlage den Blick unabwendlich auf das Wumen, wodurch die Atmosphäre der Feierlichkeit bei Annäherung an den Palast verstärkt wird. Wenn die Seitengebäude an der „Straße des Himmels" wechselnde Größe und Höhe aufgewiesen hätten, wäre die würdevolle und ehrfurchtgebietende Atmosphäre vor dem Palast beeinträchtigt und die Erhabenheit des Wumen herabgesetzt worden.

Jenseits des Wumen aber ändert sich der Raumeindruck schlagartig. Das langgezogene, schmale Rechteck der „Straße des Himmels" mündet in den weitausgedehnten, sich breit hinlagernden vorderen Hofraum. Im Vergleich mit der durch die hohe Toranlage hervorgerufenen gleichförmigen Außenansicht des Palastes bietet sich vom Hof aus ein vielfältig differenzierter Anblick der den Hof einfassenden Gebäude und Tore sowie der dahinter aufragenden Hallendächer. Der Eindruck wird noch dadurch verstärkt, daß die Seitengebäude auf einer mannshohen Terrasse ruhen, die sich um den ganzen Hof zieht.

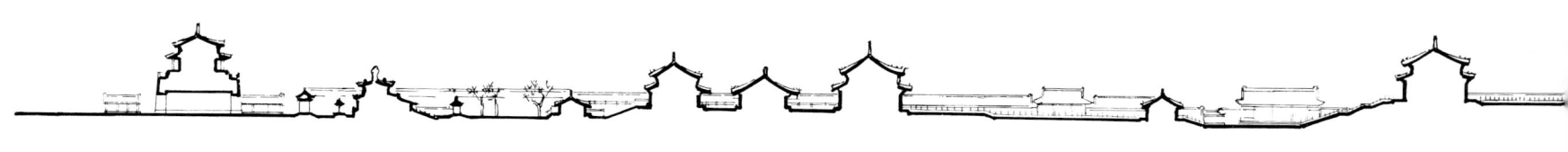

Shenwumen · Qin'andian · Kunningmen · Jiaotaidian · Qianqingmen · Baohedian
Kunninggong · Qianqinggong

10

Dank der hohen Terrasse nehmen sich die relativ niedrigen Bauten umso imposanter aus. Ein Gefühl der Winzigkeit und Bedeutungslosigkeit befällt den Eintretenden, während er die ersten Schritte auf den Hof hinaussetzt. Gleichzeitig wird sein Blick umgehend von den fünf „Fliegenden Drachen-Bogenbrücken" mit ihren weißleuchtenden Balustraden über dem Inneren Goldwasserfluß gefesselt, die verhindern, daß die Gedanken vom Gewirr der Dächer abgelenkt werden und dafür sorgen, die Aufmerksamkeit nach vorn, auf das Taihemen (Tor der Höchsten Harmonie) zu richten. Ungeachtet des weiten Blickfelds des Hofes wird jeder, der erstmalig die Verbotene Stadt betritt, ausnahmslos von den Goldwasserbrücken in der Mitte des Hofes und vom dahinter plazierten Taihemen gefesselt. Wie Strahlen geleiten die Brücken den Eintretenden zum nächsten Torweg. Hat er diesen durchschritten, zieht die Taihedian (Halle der Höchsten Harmonie) mit ihrer Großartigkeit und Eleganz den Blick in die Höhe.

Die Majestät der Taihedian liegt nicht nur in ihrer Größe begründet. Mit einer Höhe von 26,93 Meter ist sie das imposanteste Bauwerk der Verbotenen Stadt. Der Eindruck der Majestät und Erhabenheit des Gebäudes wird durch das hochgezogene doppelstufige Dach und vor allem durch die acht Meter hohe, dreistufige Terrasse mit einer Ausdehnung von 2377 Quadratmetern, auf der die Taihedian ruht, unterstrichen. Im Inneren des zweiten Hofraums verstärkt sich die Empfindung der eigenen Bedeutungslosigkeit angesichts des hoch darüber thronenden Himmelssohnes, der über die Menschenmenge auf dem Hof herabsah. Die im Schatten der Taihedian sich anschließenden Zhonghedian (Halle der Vollkommenen Harmonie) und Baohedian (Halle zur Erhaltung der Harmonie), ebenfalls auf der thronähnlichen Terrasse ruhend, vervollständigen den Komplex der höchsten Machtrepräsentation, entziehen sich aber dem Blick des „gewöhnlichen Sterblichen", der allenfalls bis zu den Stufen der Taihedian gelangte.

Der Baustil der Drei Hinteren Paläste ähnelt im großen und ganzen dem der Drei Vorderen Hallen, allerdings sind die hinteren Hallen weitaus kleiner gehalten. Die sie umgebenden Hofräume sind nur halb so groß wie die vorderen Höfe. Die wichtigste Kennzeichnung zur Trennung des äußeren (vorderen) vom inneren (hinteren) Palastkomplex wurde in der genialen Konzeption des zwischen beiden Baueinheiten liegenden Hofraums gefunden. Während die Höfe des äußeren und des inneren Palastes als Rechtecke, die in Nord-Süd-Richtung verlaufen, angelegt sind, wurde zwischen beiden Komplexen vor dem Qianqingmen (Tor der Himmlischen Reinheit) ein in Ost-West-Richtung verlaufender Hof errichtet. Zusammen mit der trichterförmigen Wand, die mit grün-, gelb- und rotglasierten Schmuckziegeln dekoriert ist und von beiden Seiten auf das Qianqingmen zugeführt, markiert der Hof einen Einschnitt in der räumlichen Disposition und läßt deutlich erkennbar werden, daß der repräsentative äußere Palastkomplex hier endet und daß mit dem inneren Palast eine Baueinheit ganz unterschiedlichen Charakters hier beginnt.

Der innere Palast unterscheidet sich vom äußeren hauptsächlich durch die Anwendung zahlreicher Kontraste in der räumlichen Konzeption, nicht so sehr durch Umfang und Größe der einzelnen Bauten.

Um den weniger zeremoniösen, dafür aber intimeren Charakter des inneren Palastes hervorzuheben, sind die Drei Hinteren Paläste im Gegensatz zu den Drei Vorderen Hallen relativ dicht zueinandergestellt. Insgesamt ergibt sich so in der räumlichen Komposition der Verbotenen Stadt eine Kombination von verstreut- und dichtanliegenden Baueinheiten, ein Ineinandergreifen von vertikalen und horizontalen sowie fallenden und steigenden Elementen. Die Konzentration dieser differenzierten Strukturen im Komplex der Verbotenen Stadt ermöglicht im Beijinger Kaiserpalast eine Zusammenschau aller wesentlichen Komponenten der klassischen chinesischen Architektur.

Dekor

Die dekorativen Elemente in der klassischen chinesischen Architektur besaßen zwei Funktionen: praktische und ästhetische. Nur wo beide Funktionen zu organischer Einheit gelangten, war es auch möglich, höchsten künstlerischen Ausdruck zu erreichen. Der baugebundene Schmuck in der Verbotenen Stadt hält an diesem Prinzip fest. Ornamente u.a. fanden nur dort Verwendung, wo sie strukturell, funktional oder auf Grund bestimmter Traditionen benötigt wurden. Die Befolgung dieses Grundsatzes läßt sich an mehreren Beispielen demonstrieren.

Erstens: die Reihen von mit Goldfarbe bemalten Nägeln. Mit solchen Nägeln, die Feierlichkeit, Reichtum und Ruhm unterstreichen, schmückte man die kaiserlichen Tore. Jeder Torflügel trägt 81 dieser Nägel, angeordnet in neun Reihen. Sie sind nicht besonders wertvoll, aber äußerst dekorativ. In der alten Architektur wurden Beschlagnägel zur Verbindung der Türplanken mit den dahinterliegenden hölzernen Querplatten verwendet. Eine derartige Konstruktion kann man noch heute im Tempel des Südlichen Zen-Buddhismus aus der Tang-Dynastie (618–907) finden. Auf der Rückseite jedes Torflügels im Tempel des Südlichen Zen befinden sich fünf Querplatten, während der Song-Dynastie (960–1279) *fu* genannt. Demzufolge schmücken fünf Reihen von Eisennägeln mit breiten Kappen die Torflügel des Tempels.

Zweitens: die beiden Enden des horizontalen Dachfirstes sowie die Enden der schräg abwärtslaufenden Firste eines jeden Bauwerks sind mit Ornamentziegeln geschmückt. Am Verbindungsstück zwischen dem horizontalen und dem schräg abwärtslaufenden Dachfirst thront seit alters ein großer *dawen* (Starrender Drache). Er dient sowohl als ein strukturelles Verbindungselement als auch als Dachschmuck. Die auf beiden Seiten des Hauptfirsts sitzenden *dawen* stellen mit ihren aufgesperrten Mäulern, über die Köpfe hochgebogenen Schwänzen und aufgerichteten fächerartigen Rückenfinnen eine Mischung aus Drachen und Fisch dar. Die Körper überziehen Drachenreliefs, und aus den Rückseiten strecken gehörnte Drachen ihre Köpfe hervor. Die beiden Tiere sind einander zugewandt. Der First wächst aus ihren Mäulern heraus. Neben der architektonischen Funktion fand man zu der Erklärung, daß dieses Fabelwesen das Haus vor Feuer schützen und bei übermäßigem Regen das Wasser vertilgen und die Bewohner vor dem Ertrinken bewahren solle.

Wegen der starken Neigung der hohen Hallendächer ergab sich, daß die schräg abwärtsführenden

Abb. 9 Türbeschlag

Abb. 10 Längsschnitt entlang der Zentralachse der Verbotenen Stadt mit den sie prägenden Baueinheiten

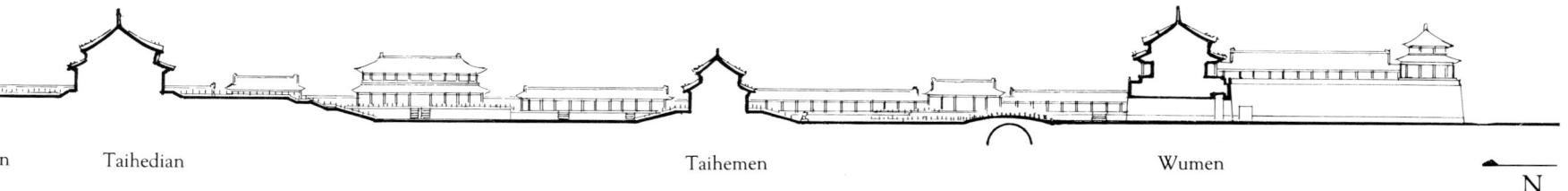

Taihedian   Taihemen   Wumen   N

Firstziegel leicht hinunterrutschten. Dies stellte einen Schwachpunkt in der klassischen Hallenarchitektur dar. Um dies Problem zu beheben, wurde am unteren Ende eines jeden schrägen Dachfirsts eine Eisenstange zur Befestigung dieses Bauteils eingesetzt. Die hervortretenden Enden der Eisenstange wurden mit Hilfe aufgesetzter Schmuckziegel in Gestalt von Tier- und Fabelwesen kaschiert. Zugleich dienten die herablaufenden Figuren dazu, den Eindruck der Monotonie in der Dachgestaltung aufzufangen. Aus dem architektonischen Zwang erwuchs eine gestalterische Tradition. Den das Ende der Eisenstange verdeckenden Drachenwesen wurde eine Reihe kleinerer Plastiken vorangesetzt. Den Anfang macht an der Traufe ein „Unsterblicher" (*xianren*), der auf einem Phönix reitet. Dann folgen: Drache, Phönix, Löwe, Einhorn, Himmelspferd, Walroß, Fisch, *xiezhi* (ein rinderartiges Fabeltier), Stier und Affe. Die volle Zahl dieser elf Wesen findet man aber nur auf den Hauptgebäuden der Verbotenen Stadt. Die für die anderen Bauten geltenden Vorschriften sahen vor, daß nur eine ungerade Zahl, also neun oder weniger solcher Tiere, verwendet werden durfte und daß sich die Anzahl nach der Größe des Gebäudes zu richten hatte. Da diese Tiere als glückbringend und segensreich galten, sollten sie dem Haus und seinen Bewohnern ein günstiges Geschick und Wohlstand garantieren, wobei die vollen Segnungen aller elf Wesen dem Kaiser vorbehalten waren.

Als drittes Beispiel kann die Gestaltung der Unterkante des Daches dienen. Die Dachsparren tragen das Gewicht der Dachziegel. In der zeitgenössischen Architektur werden die Dachsparren zumeist von einem Traufenbrett bedeckt, in der traditionellen Holzarchitektur Chinas aber liegen die unteren Enden der Dachsparren völlig frei und werden mit verschiedenartigen Zeichnungen und Mustern verziert. Die Enden der meisten runden Dachsparren in der Verbotenen Stadt sind mit Mustern wie „Drachenaugen-Perle", „Tigeraugen-Perle" oder mit dem zu einem kreisförmigen Ornament stilisierten Schriftzeichen *shou* (Langlebigkeit) geschmückt. Die viereckigen Dachsparren sind dagegen mit buddhistischen Swastika oder mit ornamentalen Mustern der jasminähnlichen Gardenie bemalt. Bei den zentralen Bauten wurde die Unterseite der Traufensparren mit Goldfolie überzogen, die eine Darstellung des *lingzhi*, des Pilzes der Unsterblichkeit, zeigt. Diese die Bedeutung des Bauwerks herausstreichende Dekoration findet sich nur an der Unterseite der nach oben gebogenen Traufensparren der Drei Großen Hallen und der Drei Hinteren Paläste.

Dem Prinzip der Einheit von Funktion und Ästhetik unterliegen auch die überreichlichen Reliefarbeiten an den Geländern der dreistufigen Terrasse im vorderen Hof wie auch an den Brücken, Treppen und Wegen in den anderen Palastkomplexen. Um das Abstürzen von Menschen zu verhindern, wurde jede Stufe der Terrasse rundum mit Balustraden aus *hanbaiyu* („weißer Marmor") eingefaßt. Die ausgemeißelten *chi* (Drachen ohne Hörner), die zu Füßen der Geländer die Köpfe von den Terrassenstufen recken, sollen das schmutzige Regenwasser weit hinaus ableiten, ohne die weißen Wände der Terrasse zu verschmutzen.

Es ist eine charakteristische Eigentümlichkeit des baugebundenen Dekors der Verbotenen Stadt, daß die Kunsthandwerker nicht nur wagten, die darunterliegende Struktur bloßzulegen, sondern daß sie die strukturbestimmenden Bauteile mittels Bewunderung hervorrufender Schmuckelemente noch zusätzlich betonten. Infolgedessen erfolgte beispielsweise die Wasserableitung an der dreistufigen Terrasse nicht durch unterirdische Kanäle, sondern durch tausend Wasserspeier in der Form von Drachenköpfen. Dies entsprach am ehesten der Konzeption, sowohl die meisten einfachen wie auch die komplizierten funktionellen Notwendigkeiten mit den Erfordernissen des Dekors zu vereinen.

Die Prinzipien von yin und yang und der Fünf Elemente in der architektonischen Praxis

Die Theorien von *yin* und *yang* und der Fünf Elemente gehören zum ältesten Gedankengut Chinas. Sie haben in der Geschichte der chinesischen Zivilisation tiefe Spuren hinterlassen. Im *Huangdi neijing* (*Kanon des Gelben Kaisers über innere Krankheiten*), einem zweitausend Jahre alten Werk über Medizin, soll bereits formuliert sein: „*Yin* und *yang* ist der Weg (das Gesetz) von Himmel und Erde." Gemeint ist damit, daß in allen Dingen zwei einander entgegengesetzte und unabhängige Kräfte, das *yin* und *yang*, wirken. Demzufolge wurden alle Gegensatzpaare, z. B. oben und unten, vorn und hinten, männlich und weiblich, ungerade und gerade, positive und negative (Zahlen) einem der beiden Elemente zugeordnet. Oben, vorn, männlich, ungerade und positiv gehören dem *yang* zu, während unten, hinten, weiblich, gerade und negativ mit dem *yin* verbunden gedacht wurden. Man ging davon aus, daß alle Dinge auf Erden das Zusammenwirken der Gegensätze von *yin* und *yang* enthalten. Deswegen betrachtet das Buch *Neijing* (*Kanon der Inneren Medizin*) *yin* und *yang* als das „Grundprinzip aller Dinge".

In der architektonischen Konstruktion der Verbotenen Stadt findet sich das Prinzip von *yin* und *yang* planmäßig und oft recht unmittelbar gespiegelt. Von den beiden Hauptkomplexen der Verbotenen Stadt gehört Waichao (der Äußere Hof) dem *yang* zu, während Neiting (der Innere Hof) das *yin* verkörpert. Daher beherrschen ungerade Zahlen die Konstruktionselemente des Äußeren Hofes, weshalb der Komplex auch als System der „Drei Hallen und Fünf Tore" bekannt ist. Für die Anlage des Inneren Hofes sind gerade Zahlen ausschlaggebend. So gibt es nur zwei Hauptpaläste, Qianqinggong (Palast der Himmlischen Reinheit) und Kunninggong (Palast der Irdischen Ruhe) — die Halle Jiaotaidian (Halle der Berührung von Himmel und Erde) wurde erst später hinzugefügt — sowie die sechs Wohnpaläste, wobei sich diese Angabe sowohl auf die Sechs Östlichen wie auch auf die Sechs Westlichen Paläste bezieht.

Das mit der Zeit umfassend ausgearbeitete *yin-yang*-Prinzip umfaßt auch die Vorstellung der Vorherrschaft des „*yang* im *yang*" und des „*yang* im *yin*". Auch diese beiden Ideen fanden in der Palastarchitektur ihren Niederschlag. Die Taihedian gilt als Symbol der Vorherrschaft des „*yang* im *yang*", während der Qianqinggong, der Wohnpalast des Kaisers im Inneren Hof, als symbolischer Ausdruck der Vorherrschaft des „*yang* im *yin*" betrachtet wurde. Daher zeigen beide Bauwerke in mancher Hinsicht große Ähnlichkeiten, die Unterschiede aber treten umso deutlicher hervor. Beide Hallen haben beispielsweise ein zweistufiges Dach; die Horizontale ist betont, wird aber durch die abwärtslaufenden Firste deutlich begrenzt. Im Zentrum der Kassettendecken im Inneren befindet sich ein drachenverziertes, eingesenktes Hauptfeld. Beide Hallen stehen auf der Zentralachse und sind durch den Kaiserlichen Weg verbunden. Auf den Terrassen vor beiden Hallen haben je eine Sonnenuhr und ein *jialiang*-Hohlmaß Aufstellung gefunden. Zu den auffälligen Unterschiedlichkeiten gehört beispielsweise, daß die Terrassen im Äußeren Hof wie auch auf der Südseite vor dem Qianqinggong Balustraden aus jadeglänzendem, weißem *hanbaiyu*-Marmor erhielten, während die Terrasse im Norden hinter dem Qianqinggong mit grünen und goldfarbigen Glasurziegeln eingefaßt wurde.

Neben dem yin-yang-Prinzip fand auch wuxing, die Theorie der Fünf Elemente, in der klassischen chinesischen Architektur vielfältigen Niederschlag. Der Begriff wuxing tauchte bereits vor der Zeitenwende im Shangshu (Buch der Geschichte) auf. Im Zhoushu, dem Buch über die Geschichte der Zhou-Dynastie der Jahre 557 bis 581 u.Z., wird das Wesen der Fünf Elemente genau erläutert, ihre Erscheinungsweisen katalogisiert und zugeordnet entsprechend der Reihenfolge: Holz, Feuer, Erde, Metall/Gold und Wasser. (Die Gleichsetzung von Metall und Gold erfolgte trotz unterschiedlicher Bedeutung auf Grund der Gleichheit des Schriftzeichens.) Die Fünf Elemente verkörpern die fünf unterschiedlichen Erscheinungsweisen aller Dinge, mit denen die Menschen im alltäglichen Leben in Berührung standen. Dies galt für die fünf Richtungen Osten, Süden, Mitte, Westen und Norden und für die fünf Farben Grün, Rot, Gelb, Weiß und Schwarz ebenso wie für die fünf Töne der Tonleiter, die fünf Eingeweide des Menschen, die fünf Geschmackssinne (süß, sauer, scharf, bitter und salzig), die fünf Getreidearten, die fünf Metalle (Gold, Silber, Kupfer, Eisen und Zinn) und die fünf atmosphärischen Erscheinungen.

Die folgende Tabelle zeigt einige Zuordnungen und sich daraus ableitende Beziehungen zwischen den Fünf Elementen und den Erscheinungsweisen der Dinge.

Von den fünf Farben gilt Grün (oder Blau) als die Farbe des Sprießens der Blätter. Sie symbolisiert die Empfindbarkeit des Frühlings und korrespondiert mit der Himmelsrichtung Osten. Entsprechend dieser Vorstellung waren einige Bauwerke im östlichen Teil der Verbotenen Stadt wie die Wenhuadian (Halle der Literarischen Blüte), in der der Thronfolger studierte, ursprünglich mit grünglasierten Ziegeln gedeckt. Später wurden die grünen Ziegel durch gelbe Glasurziegel ersetzt, als die Halle während der Regierungsperiode Jiajing (1522–1566) der Ming-Dynastie für andere Zwecke genutzt wurde. Grüne Ziegel fanden auch beim Bau der Drei Südlichen Hallen, dem offiziellen Wohnsitz der Prinzen, die während der Regierungsperiode Qianlong (1736–1795) der Qing-Dynastie errichtet wurden, Verwendung. Nach dem gleichen Prinzip verfuhr man auch mit der Kaiserinmutter und den kaiserlichen Konkubinen. Da die Kaiser bei ihrer Thronbesteigung normalerweise bereits in vorgerücktem Alter standen und demzufolge sowohl die Kaiserinmutter als auch die kaiserlichen Nebenfrauen den Zenit ihres Lebens überschritten hatten, entsprach ihre Lebensstufe dem Element Metall und der Himmelsrichtung Westen. Aus diesem Grund befand sich der Wohnsitz der Kaiserinmutter seit den Zeiten der Han-Dynastie im westlichen Flügel des Palastkomplexes. Die Tradition wurde in der Verbotenen Stadt fortgesetzt. Sowohl der Shou'angong (Palast des Friedvollen Alters) und der Shoukanggong (Palast des Rüstigen Alters) wie auch der Cininggong (Palast der Barmherzigen Ruhe) fanden am Westrand der Anlage ihren Platz.

Die Verwendung der fünf Farben entspricht auch der Fünf-Elemente-Lehre und ist am Shejitan (Altar der Götter des Bodens und der Feldfrüchte), der zur gleichen Zeit wie die Verbotene Stadt errichtet wurde, besonders deutlich abzulesen. Ihrer jeweiligen Richtung entsprechend war die Terrasse aus Steinen in den fünf Farben zusammengefügt. Die sich um den Altar ziehenden, niedrigen Wände waren mit verschiedenfarbigen glasierten Ziegeln gedeckt — blau und grün im Osten, rot im Süden, weiß im Westen, schwarz im Norden und gelb in der Mitte.

Bei der Verwendung von Linien ergab sich traditionell eine Verbindung des Prinzips von yin und yang mit dem der Fünf Elemente. Yang wird durch eine ungebrochene Linie —, yin durch eine durchbrochene Linie— symbolisiert. Die Anordnung beider Linienformen zu Dreierkombinationen ergibt acht Variationsmöglichkeiten, die schon in alter Zeit zu Orakelzwecken und u.a. auch zur Bezeichnung der acht Himmelsrichtungen verwendet wurden. Zugleich verkörpern sie die acht Naturerscheinungen — Himmel,

Abb. 11 Die graphische Darstellung, oft als Talisman benutzt, zeigt das Oktogon mit den Acht Trigrammen (bagua) in ihrer kosmischen Anordnung und die sich daraus ergebende wechselseitige Beeinflussung. In der Mitte das taiji, das höchste Prinzip, zusammengesetzt aus dem yang (positive, lichte, männliche Kraft) und dem yin (negative, dunkle, weibliche Kraft). Yang und yin sind die konstituierenden Wesenselemente aller Dinge. Die Anordnung dient zur Erklärung der in der Einheit der Gegensätze im Universum wirkenden Kräfte. Nach dem hier gegebenen System wurde die Richtung eines Hauses festgelegt, um es in Übereinstimmung mit den auf das Haus und seine Bewohner wirkenden Kräften zu bringen. Um den Wunsch nach Übereinstimmung zum Ausdruck zu bringen, wurde die symbolische Darstellung oft über oder an der Tür des Hauses angebracht.

Die zwischen den Trigrammen und im Mittelkreis eingetragenen Schriftzeichen geben die sogenannten „Zehn zyklischen Zeichen" wieder. Sie dienen zur Kennzeichnung des immer wiederkehrenden Ablaufs des Jahres, des Lebens, der im zyklisch gedachten Geschichtsverlauf vorherrschenden Elemente usw.

Abb. 12 Die Tabelle zeigt das Oktogon mit den Acht Trigrammen in ihrer Affinität zu Naturerscheinungen und Himmelsrichtungen. Das ursprünglich zu Orakelzwecken benutzte System aus ungebrochenen (yang) und durchbrochenen (yin) Linien fand seine erste Erläuterung im Yijing (Buch der Wandlungen), das vermutlich um 1000 v.u.Z. entstand.

Abb. 13 Die Theorie der Fünf Elemente diente nicht nur zur Erläuterung der Struktur des Universums, sie erklärte auch die Dynamik und Wirkung der nicht statisch aufgefaßten Elemente. Jedes Element wirkt auf die anderen ein, fördert oder zerstört sie. Das Element Wasser beispielsweise begünstigt das Element Holz, wird aber vom Element Feuer zerstört. Das sich daraus ableitende zyklische Weltbild prägte Chinas Philosophie und Geschichtsbetrachtung und diente u.a. dazu, das Steigen oder Fallen einer Dynastie zu begründen. Vgl. auch Abb. 11

	Holz	Feuer	Erde	Metall/Gold	Wasser
Richtungen	Osten	Süden	Mitte	Westen	Norden
atmosphärische Erscheinungen	Wind	Hitze	Feuchtigkeit	Trockenheit	Kälte
Lebensstufen	Geburt	Wachstum	öffentliches Wirken	Besinnung	Selbstbewahrung
Gefühlszustände	Zorn	Glück	Bedachtsamkeit	Liebe	Furcht
Töne	jue	zhi	gong	shang	yu
Farben	Grün	Rot	Gelb	Weiß	Schwarz

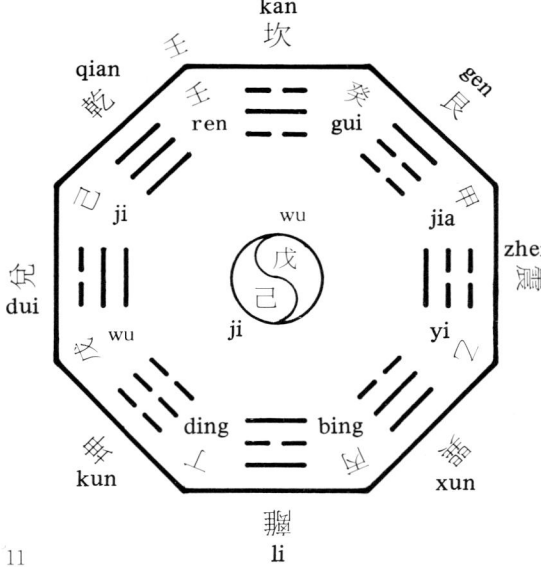

11

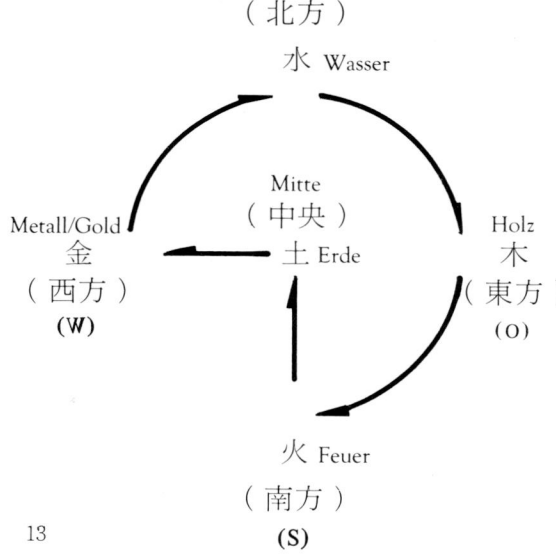

13

Erde, Wasser, Feuer, Berg, Sumpf, Wind und Donner. Wenn man jede dieser acht Linienformen mit einer der anderen Formen zusammenordnete, ließen sich daraus weitere 64 Kombinationsmöglichkeiten ableiten. Die acht Grundvarianten aus drei ungebrochenen und durchbrochenen Linien werden als *bagua* (Oktogon mit den Acht Trigrammen) bezeichnet. Die acht Himmelsrichtungen, die sie vertreten, heißen: *qian* (Nordwesten), *kan* (Norden), *gen* (Nordosten), *zhen* (Osten), *xun* (Südosten), *li* (Süden), *kun* (Südwesten) und *dui* (Westen). Dank dieses Systems wurden den von den Elementen Holz, Feuer, Metall und Wasser geprägten Richtungen noch vier dazwischenliegende Richtungen hinzugefügt.

Wind (*feng*) und Wasser (*shui*) spielten bei der Projektierung eines Baukomplexes ursprünglich eine große Rolle. Man entsprach damit der im alten China als Wissenschaft betriebenen Geomantie (*fengshui*). Entsprechend der Richtung von Sonne und Wind wird die Hauptachse eines Baukomplexes festgelegt. Wegen des Winters werden die wichtigsten Bauten nach Süden zur Sonne hin ausgerichtet, geschützt gegen den Nordwind. Dem Kühlung bringenden Südostwind des Sommers dagegen sollen sie zugänglich bleiben. Deshalb war für einen Palast eine Lage mit Bergen im Norden und mit in südlicher Richtung in eine Ebene ablaufendem Wasser wünschenswert. Die Stadt Beijing bot diese Bedingungen. Im Norden wird sie durch das Taihang-Gebirge (auch Yanshan genannt) geschützt, im Südosten grenzt die Ebene an das Bohai-Meer. Das Gelände liegt im Norden hoch, im Süden ist es flach. Das alles schuf ideale Voraussetzungen für anhaltenden Sonnenschein, Beachtung der Windrichtungen und gute Wasserableitung. Die konkrete Wahl des Bauplatzes der Verbotenen Stadt

Landschaftselemente erfüllen den Doppelzweck der Verschönerung der Umgebung und der Einhaltung der geomantischen Regeln. Die Richtung des Wasserlaufes war durch das geomantische Gedankengut vorgegeben und entsprach den traditionellen Wassersystemen der klassischen Bautheorie. Danach haben alle Wasserläufe ihren Ursprung in der Richtung *qian* und fließen in Richtung *xun* ab. Dementsprechend betritt der Innere Fluß die Verbotene Stadt in der Nordwestecke (*qian*), fließt im Westen des Palastkomplexes südwärts, windet sich um die Wuyingdian (Halle der Militärischen Tapferkeit), durchströmt in östlicher Richtung den Südteil der Verbotenen Stadt unterhalb des Taihemen (Tor der Höchsten Harmonie) und verläßt in der Südostecke (*xun*) die Palaststadt. Auch der Name des Flusses wurde nach der Lehre der Fünf Elemente gewählt. Da der Westen mit dem Element Gold in Verbindung steht und der Wasserlauf innerhalb der Verbotenen Stadt liegt, wurde er Nei jinshuihe (Innerer Goldwasserfluß) genannt.

Entsprechend dem Prinzip der Fünf Elemente wurden auch die Farben samt den durch sie bestimmten Gefühlszuständen bei der Ausgestaltung der Verbotenen Stadt eingesetzt. Da Rot das Glück symbolisiert, sind alle Palastmauern in Rot gehalten. Die Tore, Fenster, Säulen und das Gebälk der Paläste tragen ein hell leuchtendes Rot. Besonders kennzeichnend ist die Verwendung von Rot in der Innengestaltung des Kunninggong (Palast der Irdischen Ruhe). Das Doppelschriftzeichen an der zinnoberroten Wand besteht aus zwei nebeneinander gesetzten *xi*, was soviel wie „doppeltes Glück" bedeutet. Die Zeichen sind mit Blattgold belegt. Zinnoberrote Farbe zu verwenden war nur in den Wohnpalästen der kaiserlichen Prin-

Abb. 14 Das Zhengyangmen (Tor der Mittagssonne), der südliche Haupteingang zur Inneren Stadt

Abb. 15 Das Daqingmen (Tor der Großen Qing). Historische Aufnahme aus der späten Qing-Dynastie. Im Hintergrund das Tian'anmen (Tor des Himmlischen Friedens)

Abb. 16 Gulou (Trommelturm; *rechts*) und Zhonglou (Glockenturm). Von hier aus wurden die Tagesstunden mit Glockenschlägen und die Nachtstunden mit Trommelschlägen verkündet.

wurde u.a. davon mitbestimmt, daß das Terrain im Norden über einen Meter höher als im Süden liegt. Um die Vorstellung der Geomanten „Hinten liegt ein Berg, Wasser strömt nach vorn" zu verwirklichen, wurde der Wansuishan (Berg der Langlebigkeit, heute Jingshan) im Norden der Verbotenen Stadt aufgetürmt. Von Westen nach Osten wurde im Süden der Verbotenen Stadt zur Wasserversorgung und Regenwasser-Ableitung der Goldwasserfluß angelegt. Beide

zen und in Tempeln erlaubt. Türen und Säulen in den Wohnungen der gewöhnlichen Sterblichen mußten in schwarzer Farbe gehalten sein. Nur zur Feier des Neujahrs am Frühlingsfest oder bei Hochzeiten waren die Schriftzeichen *xi* in roter Farbe, die Verwendung roten Schreibpapiers und rote Kleidung gestattet.

Das südliche Tor der Verbotenen Stadt Wumen (Mittagstor) war von unten bis oben in roter Farbe

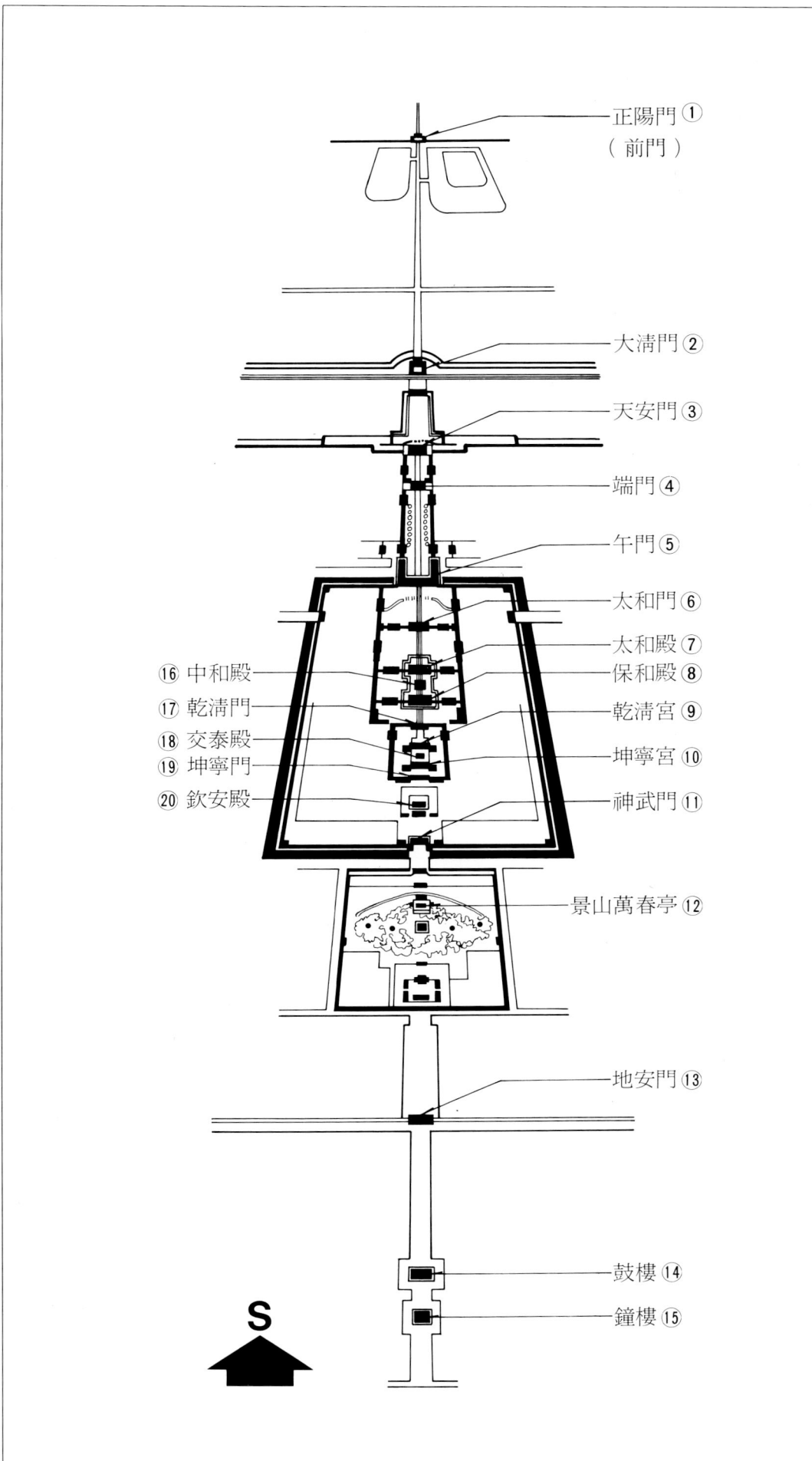

gehalten. Selbst die polychrom gestaltete Innendekoration unterscheidet sich von den übrigen Toren. Hier herrscht Karmesinrot vor, da das Wumen am südlichen Ende der Verbotenen Stadt liegt und der Süden mit dem Element Feuer in Verbindung steht. Weil dem Norden traditionell das Wasser zugeordnet war, sind die Balustraden im nördlichen Teil der Verbotenen Stadt jenseits der Qin'andian (Halle des Kaiserlichen Seelenfriedens) mit einem Wellenmuster geschmückt, während alle südlich davon errichteten Balustraden Drachenmuster tragen.

Gelb (Goldfarbe) nimmt die zentrale Position in der Farbenlehre der Fünf Elemente ein. Sie kennzeichnet wie die Erde in den Fünf Elementen den Mittelpunkt und Ursprung aller Dinge (der Kreis im Zentrum des Oktogons, Abb. 11). Da Gelb und Goldfarbe zugleich Reichtum und Würde symbolisieren, waren die Gewänder des Kaisers und der Kaiserin zumeist in Gelb und Gold gehalten. Während der Qing-Dynastie wurden „gelbe Mandarinjacken" als höchste Auszeichnung an verdienstvolle Beamte verliehen. Dies alles erklärt, warum die Majorität aller Dächer der Verbotenen Stadt mit gelbglasierten Ziegeln gedeckt ist.

Abb. 17 Lageskizze der Hauptbauten entlang der zentralen Achse, die die Anlage der Verbotenen Stadt sowie Beijings bestimmt:

1 Zhengyangmen (Tor der Mittagssonne), Zugangstor zur Inneren Stadt
2 Daqingmen (Tor der Großen Qing)
3 Tian'anmen (Tor des Himmlischen Friedens)
4 Duanmen (Tor der Aufrichtigkeit)
5 Wumen (Mittagstor)
6 Taihemen (Tor der Höchsten Harmonie)
7 Taihedian (Halle der Höchsten Harmonie)
8 Baohedian (Halle zur Erhaltung der Harmonie)
9 Qianqinggong (Palast der Himmlischen Reinheit)
10 Kunninggong (Palast der Irdischen Ruhe)
11 Shenwumen (Tor des Göttlichen Kriegers)
12 Wanchunting (Pavillon des Ewigen Frühlings) auf dem Gipfel des Jingshan (Schöner Berg)
13 Di'anmen (Tor des Irdischen Friedens)
14 Gulou (Trommelturm)
15 Zhonglou (Glockenturm)
16 Zhonghedian (Halle der Vollkommenen Harmonie)
17 Qianqingmen (Tor der Himmlischen Reinheit)
18 Jiaotaidian (Halle der Berührung von Himmel und Erde)
19 Kunningmen (Tor der Irdischen Ruhe)
20 Qin'andian (Halle des Kaiserlichen Seelenfriedens)

紫禁城主要建築

Die Baukomplexe
der
Verbotenen Stadt

城池

Palastmauer und Wallgraben

Die Verbotene Stadt liegt im Mittelpunkt der Kaiserstadt, die ihrerseits das Zentrum der Hauptstadt der Ming- und der Qing-Dynastie darstellte. Der Grundriß des Palastkomplexes bildet ein Rechteck. Seine Länge von Süden nach Norden beträgt 961 Meter, seine Breite von Osten nach Westen 753 Meter. Insgesamt hat die Anlage einen Umfang von 3428 Meter und bedeckt eine Fläche von mehr als 723 600 Quadratmeter.

Die Verbotene Stadt wird von einer Palastmauer umschlossen mit Türmen über den vier Stadttoren und je einem Turm auf den vier Ecken. Außerdem gehören zur Befestigungsanlage ein Wallgraben und eine Reihe von Räumlichkeiten, die der Verteidigung des Kaiserpalasts dienten. Architektonisch ist die Wehranlage sehr streng gehalten und ganz auf ihren Zweck abgestellt. Sie galt als äußerst sicheres Verteidigungssystem.

Die Palastmauer der Verbotenen Stadt ist 7,9 Meter hoch. An der Basis hat sie eine Breite von 8,62 Meter, die Mauerkrone ist 6,66 Meter breit. Auf der Außenkante der Mauerkrone sind Zinnen angebracht, die als Schießscharten dienten. Auf der Innenseite der Mauer sind in einem Abstand von 20 Meter schmale Rinnsteine zum Abfluß des Regenwassers eingefügt. Im Gegensatz zu normalen Stadtmauern wurden sowohl die äußere als auch die innere Mauerwand aus drei Lagen Ziegelsteinen aufgemauert; der Zwischenraum wurde mit gestampfter Erde aufgefüllt. Die Fugen wurden mit flüssigem Mörtel gefüllt. Dank dieser Baumethode ergab sich der ebenmäßige und solide Eindruck, der die Mauer der Verbotenen Stadt kennzeichnet.

Jeder Außenziegel hat eine Länge von 48 Zentimeter, eine Breite von 24 Zentimeter und eine Höhe von 12 Zentimeter. Sein Gewicht beträgt 24 Kilogramm. Schätzungsweise wurden für den Bau der Mauer mehr als 12 Millionen *dengjiangzhuan* (Ziegel aus Klärschlamm) benötigt, die im Linqing-Brennofen in der Provinz Shandong gebrannt wurden. In den Jahren der Regierungsperiode Jiajing (1522–1566) der Ming-Dynastie kostete jeder solche Ziegel 0,24 Tael Silber (1 Tael = 50 Gramm). Die Transportkosten von Shandong nach Beijing betrugen pro Ziegel 0,04 Tael. Insgesamt kostete das Material des Mauerbaus für die an der Außenfläche gebrauchten Ziegel allein also mehr als 3 Millionen Tael Silber. Da jeder Maurer täglich nur etwa zwanzig Ziegel verarbeiten konnte, ging der Bau der Mauer äußerst langsam vonstatten. Insgesamt wurden zum Bau über 200 000 Arbeitstage mehr benötigt als bei einer vergleichbaren landläufigen Stadtmauer.

An allen vier Seiten der Verbotenen Stadt befindet sich je ein Stadttor, über dem jeweils ein Turm errichtet wurde. Im Süden liegt das Wumen (Mittagstor), im Norden das Shenwumen (Tor des Göttlichen Kriegers), im Osten das Donghuamen (Tor der Östlichen Blüten) und im Westen das Xihuamen (Tor der Westlichen Blüten). Da eine Mischung aus Kalk, klebrigem Reis und Alaun als Bindemittel beim Bau der Torgebäude verwendet wurde, sind die Tortundamente überaus stabil und tragfähig. In der Mitte der Torgebäude befinden sich drei aus Ziegelsteinen hochgemauerte, rundbogige Tore, von denen jeweils das mittlere höher ist als die Nebentore. An den beiden Querseiten jedes Torsockels wurden Rampen angelegt, die zur oberen Plattform der Tore und zur Mauerkrone hinaufführen.

Von den vier Tortürmen wurde die Turmanlage des Wumen besonders prächtig gestaltet. Der Grundriß bildet ein U. Die Plattform, auf der sich die Aufbauten erheben, ist 12 Meter hoch. Das Wumen mit seinen drei Torbögen war der Hauptzugang zur Verbotenen Stadt. Alle Zivil- und Militärbeamten hatten durch das östliche Tor den Palastkomplex zu betreten und zu verlassen. Der kaiserlichen Familie und den Angehörigen des Adels war das westliche Tor vorbehalten, während das zentrale Tor ausschließlich für den Kaiser reserviert blieb, wenn er den Großen Ahnentempel besuchte oder persönlich einen Feldzug anführte. Da auch jeder Seitenflügel des Wumen mit einem kleinen Tor ausgestattet war, das, da es im Winkel der U-förmigen Anlage seinen Platz gefunden hatte, *Yemen* (Achselhöhlen-Tor) genannt wurde, bezeichnete man das Wumen auch als Toranlage „mit anscheinend drei, in Wirklichkeit mit fünf Toren". Der Wumen-Turm wurde im 18. Jahr der Regierungsperiode Yongle der Ming-Dynastie (1420) erbaut, im 4. Jahr der Regierungsperiode Shunzhi der Qing-Dynastie (1647) und im 6. Jahr der Regierungsperiode Jiaqing der Qing-Dynastie (1801) rekonstruiert.

Das in der Mitte des Wumen liegende Turmgebäude umfaßt an der 60,5 Meter langen Frontseite neun *jian* und an der 25 Meter langen Breitseite fünf *jian*. Mit dieser Kombination von „neun" und „fünf" galt die Haupthalle auf der Plattform des Wumen als Gebäude höchsten Ranges in der altchinesischen Hallenarchitektur. Das Turmgebäude ist mit einem zweistufigen Dach versehen und stellt mit einer Höhe von 37,95 Meter den höchsten Holzbau der Verbotenen Stadt dar. Auf beiden Seitenflügeln wurden langgestreckte flache Längshallen errichtet, die jeweils dreizehn *jian* umfassen. Sie erhielten entsprechend der Bezeichnung der Seitenflügel den Namen Yanchilou (Wildgans-Flügel-Turm). An beiden Enden jedes Seitenflügels wurde ein mit einem zweistufigen Dach versehener Wachturm errichtet. Mit dieser stattlichen Zahl unterschiedlichster Aufbauten und den darüber hinausragenden fünf unterschiedlich hohen Dächern erhielt der Gesamtkomplex des Wumen einen majestätischen und ehrfurchtgebietenden Charakter, was auch in der Bezeichnung Wufenglou (Turm der Fünf Phönixe) zum Ausdruck kommt. Das Wumen umschließt mit seinen Seitenflügeln einen breiten Platz, auf dem sich die Menschen versammelten, wenn der Kaiser an jedem 1. Tag des 10. Monats nach dem chinesischen Mondkalender den Kalender für das kommende Jahr verabschiedete, kaiserliche Edikte verkündete und Minister und Generäle empfing. Wenn die Generäle von einem siegreichen Feldzug zurückkehrten und die Kriegsgefangenen übergaben, kam der Kaiser persönlich zum Wumen, um an der Zeremonie der Übergabe der Kriegsgefangenen teilzunehmen.

Das Shenwumen (Tor des Göttlichen Kriegers) ist das Nordtor der Verbotenen Stadt. Es wurde im 18. Jahr der Regierungsperiode Yongle der Ming-Dynastie (1420) erbaut und Xuanwumen genannt. Während der Regierungsperiode Kangxi (1662–1722) erhielt es seinen heutigen Namen, um die Verwendung des tabuisierten kaiserlichen Namens, der Xuanye lautete, zu vermeiden. Das, wie üblich, von einer Säulengalerie umgebene Torgebäude ruht auf fünf Säulenpaaren, die das Hauptdach tragen. Früher be-

18

Abb. 18 Passiererlaubnisse aus der Qing-Dynastie. Sie berechtigten zum Betreten und Verlassen der Verbotenen Stadt.

Abb. 19 Der Wanchunting (Pavillon des Ewigen Frühlings) auf dem Gipfel des Jingshan (Schöner Berg), vom Shenwumen (Tor des Göttlichen Kriegers) aus gesehen. Fotografie aus dem Jahr 1900

Abb. 20 Das Wumen (Mittagstor) mit den beiden vorgeschobenen Yanchilou (Wildgans-Flügel-Türme)

Abb. 21 Der Huanghelou (Gelber-Kranich-Turm). Malerei aus der Song-Dynastie (960–1279)

Abb. 22 Der Tengwangge (Pavillon des Prinzen Teng). Malerei aus der Song-Dynastie

fanden sich in der Turmhalle die Glocken und Trommeln, mit denen die Tages- und Nachtstunden angezeigt wurden. Während der Qing-Dynastie fand hier die Musterung der jungen Mädchen und Frauen statt, die zum Palastdienst ausgewählt wurden.

Im Südteil der östlichen und der westlichen Mauer der Verbotenen Stadt befinden sich das Donghuamen (Tor der Östlichen Blüten) und Xihuamen (Tor der Westlichen Blüten). Außerhalb jedes Tores ist eine Steintafel zum Absitzen aufgestellt, auf der in Mandschurisch, Mongolisch, Han-Chinesisch, Arabisch und Tibetisch die Schriftzeichen „Absitzen hier" angebracht sind. Zu Fuß erreichte man durch die Tore den vorderen Hof noch südlich des Goldwasserflusses. Das Donghuamen diente hauptsächlich hohen Beamten und Militärs, die am Kaiserhof tätig waren, sowie Beamten des Kaiserlichen Sekretariats als Ein- und Ausgang. Die kaiserliche Familie benutzte dies Tor im allgemeinen nicht, außer bei Bestattungen und aus Anlaß des Ahnengedenkens. Wenn der Kaiser, die Kaiserin und die kaiserlichen Konkubinen aus den Kaisergärten in der westlichen Vorstadt Beijings in den Palast zurückkehrten, benutzten sie das Xihuamen.

Auf den vier Ecken der Palastmauer der Verbotenen Stadt wurde je ein Jiaolou (Eckturm) errichtet, wie sie schon in den Befestigungsanlagen aus Chinas alter Zeit zu Verteidigungszwecken gedient hatten. Während der Ming- und der Qing-Dynastie dienten sie jedoch bereits hauptsächlich dem Schmuck der Wehranlage. Das Zentrum der verspielt wirkenden Türme bildet ein quadratischer Pavillon mit drei Räumlichkeiten, dem an zwei Seiten eine breite Veranda mit Treppenaufgang und eigenem Querdach und an den beiden übrigen Seiten eine nur schmale Veranda mit kurzem Dachgiebel vorgesetzt sind. Im Gegensatz zu den meisten herausgehobenen Bauten des Palastes sind die Türme nicht von einer freistehenden Säulengalerie umgeben. Ihrem Grundriß und ihrer raffinierten Dachkonstruktion nach stellen die Türme originalgetreue Nachbauten des berühmten Huanghelou (Gelber-Kranich-Turm) und Tengwangge (Pavillon des Prinzen Teng) dar, was die überlieferten Zeichnungen aus der Song-Dynastie belegen.

Die Palastmauer der Verbotenen Stadt umgibt ein Wallgraben, der eine Breite von 52 Meter und eine Tiefe von sechs Meter hat. Da die niedrige Steineinfassung des Ufers aus schmalen und langen Steinblöcken aufgemauert wurde, wurde der Wallgraben Tongzihe (Rohr-Fluß) genannt. Während der Qing-Dynastie wurden auf der östlichen, westlichen und nördlichen Seite zwischen Mauer und Wallgraben 732 Unterkünfte für Wachsoldaten errichtet. Auf diese Weise wurde der Wallgraben so streng bewacht, daß sich kein gewöhnlicher Sterblicher der Mauer der Verbotenen Stadt zu nähern wagte.

19

21

22

20

33

3

4

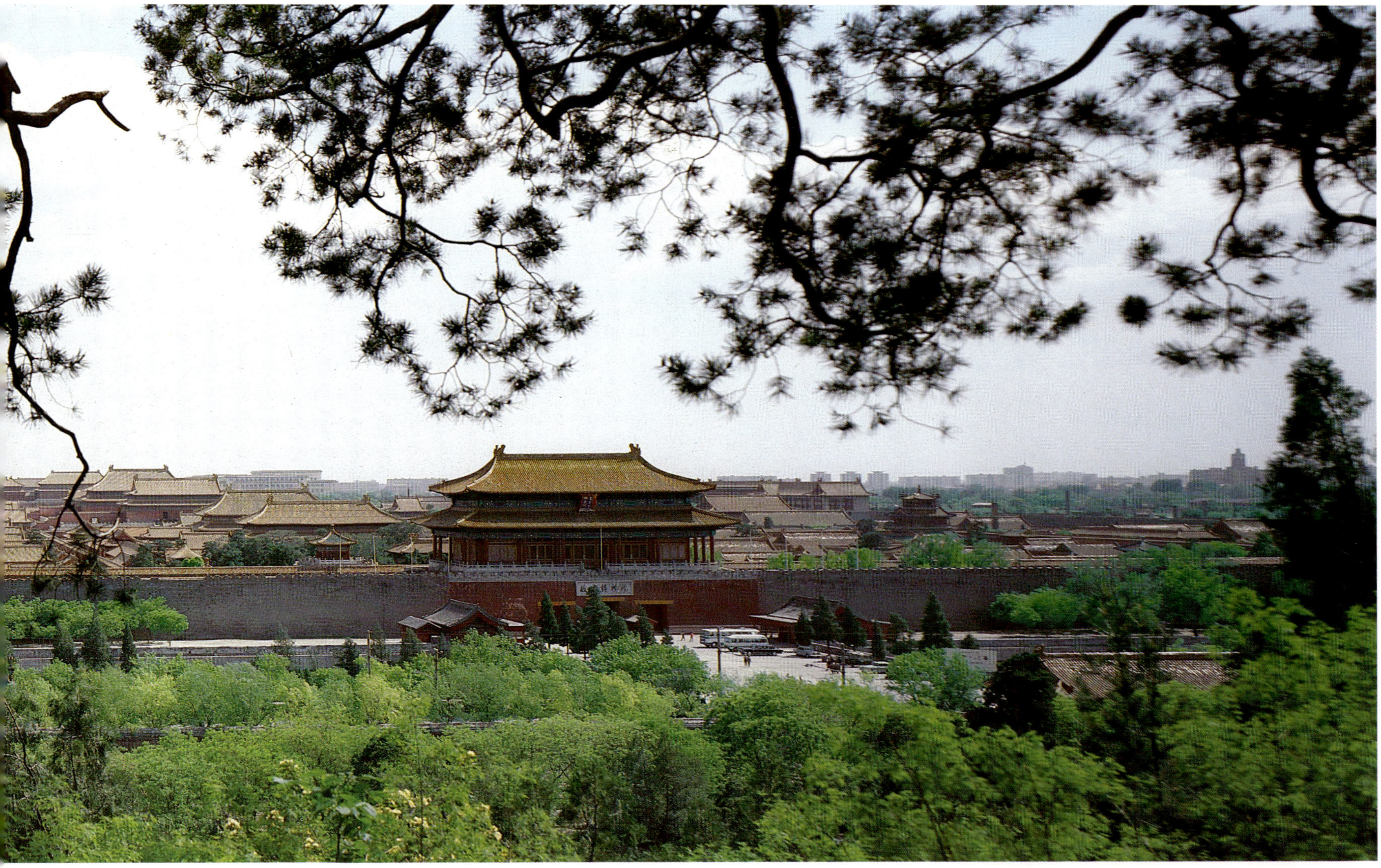

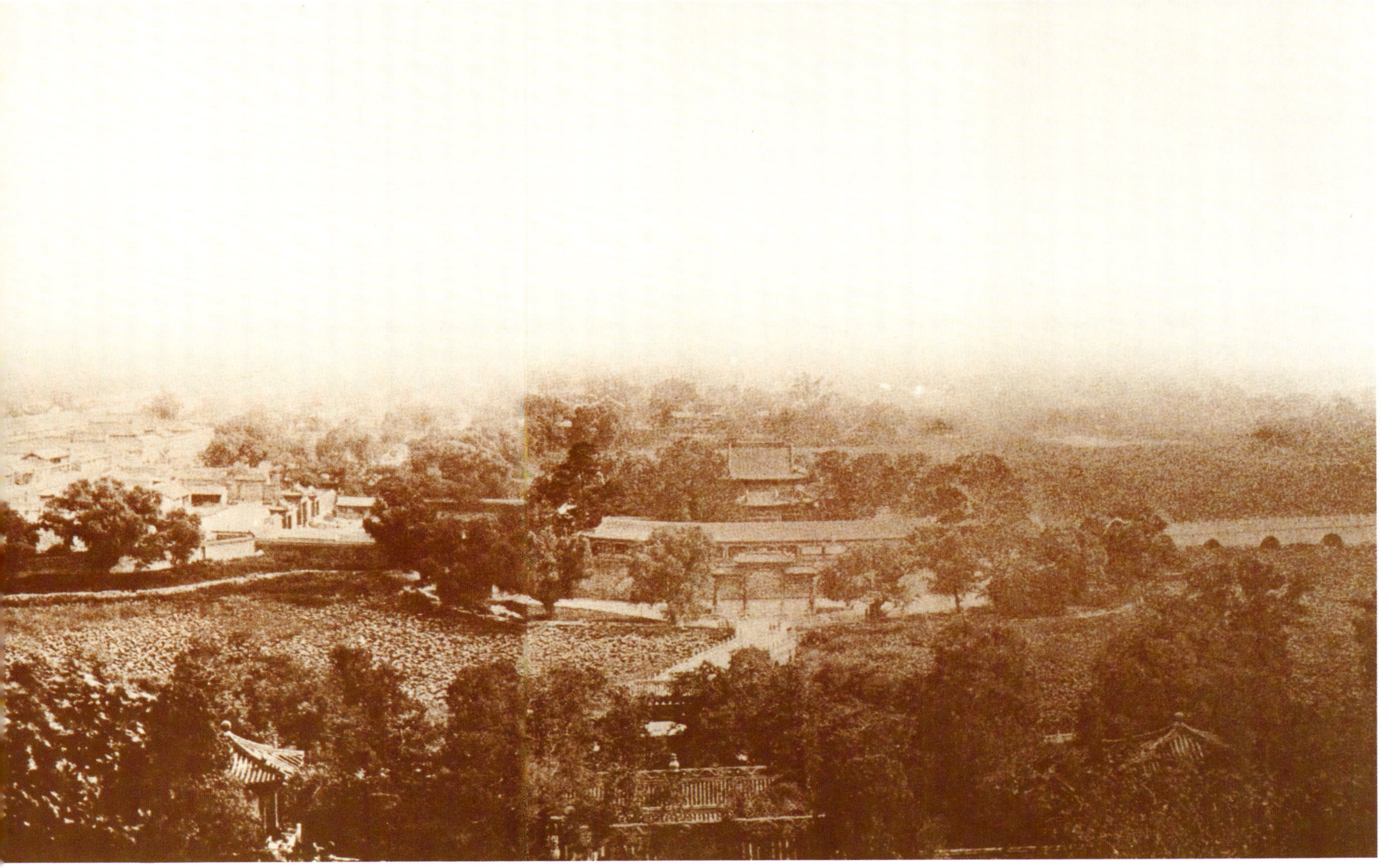

3 Blick auf die Verbotene Stadt nach Süden vom Jingshan (Schöner Berg) aus. Im Vordergrund das Shenwumen (Tor des Göttlichen Kriegers)
4 Die Verbotene Stadt im Jahr 1900
5 Blick durch das Mitteltor des Wumen auf den vorderen Hof
6 Galerie des Yanchilou (Wildgans-Flügel-Turm)

Das Wumen (Mittagstor) war das Haupttor zur Verbotenen Stadt. Es wurde im 18. Jahr der Regierungsperiode Yongle der Ming-Dynastie (1420) erbaut und im 4. Jahr der Regierungsperiode Shunzhi der Qing-Dynastie (1647) rekonstruiert. Das Wumen besteht aus einer zentralen Torhalle und zwei U-förmig nach Süden vorgeschobenen Seitenflügeln, die je eine flache langgestreckte Halle und zwei Turmpavillons tragen.

Wenn Generäle zur Zeit der Qing-Dynastie von einem siegreichen Feldzug zurückkehrten, kam der Kaiser zum Wumen und veranstaltete hier eine Zeremonie zur Übernahme der Kriegsgefangenen. Es war festgelegt, daß der Kaiser am 5., 15. und 25. Tag jedes Monats nach dem Mondkalender den Thron bestieg. Wenn der Kaiser an diesen Tagen zur Audienz erschien, mußten alle Zivil- und Militärbeamten vor der Taihedian (Halle der Höchsten Harmonie) salutieren und ihre Denkschriften überreichen. Wenn der Kaiser nicht zur Audienz erscheinen konnte oder nicht in der Hauptstadt weilte, versammelten sich die Prinzen und leitenden Minister außerhalb des Taihemen (Tor der Höchsten Harmonie), während die niederen Beamten sich zu beiden Seiten des vor dem Wumen liegenden Kaiserlichen Weges aufstellten. Sofern es keine wichtigen Staatsangelegenheiten zu verkünden gab, traten die Prinzen und Minister durch das Wumen den Rückweg an; danach war es auch den übrigen Beamten erlaubt, auseinanderzugehen.

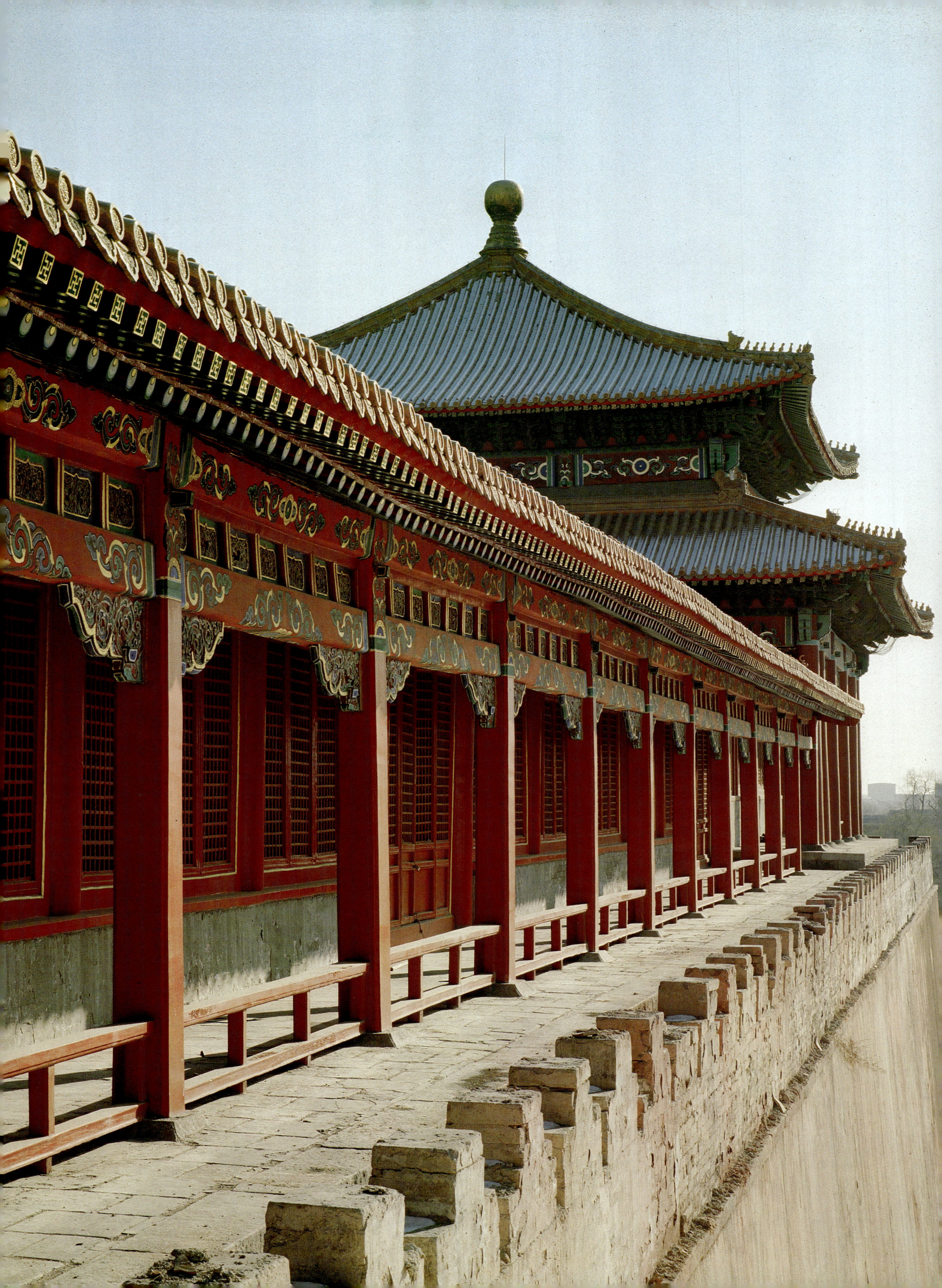

7

7 Die Palastseite des Wumen. Blick durch den vorderen Hof über den Inneren Goldwasserfluß nach Süden

Das Wumen besitzt fünf Tordurchgänge. Das in der Mitte liegende Haupttor war nur für den Kaiser reserviert. Der Kaiserin wurde an ihrem Hochzeitstag gestattet, einmal das Haupttor zu durchschreiten. Auch die drei Gewinner des Kaiserlichen Palastexamens durften es einmal passieren, nachdem ihnen die Würde eines *Zhuangyuan* (Examensbester in der Kaiserlichen Prüfung), eines *Bangyan* (Zweitplazierter in der Kaiserlichen Prüfung) und eines *Tanhua* (Drittplazierter in der Kaiserlichen Prüfung) verliehen worden war. Die Prinzen sowie alle Zivil- und Militärbeamten benutzten die Tore zu beiden Seiten des Haupttors. Die beiden Durchgänge in den Seitenflügeln, die Yemen (Achselhöhlen-Tor) genannt wurden, wurden nur an den Tagen geöffnet, an denen der Kaiser den Thron bestieg. An diesen Tagen betraten alle im Palastdienst stehenden Zivilbeamten den Palast durch das Osttor, während die Militärbeamten das Westtor benutzten. Die an der Kaiserlichen Prüfung teilnehmenden Zivil- und Militärbeamten sowie die *Jinshi* (akademischer Titel aller, die an den früheren zentralen Kaiserlichen Prüfungen teilgenommen hatten) benutzten je nach Rangfolge die Tore der Seitenflügel, wobei Ränge ungerader Zahlen durch das östliche und Ränge gerader Zahlen durch das westliche Tor in den Palast gelangten. Zur Zeit der Ming-Dynastie wurden Minister, die gegen den Willen des Kaisers verstoßen hatten, auf der Ostseite des Kaiserlichen Weges vor dem Wumen mit Stockschlägen bestraft.

Tian'anmen (Tor des Himmlischen Friedens)

Wumen (Mittagstor)   Jinshuiqiao (Goldwasserbrücke)

Duanmen (Tor der Aufrichtigkeit)

Taihemen (Tor der Höchsten Harmonie) Taihedian (Halle der Höchsten Harmonie)

8 „Kaiser Kangxis Reise nach dem Süden". Detail der Bildrolle von Wang Hui (1632–1717) u.a. (Palastmuseum, Beijing)

In den 61 Jahren seiner Herrschaft unternahm Kaiser Kangxi sechs Inspektionsreisen in das Gebiet nördlich und südlich des Changjiang (Yangtse). Auf zwölf Querrollen von insgesamt etwa 230 Meter Länge wurden die Stationen des Kaisers während seiner zweiten Reise, die in den ersten drei Monaten des 28. Jahres seiner Regierung (1689) stattfand, festgehalten. Der Ausschnitt gibt die feierliche Szene der Rückkehr des Kaisers nach Beendigung der Reise wieder (12. Querrolle).

Das Bild zeigt den Kaiserlichen Weg zwischen dem Tian'anmen und der Taihedian. In der Verbotenen Stadt herrscht atemlose Stille. Zwischen dem Duanmen und dem Wumen haben zu beiden Seiten des Weges Palastwachen (rote Kleidung) und Prinzen, Zivil- und Militärbeamte (blaue Kleidung) Aufstellung genommen, um die Rückkehr des Kaisers zu erwarten.

9 Außenansicht des Shenwumen

Das Shenwumen (Tor des Göttlichen Kriegers) ist das Nordtor der Verbotenen Stadt. Es wurde im 18. Jahr der Regierungsperiode Yongle der Ming-Dynastie (1420) erbaut und erhielt den Namen Xuanwumen. Nach seiner Rekonstruktion in der Regierungsperiode Kangxi der Qing-Dynastie erhielt es seinen heutigen Namen. Auf dem Turm befanden sich ursprünglich die Glocken und Trommeln zur Verkündung der Zeit. Jeden Tag bei einsetzender Abenddämmerung erklangen die Glocken 108mal. Danach wurde die erste Stunde ausgerufen. Von da ab gaben die Trommeln die ganze Nacht hindurch in bestimmten Abständen die Zeit an. Bei Tagesanbruch ertönten die Glocken erneut. Jeden Tag wurden Beamte vom Amt für Astronomie zum Shenwumen geschickt, um die Zeit zu regeln. Während der Qing-Dynastie wurden hier die jungen Mädchen und Frauen inspiziert, die zum Palastdienst ausgewählt wurden, bevor man sie durch das Tor in die Verbotene Stadt brachte.

10 Rampe am Shenwumen

Zu beiden Seiten der Tore der Verbotenen Stadt führen Rampen auf die Torplattform und die Mauerkrone hinauf. Um Wagen, Pferde und Soldaten schnell und problemlos auf die Mauer zu führen, wurden die Zugänge nicht als Treppen angelegt, sondern erhielten die Form von „Sägezahn-Rampen", d.h., in der Mitte des mit großen Ziegeln gepflasterten Weges befindet sich eine Treppe aus niedrigen Stufen. Ihre Funktion trug den Rampen die volkstümliche Bezeichnung „Zügel-Weg" ein.

11 Das Donghuamen (Tor der Östlichen Blüten)
12 Steintafel zum Absitzen

Außerhalb des Donghuamen und des Xihuamen (Tor der Westlichen Blüten) wurden für die Reiter Steintafeln zum Absitzen aufgestellt. Die Steintafeln sind vier Meter hoch und einen Meter breit. Auf der Rückseite jedes Steins wurden in Mandschurisch, Mongolisch, Han-Chinesisch, Arabisch und Tibetisch die Schriftzeichen „Absitzen hier" angebracht. Auch vor den östlichen und westlichen Toren des Wumen standen einst Absitz-Steintafeln, auf denen die Schriftzeichen „Beamte und die anderen sitzen hier ab" in Han-Chinesisch, Mandschurisch und Tibetisch zu lesen standen. Wenn die Minister und Generäle die Tafeln erreichten, stiegen sie von ihren Pferden oder verließen die Sänften. Die Steintafeln erfüllten einerseits einen praktischen Zweck, waren aber auch Ausdruck der absoluten Autorität des Kaisers, dem man sich nur zu Fuß nahen durfte.

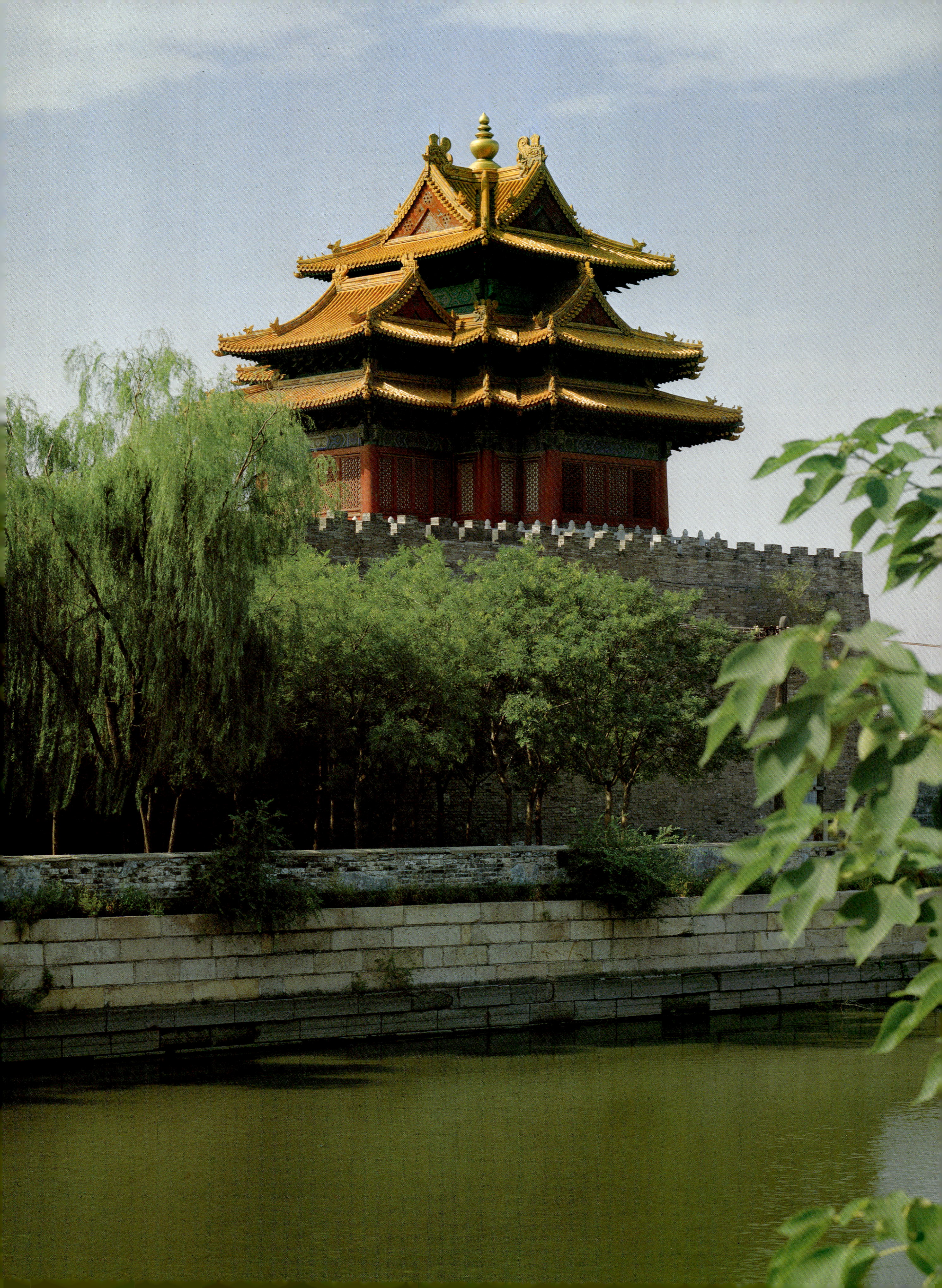

13 Wachturm im Winkel der Mauer der Verbotenen Stadt
14 Außenansicht eines der Wachtürme
15 Dachstruktur und Konsolensystem eines Wachturms

Auf den vier Ecken der Palastmauer der Verbotenen Stadt wurden Wachtürme errichtet, wie sie einst zur Verteidigung dienten. Das Dach ist dreistufig. Das Hauptdach besteht aus einem Kreuzdach mit Giebeln an den vier Seiten und darunterliegendem tiefgezogenen, umlaufenden Dachvorsprung. Der zweite Dachkranz setzt sich aus zwei Einzeldächern über den großen Veranden und zwei Kurzdächern mit Giebeln über den kleinen Veranden zusammen. Im Gegensatz zu den Dachkonstruktionen der meisten Bauten in der Verbotenen Stadt, die die Horizontale betonen, wecken die Türme den Eindruck einer an den Kanten vielfach gebrochenen Pyramide. Der Eindruck wird durch den vergoldeten, kugelförmigen Aufsatz auf dem Kreuzungspunkt des Hauptdachs verstärkt. Die Dachkonstruktion jedes Turmes setzt sich aus 72 Firsten zusammen. Die über den zwölf Winkeln der Türme „schwebenden" Dachvorsprünge zerbrechen die massive Turmstruktur und verleihen den Turmbauten einen in der Luft schwebenden Charakter, der ihren reizvollen Kontrast zur schlicht gehaltenen, kompakten Bauweise der Mauer, auf der sie ruhen, konstituiert.

16

17

16 Der Wallgraben zwischen der Nordmauer und dem Jingshan. In der Mitte das Shenwumen
17 Blick auf den Jingshan über die Zinnen der Nordmauer

Die hohe Palastmauer sowie der breite und tiefe Wallgraben dienten als Bauten zur Verteidigung der Verbotenen Stadt. Der nördlich der Verbotenen Stadt gelegene Jingshan stellt nach altchinesischer Tradition ebenfalls ein Element des Schutzes dar. In der Ming- und der Qing-Dynastie wurden die vier Tore der Verbotenen Stadt Tag und Nacht über streng bewacht. Zwischen dem Wallgraben und der Außenseite der Mauer wurde ein zusätzliches Verteidigungssystem installiert. In der Ming-Zeit wurden rund um die Verbotene Stadt vierzig rotgestrichene Wachunterkünfte errichtet. Um die Mitte der Qing-Zeit wurden in vier langen Gebäudereihen am Rand des Wallgrabens 732 Wachunterkünfte untergebracht. Abgesehen von den nächtlichen Patrouillen längs des Wallgrabens war der gesamte Palastkomplex in Sektionen eingeteilt, die durch regelmäßige Wachgänge kontrolliert oder mit Wachposten besetzt waren. Die Wachposten wechselten in einem Rhythmus von zwei Stunden. Das Zeichen zur Wachablösung wurde mit einer Handglocke gegeben.

外朝

Waichao (Der Äußere Hof)

Im Äußeren Hof führten die Kaiser der Ming- und der Qing-Dynastie die Staatsgeschäfte und erteilten Audienzen für die Minister. Die weite Anlage des Waichao umfaßt die Drei Vorderen Hallen, die auf der zentralen Achse der Verbotenen Stadt liegen, flankiert durch die Wenhuadian (Halle der Literarischen Blüte) und die Wuyingdian (Halle der Militärischen Tapferkeit). Ferner gehören zum Äußeren Hof noch die Neige datang (Große Halle des Kaiserlichen Sekretariats), das Dang'anku (Kaiserliches Archiv) und die Luanyiwei (Abteilung der Kaiserlichen Ehrengarde). Sie befanden sich außerhalb des Empfangshofes an der Südmauer.

Die Taihedian (Halle der Höchsten Harmonie), die Zhonghedian (Halle der Vollkommenen Harmonie) und die Baohedian (Halle zur Erhaltung der Harmonie), die man gewöhnlich als die Drei Großen Hallen bezeichnet, bilden das Zentrum der Verbotenen Stadt. Ihre Gesamtfläche beträgt 85 000 Quadratmeter. Hinsichtlich ihrer Architektur und ihrer Ausstattung sind sie der hervorgehobenste Baukomplex in der Verbotenen Stadt, gekennzeichnet durch Monumentalität, erhabene Maße, reiche Ornamentierung und Farbenpracht.

Der Zugang zu den Drei Großen Hallen erfolgt durch das Taihemen (Tor der Höchsten Harmonie), das auf der Längsseite neun *jian* und an der Breitseite vier *jian* mißt und das imposanteste und größte Palasttor der Verbotenen Stadt ist. Zur Zeit der Ming-Dynastie benutzte der Kaiser gelegentlich dieses Torgebäude, um Denkschriften entgegenzunehmen und Edikte zu erlassen. Daher erklärt sich der bekannte Ausdruck *yumen tingzheng* („Audienz geben und Regierungsgeschäfte erledigen am Kaiserlichen Tor"). Wenn der Kaiser die Verbotene Stadt verließ, war es üblich, ihn zuerst in der Sänfte vom Inneren Hof bis zum Taihemen zu tragen, bevor er dort in den kaiserlichen Wagen umstieg. Nach der Übernahme der Macht verkündete der erste Mandschu-Kaiser Shunzhi im 9. Monat seines 1. Regierungsjahres (1644) vom Taihemen aus die Kaiserliche Begnadigung seiner Widersacher.

Das Taihemen wird vom Zhaodemen (Tor der Leuchtenden Tugend) und vom Zhendumen (Tor des Richtigen Verhaltens) an der östlichen und westlichen Seite flankiert. Zusammen mit dem Xiehemen (Tor der Vereinten Harmonie) und dem Xihemen (Tor der Wunderbaren Harmonie) in der Mitte der den vorderen Empfangshof im Osten und Westen begrenzenden, überdachten Galerie sowie dem Wumen im Süden entstand ein imponierender Platz von 26 000 Quadratmeter Ausdehnung. Die Mitte des Platzes wird von einem leicht gewundenen Goldwasserfluß gekreuzt, über den sich fünf gewölbte Brücken mit Balustraden aus *hanbaiyu*-Marmor spannen.

Hat man das Taihemen durchschritten, erhebt sich vor dem Besucher die 8,13 Meter hohe, dreistufige Plattform, auf der die Drei Vorderen Hallen hintereinander plaziert sind. Die Anlage der Plattform gestaltete man nach dem legendären Berg Sumeru, der nach buddhistischer Vorstellung das Zentrum der Welt und den Sitz der Götter bildet. Jede der drei Stufen der Plattform ist mit Marmor-Balustraden eingefaßt, deren oberes Ende mit stilisierten Drachen und Phönixen inmitten von Wolkenmustern verziert ist. Am Fuß jeder Balustraden-Säule ragt über den Rand der Plattformstufe der Kopf eines hornlosen Drachen (*chi*). Insgesamt sind an der Plattform 1100 dieser Steindrachen angebracht. Durch ihre offenen Mäuler rinnt an Regentagen das Wasser und ergießt sich wie eine kunstvolle Kaskade von Stufe zu Stufe abwärts, wodurch ein überaus eindrucksvoller Effekt hervorgerufen wird.

Der Grundriß der dreistufigen Plattform nimmt eine Fläche von 25 000 Quadratmeter ein. An der Vorderseite der Taihedian und an der Rückseite der Baohedian führt zwischen den Stufen eine Rampe aus großen, mit Wolken- und Drachenmustern geschmückten *hanbaiyu*-Marmorplatten zur Plattform hinauf, die zu betreten ausschließlich dem Kaiser vorbehalten war. Die größte dieser Platten befindet sich an der Rückseite der Baohedian. Sie ist ein 16,57 Meter langer, 3,07 Meter breiter und 1,7 Meter dicker Monolith. Das Gewicht der Platte beträgt über 250 Tonnen. Auf der oberen Stufe der Plattform vor der Taihedian ist eine Reihe steinerner und metallener Gegenstände aufgestellt, darunter eine Sonnenuhr, ein *jialiang*-Hohlmaß und zwei aus Bronze gegossene Tierplastiken, eine Schildkröte und ein Kranich. Beide Tiere gelten traditionell als Glücksbringer und fungieren als Symbole für die Stärke und den Frieden des Reiches und für die Langlebigkeit des Kaisers.

Während der Ming- und der Qing-Dynastie war die Taihedian das Zentrum der wichtigsten Staatsangelegenheiten. Alle bedeutenden Zeremonien wie die Thronbesteigung, die Feier des kaiserlichen Geburtstags, der kaiserlichen Hochzeit und die Ernennung der Kaiserin fanden hier statt. Die würdevolle Funktion des Gebäudes wurde durch architektonische und dekorative Ausdrucksmittel besonders hervorgehoben. Die Taihedian ist der größte noch erhaltene Holzbau aus Chinas alter Zeit.

Die Taihedian mißt an der Längsseite neun *jian*, zuzüglich der beiden schmalen Seitenkammern elf *jian*. Der Abstand zwischen der ersten und der zwölften Säule beträgt 60,01 Meter. Die Halle ist fünf *jian* breit (33,33 Meter). Ihre Gesamtfläche (einschließlich der Plattformen) umfaßt etwa 2377 Quadratmeter. Die Taihedian ist der größte und höchste Hallenbau Chinas. Mit ihrer Höhe von 35,05 Meter ist sie um einen Meter höher als die Torhalle auf dem Zhengyangmen (Tor der Mittagssonne). Der Stil des Dachs entspricht dem Rang des Gebäudes. Das zweistufige Dach, das durch den hochragenden, horizontalen Hauptfirst und vier in weitem Schwung abwärtsführende Seitenfirste gekennzeichnet ist, ist das höchste Dach der Verbotenen Stadt. Das das Walmdach tragende Konsolensystem unterscheidet sich von den üblichen Systemen dadurch, daß jede Konsolenplatte statt mit zwei mit drei Konsolenarmen verbunden ist. Damit weist die Halle ein besonders kompliziertes Konsolensystem auf. Zu den Besonderheiten der Taihedian gehört u.a. auch, daß sie statt der sonst üblichen neun keramischen Fabeltierfiguren am unteren Ende der abwärtslaufenden Firste an jedem Firstende des zweistufigen Dachs elf Tierfiguren trägt. Zu den zehn traditionellen Schutztieren (vgl. Einleitung) ist ein Affe hinzugekommen. Zu den äußeren Merkmalen besonderer Auszeichnung der Taihedian ist auch die Tatsache zu rechnen, daß Tür- und Fensterfüllungen sowie das Maßwerk reich gestaltet und vergoldet wurden. In der Mitte der Halle steht auf einer Plattform, deren rückwärtiger Wandschirm mit umwundenen Drachen geschmückt ist, der Kaiserliche Drachenthron. Der Thronsessel ist mit geschnitzten, vergoldeten Drachen- und Wolkenmustern verziert. Über dem Thron befindet sich eine kunstvoll gearbeitete Deckendekoration mit gewundenen Drachen. Der Thronsessel wird von einem Geländer umfaßt, das auf sechs von vergoldeten Drachen umwundenen Säulen ruht.

Hinter der Taihedian liegt die Zhonghedian (Halle der Vollkommenen Harmonie). Bevor sich der Kaiser in die Thronhalle begab, ruhte er sich hier aus. Hier las er Gesuche und nahm die Ehrerbietung der Minister

23

Abb. 23 *pinjishan* (Beamtenrang-Berg)

Diese stilisierten Berge wurden zu beiden Seiten des Kaiserlichen Weges vor der Taihedian aufgestellt, um bei kaiserlichen Zeremonien den Beamten entsprechend ihrer Rangfolge die Plätze anzuweisen. Während der Ming-Zeit waren die *pinjishan* aus Holz angefertigt; sie wurden in der Qing-Zeit durch „Berge" aus Bronze ersetzt.

Abb. 24 Außenansicht der Wenhuadian (Halle der Literarischen Blüte)

des Kaiserlichen Sekretariats, des Inneren Ministeriums, des Ministeriums der Riten sowie der kaiserlichen Leibwachen entgegen. Die Zhonghedian hat einen quadratischen Grundriß und mißt fünf *jian* auf jeder Seite. Sie hat ein einstufiges pyramidenförmiges Dach in Art eines Zeltdachs mit vier schräg abwärts laufenden Dachfirsten und einem vergoldeten Kugelknauf auf der Spitze.

stufigem Dach Platz gefunden, wodurch die herausgehobene Bedeutung der durch sie markierten Baueinheit unterstrichen wird. Der weite Platz vor der Taihedian diente zeremoniellen Zwecken. Wenn der Kaiser eine Zeremonie leitete, war es niemandem erlaubt, die Halle zu betreten. Die Prinzen knieten auf der Terrasse vor der Taihedian nieder. Hinter den achtzehn zu beiden Seiten des Kaiserlichen Weges paarweise aufge-

dian (Halle des Südlichen Wohlgeruches), in der die Porträts sämtlicher Kaiser der aufeinanderfolgenden Dynastien aufbewahrt wurden. Die kleine Halle gehört wegen der originellen Holzstruktur, der reich geschmückten Kassettendecke und der gut erhaltenen Wandmalereien aus der Ming-Dynastie zu den wichtigen architektonischen Baukörpern aus der Gründungszeit der Verbotenen Stadt.

24

25

Die letzte der Drei Großen Hallen ist die Baohedian (Halle zur Erhaltung der Harmonie). Während der Qing-Dynastie gab der Kaiser hier den Fürsten und Adligen Bankette und führte die Kaiserlichen Palastexamen durch. Beim Bau dieser Halle wurde die Konstruktionsmethode „ohne Säulen" aus der Song- und der Yuan-Dynastie angewendet. Dadurch konnten die sechs tragenden, vergoldeten Säulen, die den Zentralraum vor dem Thronsessel in der Taihedian umgrenzen, weggelassen und somit ungehinderter Platz für Empfänge und Bankette geschaffen werden. Die Baohedian hat ein doppelstufiges Dach, wobei das Hauptdach die Form eines Fußwalmdachs erhielt. Die inneren Einrichtungen sowie der Dekor sind hauptsächlich in Rot gehalten und vermitteln dadurch eine Atmosphäre des Wohlstands und der Pracht.

Vom Taihemen kommend, nähert sich der Besucher den Drei Großen Hallen, deren Silhouetten sich wie eine Welle über der Plattform abheben. Eine Mannigfaltigkeit dynamischer, aber zugleich harmonischer Formen fesselt den Blick. Das Arrangement der die drei Hallen umschließenden Bauwerke unterstreicht einfallsreich und effektvoll die Wirkung der Plattform und der darauf thronenden Hallen. Die Hallen sind von eingeschossigen, galerieartigen Gebäuden umgeben, die so angelegt sind, daß nur das einstufige, langhingezogene Dach über die oberste Stufe der Plattform hinausragt. Nur die Gebäudefront, die den weiten Hof vor der Taihedian umschließt und die auf einem schmalen, den ganzen Platz einfassenden Sockelgeschoß ruht, wird an der Ost- und Westseite je von einer doppelgeschossigen Halle, dem Tirenge (Pavillon der Glorreichen Rechtschaffenheit) und dem Hongyige (Pavillon des Offenbaren Wohlwollens), unterbrochen. In den vier Ecken des Hofkomplexes der drei Haupthallen hat je ein turmartiges Gebäude mit zwei-

stellten, in Mandschurisch und Han-Chinesisch beschrifteten *pinjishan* (Beamtenrang-Berg) knieten die Militär- und Zivilbeamten entsprechend der Rangfolge ihrer Dienstgrade. Die Kaiserlichen Ehrengarden standen, den Blick nach Süden gewendet, vor der Taihedian und bildeten einen langen Kordon, der sich über das Taihemen, Wumen und Duanmen bis zur Südfront des Tian'anmen erstreckte.

Auf der östlichen und westlichen Seite der Drei Großen Hallen befinden sich die Wenhuadian (Halle der Literarischen Blüte) und die Wuyingdian (Halle der Militärischen Tapferkeit). Der Grundriß beider Hallen hat die Form einer römischen I. Beide Hallen, die als äußere Schutzbauten der Drei Vorderen Hallen dienten, haben ein einstufiges Fußwalmdach.

In der Wenhuadian wohnte der Kaiser Vorlesungen über die Klassiker bei. Einen Tag vor der Vorlesung begab sich der Kaiser zur Chuanxindian (Halle der Herzensübertragung), östlich der Wenhuadian, und brachte dort vor dem Altar Kongzis (Konfuzius) Opfer dar.

In der Ming-Dynastie diente die Wuyingdian dem Kaiser als ein Ort des Sich-Zurückziehens. Hier fastete er und enthielt sich des Umgangs mit den Konkubinen.

Nachdem die Bauernarmee unter Führung Li Zichengs 1644 Beijing eingenommen und das Ende der Ming-Dynastie herbeigeführt hatte, führte Li Zicheng nach seiner Thronbesteigung in den kurzen Wochen seiner Herrschaft von hier aus die Staatsgeschäfte. Während der Regierungsperiode Qianlong der Qing-Dynastie war in der Halle das Büro für die kaiserlichen Bucheditionen untergebracht. Deshalb wurden die dort vorbereiteten Publikationen „Palast-Ausgaben" genannt.

Südlich der Wuyingdian befindet sich die Nanxun-

26

Abb. 25 Außenansicht der Wuyingdian (Halle der Militärischen Tapferkeit)

Die die einzelnen Gebäudekomplexe miteinander verbindenden, erhöhten Wege wurden entsprechend dem Charakter der Bauten gestaltet.

Abb. 26 Porträt des ersten Qing-Kaisers Shunzhi

In der Hand hält er eine *hu* genannte Zeremonialtafel, das Zeichen der Regierungsgewalt. In der Regel waren die *hu* aus Jade hergestellt.

49

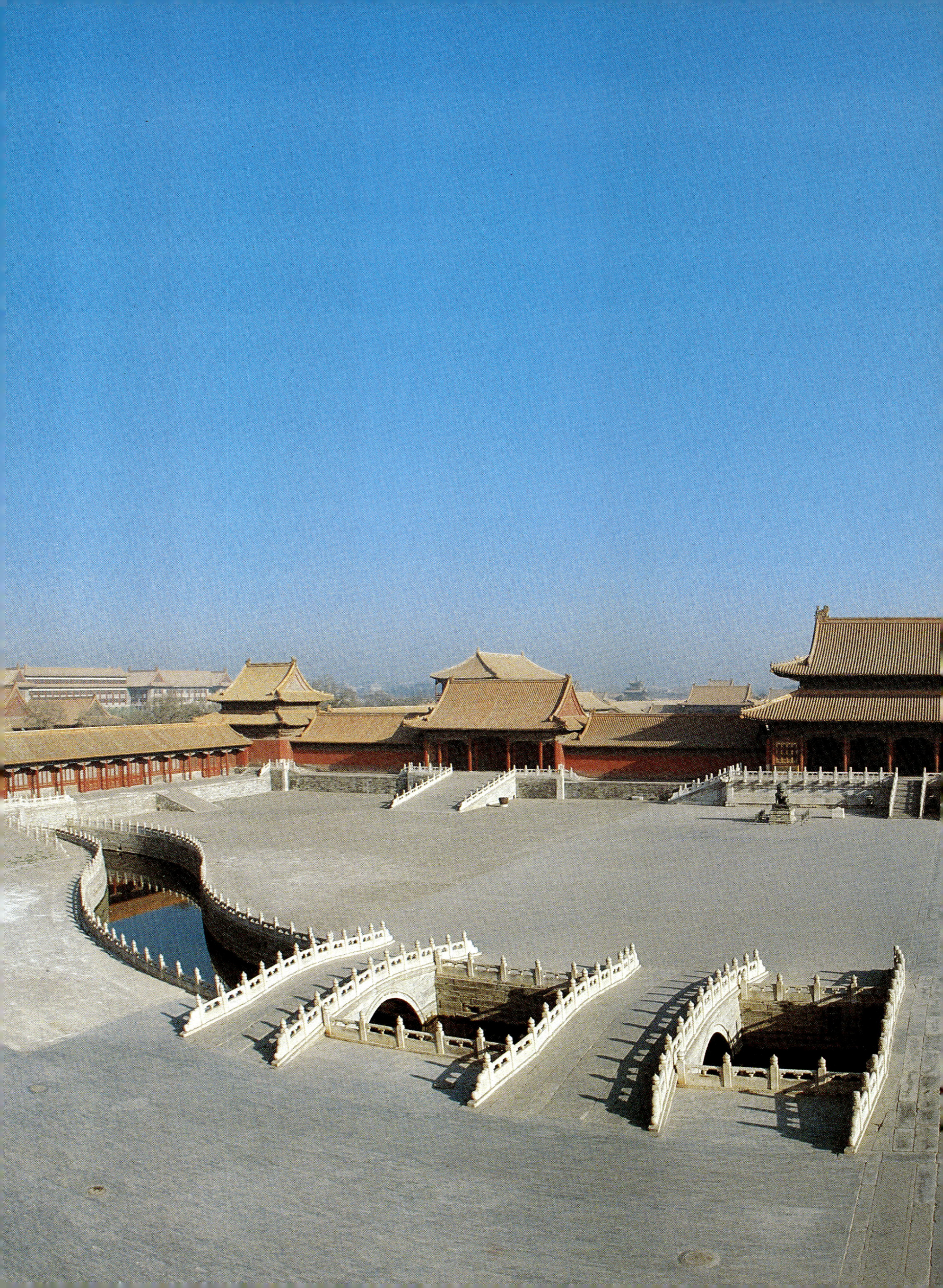

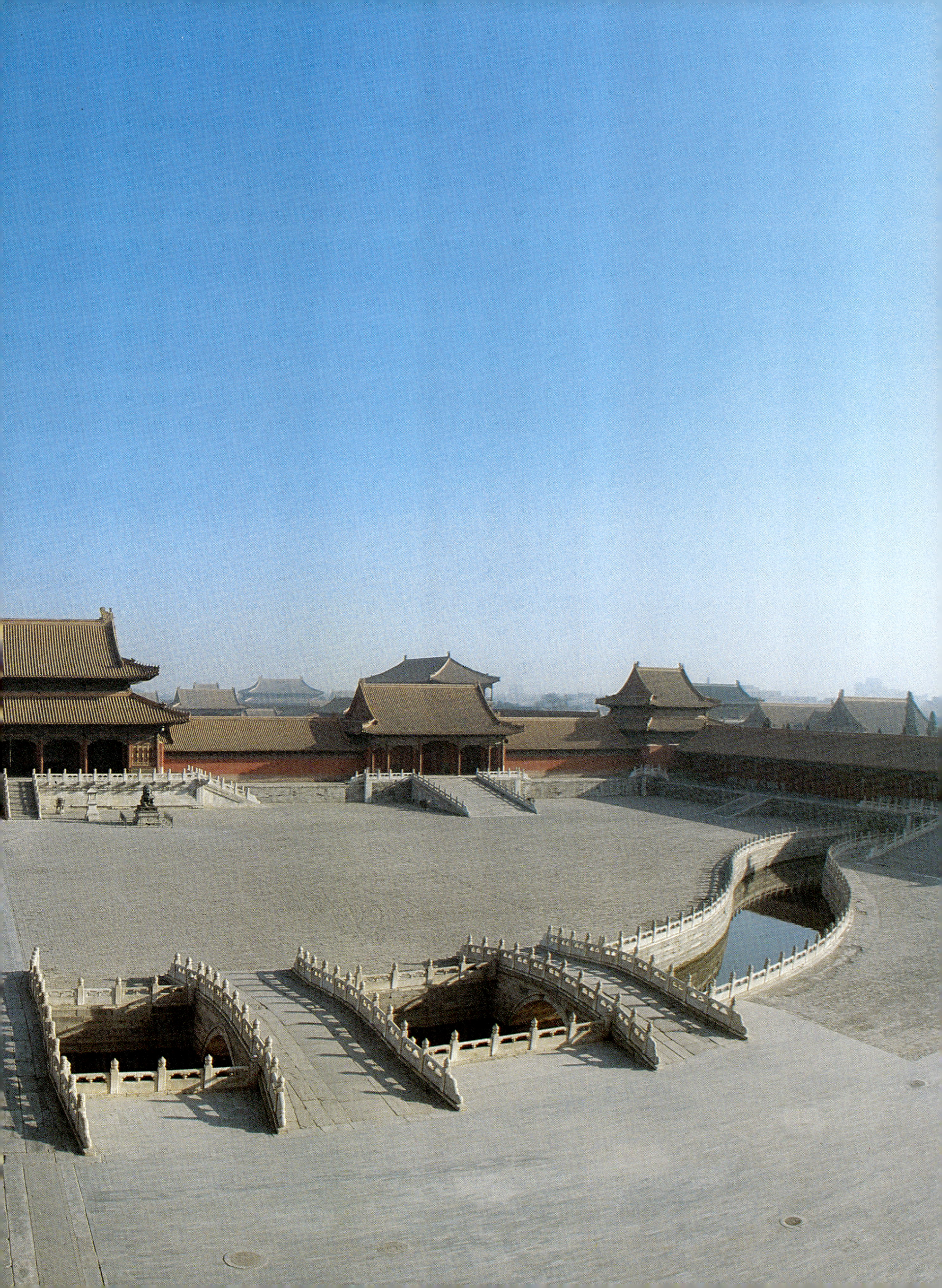

18 Der große Taihemen-Platz auf der Südseite vor dem Tor der Höchsten Harmonie mit der Inneren Goldwasserbrücke (Nei jinshuiqiao)

Den symmetrisch angelegten Hof zwischen dem Wumen und dem Taihemen durchfließt von Westen nach Osten der Innere Goldwasserfluß. Er wird von der Nei jinshuiqiao aus weißem *hanbaiyu*-Marmor überspannt. Über die Brücke nähert man sich dem großartigen Taihemen. Zu Beginn der Ming-Dynastie wurde das Tor Fengtianmen (Tor zur Anbetung des Himmels) genannt. Später wurde der Name in Huangjimen (Tor der Kaiserlichen Absolutheit) geändert. Seinen heutigen Namen erhielt das Taihemen in der frühen Qing-Dynastie. Der jetzige Bau stammt aus der Regierungsperiode Guangxu (1875–1908) der Qing-Dynastie. Das Taihemen hat eine Höhe von 23,8 Meter und ist die größte, höchste und prächtigste Torhalle in der Verbotenen Stadt.

19 Das Taihemen in der Abenddämmerung
20 Das Taihemen (Tor der Höchsten Harmonie)

Während der Ming-Dynastie galt als Regel, daß sich alle Zivil- und Militärbeamten jeden Morgen im Hof vor dem Fengtianmen einzufinden hatten, um auf die Audienz des Kaisers zu warten. Während der Regierungsperiode Jingtai (1450–1456) fand auch noch eine Mittagsaudienz auf der östlichen Galerie vor dem Taihemen statt. Üblicherweise standen bei Audienzen auf der Südseite des Tors die Beamten des Kaiserlichen Sekretariats. In den ersten Jahren der Qing-Dynastie erteilte der Kaiser Audienzen auch innerhalb des Tors und gab hier Bankette.

21 Darstellung der *fajia lubu*, der Kaiserlichen Insignien zweiten Ranges (Malerei aus der Regierungsperiode Jiaqing, 1796–1820)

Lubu nannte man die Insignien, die die Kaiserliche Ehrengarde mit sich führte. Während der Regierungsperiode Shenzong (1068–1077) der Song-Dynastie bestand die Kaiserliche Ehrengarde aus mehr als 22 000 Mann. Die Zahl wurde in der Qing-Dynastie beträchtlich reduziert; die Garde des Kaisers Kangxi umfaßte nur noch dreitausend Mann. Dem *Daqing huidian* (Statut der Großen Qing) gemäß wurden die Insignien des Kaisers *lubu* genannt, die Insignien der Kaiserin und der Kaiserinmutter *yijian*, die der hochrangigen Kaiserlichen Konkubinen *yizhang* und die der niedrigrangigen Konkubinen *yuezhang*. Es gab vier verschiedene Ränge von *lubu*; entsprechend ihrer Wertigkeit wurden sie in *dajia lubu*, *fajia lubu*, *luanjia lubu* und *qijia lubu* unterteilt. Die *lubu* jedes Ranges hatten ihre eigene Funktion. Die Morgenaudienz war die wichtigste Hofzeremonie der Qing-Dynastie. Vor Beginn der Audienz stellte die Kaiserlichen Garde die *fajia lubu* vor der Taihedian auf. *Fajia lubu* umfaßten mehr als fünfhundert goldene und silberne Gegenstände, hölzerne Waffen wie Äxte, Lanzen, Haken und Hellebarden sowie Schirme, Baldachine, Sänften und Wagen, dazu eine Vielzahl großer und kleiner Banner.

Die nebenstehende Bildrolle zeigt die „Prozession der *fajia lubu*" zwischen dem Taihemen, dem Wumen und dem Duanmen.

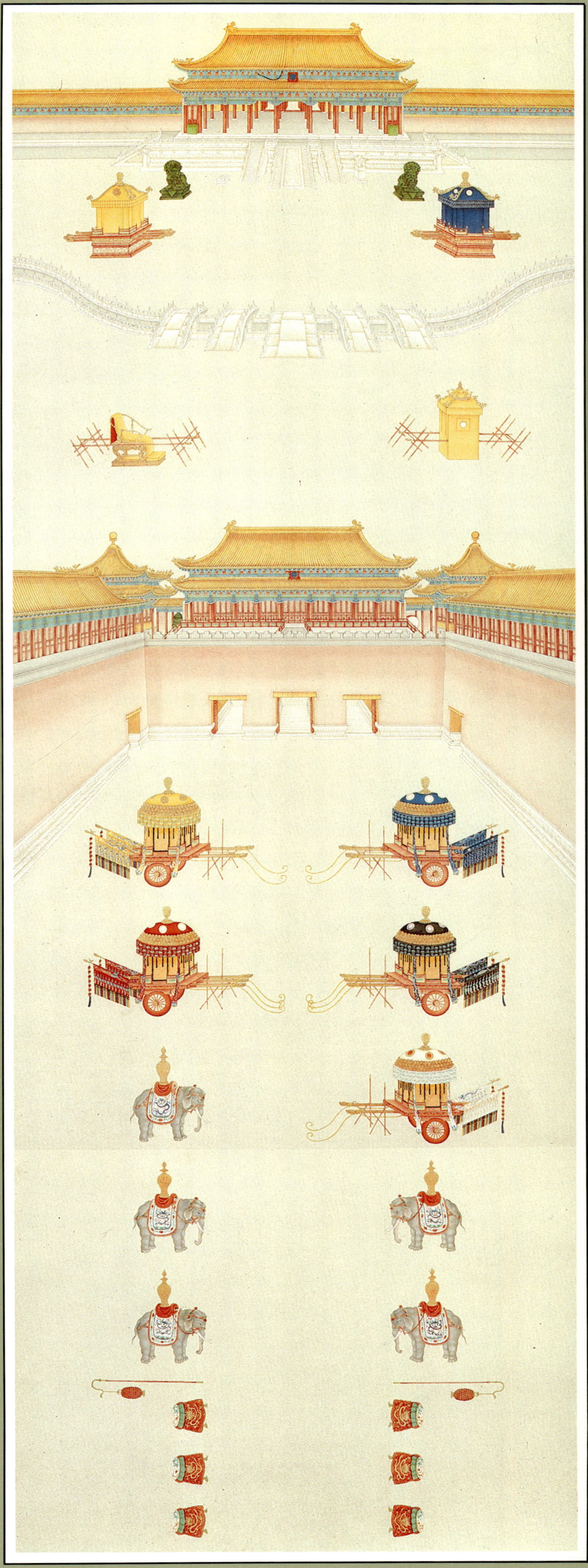

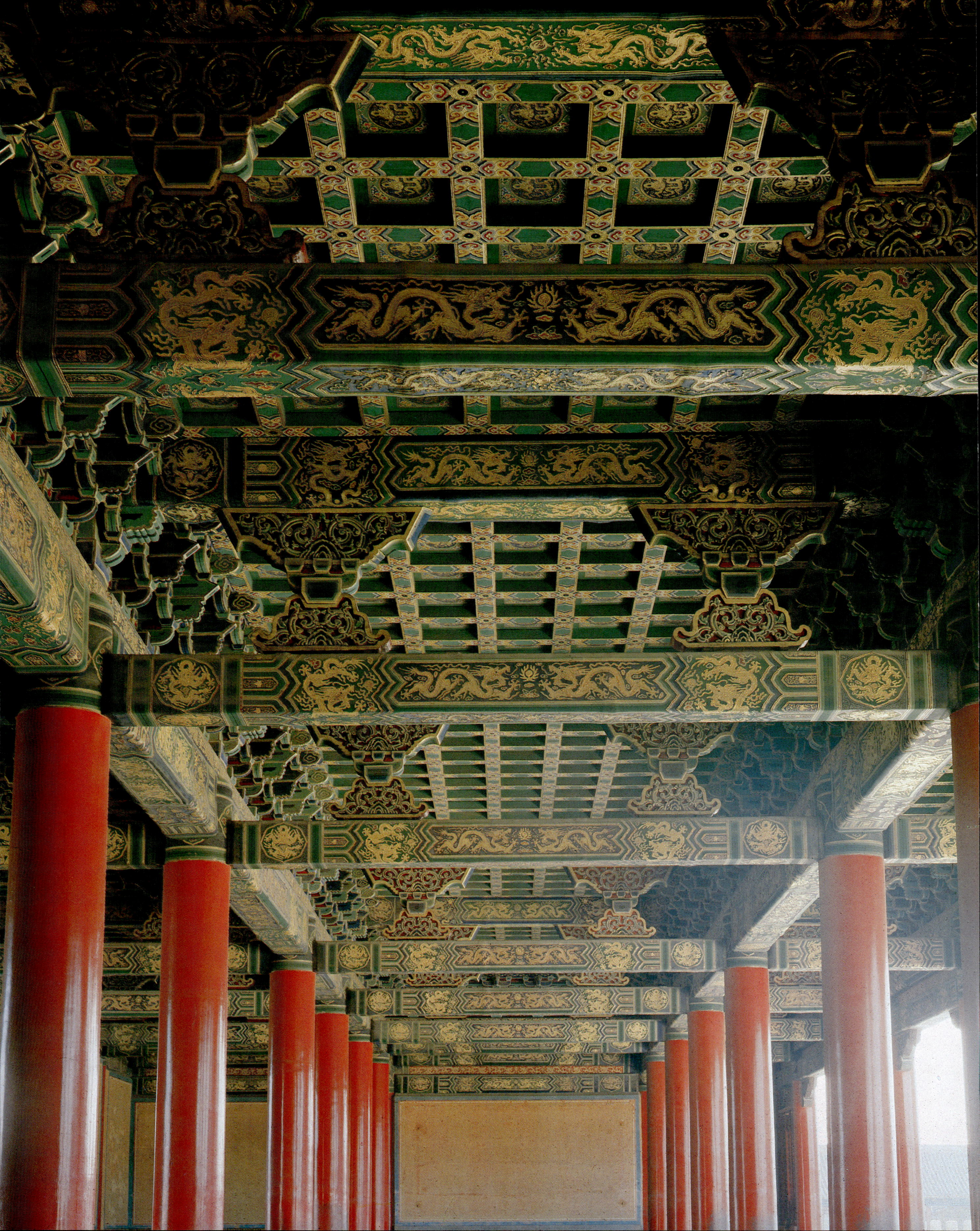

22 Kassettendecke und freigestellte Balken im Taihemen

Die malerische Ausgestaltung der Torhalle (goldene Drachen auf wechselnd grünem und blauem Grund) entsprach dem *hexi*-Stil, der nur Bauten von höchstrangiger Bedeutung vorbehalten war.

23 Bronzelöwe auf der Südseite vor dem Taihemen
24 Der westliche Bronzelöwe vor dem Taihemen

Die in der Verbotenen Stadt aufgestellten Bronzelöwen symbolisieren nicht nur die Pracht des Kaiserpalasts, sondern auch die „Hoheit" und „Würde" des Kaisers. Es gibt insgesamt sechs Paare von Bronzelöwen in der Verbotenen Stadt: auf der Südseite des Taihemen, auf der Südseite des Qianqingmen (Tor der Himmlischen Reinheit), vor dem Yangxinmen (Tor der Pflege des Herzens), vor dem Ningshoumen (Tor des Ruhevollen Alters), vor dem Yangxingmen (Tor der Pflege der Persönlichkeit) und vor dem Changchungong (Palast des Immerwährenden Frühlings). Das größte Löwenpaar befindet sich vor dem Taihemen. Im Gegensatz zu den bronzefarbenen Löwen am Zugangstor zur kaiserlichen Sphäre waren die Löwenpaare innerhalb des Palastkomplexes vergoldet. Das Symbol des Löwen wanderte mit dem Buddhismus nach China ein. Als Zeichen der Kraft des buddhistischen Weges fanden Löwenpaare vor den Tempeln Aufstellung. Traditionell beschützt der eine Löwe des Paares ein Löwenkind, der andere eine Perle.

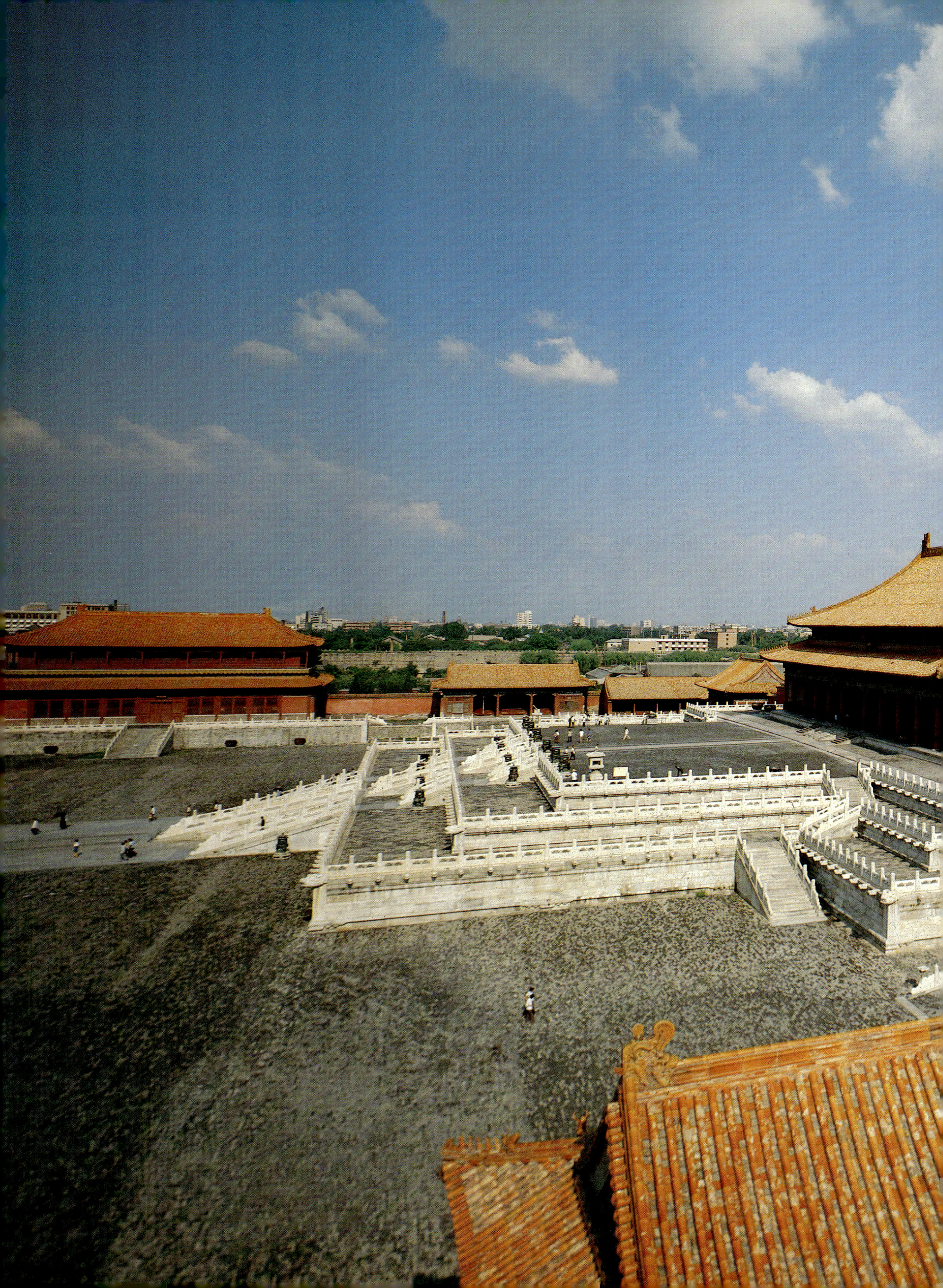

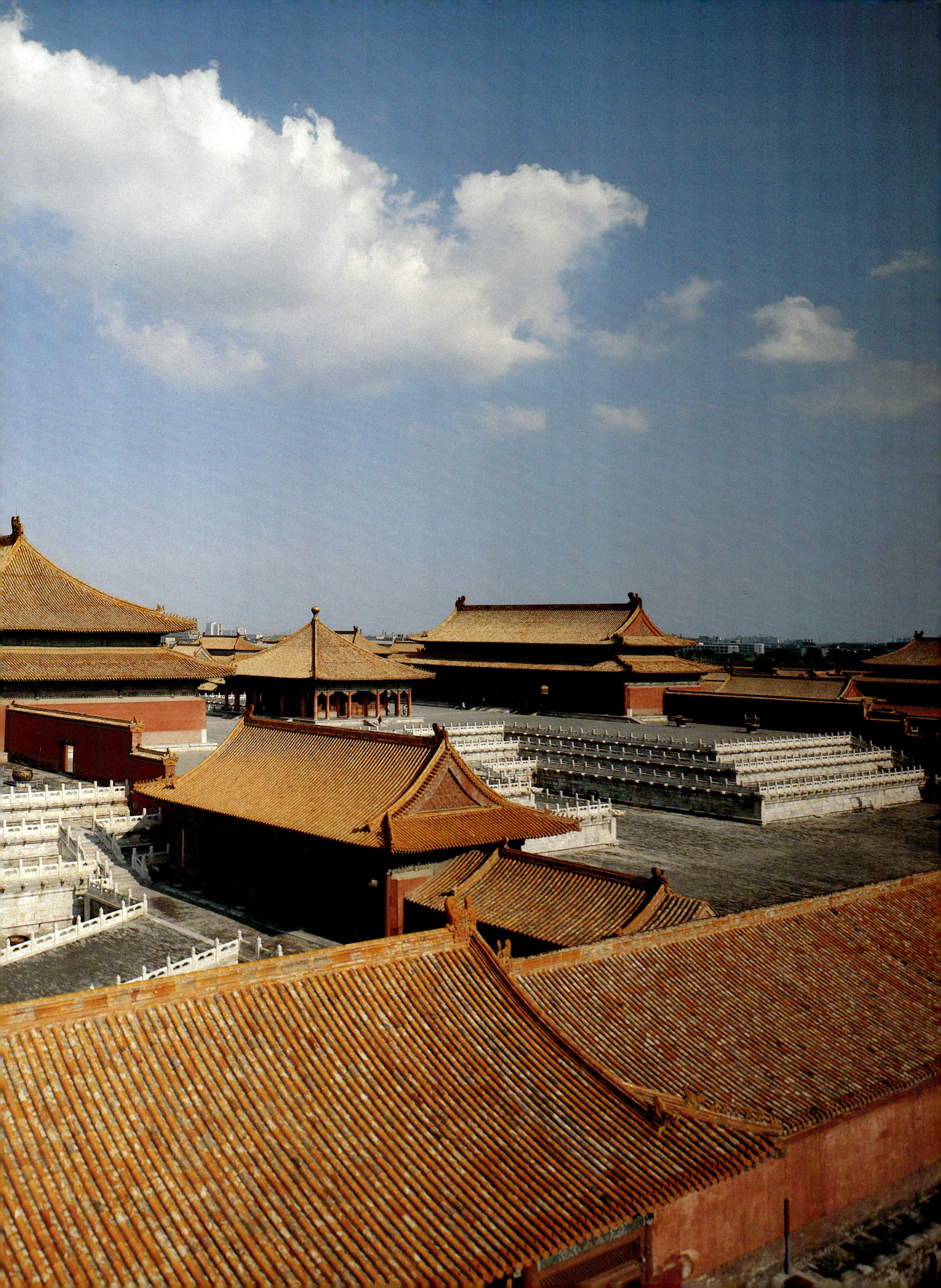

25 Die Drei Großen Audienzhallen

Die Taihedian, Zhonghedian und Baohedian sind als die Drei Großen Vorderen Audienzhallen oder die Drei Vorderen Hallen bekannt. Sie bilden das Zentrum des Waichao (Äußerer Hof), wobei die Hallen Taihedian und Baohedian architektonisch hervorgehoben sind. Beide Hallen wurden nach dem Prinzip der „Einzäunung" angelegt, d.h., sie werden von zwei seitlichen Torhallen flankiert und bilden dadurch zwei Höfe, denen sie als Hauptgebäude das Gepräge geben. Beide Hallen ruhen auf einer hohen Plattform, deren Grundriß dem chinesischen Schriftzeichen *gong* (Arbeit) entspricht. Im Mittelpunkt des Zeichens steht die kleinere Halle Zhonghedian. Die die Höfe trennenden Mauern beeinträchtigen die Majestät des Gesamtensembles nicht, und die Höhe der Plattform vermindert den Eindruck, sich in einem abgeschlossenen Hofgeviert zu befinden.

Ihrem Grundriß nach sind die Taihedian und die Baohedian rechteckig und haben geschlossene Seitenfronten, während die Zhonghedian quadratisch angelegt und von einer offenen Säulengalerie umgeben ist. Die Baukörper der Gebäude wirken dadurch äußerst dynamisch, was auch durch die unterschiedliche Gebäudehöhe und die differierenden Dachformen unterstrichen wird. Zwischen dem gestuften, steil aufsteigenden Walmdach der Taihedian und dem die Horizontale betonenden, zweistufigen Fußwalmdach der Baohedian liegt das niedrigere, pyramidenförmige Zeltdach der Zhonghedian mit seinen vom vergoldeten Kugelknauf abwärtsführenden vier Firsten. Auf diese spannungsvolle Weise wurde dem Prinzip des Palastentwurfs, bei aller Vielfalt allumfassende Harmonie zu spiegeln, Rechnung getragen.

26 Die Taihedian. Ansicht vom Zeremoniehof aus
27 Schrifttafel über dem Mitteleingang der Taihedian mit den drei Zeichen *tai, he* und *dian*

Zu Beginn der Ming-Dynastie wurde die Taihedian Fengtiandian (Halle zur Anbetung des Himmels) genannt und während der Regierungsperiode Jiajing (1522–1566) in Huangjidian (Halle der Kaiserlichen Absolutheit) umbenannt. In der frühen Qing-Dynastie erhielt das Bauwerk seinen heutigen Namen. Die Taihedian ist nicht nur die größte Halle der Verbotenen Stadt, sondern in Architektur und Ausstattung auch der ranghöchste Holzbau des ganzen Landes. Sie ist der größte erhaltene Holzbau der klassischen chinesischen Architektur.

Während der Ming- und der Qing-Dynastie fanden hier die wichtigsten kaiserlichen Zeremonien statt, so die Thronbesteigung, die Hochzeit des Kaisers und die Ernennung der Kaiserin, die Audienzen für alle Zivil- und Militärbeamten sowie die Feiern anläßlich verschiedener Festtage, z.B. des Neujahrsfestes. Zur Ming-Zeit lief die Feier des Neujahrs nach dem chinesischen Mondkalender folgendermaßen ab: Vor Tagesanbruch nahmen die Kaiserlichen Garden, die Hofmusik-Meister, der Direktor des Protokolls und der kaiserliche Astronom zusammen mit den Meistern der Riten und den beigeordneten Beamten ihre festgelegten Positionen ein. Nachdem etwa eine dreiviertel Stunde vor Tagesanbruch die Trommel auf dem Wumen einmal geschlagen war, versammelten sich alle Zivil- und Militärbeamten entsprechend ihrer Rangordnung vor dem Wumen. Beim zweiten Trommelschlag geleiteten die Beamten des Ministeriums der Riten die Prozession zum östlichen und westlichen Teil des Platzes vor der Taihedian. Inzwischen hatte beim ersten Trommelklang der in zeremonielle Gewänder gekleidete Kaiser in einer Sänfte seinen Wohnpalast verlassen. Beim zweiten Trommelklang nahm er den Kaiserlichen Sitz in der Huagaidian (Halle des Prächtigen Baldachins, heute Zhonghedian) ein. Wenn die Trommel zum dritten Mal gerührt wurde, bestieg der Kaiser, begleitet von zeremonieller Musik, den Thron in der Fengtiandian (Halle zur Anbetung des Himmels). Wenn die Musik verstummte, knallte der Kaiser zum Zeichen des Jahresbeginns dreimal mit einer aus Seide hergestellten, etwa zehn Meter langen Peitsche. Alle Zivil- und Militärbeamten, die, nach Rängen zu Formationen geordnet, auf dem Platz vor der Halle Aufstellung genommen hatten, knieten vor dem Kaiser viermal nieder. Danach wurden Gesuche und Erlässe vorgelesen und Ansprachen gehalten. Zum Abschluß der Zeremonie steckten alle Beamten die *hu*, das Zeichen ihrer Amtsgewalt, in den Gürtel, verneigten sich, knieten nieder und riefen dreimal „Langes Leben dem Kaiser!" Dann standen sie auf, nahmen die Tafel aus ihrem Gürtel und verneigten sich erneut. Schließlich setzte wieder Musik ein, worauf sich alle Beamten weitere viermal vor dem Kaiser niederwarfen. Danach kehrte der Kaiser in die Halle Huagaidian zurück.

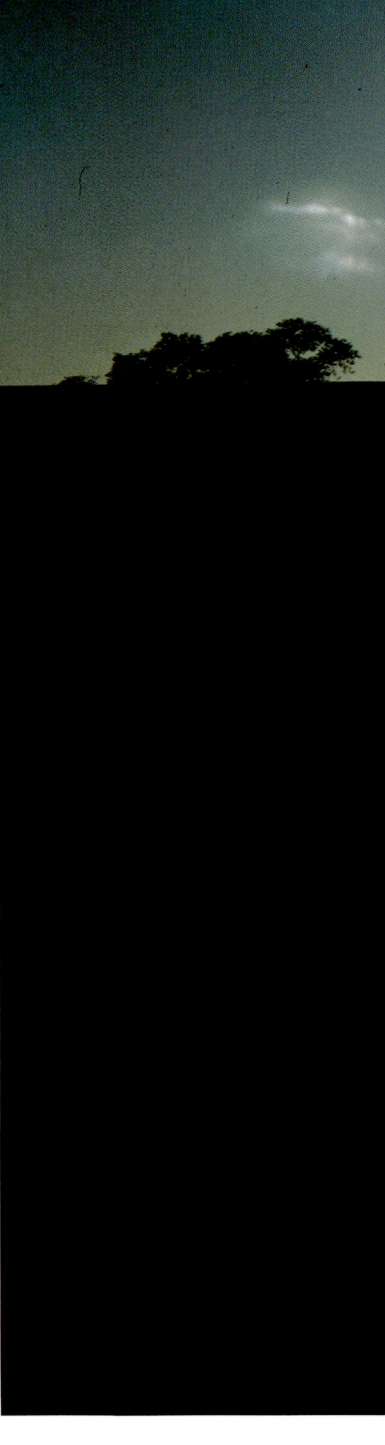

Anlageplan der
Drei Großen Audienzhallen

1 Baohedian
  (Halle zur Erhaltung der Harmonie)
2 Zhonghedian
  (Halle der Vollkommenen Harmonie)
3 Taihedian
  (Halle der Höchsten Harmonie)

30

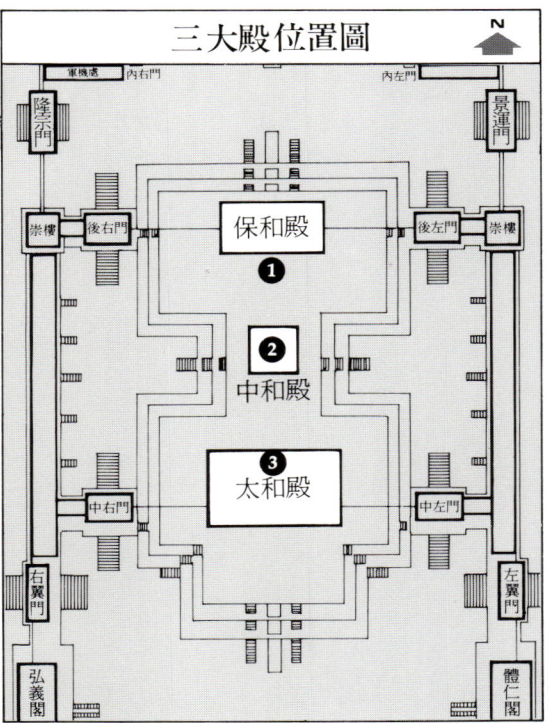

28 Steintafel-Markierungen für die Kaiserliche Ehrengarde auf dem Taihedian-Platz
29 *Pinjishan* (Beamtenrang-Berg), aufgestellt bei zeremoniösen Anlässen auf dem Platz vor der Taihedian. Die Inschriften in den „Bronze-Bergen" geben den entsprechenden Beamtenrang rechts in Han-Chinesisch, links in Mandschurisch an.
30 Abenddämmerung über dem Hongyige (Pavillon des Offenbaren Wohlwollens) auf der Westseite des Platzes vor der Taihedian

Der Hof zwischen Taihemen und Taihedian, der Taihedian-Platz, ist mit einer Ausdehnung von 30 000 Quadratmeter der größte Platz in der Verbotenen Stadt. Die einzigen dekorativen Elemente auf dem Platz selbst sind der mit Steinplatten ausgelegte Kaiserliche Weg, der auf der Nord-Süd-Achse Taihemen und Taihedian verbindet, sowie die quadratischen Platten, die ihn flankieren. Sie dienten der Ehrengarde als Standort-Markierung. Das ansonsten einfache flache Pflaster des Hofs und die vergleichsweise niedrigen Galerien, die ihn umschließen, betonen die Ausdehnung des Platzes und erhöhen die aufragende Wirkung der Taihedian. Dem Besucher soll auf die Weise die Empfindung vermittelt werden: Der Himmel ist hoch, die Erde ist breit.

Wenn zur Qing-Zeit wichtige Zeremonien in der Taihedian stattfanden, wurden auf beiden Seiten des Kaiserlichen Weges 72 „Bronze-Berge" aufgestellt, die den Beamten der neun Ränge entsprechend ihrer Rangfolge die Plätze anwiesen.

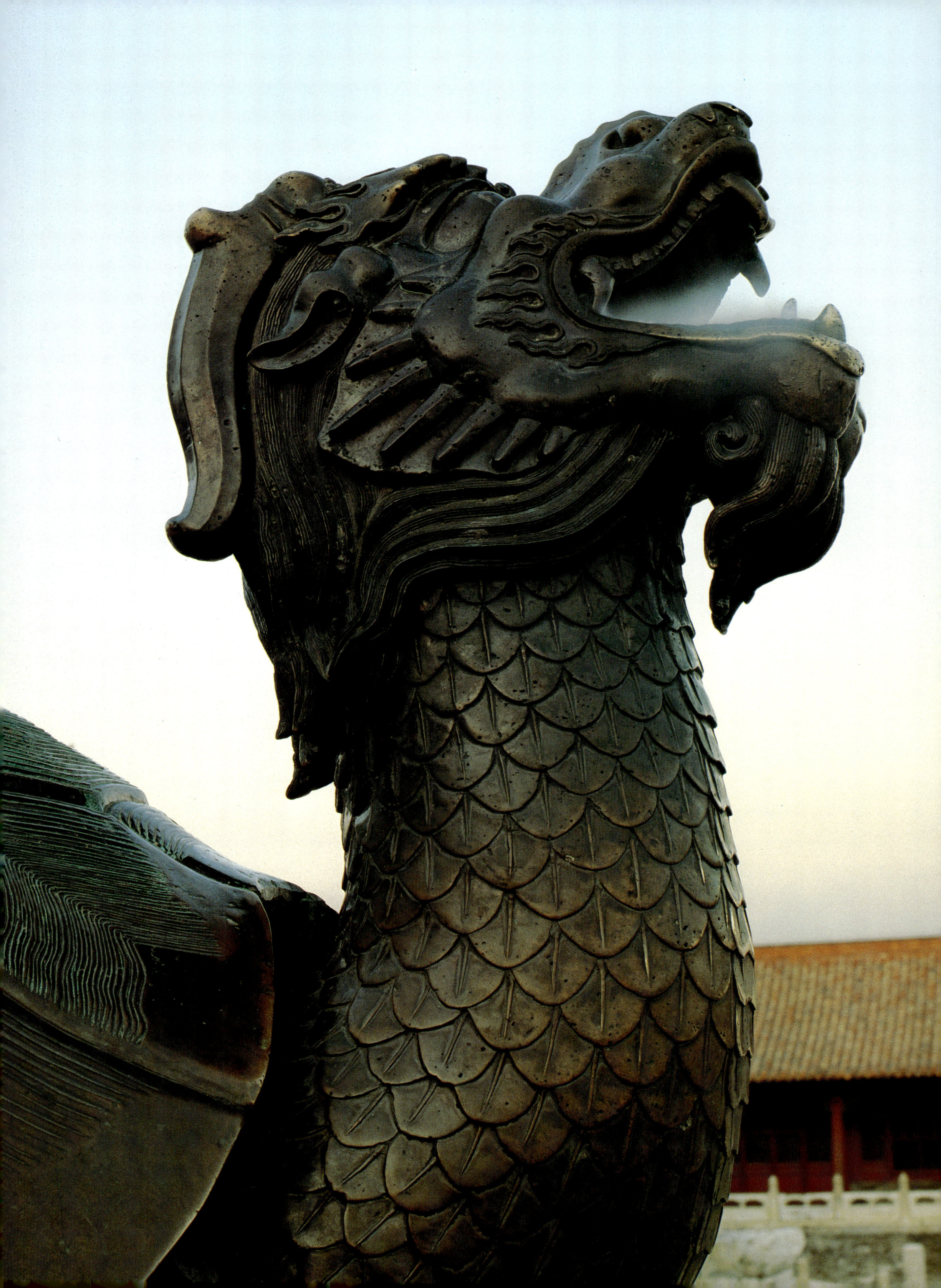

Zeremonielle Gegenstände auf der Terrasse vor der Taihedian:

31 Kopf der Bronzeschildkröte. Die Schildkröte diente als Räuchergefäß. Detail aus Bild 32
32 Bronzeschildkröte
33 Kranich aus Bronze. Auch er diente als Räuchergefäß
34 Steinerne Sonnenuhr
35 Bronzenes *jialiang*-Hohlmaß in einem steinernen Pavillon

Auf der obersten Terrassenstufe haben vor der Taihedian ein Paar Bronzeschildkröten, ein Paar Bronzekraniche sowie eine Sonnenuhr und ein Bronzehohlmaß Aufstellung gefunden. Schildkröten und Kraniche sind Symbole der Langlebigkeit. Die obere Panzerplatte der Schildkröten und die Flügel der Kraniche sind abhebbar, so daß wohlriechendes Räucherwerk wie Harz, Aloe, Pinien- und Zypressenholz in die Tierfiguren eingelegt und entzündet werden konnte. Der Rauch trat durch die Mäuler und Schnäbel ins Freie. Während der großen Zeremonien erhöhte das Räucherwerk den numinosen Nimbus und die Feierlichkeit des Ereignisses.

Die Taihedian (Halle der Höchsten Harmonie)

36 Weihrauchgefäß vor dem Thron
37 Einer der vier Schränke mit Drachen-, Wolken- und Wellen-Dekor
38 Vergoldete mythische Wesen an der Basis der drei zum Thron hinaufführenden Treppen
39 Detail des Thronpodests mit Drachen- und Wolkenmustern in der ersten, dritten und fünften Reihe und stilisierten Lotosblumenblättern in der zweiten und vierten Reihe
40 Innenansicht der Taihedian

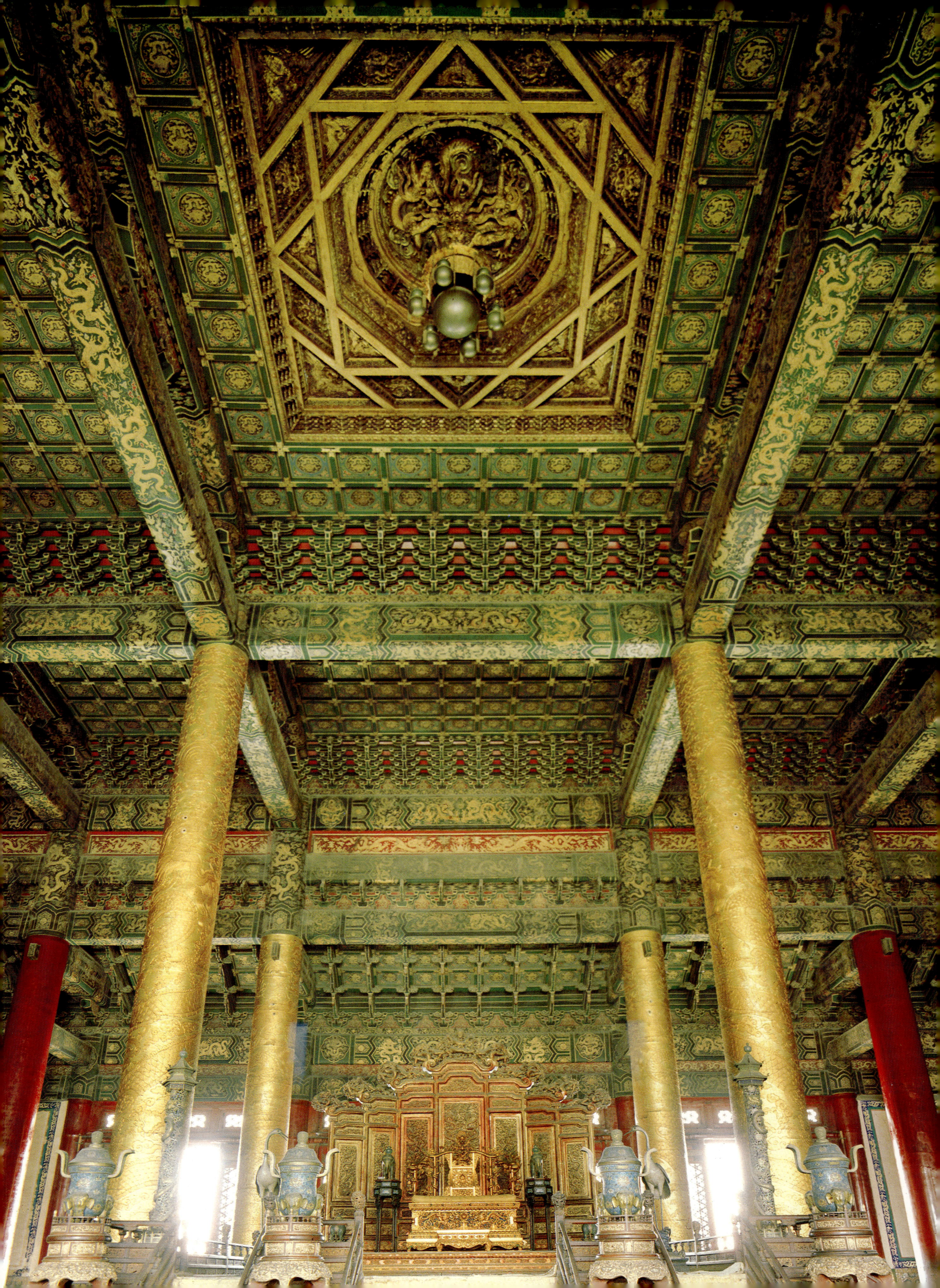

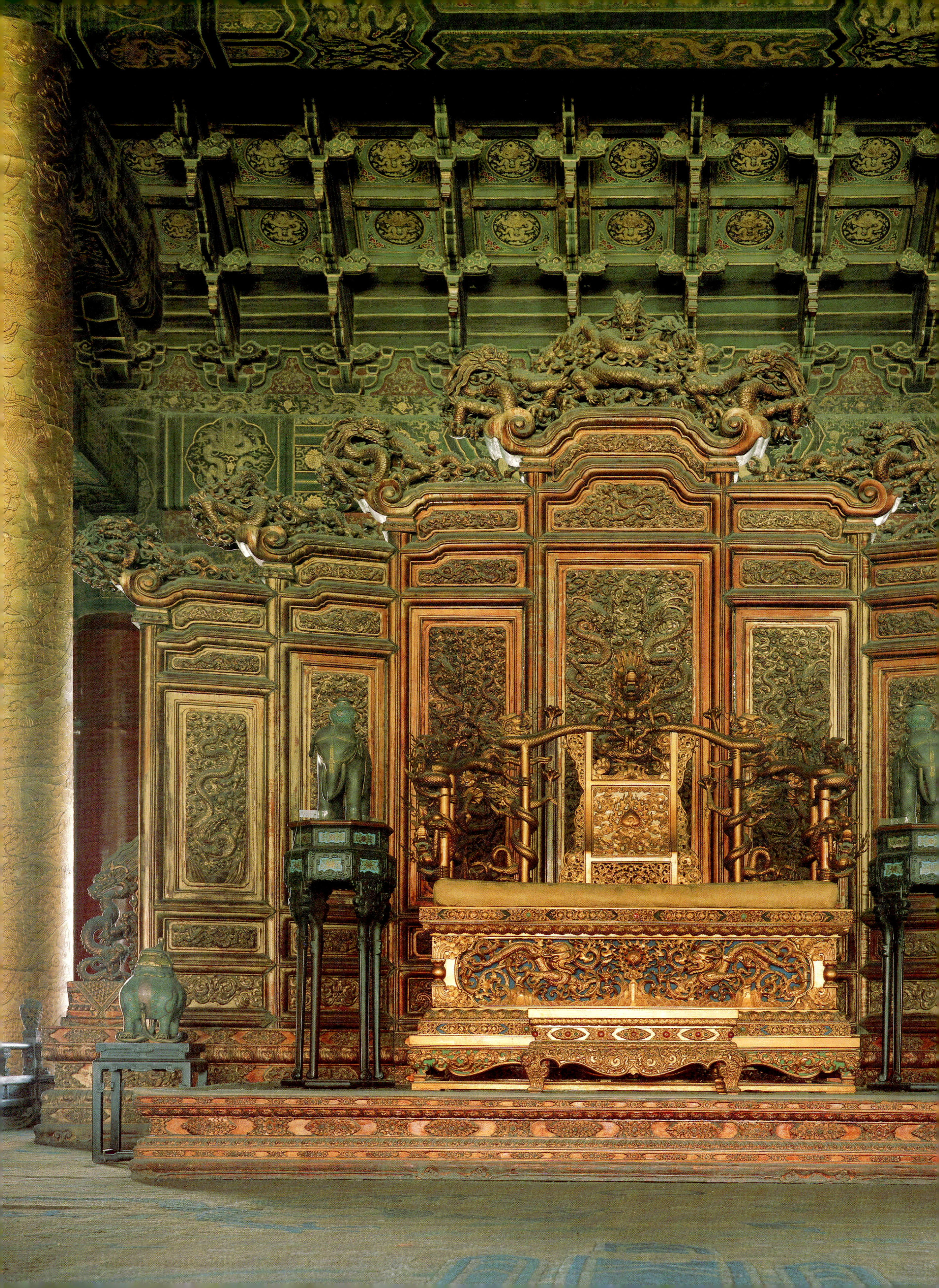

41 Der Kaiserthron vor einem Wandschirm mit sich windenden Drachen
42 Detail des Drachenkopfes auf dem Scheitelpunkt der Rückenlehne des Thronsessels
43 Armlehne des Thronsessels, gebildet aus säulenumwindenen Drachen
44 Rückenlehne des Thronsessels
45 Das reich verzierte Fundament des Thronsitzes

Die Taihedian nimmt eine Fläche von mehr als 2370 Quadratmeter ein. Die äußere und die innere Ornamentierung und die Farbgestaltung mit der Betonung der Farben Gold, Grün und Blau sind im *hexi*-Stil gehalten. Die goldlackierten Drachen symbolisieren den Kaiser. Große Drachen umwinden die sechs Säulen, die das Throngeländer bilden. Über dem Thron befindet sich eine kunstvoll gearbeitete Kassettendecke mit goldlackierten Drachen.

Der vergoldete Thron steht auf einer hohen Plattform. Der Thronsessel ist mit geschnitzten, goldlackierten Drachen geziert. Auf dem Thron durfte ausschließlich der Kaiser Platz nehmen. Der Thron wird auf der Rückseite von einem hohen drachen-dekorierten Wandschirm begrenzt. Seitlich des Throns haben Weihrauchgefäße, Dreifüße und andere Gegenstände Aufstellung gefunden. Wenn der Kaiser den Thron bestieg, wurden in den Weihrauchgefäßen Räucherstäbchen entzündet, wodurch eine weihevolle und ehrfurchtgebietende Atmosphäre hervorgerufen wurde.

In Übereinstimmung mit den Prinzipien der Geomantie liegen die Throne in den Drei Großen Audienzhallen auf der zentralen Achse der Verbotenen Stadt.

Die Drachen an der Rückenlehne des Throns fallen durch ihre Lebendigkeit auf. Die Thronlehne wurde nach dem Muster traditioneller Sessel mit runder Arm- und Rückenlehne hergestellt. Für die Sitzbank wurden keine Stuhlbeine, sondern ein reich geschmückter „Sumeru-Sockel" verwendet. In der Gesamtkonstruktion des Kaiserthrons findet die äußere Anlage der auf einem dreistufigen „Sumeru-Sockel" thronenden Taihedian ihre Wiederholung und Fortsetzung. Die Stufen des Throns führen wie beim Sumeru-Berg auf den Gipfel zu, wo der „Himmelssohn" (unabhängig von seiner leiblichen Gegenwart) seinen Sitz hat.

46 Detail aus der Bildrolle „Die Große Hochzeit des Kaisers Guangxu" (Palastmuseum, Beijing)

Die Hochzeit des Kaisers Guangxu fand im 15. Jahr seiner Regentschaft (1889) statt. Ein Jahr vor der Hochzeit befahl die Kaiserinwitwe Cixi, die Hochzeitszeremonie vorzubereiten. Der für den Kaiserlichen Haushalt verantwortliche Minister Qing Kuan wurde beauftragt, Bildentwürfe aller erforderlichen Zeremonien vorzulegen, einschließlich der Prozession des Kaiserlichen Hochzeitszuges und der Brautsänfte sowie der Aufstellung der Ehrengarden. Der Ausschnitt zeigt die Prozession vor der wolkenumschwebten Taihedian. Neben den wichtigsten Beamten sind die Namen und Ränge angegeben sowie der Standort der Ehrenschirme, Musikinstrumente und der mit den Schriftzeichen *xi* (Doppeltes Glück) geschmückten Ehrenpforte. Obwohl die Maler der Bildentwürfe nicht genannt sind, stammen die Bilder aus dem kaiserlichen Hofatelier.

Unter den zehn Kaisern der Qing-Dynastie heirateten nur die Kaiser Shunzhi, Kangxi, Tongzhi und Guangxu, nachdem sie den Thron bereits bestiegen hatten. Die Zeremonien waren zahlreich und kompliziert. Sie umfaßten die Auswahl der zukünftigen Braut und Kaiserin, die Zusendung der Verlobungsgeschenke, die Verleihung des Kaiserin-Titels an die Braut, die Begrüßung der Braut im Kaiserpalast, das Trinken des Hochzeitsweins, den Empfang der Glückwünsche der Beamten und ausländischen Gesandten und die Feier der Hochzeit. An diesem Feiertag herrschte im Palast gehobene Stimmung. Die Kaiserlichen Wege waren mit Teppichen bedeckt. Die Torgötter und Spruchrollen bekamen ein völlig neues Aussehen. Rote Laternen erleuchteten die Tore des Palastes und die Hallen innerhalb des Wumen. Im Inneren des Taihemen, der Taihedian, des Qianqinggong (Palast der Himmlischen Reinheit) und des Kunninggong (Palast der Irdischen Ruhe) hingen farbige Seidentücher, geschmückt mit den chinesischen Schriftzeichen xi (Doppeltes Glück). Die Kosten einer kaiserlichen Hochzeit waren astronomisch.

47 Tragesessel in der Zhonghedian
48 Die Zhonghedian (Halle der Vollkommenen Harmonie)

Zu Beginn der Ming-Dynastie hieß die Zhonghedian Huagaidian (Halle des Prächtigen Baldachins). Während der Regierungsperiode Jiajing wurde sie in Zhongjidian (Halle der Mittleren Obergewalt) umbenannt. In der Frühzeit der Qing-Dynastie erhielt sie ihren heutigen Namen. Sie ist quadratisch angelegt und diente dem Kaiser als Zwischenstation auf seinem Weg zur Taihedian.

Zu jedem Neujahr ging der Kaiser, bevor er sich zum Opfer an die verschiedenen Altäre der Hauptstadt begab, hier die weihevollen Ansprachen durch, die er zu halten hatte. Außerdem las der Kaiser hier anläßlich der Verleihung eines Ehrentitels an die Kaiserinmutter Gesuche. Während der Qing-Dynastie war festgelegt, daß die kaiserliche Genealogie alle zehn Jahre neu zusammengestellt werden mußte. Wenn die Kompilation dem Kaiser vorgelegt wurde, fand die Zeremonie ebenfalls in dieser Halle statt. Bisweilen erteilten die Kaiser in der Zhonghedian auch Audienzen und gaben Bankette.

49 Der Thron in der Baohedian
50 Die Baohedian (Halle zur Erhaltung der Harmonie)

Zu Beginn der Ming-Dynastie wurde die Baohedian Jinshendian (Halle der Respektvollen Pflege) genannt. Während der Regierungsperiode Jiajing erhielt sie den Namen Jianjidian (Halle zur Gründung der Obergewalt). In der Frühzeit der Qing-Dynastie erhielt sie ihren heutigen Namen. Während der Qing-Dynastie gab der Kaiser hier oft Bankette. Nach dem Jahr 1789 wurden die *dianshi* (Palastexamen), die höchstrangigen Examen des Kaiserlichen Prüfungssystems, hier abgehalten.

Das Jingyunmen (Tor des Großen Glückes) am östlichen Ende und das Longzongmen (Tor der Großen Ahnen) am westlichen Ende des hinter der Baohedian liegenden Querhofes bilden die Zugangstore zum Neiting (Innerer Hof). Während der Qing-Dynastie war festgelegt, daß außer den diensthabenden Ministern und denjenigen, die der Kaiser zu sich berief, keinem Menschen, einschließlich der Prinzen, erlaubt war, diese Tore zu durchschreiten.

內廷

Abb. 27 Kaiserliche Brautkammer im Kunninggong (Palast der Irdischen Ruhe)

Die Kammer ist mit roter Seide ausgeschlagen, auf der in Goldschriftzeichen das chinesische Doppelzeichen *xi* (Doppeltes Glück) angebracht ist.

Abb. 28 Die Kaiserinwitwe Cixi (1835–1908), deren Name den beiden ersten Schriftzeichen ihres langen Titels entnommen wurde. Kaiser Xianfeng (reg. 1851–1861) erhöhte die einst niedrigrangige Konkubine, nachdem sie ihm 1856 einen Sohn geboren hatte. Nach dem Tod des Kaisers fungierte sie als Mitregentin für den noch unmündigen Kaiser Tongzhi. Sie riß alle kaiserliche Machtgewalt an sich und setzte sie dafür ein, ihre Rolle als Alleinherrscherin zu stärken. Nach dem Tod ihres Sohns adoptierte sie 1875 ihren ebenfalls noch unmündigen Neffen und machte ihn zum Kaiser Guangxu (reg. 1875–1908). Auf diese Weise konnte sie ihre Macht als Mitregentin bis zu ihrem Tod 1908 behaupten.

Abb. 29 Die Kaiserliche Konkubine Jin der Qing-Dynastie

Neiting (Der Innere Hof)

Der hintere Teil der Verbotenen Stadt wurde als Neiting bezeichnet, da er die Wohngemächer des Kaisers und der kaiserlichen Familie beherbergte. Wie der Äußere Hof nimmt auch der Innere Hof ein weites Gelände ein. Die Hallen und Palastkomplexe zeichnen sich durch kompakte Anordnung und vollständige Integration in die Gesamtanlage der Verbotenen Stadt aus. Der Innere Hof ist in Einzelhöfe untergliedert, die Gärten, Hallen, Kioske und Pavillons umfassen, die die zumeist hintereinanderliegenden Baueinheiten in zweckmäßiger und kunstvoller Weise umrahmen. Zwischen den Einzelhöfen ziehen sich mit Toren versehene Wege und Korridore entlang. Der Gesamtkomplex ist wie die meisten Höfe auch von einer hohen, geschlossenen Umfassungsmauer umgeben, was der Anlage eine geheimnisvolle Stimmung verleiht und die Eingebundenheit des Palastes in die traditionelle chinesische Wohnarchitektur unterstreicht.

Der Innere Hof setzt sich im wesentlichen aus sechs Palastkomplexen zusammen: dem Housangong (Drei Hintere Paläste), der dem Kaiser und der Kaiserin als Schlafgemach diente, dem Dongliugong (Sechs Östliche Paläste) und dem Xiliugong (Sechs Westliche Paläste), die den kaiserlichen Konkubinen zur Verfügung standen, der Yangxindian (Halle der Pflege des Herzens), wo sich das Schlafgemach des Qing-Kaisers Yongzheng und seiner Nachfolger befand, dem Ningshougong (Palast des Ruhevollen Alters), der der Kaiserinwitwe als Residenz diente, sowie dem Palasthof der Konkubinen des kaiserlichen Vorgängers und Wohnresidenzen für die Prinzen.

Die herausragendsten Bauten des Inneren Hofs sind der Qianqinggong (Palast der Himmlischen Reinheit) und der Kunninggong (Palast der Irdischen Ruhe). Da sie beide vom Kaiser und der Kaiserin als Schlafgemächer bevorzugt wurden, erhielten sie ihren Platz auf der Zentralachse der Verbotenen Stadt. Mit den Drei Großen Hallen im Äußeren Hof bilden sie das Herzstück des Kaiserpalasts, das als „Drei Hallen und Zwei Paläste" bezeichnet wurde. Während der Regierungsperiode Jiajing der Ming-Dynastie wurde die Jiaotaidian (Halle der Berührung von Himmel und Erde), ein quadratischer Bau mit einstufigem Zeltdach, in Anlehnung an das Gebäudeensemble der Drei Großen Hallen zwischen den beiden Haupthallen des Inneren Hofs errichtet, woher sich die Bezeichnung „Drei Hintere Paläste" ableitet.

In der Ming-Dynastie und in der Frühzeit der Qing-Dynastie diente der Qianqinggong, ein großer Hallenbau von neun *jian* an der Längsseite und mit zweistufigem Dach, als Wohnresidenz der Kaiser. Während dieses Zeitraums wurde die Halle mehrmals rekonstruiert und renoviert. Die meisten erhaltengebliebenen Bauteile stammen aus dem Umbau des Jahres 1797, allerdings legte man bei jeder Rekonstruktion oder Renovierung darauf Wert, den Originalcharakter der ming-zeitlichen Architektur beizubehalten. Der Baukomplex der „Drei Hinteren Paläste" hat die Form eines großen rechteckigen Hofes, der von insgesamt vierzig *jian* messenden Hallen, Torbauten und Galerien umgeben ist. Zur östlichen Galerie gehört die Duanningdian (Halle der Vervollkommneten Rechtschaffenheit), in der die Kaiserlichen Garderoben aufbewahrt wurden. Inmitten der westlichen Galerie liegt die Maoqindian (Halle der Intensiven Energie), in der der Kaiser studierte, Aktenvermerke vornahm und Anweisungen auf die Berichte schrieb. Der östliche Teil der Südgalerie neben dem Qianqingmen (Tor der Himmlischen Reinheit), dem zeremoniellen Haupttor der Drei Hinteren Paläste, beherbergte die Shangshufang (Obere Studierstube), das Büro der *Hanlin*, der Mitglieder der Kaiserlichen Akademie, die verpflichtet waren, dort dem Kaiser jederzeit als Ratgeber zur Verfügung zu stehen. Auf der Westseite des Qianqingmen befand sich die Nanshufang (Südliche Studierstube), das Lesestudio des Kronprinzen. Die Nordabschnitte der Galerie zu beiden Seiten des Kunningmen (Tor der Irdischen Ruhe) beherbergten die Kaiserliche Apotheke, die Dienststelle der Haupteunuchen und Speicherräume. In der Regierungsperiode Yongzheng der Qing-Dynastie diente die Yangxindian (Halle der Pflege des Herzens) dem Kaiser als Wohnresidenz, während er im Qianqinggong ausländischen Gesandtschaften Audienz erteilte.

Der Kunninggong (Palast der Irdischen Ruhe) wurde nach dem gleichen Baukonzept wie der Qianqinggong errichtet, nur weist er geringere Ausmaße auf. Mit dem Qianqinggong und der Jiaotaidian ruht er auf einer einstufigen Plattform, deren Grundriß der dreistufigen Terrasse der Drei Vorderen Hallen entspricht. In der Ming-Dynastie und der Frühzeit der Qing-Dynastie befanden sich im Kunninggong die Wohngemächer der Kaiserin. Im 13. Jahr der Regierungsperiode Shunzhi der Qing-Dynastie (1656) wurde der Palast entsprechend den Sitten und Lebensgewohnheiten der Mandschuren nach dem Muster des Qingninggong (Palast der Reinheit und Ruhe) in Shenyang, der mandschurischen Hauptstadt vor Gründung der Qing-Dynastie, umgebaut und renoviert. Dabei wurden die Originalfenster der Ming-Zeit durch vertikal verschiebbare „hängende" Fenster ersetzt, deren Gitterwerk mit Reispapier von außen überklebt wurde. Das Eingangstor wurde durch doppelte Holztüren ersetzt und von der Mitte der Hallenfront nach Osten verlegt. Zudem wurden im westlichen Flügel ein großer *kang* (eine aus Ziegeln gemauerte heizbare Schlafbank) und ein Ofen zum Fleischkochen eingebaut, der allerdings als Opferstätte des mandschurischen Schamanenkults diente. Im östlichen Flügel des Palasts liegen die Schlafgemächer, die zur Zeit der Qing-Dynastie während der Hochzeitszeremonien der Kaiser Kangxi, Tongzhi und Guangxu als Brautkammer benutzt wurden.

Der Dongliugong (Sechs Östliche Paläste) und der Xiliugong (Sechs Westliche Paläste), die Wohnräume der kaiserlichen Konkubinen, liegen zu beiden Seiten der Drei Hinteren Paläste. Jeder der zwölf Paläste bildet mit seinem Hof einen einheitlichen Baukomplex mit einer Bodenfläche von ca. zwei Hektar. Jeder Komplex setzt sich aus der Qiandian (Vorder- oder Haupthalle), der Peidian (Begleithalle) und der Qindian (Wohnhalle) sowie einer Mauer und einem Hoftor zusammen. Die Paläste sind durch Straßen und Gassen miteinander verbunden. Zwischen den paarweise hintereinanderliegenden Sechs Östlichen und Sechs Westlichen Palästen verläuft je eine neun Meter bzw. sieben Meter breite Lange Straße (Changjie) von Norden nach Süden, die von vier Meter breiten Gassen, die zu den Palasttoren führen, gekreuzt werden. Neben den Palasttoren befinden sich Wachstuben. Seitentore an jedem Ende der gleichmäßig angeordneten Gassen im Osten und Westen sowie Tore zu den Langen Straßen im Norden und Süden schließen den Inneren Hof noch zusätzlich ab. Während der Regentschaft der Kaiserinwitwe Cixi wurden der Changchungong (Palast des Immerwährenden Frühlings) und der Chuxiugong (Palast der Gesammelten Eleganz) in den Sechs Westlichen Palästen vergrößert, indem man die Tore dieser beiden Baukomplexe wegriß und an ihrer Stelle die Tiyuandian (Halle des Verkörperten Ur-

Name in der frühen Ming-Zeit	Umbenennung im 14. Jahr der Regierungsperiode Jiajing (1535)	Umbenennung in der späten Ming-Zeit	Bemerkung
Xianyanggong	Zhongcuigong		Wohnräume der Kronprinzen in der frühen Ming-Zeit
Yongninggong	Chengqiangong		Residenz der Kaiserlichen Konkubinen
Chang'angong	Jingrengong		Geburtsstätte des Qing-Kaisers Kangxi
Changyanggong	Jingyanggong		Aufbewahrungsort der wertvollen Kalligraphien und Malereien in der Qing-Zeit
Yong'angong	Yonghegong		zeitweilige Wohnstätte der Kaiserlichen Konkubine Jinfei
Changshougong	Yanqigong	Yanxigong	Shuidian (Wasser-Halle), im Stil des Kristallpalastes errichtet
Shouchanggong	Chuxiugong		Residenz von Cixi während ihrer Zeit als kaiserliche Nebenfrau des höchsten Ranges
Wan'angong	Yikungong		
Changlegong	Yudegong	Yongshougong	
Shou'angong	Xianfugong		
Changchungong	Yongninggong	Changchungong	
Weiyanggong	Qixianggong	Taijidian	

sprungs) und die Tihedian (Halle der Verkörperten Harmonie) als salonartige Wohnhallen errichtete. Die bis heute unverändert gebliebenen Sechs Westlichen Paläste setzen sich also aus in vier Einzelhöfe unterteilten Baueinheiten zusammen.

Im Verlauf ihrer Geschichte wurden die Sechs Östlichen und die Sechs Westlichen Paläste verschiedentlich umbenannt (vgl. Übersicht).

Die Yangxindian (Halle der Pflege des Herzens), in der Ming-Zeit gebaut und während der Regierungszeit des Qing-Kaisers Yongzheng renoviert, gehört zu den Bauten südlich des Xiliugong. Hier lebten die Qing-Kaiser seit der Regierungsperiode Yongzheng (1723–1735). Bis zum Fall der Qing-Dynastie im Jahr 1911 war sie das politische Zentrum der Regierung. Die Qindian (Wohnräume) waren hinter der Yangxindian plaziert. Sie stehen zusammen mit der Yangxindian auf einem einstufigen Podest, das im Grundriß der Terrasse der Drei Großen Hallen nachgebildet ist. In den Gebäuden zu beiden Seiten der Wohnräume, die Tishuntang (Halle der Offenbarung der Willfährigkeit) und Yanxitang (Halle der Feierlichen Freude) heißen, gingen die Kaiser den Vergnügungen mit den kaiserlichen Konkubinen nach.

Im Osten der Verbotenen Stadt, zwischen dem Ningshoumen (Tor des Ruhevollen Alters) und dem Huangjimen (Tor der Kaiserlichen Absolutheit), befindet sich ein ausgedehnter Hof, in dem knorrige uralte Kiefern stehen. Innerhalb dieses Hofes wurden der Ningshougong (Palast des Ruhevollen Alters) und die Huangjidian (Halle der Kaiserlichen Absolutheit) in Form der Taihedian und des Kunninggong errichtet. Der Ningshougong wurde an der Stelle des früheren Ersten Palasthauses (Yihaodian) der Ming-Dynastie gebaut und im 28. Jahr der Regierungsperiode Kangxi der Qing-Dynastie (1689) rekonstruiert. Damals erhielt er seinen heutigen Namen. Im 37. Jahr der Regierungsperiode Qianlong (1772) ließ Kaiser Gaozong den Palast in großem Stil umbauen, da er beabsichtigte, nach seinem Rücktritt dort zu leben. Das Grundschema der damaligen Rekonstruktion ist bis heute unverändert erhalten geblieben.

Hinter dem Ningshougong erheben sich die Yangxindian (Halle der Pflege der Persönlichkeit) und die Leshoutang (Halle des Freudvollen Alters), welche das Zentrum einer größeren Baugruppe bilden. An ihrer Ostseite befinden sich verschiedene Baukomplexe wie der Changyinge (Pavillon des Heiteren Klangs), die Qingshoutang (Halle der Geburtstagsfeier), der Jingfugong (Palast des Strahlenden Glücks) u. a. Auf der Westseite der Palastanlage liegen der Ningshougong huayuan (Garten des Palastes des Ruhevollen Alters), der Guhuaxuan (Pavillon Antiker Blüten), die Suichutang (Halle des Regsamen Ruhestandes), das Cuichanglou (Gebäude der Bewunderung der Quintessenz) und der Fuwangge (Pavillon der Erwartung Guten Geschicks). Dieser umfangreiche Bau- und Gartenkomplex, als „Kleiner Innerer Hof" bezeichnet, stellte den Alterssitz der Mutter des Kaisers dar.

Die Wohnresidenzen der Kaiserinwitwe und der kaiserlichen Konkubinen liegen im westlichen Randbezirk der Verbotenen Stadt. Dazu gehören der Cininggong (Palast der Barmherzigen Ruhe), der Shou'angong (Palast des Friedvollen Alters), der Shoukanggong (Palast des Rüstigen Alters) u. a.

Der Cininggong wurde auf dem ehemaligen Platz des Renshougong (Palast der Wohltätigkeit und Langlebigkeit) im 15. Jahr der Regierungsperiode Jiajing der Ming-Dynastie (1536) gebaut. Nach einer Brandkatastrophe während der Regierungsperiode Wanli (1573–1619) der Ming-Dynastie wurde er neu errichtet. Die Haupthalle dieses Palastes war nicht sehr hoch und besaß nur ein einstufiges Dach. Bei einer Rekonstruktion im Jahr 1769 erhielt das Gebäude sein zweistufiges Fußwalmdach, das dem Dach der Baohedian nachgestaltet wurde. Hinter der Haupthalle des Cininggong befindet sich die Dafotang (Halle des Großen Buddha), deren Name sich von der großen Zahl dort aufgestellter Buddhafiguren ableitet.

Westlich des Cininggong schließt sich der Shoukanggong (Palast des Rüstigen Alters) an. Der Palast umfaßt drei in Einzelhöfe unterteilte Baueinheiten, die auf einem einstufigen Postament mit dem für die Verbotene Stadt typischen Grundriß ruhen. Nördlich des Shoukanggong steht der Shou'angong (Palast des Friedvollen Alters), der in der Ming-Zeit als Xian'angong (Palast des Vollkommenen Friedens) bezeichnet wurde. Die Holzarchitektur seiner Haupthalle aus der Ming-Zeit blieb trotz einer Renovierung im Jahr 1771 bis heute unverändert erhalten. Der Hof vor der Haupthalle wird von einer geschlossenen, relativ hohen Gebäudegalerie eingefaßt.

Der Wohnsitz der Kronprinzen befand sich im Norden der Sechs Westlichen Paläste. Das Areal umfaßt u. a. den Chonghuagong (Palast der Doppelten Herrlichkeit) und den Jianfugong (Palast der Glücksgründung), welche während der Regierungsperiode Qianlong auf dem Platz des einstigen Xiwusuo (Fünf Westliche Höfe) errichtet wurden. Der Yuqinggong (Palast des Hervorbringens der Glückwünsche) wurde anläßlich der Thronbesteigung des Qing-Kaisers Jiaqing (1796) gebaut. Südlich des Ningshougong vervollständigen der Nansansuo (Drei Südliche Höfe) und nördlich der Sechs Östlichen Paläste der als Speicherräume dienende Dongwusuo (Fünf Östliche Höfe) die Baukomplexe des Inneren Hofs.

Anlageplan der Drei Hinteren Paläste

1 Yuhuayuan (Kaiserlicher Garten)
2 Kunningmen (Tor der Irdischen Ruhe)
3 Kunninggong (Palast der Irdischen Ruhe)
4 Jiaotaidian (Halle der Berührung von Himmel und Erde)
5 Qianqinggong (Palast der Himmlischen Reinheit)
6 Qianqingmen (Tor der Himmlischen Reinheit)

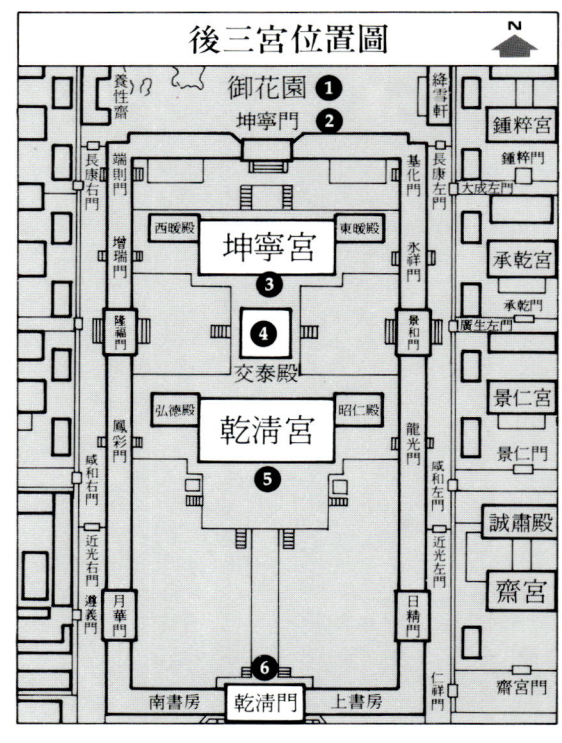

51 Der Querhof vor dem Qianqingmen (Tor der Himmlischen Reinheit). Blick nach Westen

Die Nord-Süd-Achse der Verbotenen Stadt wird zwischen den Drei Großen Hallen und den Drei Hinteren Palästen von einem querliegenden Hof gekreuzt, der als Trennungslinie zwischen dem zeremonialen Äußeren Hof und dem privaten Inneren Hof, die sich in ihrer Komposition gleichen, fungiert. Der Kaiserliche Weg führte von der Nordseite der Baohedian die dreistufige Terrasse abwärts (*linke Bildseite*), verlief über den Hof und führte durch das Qianqingmen (*rechte Bildseite*) in den Inneren Hof. Während des kurzen nordchinesischen Herbstes wurden auf der Südseite des Hofes gelbe und orangefarbene Granatapfel-Bäumchen aufgestellt, ein Symbol des Lebensglücks, reicher Nachkommenschaft und langen Lebens. Wie an vielen Stellen der Verbotenen Stadt stehen an der Nordseite des Hofes große bronzene Wasserbehälter, die dem Feuerschutz dienten.

52 Das Qianqingmen, von der Terrasse auf der Nordseite der Baohedian aus gesehen

Das Qianqingmen ist der Hauptzugang vom Äußeren Hof in den Inneren Hof. Während der Qing-Zeit gaben die Kaiser vor dem Tor Audienzen und erledigten Regierungsangelegenheiten. Die Zeremonie, die *yumen tingzheng* („Erledigung der Staatsgeschäfte am Kaiserlichen Tor") genannt wurde, begann normalerweise um acht oder neun Uhr morgens. Der Kaiser saß in einem zu diesem Zweck aufgestellten Thronsessel in der Mitte des Tores. Entsprechend ihrer Rangfolge standen die Beamten an den ihnen zugewiesenen Plätzen, um dem Kaiser den Thronbericht vorzulegen. Wenn dabei Staatsgeheimnisse behandelt wurden, hatten die *Hanlin*, die Mitglieder der Kaiserlichen Akademie, sowie die niedrigrangigen Offiziere und die Unterbeamten den Platz zu verlassen. Während der Audienz bestiegen die Großsekretäre und die Untersekretäre des Kaiserlichen Sekretariats die einstufige Terrasse vor dem Tor und knieten vor dem Kaiser nieder. Ein Mandschu-Sekretär las dann die Gesuche vor. Nach jedem Gesuch teilte der Kaiser seine Entscheidung mit, die dann von diesem Sekretär öffentlich bekanntgegeben wurde. Unter den Qing-Kaisern bevorzugte es vor allem Kaiser Kangxi, die Staatsgeschäfte dort zu erledigen. Viele wichtige Angelegenheiten wurden auf diese Weise am Qianqingmen entschieden. Nach der Regierungsperiode Xianfeng (1851–1861) wurde diese Zeremonie von der Kaiserinwitwe Cixi abgeschafft.

53 Seitenansicht der Drei Hinteren Paläste. Blick nach Westen. *Von links nach rechts*: Qianqinggong (Palast der Himmlischen Reinheit), Jiaotaidian (Halle der Berührung von Himmel und Erde) und Kunninggong (Palast der Irdischen Ruhe)

Die Drei Hinteren Paläste waren die Wohnresidenz der Kaiser und Kaiserinnen. Sie entsprechen in der Grundstruktur der Anlage der Drei Großen Hallen, sind aber, wie auch der sie umgebende Hof, kleiner konzipiert. Als „Himmelssöhne" wünschten alle Kaiser, entsprechend der traditionellen Vorstellung, daß zwischen Himmel und Erde Harmonie herrsche, und sie verstanden sich als Mandatsträger zur Wahrung der Harmonie. Entsprechend dieser Vorstellung und der Funktion der Gebäude als Wohnraum des Kaisers und der Kaiserin wurde die Namen der Paläste festgelegt. Die Namen blieben seit Beginn der Ming-Zeit unverändert.

54

55

56

57

76

54 *Jiangshan sheji fangting* (Quadratischer Pavillon der Götter des Bodens und der Feldfrüchte) auf der Terrasse vor dem Qianqinggong

Der Kaiser fungierte u. a. als oberster Priester am Shejitan (Altar der Götter des Bodens und der Feldfrüchte) und am Xiannongtan (Altar des Ackerbaus), wo er einmal jährlich als „Kaiserlicher Bauer" einen Streifen Acker pflügte.

55 Sonnenuhr auf der Terrasse vor dem Qianqinggong
56 Vergoldetes Weihrauchgefäß aus Bronze auf der Terrasse vor dem Qianqinggong

Der untere Teil des Räuchergefäßes ist in Form des antiken dreifüßigen Zeremonialgefäßes *ding* gehalten. Der mit Löchern versehene und nach oben hin abgedeckte, bewegliche Aufsatz dient dazu, den aromatischen Rauch gleichmäßig über der Terrasse zu verteilen.

57 Der Qianqinggong (Palast der Himmlischen Reinheit). Blick über den erhöhten Kaiserlichen Weg vom Qianqingmen aus

Während der Ming-Dynastie diente der Palast sowohl als Wohnresidenz des Kaisers wie auch der Kaiserin. Auch die Konkubinen versammelten sich hier und warteten auf die kaiserliche Anforderung.

Nachdem die Mandschuren Beijing erobert, zu ihrer Hauptstadt gemacht und die Qing-Dynastie gegründet hatten, wurde der Qianqinggong renoviert, blieb aber weiterhin die Residenz des Kaisers und der Kaiserin. Später wurde seine Funktion mehrmals verändert. Die Kaiserin verlegte ihre Residenz. Qing-Kaiser wie Shunzhi und Kangxi führten hier die Staatsgeschäfte und empfingen ausländische Gesandte. Bisweilen diente der Palast auch als Lesestudio oder Amtshalle des Kaisers. Nachdem Kaiser Yongzheng seine Schlafgemächer in die Yangxindian (Halle der Pflege des Herzens) verlegt hatte, wurde der Qianqinggong zu einer Stätte für Zeremonien im Inneren Hof und für Audienzen für Minister und ausländische Gesandte. Der erhöht angelegte Kaiserliche Weg zwischen dem Qianqingmen und der Qianqinggong wurde von Granatapfel-Bäumchen gesäumt.

58 Das Thronpodest mit Wandschirm, Thronsessel und Arbeitstisch im Qianqinggong
59 Der Thronsessel

Während der Regierungsperioden aller Qing-Kaiser fanden hier viele wichtige Zeremonien und Feierlichkeiten statt, u. a. die zeremoniellen Audienzen und Bankette des Kaisers für die Generäle und Minister, die anläßlich der Feier der jährlichen Festtage wie dem Neujahrstag, dem Laternenfest, dem Drachenbootfest, dem Mittherbstfest, dem *chongyang*-Fest (Fest des Doppelten Neunten am 9. Tag des 9. Monats nach dem Mondkalender), der Wintersonnenwende und dem Silvesterabend sowie der Gratulationscour am Geburtstag des Kaisers gegeben wurden.

Zwei besonders großartige Bankette fanden im 61. Jahr der Regierungsperiode Kangxi (1772) und im 50. Jahr der Regierungsperiode Qianlong (1785) statt. Sie wurden „Bankett für Tausend Alte Männer" (*qian sou yan*) genannt. Auf Veranlassung des Kaisers wurden sechzigjährige und ältere Männer zu diesem Bankett eingeladen, darunter Minister, Beamte, Offiziere und Soldaten, Kunstmeister sowie Vertreter des einfachen Volkes. Am Bankett aus Anlaß des 50. Regierungsjubiläums Kaiser Qianlongs nahmen dreitausend Personen teil. Jeder Teilnehmer erhielt ein Präsent, z. B. einen Wanderstab, das traditionelle Zeichen des Alters.

Gemäß der dynastischen Erbfolge hatte der älteste Sohn der gesetzlichen ersten Frau des Kaisers Anrecht auf den Thron. Nach dem Tod des Kaisers erfolgte in der Regel die Inthronisation des Thronfolgers. Allerdings hatte der Kaiser das Recht, kurz vor seinem Tod einen anderen Nachfolger zum Thronerben zu bestimmen. Wegen der Unzulänglichkeiten und der vielfältigen Möglichkeiten des Mißbrauchs einer Nominierung in den Sterbestunden führte der Qing-Kaiser Yongzheng ein neues Verfahren zur Benennung des Thronfolgers ein. In zwei Kopien schrieb der Kaiser den Namen des Thronfolgers nieder. Die eine Kopie behielt der Kaiser bei sich, die andere wurde in ein versiegeltes Behältnis gelegt und hinter der Holztafel mit der Aufschrift *zhengda guangming* (Rechtschaffenheit und Ehrlichkeit) über dem Thron im Qianqinggong sicher verwahrt (*siehe obere Bildkante*). Der Kaiser war verpflichtet, über den Namen seines Nachfolgers strengstes Stillschweigen zu bewahren. Nach dem Tod des Kaisers überprüften die dazu bestimmten Minister beide Kopien. Nach gewissenhafter Überprüfung durch weitere Minister konnte der Name des Thronfolgers dann offiziell bekanntgegeben werden. In der Spätzeit der Qing-Dynastie, z. B. in den Regierungsperioden Xianfeng, Tongzhi und Guangxu, wurde dieses Verfahren nicht mehr praktiziert, zumal die jugendlichen Kaiser allenfalls einen oder überhaupt keinen Sohn hatten.

59

Der Qianqinggong wurde auch als Kondolenzhalle zur kaiserlichen Aufbahrung benutzt. Die dazu gehörigen rituellen Zeremonien fanden ebenfalls hier statt. Nach festgelegter Trauerzeit wurde der Sarg durch das Shenwumen (Tor des Göttlichen Kriegers) zum Jingshan (Schöner Berg) gebracht und nach Abhaltung des staatlichen Trauerzugs zum festgelegten Termin zu den kaiserlichen Grabstätten der Qing-Dynastie in den Bergen östlich oder westlich von Beijing geleitet.

Der Schmuck an Thronsockel, Schirm und Thronsessel gleicht dem Thronensemble in der Taihedian. Allerdings ist die Ornamentierung hier noch reichhaltiger, besonders auffällig bei den die Thronlehne umwindenden Drachen. Zur Einfassung des Thronsitzes, der auf aus Drachen gebildeten Füßen ruht, wurden im Gegensatz zum Thron in der Taihedian auch Edelsteine verwendet. Die den Thron umstehenden Säulen sind mit Kalligraphien der Kaiser Kangxi und Qianlong geschmückt, die beide große Kunstliebhaber und Kalligraphen waren. Zusammen mit den im Wandschirm angebrachten Schrifttafeln geben die Schriftzeichen der Innenausstattung des Qianqinggong ihr besonderes Gepräge. Die Beherrschung von Kalligraphie, Dichtung und Landschaftsmalerei, die auch Bestandteil der Kaiserlichen Prüfung waren, galten als kennzeichnend für einen Mann von hoher intellektueller Begabung und Charakterfestigkeit. Sich in ihnen auszuzeichnen gehörte zu den Pflichten eines Kaisers. Schriftzeichen wurden gern in der Architektur und der Gartengestaltung als Kompositions- und Gestaltungselement verwendet.

Zu beiden Seiten des Throns haben Kraniche, ein Symbol der Langlebigkeit, Aufstellung gefunden. In ihren Schnäbeln halten sie Lotosstengel, deren Blütenknospen als Kerzenhalter dienten.

60 Die Jiaotaidian (Halle der Berührung von Himmel und Erde). Südfront

Die Jiaotaidian wurde in der Regierungsperiode Jiajing (1522–1566) der Ming-Dynastie gebaut. Während der Qing-Dynastie nahmen die Kaiserinnen an den drei Hauptfesten des Jahres hier die feierliche Huldigung entgegen. Dabei knieten zuerst die kaiserlichen Konkubinen der verschiedenen Ränge, die Prinzessinnen und die Ehefrauen der Prinzen sowie die Frauen der Minister vom zweiten Grad aufwärts dreimal vor der Kaiserin nieder und vollzogen Kotau. Danach erfolgte die Ehrenbezeugung durch die kaiserlichen Prinzen. In ihrer Anlage entspricht die Jiaotaidian der Zhonghedian (Halle der Vollkommenen Harmonie) im Äußeren Hof. Der Hauptunterschied besteht darin, daß die Zhonghedian keine umlaufende Säulengalerie besitzt.

61 Der Thron in der Jiaotaidian
62 Kupferne Wasseruhr rechts neben dem Thron in der Jiaotaidian

In der Jiaotaidian werden bis heute die 25 kaiserlichen Jade-Siegel aufbewahrt, die sich schon zur Zeit des Kaisers Qianlong hier befanden. Der Gebrauch der Siegel wurde vom Großsekretär überwacht. Der Direktor für Palastangelegenheiten war für ihre Aufbewahrung verantwortlich. Bevor man eines der Siegel benutzte, mußte der Großsekretär den Kaiser um Erlaubnis ersuchen. Schon seit uralter Zeit wurden in China Siegel zur Beglaubigung von Dokumenten benutzt. Im Gegensatz zu den normal gebräuchlichen Siegeln, die aus jadeähnlichem Stein hergestellt wurden, waren die kaiserlichen Siegel aus reinem Jade oder Edelmetall. In die Siegel, die sich durch ihre Größe von anderen Siegeln unterschieden, war der Name des Kaisers eingraviert.

Kalligraphien des Kaisers Qianlong, beginnend bei der Namenstafel über dem Eingang, stellen eines der auffallendsten Gestaltungsmittel der Halle dar, besonders augenfällig an der Täfelung hinter dem Thron und an der über dem Thron angebrachten Schrifttafel mit den Zeichen *wu wei* (Kein Eingriff). Mit diesen beiden Schriftzeichen wird das daoistische Prinzip, in das Zusammenspiel der Dinge nicht einzugreifen und sich den natürlichen Veränderungen zu fügen, zum Ausdruck gebracht. Der obere Teil der Wanddekoration hinter dem Thron zeigt zwei Drachen, die das höchste Symbol der Reinheit, der Dauer und der Harmonie, die Perle, bewachen. In die Perle ist das Zeichen *sheng* gesetzt, das soviel wie „Göttliche Weisheit" oder „Heiligkeit" bedeutet.

Die Wasseruhr, auch Tropfkessel genannt, wurde bereits in alter Zeit in China zur Zeitmessung benutzt. Kaiser Qianlong ließ die Uhr statt einer großen Schlaguhr hier aufstellen. Die Uhr besteht aus drei kupfernen Wasserbehältern und einem Auffangbehälter zu Füßen einer knienden Figur. Der den Mechanismus umgebende Pavillon ist im Stil der traditionellen Palastarchitektur gehalten und zeigt sehr gut das komplizierte Konsolensystem klassischer chinesischer Dachkonstruktion.

恒久咸和迓天休而滋至

交泰殿銘

63

63 Das Brautgemach im Kunninggong

64 Der Kunninggong (Palast der Irdischen Ruhe). Blick von Südosten

Der Kunninggong war der ständige Wohnpalast der Kaiserinnen der Ming-Dynastie. Während der Qing-Dynastie behielt er diese Funktion nur noch nominell bei und wurde nicht mehr von den Kaiserinnen bewohnt. Der Palast wurde in eine Stätte religiöser Zeremonien und Feiern zur Verehrung Buddhas sowie vieler anderer chinesischer und mongolischer Gottheiten umgewandelt. Unter Musikbegleitung wohnten der Kaiser und die Kaiserin den Feier- oder Opferzeremonien bei. Die Opfertiere wurden im Kunninggong geschlachtet und zubereitet. Danach wurden die Speisen aufgetragen und beim zeremonialen Mahl verzehrt. Mit der Umwandlung zur Kultstätte hing auch der Einbau des *kang* und der Kochstelle zur Verehrung der Hausgötter zusammen. Die dekorative Ausstattung und die Einrichtung des Kunninggong unterscheiden sich deutlich von den anderen Palästen, da er ganz im mandschurischen Stil der frühen Qing-Dynastie umgestaltet wurde. Dies äußert sich u. a. in den auffallend freien Flächen an Wänden und Decken und der nur sparsamen Ornamentierung.

64

65 Das Brautbett im Kunninggong

Die Dongnuange (Ostkammer der Wärme) im Kunninggong diente als Brautgemach der Kaiser. Hier verbrachten die Qing-Kaiser Kangxi, Tongzhi und Guangxu ihre Hochzeitsnacht. Auch Kaiser Xuantong (Aisin-Gioro Pu Yi) beging nach der Abdankung des Kaiserhauses 1911 hier noch seine Hochzeit. Nachdem der Kaiser und die Kaiserin drei Nächte im Brautgemach verbracht hatten, zogen sie in einen der Sechs Östlichen oder der Sechs Westlichen Paläste um. Die Wände des Hochzeitgemachs waren rot ausgeschlagen. Laternen mit dem chinesischen Doppelzeichen xi hingen von der Decke. Auch die Tür des Brautzimmers war damit geschmückt. An der Nordwand des Raums befindet sich das Brautbett, dessen Gestell mit Drachen- und Phönix-Mustern verziert ist. Der seidene Bettvorhang ist mit dem traditionellen Motiv *bai zi tu* (Hundert spielende Kinder) bestickt und bringt somit den Wunsch nach reicher Nachkommenschaft zum Ausdruck.

66 Kochstelle zur Zubereitung des Opferfleisches im Kunninggong, die zugleich als Opferstätte des mandschurischen Schamanenkults diente

67 Blick auf das Kunningmen (Tor der Irdischen Ruhe), den Eingang zum Kaiserlichen Garten, vom Kunninggong aus gesehen

Nördlich des Kunninggong befindet sich das Kunningmen, das die Drei Inneren Paläste mit dem Kaiserlichen Garten verbindet. In den den Hof umschließenden Galerien befanden sich die Kaiserliche Apotheke, die Dienststuben der kaiserlichen Ärzte und der Eunuchen. In der Frühzeit der Ming-Dynastie befand sich das Kunningmen an der Rückseite der Qin'andian (Halle des Kaiserlichen Seelenfriedens) an der Stelle des heutigen Shunzhenmen (Tor der Gehorsamen Keuschheit). In der Regierungsperiode Jiajing der Ming-Dynastie wurde es nach Süden vor den Garten verlegt. Zur Zeit der Anlegung der Verbotenen Stadt war der Kaiserliche Garten unmittelbarer Bestandteil der Drei Hinteren Paläste und wurde daher auch als Gonghouyuan (Garten hinter den Palästen) bezeichnet.

68 Die Xiyi changjie (Erste Westliche Lange Straße), vom Neiyoumen (Inneres Tor zur Rechten) aus gesehen. Blick nach Norden zum Jingshan (Schöner Berg)

Die Erste Westliche Lange Straße zieht sich an der Westseite der Drei Hinteren Paläste entlang. In ihrem Südabschnitt begrenzt sie die Yangxindian (Halle der Pflege des Herzens). Hinter dem Zwischentor schließen sich auf ihrer Westseite die Sechs Westlichen Paläste an.

内右门

69

70

86

Anlageplan der Yangxindian

1 Yanxitang (Halle der Feierlichen Freude)
2 Tishuntang (Halle der Offenbarung der Willfährigkeit)
3 Yangxindian (Halle der Pflege des Herzens)
4 Yangxinmen (Tor der Pflege des Herzens)
5 Shanfang (Kaiserliche Speisehalle im Inneren Hof)
6 Junjichu (Großer Staatsrat)

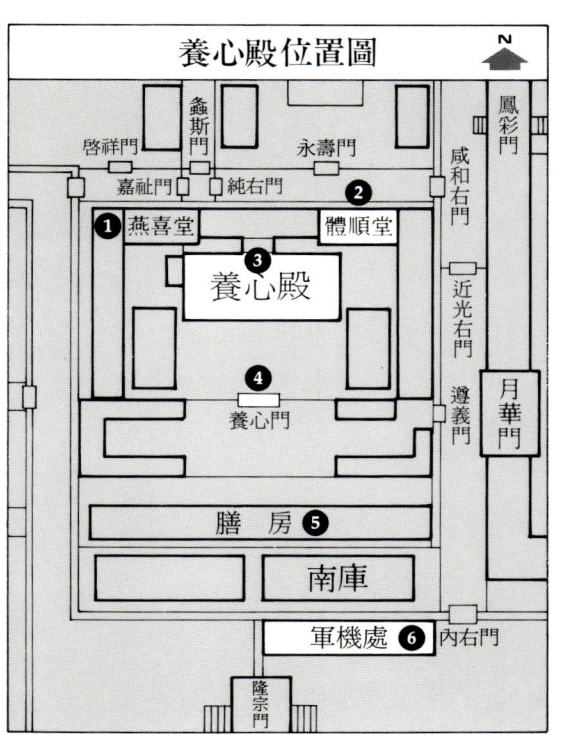

69 Die mit der Aufschrift *Yangxinmen* (Tor der Pflege des Herzens) versehene Tafel über dem Yangxinmen, durch das Loch im Zentrum des Jade-Tabletts gesehen. *Links* die chinesischen, *rechts* die mandschurischen Schriftzeichen
70 Jade-Tablett, aufgestellt im Vorhof südlich des Yangxinmen. Von Wolken umgebene Drachen bewachen die Perle der buddhistischen Wahrheit.
71 Blick durch das Yangxinmen auf die Terrassenstufen und die Tür der Yangxindian
72 Die Dongzhifang (Östliche Dienststuben) im Vorhof südlich des Yangxinmen

Die Yangxindian (Halle der Pflege des Herzens) wurde in der Ming-Dynastie gebaut und während der Regierungsperiode Yongzheng (1723–1735) der Qing-Dynastie rekonstruiert. Vor ihrem Umbau lebten die Ming- und die Qing-Kaiser im Qianqinggong. Nach dem Tod Kaiser Kangxis wollte sein Sohn, Kaiser Yongzheng, nicht in jenen Palast ziehen, in dem Kaiser Kangxi mehr als 60 Jahre lang gewohnt hatte. Deshalb verbrachte Kaiser Yongzheng die Trauerzeit in der Yangxindian und blieb dort, auch nachdem die Trauerzeit abgelaufen war. Die Halle diente ihm daher sowohl als Schlafgemach als auch als Amtssitz und wurde seitdem von den nachfolgenden Qing-Kaisern als Residenz benutzt.

Die Halle ruht auf einer einstufigen Plattform, die die vorderen Seitengebäude und die beiden querstehenden, hinteren Hallen miteinander verbindet. Der relativ kleine Hofkomplex wird im Osten und Westen von einer Galerie eingefaßt. Insgesamt ist der Palastkomplex äußerst zweckmäßig und raumökonomisch angelegt. In der Yangxindian erledigte der Kaiser die laufenden Staatsangelegenheiten, während die Tishuntang (Halle der Offenbarung der Willfährigkeit) dem Kaiser als Schlafgemach diente. In der Nähe des Palastes befand sich der Junjichu (Großer Staatsrat) zur Beratung wichtiger Staats- und Militärangelegenheiten, so daß der Kaiser seine Beamten mühelos zu sich rufen konnte. Die Dienststuben der Eunuchen befanden sich im Vorhof vor dem Yangxinmen. Hier hatten auch die Beamten zu warten, um vom Kaiser in Audienz empfangen zu werden. Die östliche und die westliche Seitenhalle innerhalb des Haupthofes beherbergten Räume zur Buddhaverehrung.

An der Südseite des Palastkomplexes lag die Speisehalle des Inneren Hofes. Sie diente in der Ming- und der Qing-Dynastie diesem Zweck. (Die Speisehalle des Äußeren Hofes befand sich außerhalb des Empfangshofes im Südteil der Verbotenen Stadt.) Für den Kaiser gab es keinen festen Speiseraum. Der Kaiser nahm, während er die Staatsgeschäfte führte, seine Mahlzeiten ein, unabhängig davon, wo er sich gerade befand. Deshalb wurde die Speisehalle des Inneren Hofes in der Nähe der Yangxindian und des Qianqinggong errichtet, um dem Kaiser jederzeit die Mahlzeiten bringen zu können.

73 Der Haupthof vor der Yangxindian

Eine Schattenwand (Geistermauer) verhindert den Durchblick vom Yangxinmen (*links*) in den Hof und in die Halle Yangxindian (*rechts*). Der Halle vorgesetzt ist eine offene Säulengalerie mit einem traditionellen Dach mit rundem First.

74 Die Neiyingbi (Innere Schattenwand) innerhalb des Yangxinmen

Schattenwände hinter den Hofeingängen sind ein traditioneller Bestandteil der chinesischen Wohnarchitektur. Sie sollen böse Geister und Übel aller Art vom Haus und seinen Bewohnern fernhalten und den Frieden des Hauses bewahren helfen. Dies natürlich in erster Linie dadurch, daß sie neugierigen Blicken den Zutritt zum Hof verwehrten. Im Gegensatz zu den landläufigen Schattenwänden ist die Innere Schattenwand vor der Yangxindian mit Türflügeln versehen, die für den Kaiser geöffnet wurden.

75 Dreifüßiges Weihrauchgefäß aus Bronze in Gestalt dreier Kraniche vor der Yangxindian

Die Schnäbel der Kraniche, aus denen der Rauch austrat, sind dem Körper der Tiere zugekehrt. Der zweite Fuß jedes Vogels ist unter den Körper gehoben. Die Gestalt dieses aus drei Kranichen gebildeten Fabelwesens wird im altchinesischen *Shanhaijing* (*Buch der Berge und Meere*) beschrieben.

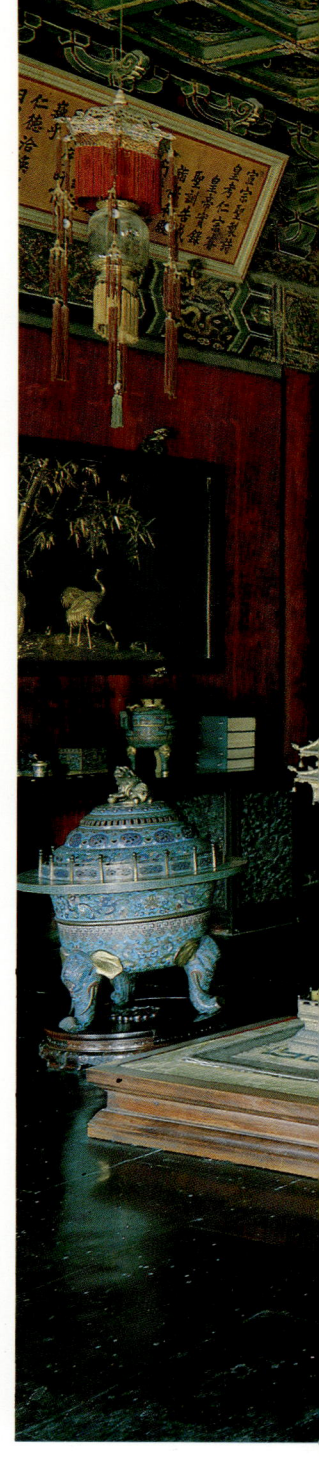

76

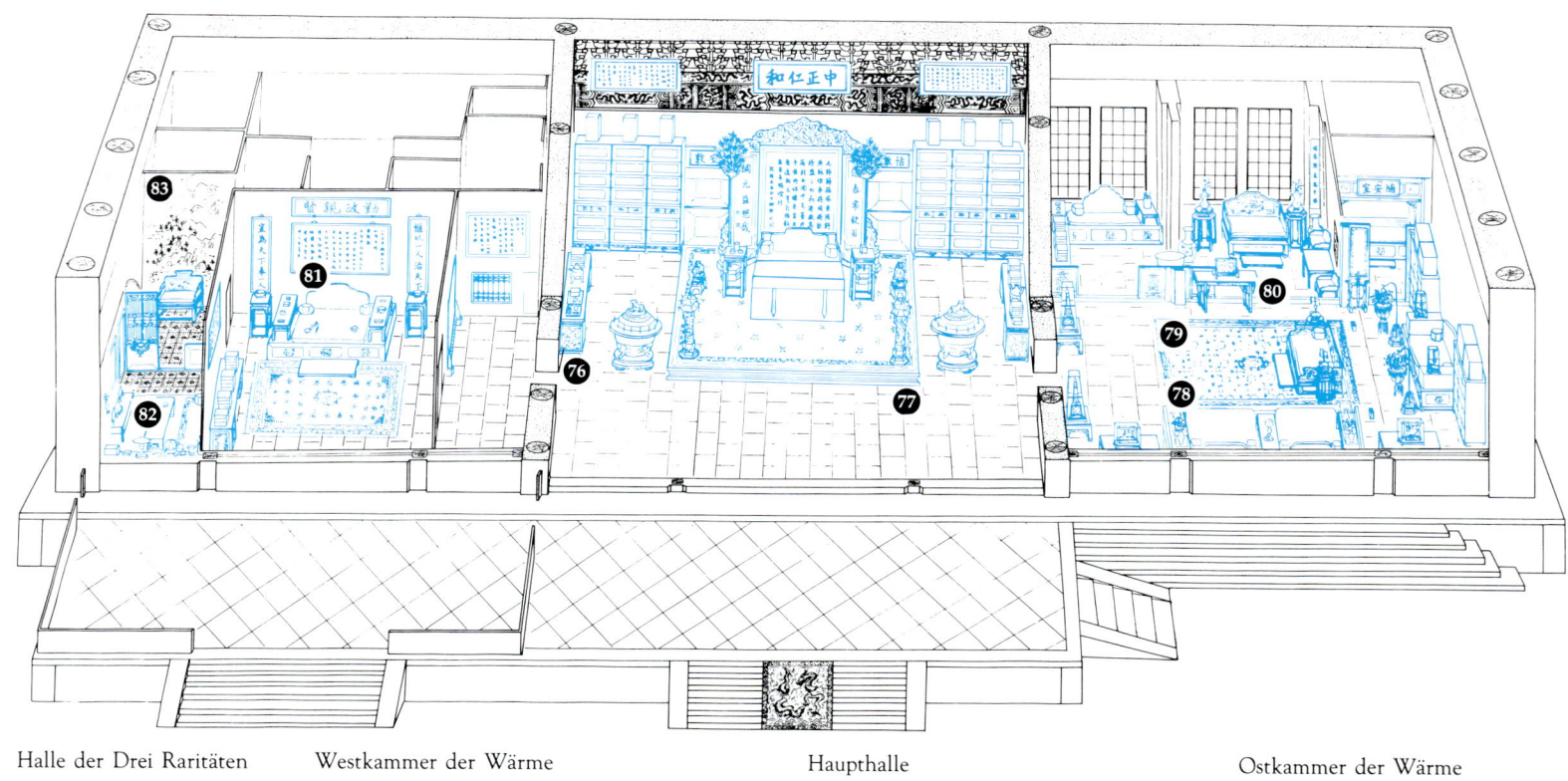

Halle der Drei Raritäten   Westkammer der Wärme   Haupthalle   Ostkammer der Wärme

Abb. 30 Perspektivische Darstellung der Innenausstattung der Yangxindian (die angegebenen Zahlen entsprechen den Nummern der Bildtafeln)

76 Westliche Seitenwand der Haupthalle
77 Die Haupthalle der Yangxindian

Die Yangxindian besteht aus drei Räumen. Der Kaiserthron mit dem Arbeitstisch steht im Zentrum der Haupthalle, deren Kassettendecke mit klassischen Ornamenten geschmückt ist. An der Nordwand der Halle stehen zwei Bücherregale. Die Bücherregale wie auch die aufgestellten Schmuckobjekte aus Cloisonné, die Lack- und Jade-Gegenstände sowie die kleinen Räuchergefäße zu beiden Seiten des Throns vermitteln eine durch und durch unzeremoniöse Atmosphäre, die in großem Gegensatz zur Innengestaltung der Drei Großen Hallen steht. Auf die herausgehobene Bedeutung der Halle weisen lediglich der wuchtige Wandschirm hinter dem Thronsitz sowie die zeremoniellen Wedel aus Pfauenfedern zu beiden Seiten des Wandschirms hin.

78 Die Dongnuange (Ostkammer der Wärme), die Stätte zur *chuilian tingzheng* (Erledigung der Staatsangelegenheiten hinter dem Vorhang) in der Yangxindian

Die Ostkammer Dongnuange der Yangxindian diente dem Qing-Kaiser Yongzheng und seinen Nachfolgern als Ort zur Erledigung von Staatsangelegenheiten und zum Gespräch mit wichtigen Generälen und Ministern. Nachdem 1861 die Kaiserinwitwe Cixi durch einen Palast-Coup d'Etat die Staatsmacht an sich gerissen hatte, führte sie über 48 Jahre lang die Staatsgeschäfte hinter dem gelben Gaze-Vorhang, während die Kinderkaiser Tongzhi und Guangxu auf dem Thron im vorderen Saal saßen. Die Ausstattung der Yangxindian entspricht dem Originalzustand während der Regierungsperiode Guangxu.

79 Der Regentenstuhl der Kaiserinwitwe Cixi in der Ostkammer

80 Nordflügel der Ostkammer der Wärme in der Yangxindian
81 Mittelteil der Xinuange (Westkammer der Wärme)

82 Blick in die Sanxitang (Halle der Drei Raritäten)
83 Das Vorzimmer zur Sanxitang mit dem Wandbild von den Hofmalern Giuseppe Castiglione und Jin Tingbiao

Der Ostflügel der Dongnuange (Ostkammer der Wärme) wurde in Fastenzeiten vor religiösen Zeremonien als Wohnraum des Kaisers benutzt. In dieser Zeit empfingen die Qing-Kaiser des 18. und des 19. Jahrhunderts die Minister des Großen Staatsrats bei wichtigen Staatsangelegenheiten in der Xinuange (Westkammer der Wärme).

Die Sanxitang (Halle der Drei Raritäten) besteht aus zwei kleinen Kammern mit einer Fläche von je vier Quadratmeter, welche voneinander durch ein mit Gitterwerk geschmücktes Abschirmfenster aus Nanmu-Holz mit einer durchsichtigen Stickerei als Füllung getrennt sind. Die Innenausstattung beider Räume ist außerordentlich prunkvoll. Der Fußboden des Vorzimmers ist mit blau- und weißfarbigen Keramikkacheln mit geometrischen Mustern ausgelegt. In der hinteren Kammer bewahrte Kaiser Qianlong wertvolle Meisterwerke der drei bekannten Kalligraphen aus der Jin-Dynastie (4. Jahrhundert) Wang Xizhi, Wang Xianzhi und Wang Shun auf. So erhielt die Kammer ihren Namen. Die von Qianlong kalligraphierten Zeichen *sanxitang* (Halle der Drei Raritäten) und *sanxitang ji* (Widmung für die Halle der Drei Raritäten) befinden sich noch heute in der Kammer. Zu den Kunstschätzen der Kammer gehört u. a. eine Malerei des Hofmalers Jin Tingbiao, auf der die Geschichte der drei Kalligraphen Wang festgehalten ist. Die Ausstattung der Kammer blieb bis heute im Originalzustand aus der Regierungsperiode Qianlong erhalten.

Gegenüber dem Eingang zum Vorraum wurde ein wandgroßes Gemälde, das der italienische Maler Giuseppe Castiglione (1688–1766) und Jin Tingbiao 1765 vollendeten, angebracht. Mit seiner perspektivischen Wiedergabe des Gitterwerks und des gekachelten Fußbodens des Vorraums scheint das Bild die Ausdehnung der Kammer wie in einem Spiegel zu verdoppeln.

84 Die kaiserlichen Schlafgemächer hinter der Yangxindian

85 Östliche Seitenkammer in der Tishuntang (Halle der Offenbarung der Willfährigkeit) an der Nordseite der Yangxindian

Nördlich der Yangxindian zieht sich ein überdachter Korridor entlang, der die Haupthalle mit den hinteren Nebenhallen verbindet. Die hintere Mittelhalle beherbergt die kaiserlichen Schlafgemächer, die aus fünf Räumen bestehen. Die Hauptkammer erhält durch einen Sitz-*kang* (aus Ziegeln gemauerte, heizbare Sitzbank) ihr Gepräge. In der daneben liegenden Ostkammer stehen ein Thron und ein langer schmaler Tisch aus indischem Mahagoni, in der gegenüberliegenden Westkammer befinden sich ein mit Wolken- und Drachen-Mustern verzierter Kleiderschrank aus Mahagoni sowie ein Sitz-*kang*. In der östlichen und westlichen Außenkammer hat neben weiterem Mobiliar je ein Schlaf-*kang*, gewöhnlich „Drachen-Bett" genannt, Platz gefunden. Die hintereinanderangeordneten fünf Kammern sind gleich groß und variieren nur geringfügig in der Ausstattung, die dem Originalzustand aus der Regierungsperiode Guangxu entspricht.

Die an der Ostseite der hinteren Halle sich anschließende Tishuntang (Halle der Offenbarung der Willfährigkeit) diente dem Kaiser und der Kaiserin als Schlafgemach, wenn sie in der Yangxindian zusammenlebten. In der auf der Westseite der hinteren Halle gelegenen Yanxitang (Halle der Feierlichen Freude) ruhten sich die kaiserlichen Konkubinen aus und erwarteten den Ruf des Kaisers.

Anlageplan des Xiliugong (Sechs Westliche Paläste)

1 Chuxiugong (Palast der Gesammelten Eleganz)
2 Tihedian (Halle der Verkörperten Harmonie)
3 Yikungong (Palast des Beistandes des Kaisers)
4 Changchungong (Palast des Immerwährenden Frühlings)
5 Tiyuandian (Halle des Verkörperten Ursprungs)
6 Taijidian (Halle des Höchsten Prinzips)

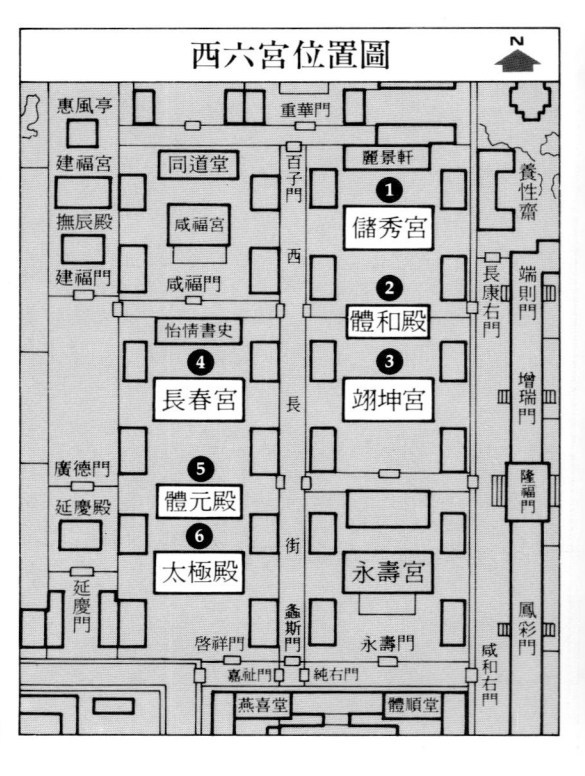

Der Xiliugong (Sechs Westliche Paläste)

86 Der Chuxiugong (Palast der Gesammelten Eleganz)
87 Drachen-Skulptur aus Bronze vor der Haupthalle des Chuxiugong

Der kaiserliche Drachen mit fünf Krallen, einer der vielen Drachentypen, nahm die höchste Rangordnung unter den *long*-Drachen ein. Sein Lebensraum wurde sowohl in den Wolken als auch im Drachenpalast im Ostmeer, einem Wasserpalast, angesiedelt. Dementsprechend wird er zumeist in Wolken fliegend oder inmitten von Wellen dargestellt. Ihm wurde Macht über das Feuer und den Regen zugesprochen. Als solches galt er als Symboltier des männlichen *yang*-Prinzips. Der Drache spielt mit einer strahlenden Perle.

88 Bronze-Hirsch vor der Haupthalle des Chuxiugong

In der daoistischen Mythologie wird dem Hirsch die Fähigkeit zugeschrieben, den *lingzhi* (Pilz der Unsterblichkeit) zu finden. Deshalb wird er oft mit einer stilisierten *lingzhi*-Pflanze im Maul dargestellt. Daher erklärt sich die Tradition, nach der der Hirsch als Symbol der Langlebigkeit fungiert.

89 Das Innere des Chuxiugong

Der Chuxiugong ist einer der Sechs Westlichen Paläste. Er wurde ursprünglich als Shouchanggong (Palast der Langlebigkeit und Prosperität) bezeichnet. Er wurde im 18. Jahr der Regierungsperiode Yongle der Ming-Dynastie (1420) fertiggestellt und erhielt 1535 seinen heutigen Namen. Während der Qing-Dynastie wurde er mehrmals renoviert. 1884, anläßlich des 50. Geburtstags der Kaiserinwitwe Cixi, wurde der Palast mit einem Kostenaufwand von 630 000 Tael Silber vollständig rekonstruiert. Zur Feier ihres Geburtstags im 10. Monat jenes Jahres zog die Kaiserinwitwe in den Palast ein und lebte dort zehn Jahre lang. Der Originalzustand aus dieser Zeit blieb bis heute unverändert.

Die Haupthalle des Palastes beherbergt fünf Räume. Die Halle hat ein einstufiges Fußwalmdach. Vor der Halle liegt ein ausgedehnter Hof, in dem zwei knorrige, uralte Zypressen stehen. Unterhalb des Hallensockels haben je ein Paar mit Perlen spielende Bronze-Drachen und Bronze-Hirsche Aufstellung gefunden, die zur Feier des 50. Geburtstags der Kaiserinwitwe Cixi gegossen wurden. Die Malereien mit Vogel-, Blumen-, Fisch-, Insekten-, Gemüse-, Obst-, Antiquitäten-, Tier- und Menschenmotiven auf dem Gebälk über der offenen Säulengalerie vor der Halle sind im Suzhou-Stil gehalten und in dezenten und geschmackvollen Farben ausgeführt. Das Gitterwerk an Fenstern und Türen ist aus Nanmu-Holz hergestellt und trägt in den Füllungen die Ornamente für „zehntausendfaches Glück und zehntausendfach langes Leben" (*wan fu wan shou*) und „das fünffache Glück mit der Langlebigkeit" (*wu fu peng shou*).

Die Innenausstattung des Chuxiugong ist erlesen. Die Rückwand der Hauptkammer nimmt ein Paravent aus Nanmu-Holz mit eingelegten Gläsern ein. In ihn sind die Schriftzeichen für „Langlebigkeit" und „Glück" eingeschnitten. Vor dem Paravent steht auf einer Plattform ein Wandschirm aus Mahagoni mit einem eingelegten Spiegel in Form des Schriftzeichens „Langlebigkeit". Vor dem Wandschirm haben ein Thronsessel, ein langer Altartisch mit Opfergeräten, zeremonielle Fächer, röhrförmige Behälter zur Aufnahme von Weihrauchstäbchen u. a. Aufstellung gefunden. Hier gewährte Cixi ihre Audienzen und nahm Huldigungen entgegen. Die Türen, die zu beiden Seiten des Thronsessels in die Nebenräume führen, wurden aus Rosenholz angefertigt. Die unteren Türfüllungen sind mit Bambus- und Magnolienmustern geschmückt. Die oberen Türfüllungen enthalten Seidenmalereien mit Bambus- und Orchideenmotiven, die von Beamten höherer Ränge angefertigt wurden.

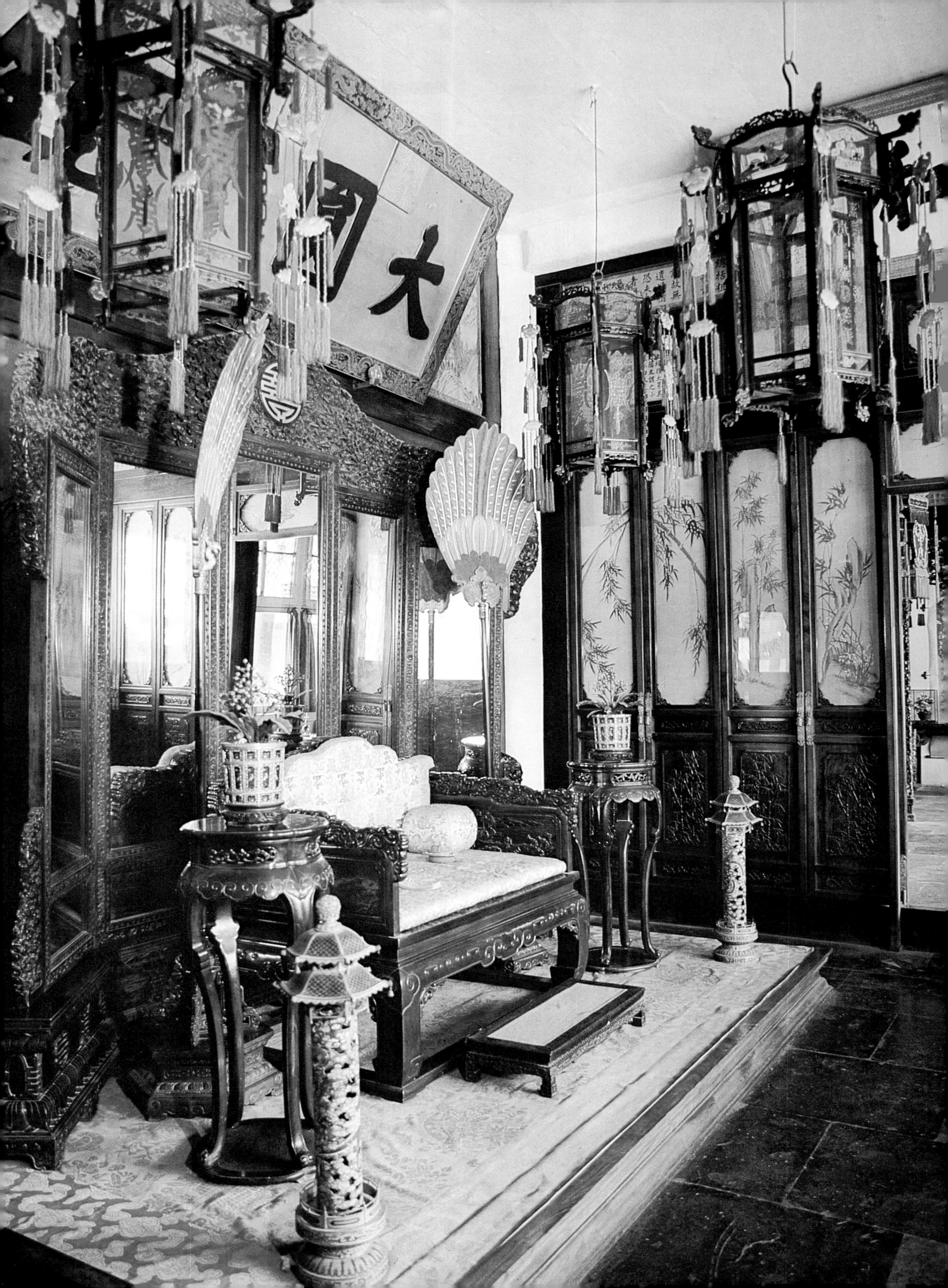
大

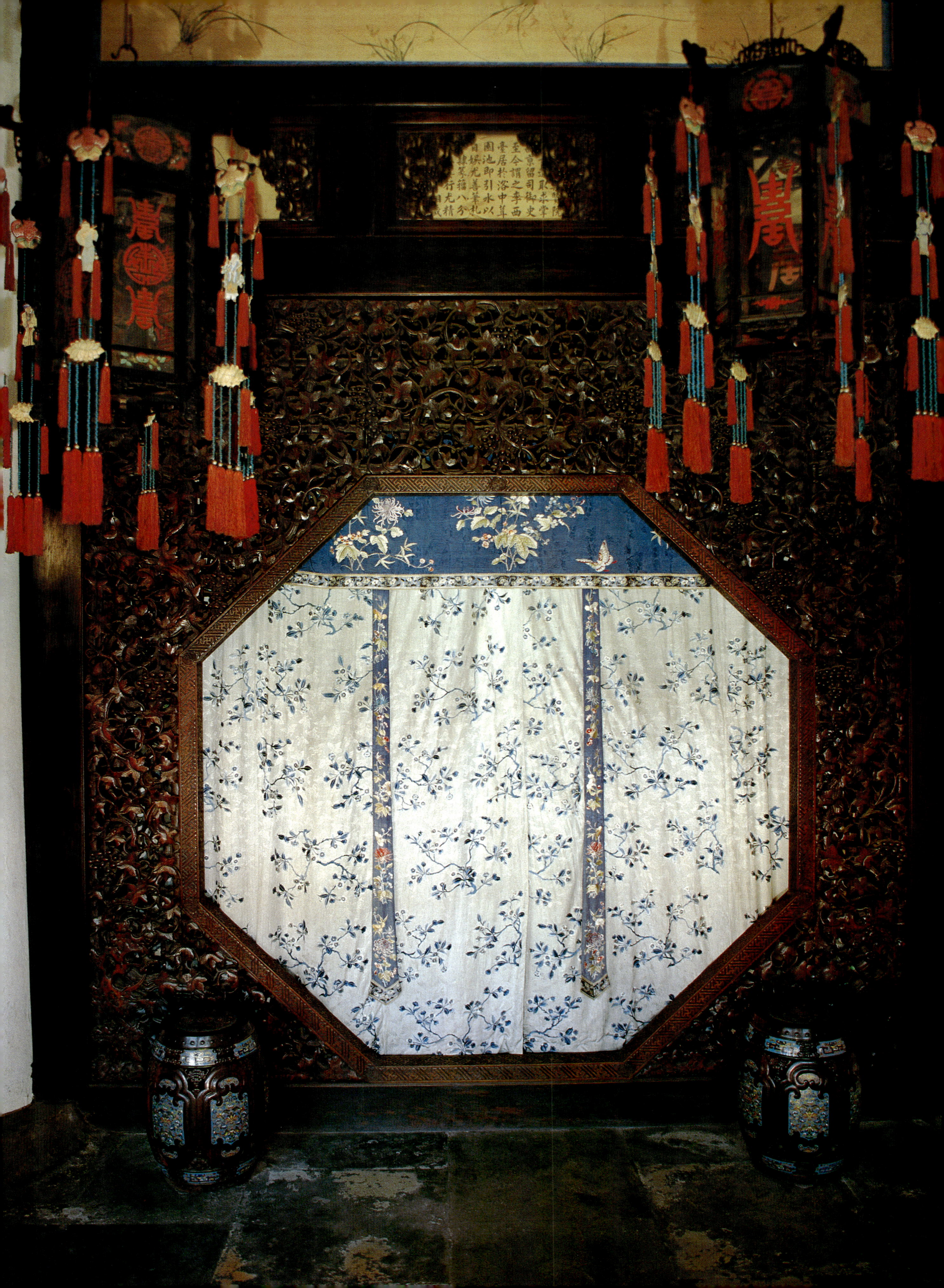

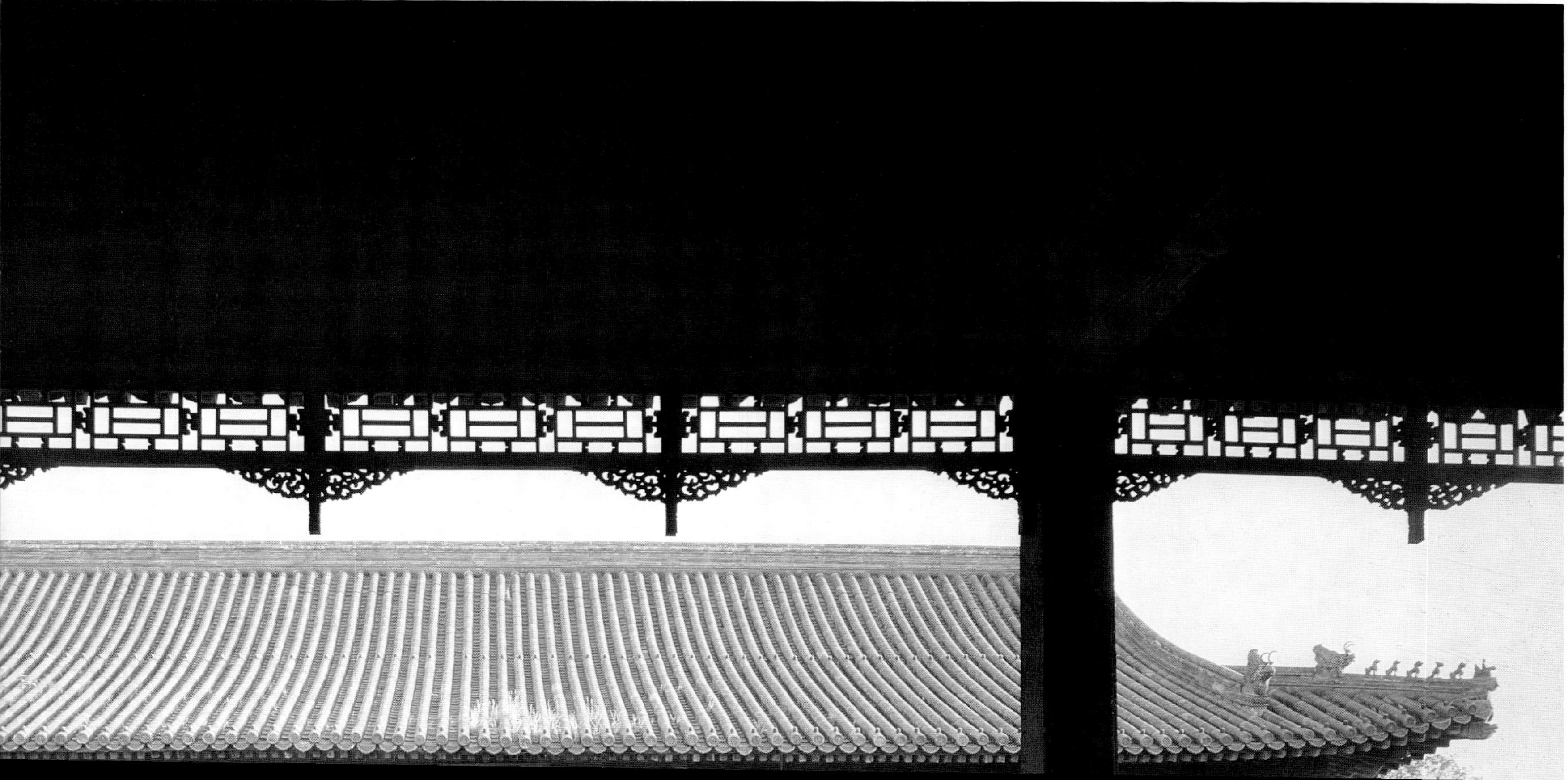

德治六

96 Der Kaisersitz im Changchungong

Auf dem Thronsessel liegt das *ruyi*, das kaiserliche Glückssymbol aus Jade oder Elfenbein. Die rechts oben über dem Thron hängende Laterne ist mit dem *bagua*, dem Oktogon mit den Acht Trigrammen, geziert, während die rechte mit glückbringenden Fledermäusen geschmückt ist.

97 Wandgemälde mit einer Szene aus dem klassischen Roman *Hongloumeng* (*Der Traum der Roten Kammer*). Detail
98 Wandgemälde mit Szene aus dem *Hongloumeng*. Detail
99 Wandgemälde mit Szene aus dem *Hongloumeng*. Detail

Die wandfüllenden Gemälde in den um den Hof des Changchungong herumführenden Korridoren umfassen eine Serie von mehr als zehn Bildern, die Szenen aus dem klassischen Roman *Hongloumeng* darstellen. Der Roman aus dem 18. Jahrhundert schildert das Schicksal einer großen, wohlhabenden Familie während der Qing-Dynastie. Derartige großformatige Fresken zu einem klassischen Thema finden sich sonst nicht in der Verbotenen Stadt. Abgesehen von den variantenreichen buntfarbigen Dekorationen auf dem Balkenwerk der Paläste und Korridore finden sich sonst nur kleine wandschmückende Embleme mit Landschafts-, Blumen-, Vogel- und Menschenmotiven sowie Porträts.

Die Serie von Wandgemälden wurde vermutlich während der Regierungsperiode Guangxu der Qing-Dynastie vollendet. Sie sind so fein gemalt, daß man an jedem Grashalm und an jedem Blatt die künstlerische Perfektion der Maler erkennen kann. Besonders auffallend ist die geschickte Nutzung der Perspektive für den Bildaufbau. Dieses für die chinesische Malerei untypische Gestaltungsverfahren wird mit der klassischen Zeichentechnik für Korridore, Türme und Pavillons verbunden.

100 Das Innere der Taijidian (Halle des Höchsten Prinzips)

101 Mit Kiefern-, Bambus- und Winterkirschblüten-Mustern verzierter Tisch in der Taijidian

Die Taijidian (Halle des Höchsten Prinzips) gehört zu den Sechs Westlichen Palästen. In der Frühzeit der Ming-Dynastie trug sie den Namen Weiyanggong (Palast der Gebrechlichkeit). 1535 wurde der Palast in Qixianggong (Palast des Glückbringens) umbenannt; dies zur Erinnerung an den Vater des Kaisers Jiajing, der hier geboren wurde. In der Qing-Dynastie erhielt der Palast seinen heutigen Namen. Zuletzt diente er der Kaiserlichen Konkubine Yu des Qing-Kaisers Tongzhi als Wohngemach. Vor der Frontseite der Halle steht eine große, mit Glückssymbolen aus glasierten Ziegeln verzierte Schattenmauer, die mit der westlichen und der östlichen Nebenhalle einen ausgedehnten Hof bildet. Der unter dem Schatten üppiger Bäume ruhende Hof strahlt eine ruhige und friedvolle Atmosphäre aus.

102 Blick in das Innere des Shufangzhai (Studio der
    Frischen Aromen)

Die Hocker in Form antiker Trommeln sind typisch für
die Gärten der Verbotenen Stadt.

103 Galerie vor dem Shufangzhai

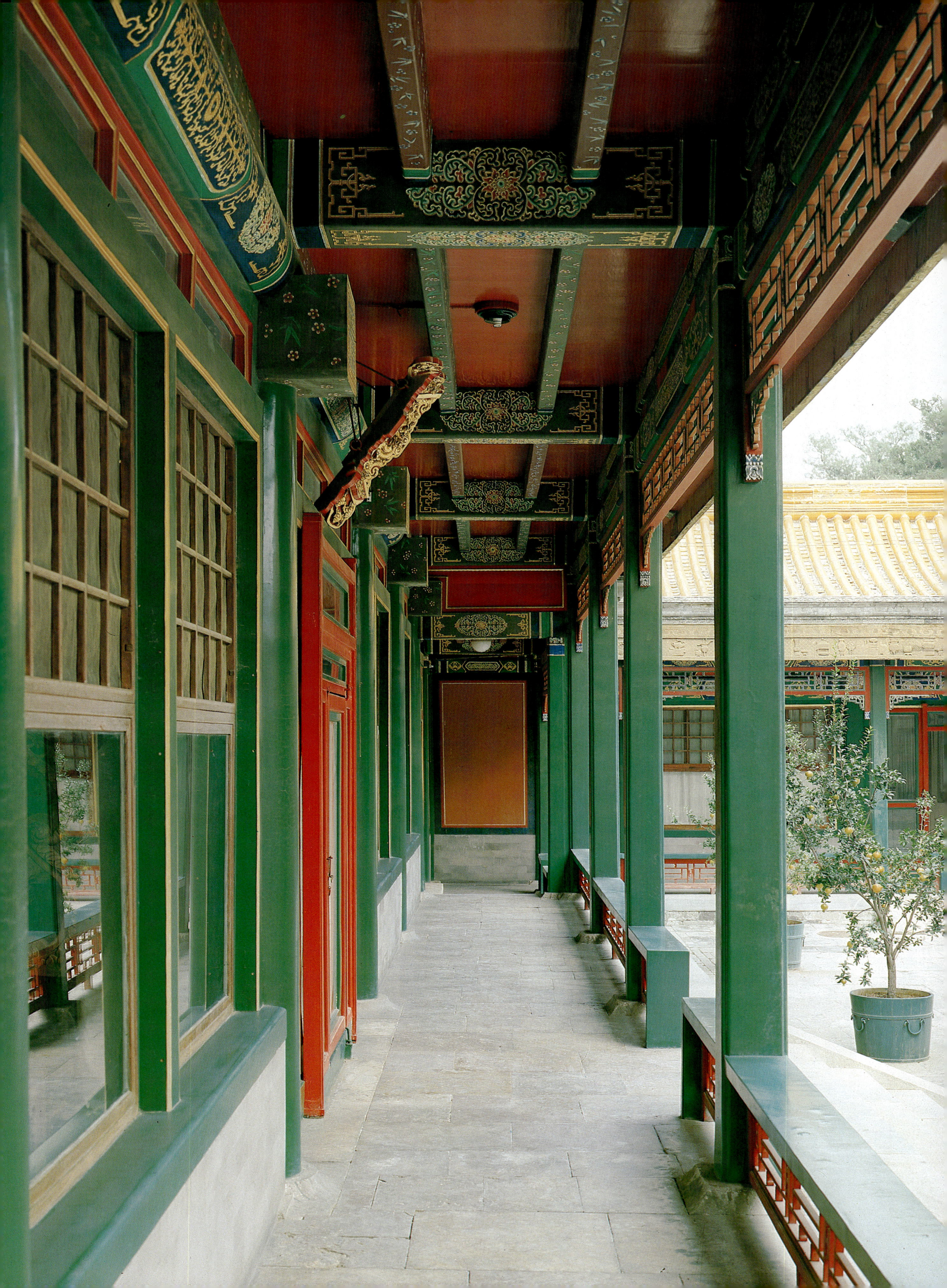

104 Der Jingrengong (Palast der Strahlenden Menschlichkeit)
105 Steinerne Schutzwand vor dem Jingrengong
106 Eines der vier Fabeltiere zu Füßen der steinernen Schutzwand

Der Jingrengong (Palast der Strahlenden Menschlichkeit) ist einer der Sechs Östlichen Paläste. Hier wurde der Qing-Kaiser Kangxi, der dritte Sohn des Kaisers Shunzhi, geboren. Auch die Kaiser Qianlong und Daoguang lebten während ihrer Zeit als Kronprinzen hier. Später diente der Palast Zhen Fei, einer Lieblingskonkubine des Qing-Kaisers Guangxu, als Wohnstätte.

107 Der Yuqinggong (Palast des Hervorbringens der Glückwünsche) aus der Vogelschau

Der Yuqinggong, östlich der Sechs Östlichen Paläste gelegen, diente den Prinzen der Qing-Dynastie als Wohnstätte. Der Palastkomplex zeigt deutlich die traditionelle Bauanordnung der nordchinesischen Wohnhöfe aller gesellschaftlichen Schichten.

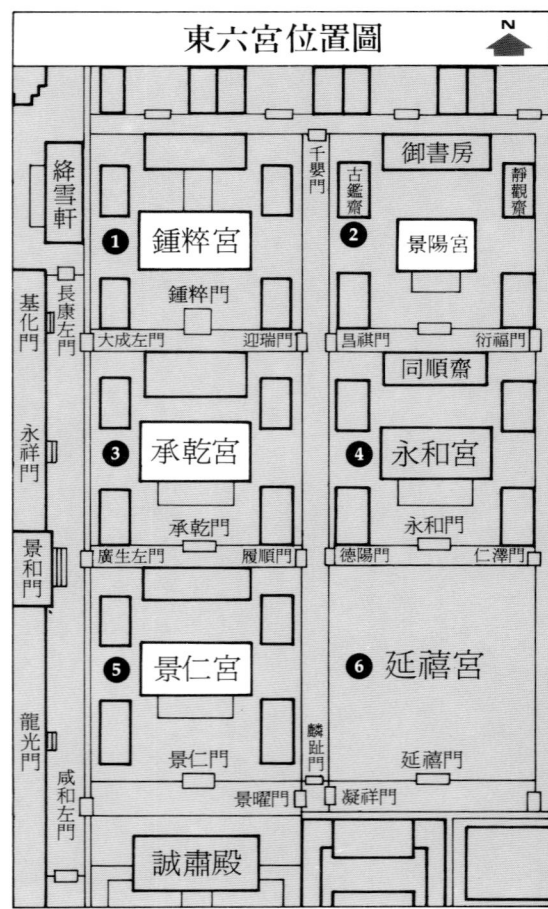

Anlageplan des Dongliugong (Sechs Östliche Paläste)

1 Zhongcuigong (Palast der Gesammelten Essenz)
2 Jingyanggong (Palast der Strahlenden Sonne)
3 Chengqiangong (Palast des Himmlischen Erbes)
4 Yonghegong (Palast des Ewigen Harmonie)
5 Jingrengong (Palast der Strahlenden Menschlichkeit)
6 Yanxigong (Palast des Verlängerten Glücks)

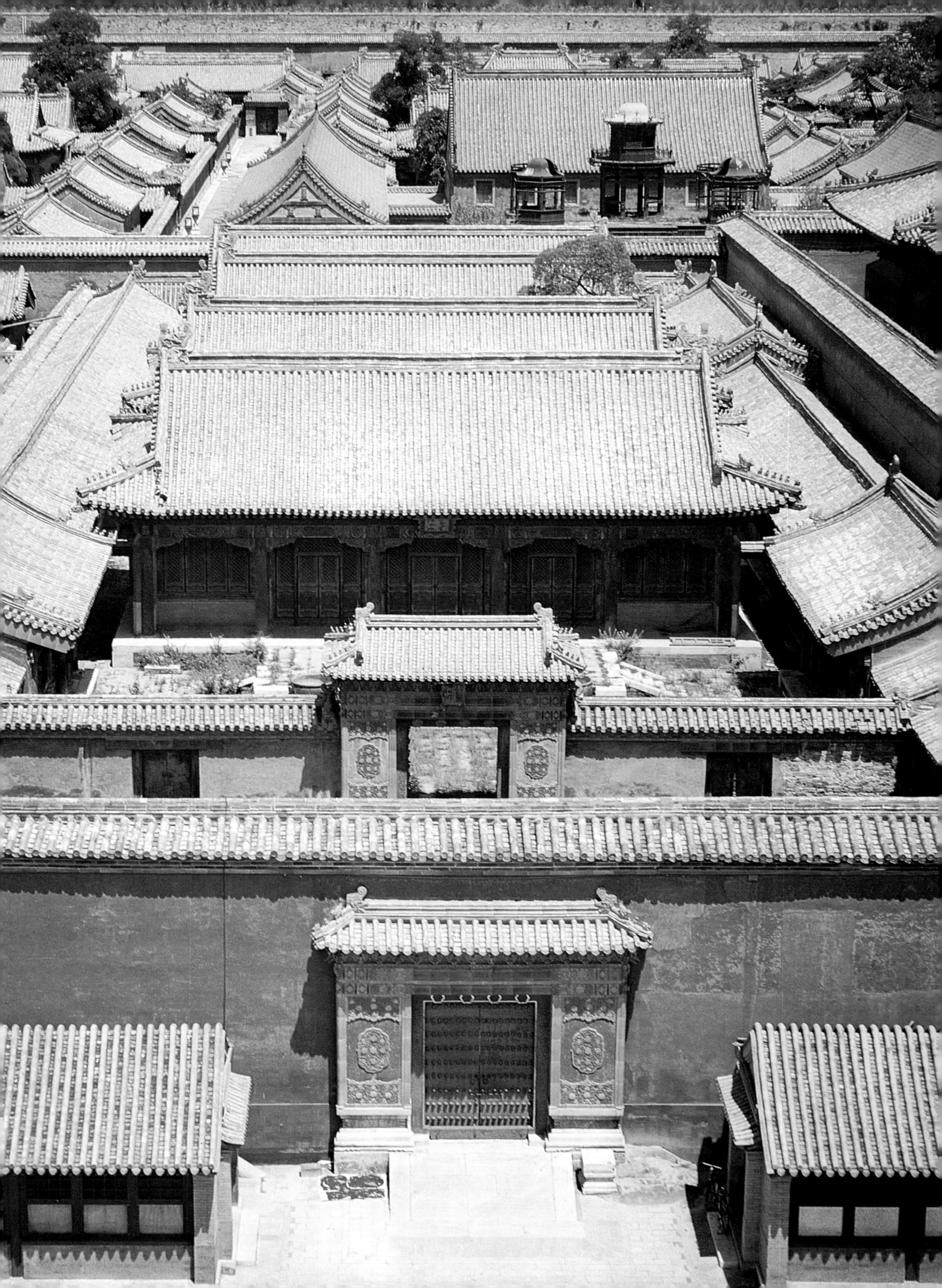

108 Tafel über dem Türsturz mit den Schriftzeichen *yu qing gong* (Palast des Hervorbringens der Glückwünsche) in Han-Chinesisch (*links*) und Mandschurisch (*rechts*)
109 Der Cininggong (Palast der Barmherzigen Ruhe)
110 Standplatz der Wachposten am Ende der Zweiten Östlichen Langen Straße
111 Die Dongtongzi zhijie, die Zweite Östliche Lange Straße

Die Straße verläuft von Norden nach Süden durch den Ostteil der Verbotenen Stadt. Westlich der Straße liegt der Baukomplex der Paläste des Inneren Hofes. Die östliche Mauer bildet die Umfassungsmauer des Ningshougong (Palast des Ruhevollen Alters). Diese Baugruppe ließ Kaiser Qianlong während seiner Regierungszeit renovieren und umbauen mit der Absicht, nach seiner Abdankung dort zu wohnen. Tatsächlich aber hat er nicht eine einzige Nacht dort verbracht, sondern beständig in der Yangxindian (Halle der Pflege des Herzens) gelebt. Vor und nach ihrem 60. Geburtstag diente der Palast der Kaiserinwitwe Cixi als Wohngemach.

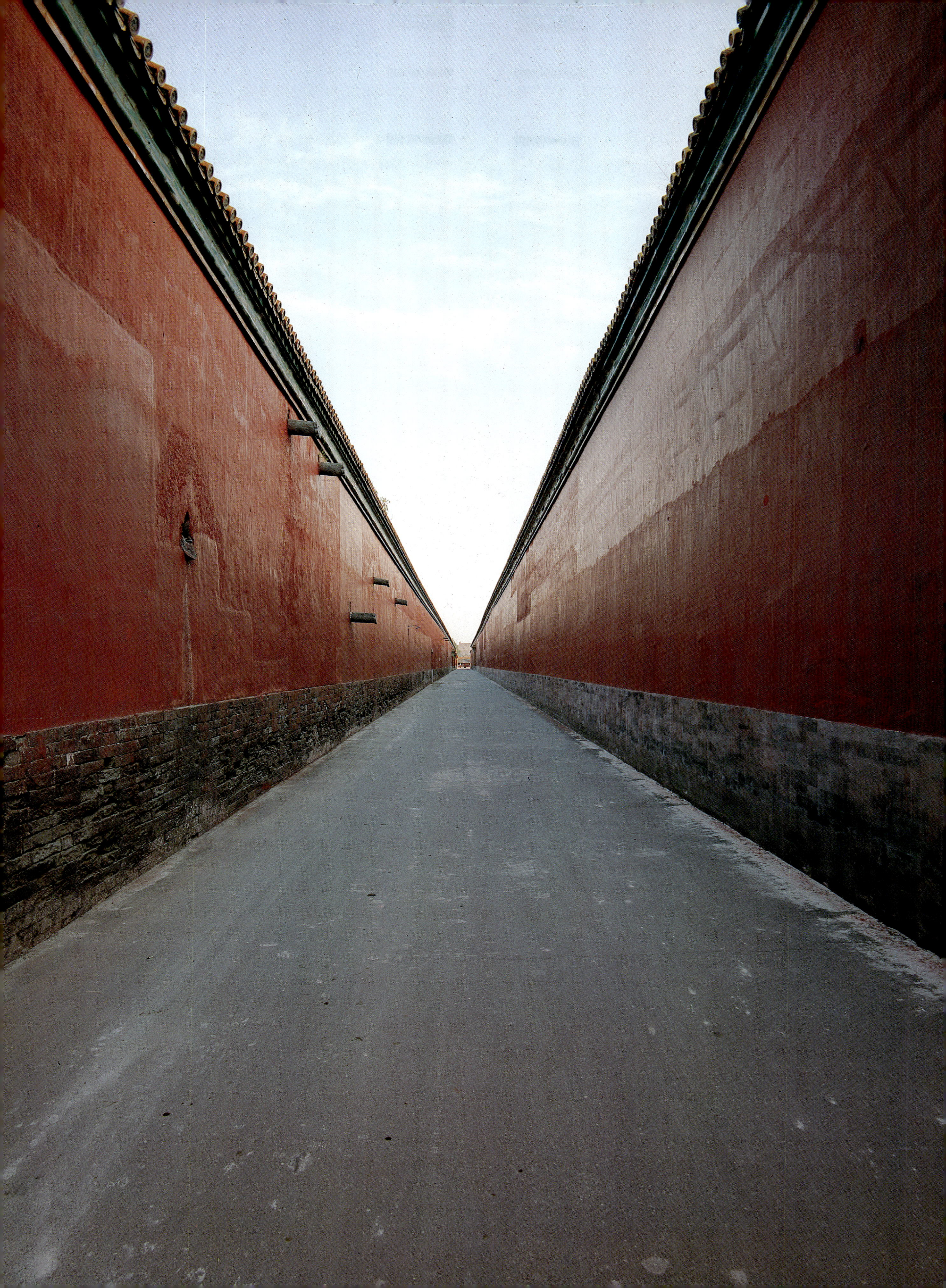

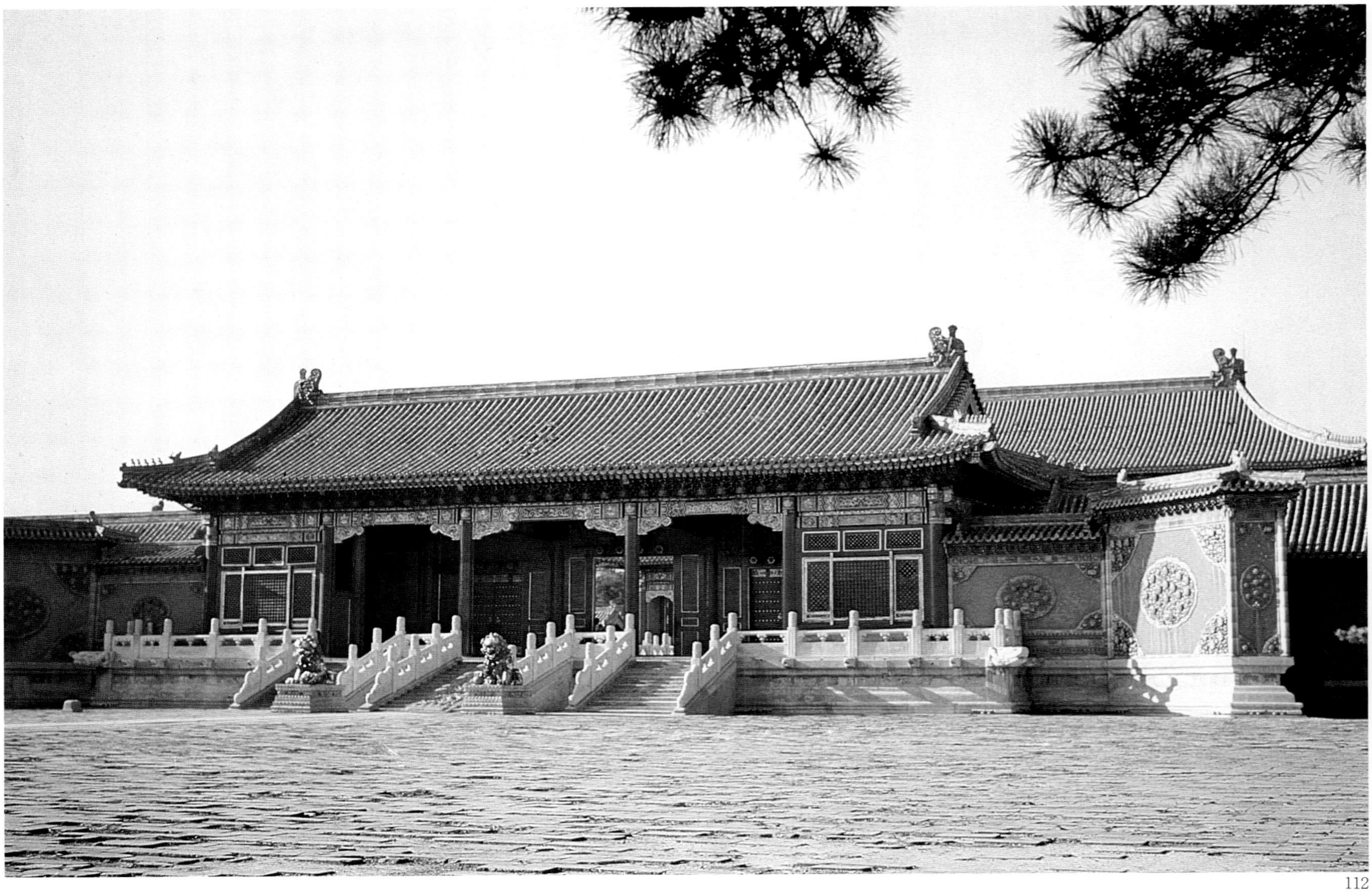
112

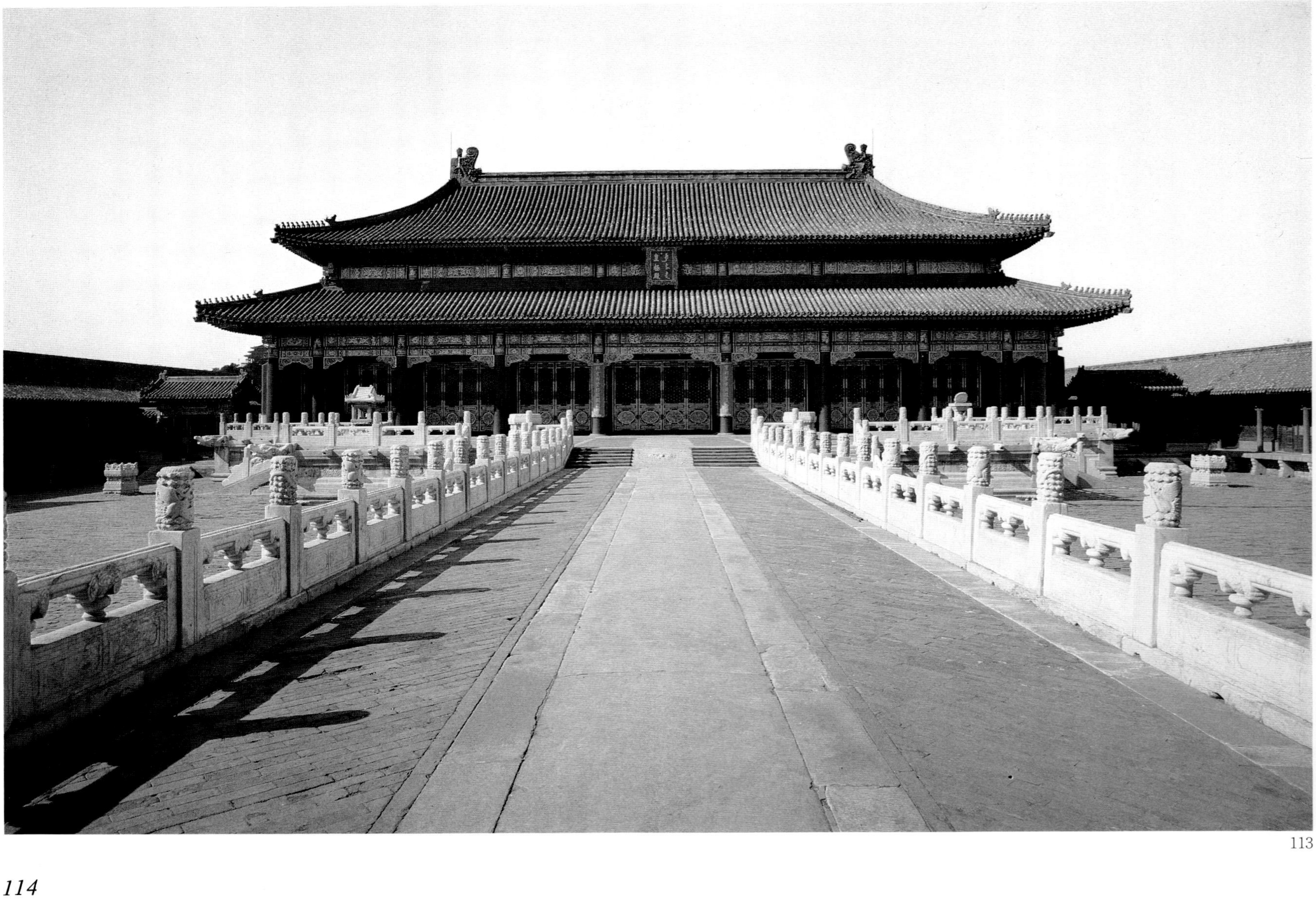
113

Anlageplan des Ningshougong (Palast des Ruhevollen Alters)

1 Yangxingmen (Tor der Pflege der Persönlichkeit)
2 Ningshougong (Palast des Ruhevollen Alters)
3 Huangjidian (Halle der Kaiserlichen Absolutheit)
4 Ningshoumen (Tor des Ruhevollen Alters)
5 Huangjimen (Tor der Kaiserlichen Absolutheit)

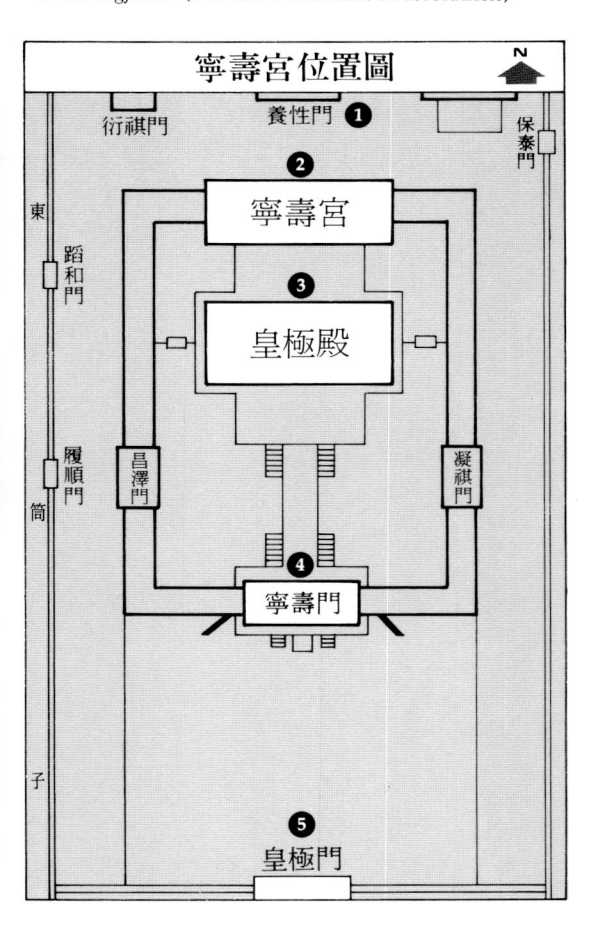

112 Das Ningshoumen (Tor des Ruhevollen Alters)
113 Die Huangjidian (Halle der Kaiserlichen Absolutheit)
114 Galerie auf der Westseite der Huangjidian

Die Galerie mit Räumen und einem offenen Säulenkorridor umgibt den ganzen Ningshougong und bildet somit einen geschlossenen inneren Hof innerhalb des Palastkomplexes.
　Eine Steintreppe mit Balustraden führt zu einer einstufigen Plattform empor, auf der sich das Ningshoumen erhebt. Vom Tor aus führt ein 1,6 Meter hoher, 6 Meter breiter und 30 Meter langer, mit Steinplatten belegter Weg auf die Huangjidian zu und teilt den vorderen Hof in einen östlichen und einen westlichen Abschnitt. Die Plattform und der Kaiserliche Weg sind von weißen Marmorbalustraden mit Drachen- und Phönix-Mustern eingefaßt. Die Huangjidian mißt neun *jian* und hat ein doppelstufiges Walmdach. In ihrer architektonischen Konzeption entspricht sie der Taihedian im Äußeren Hof, besitzt aber entsprechend kleinere Ausmaße. Die die Halle umgebende Galerie ist absichtsvoll niedrig gehalten, um die Erhabenheit der Haupthalle hervorzuheben. Die Dekorationen auf dem das Dach tragende Balkenwerk wie auch der Firstschmuck sind im Stil der Taihedian ausgeführt. Nördlich der Huangjidian befindet sich der Ningshougong (Palast des Ruhevollen Alters). Beide sind durch eine erhöhte Terrasse miteinander verbunden. Die Anlage des Ningshoumen, der Huangjidian und des Ningshougong auf drei parallelen Postamenten, die durch einen herausgehobenen Kaiserlichen Weg als Nord-Süd-Achse miteinander verbunden sind, verleiht dem Palastkomplex architektonische Harmonie und Einheit. Zwei kleine Tore zu beiden Seiten der Huangjidian teilen den 5000 Quadratmeter großen Hof des Palastes in einen vorderen und einen hinteren Sektor.

115 Hauptraum der Yangxingdian (Halle der Pflege der Persönlichkeit)

Die Yangxingdian befindet sich nördlich des Ningshougong. Sie wurde in Konstruktion und Bauplanung der Yangxindian (Halle der Pflege des Herzens) nachgebaut und war für Kaiser Qianlong nach seiner Abdankung als Residenz geplant.

116

116 Die Leshoutang (Halle des Freudvollen Alters)
117 Umlaufende Galerie im Inneren der Leshoutang

Die Kaiserinwitwe Cixi lebte nach ihrem 60. Geburtstag in der Leshoutang.

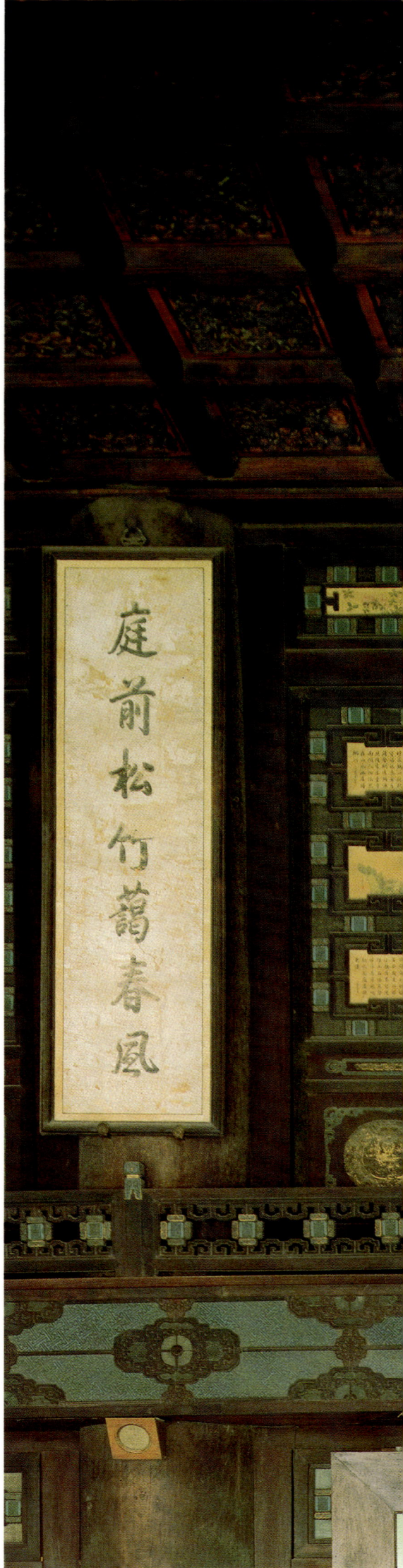

117

興和氣游

座右圖書娛畫景

118 Steintafeln mit Inschriften auf der Wand des westlichen Korridors im Hof der Leshoutang
119 Steinabreibung einer der Steintafeln mit dem Text eines kaiserlichen Erlasses

120 Zhenfei jing (Der Brunnen der Kaiserlichen Konkubine Zhen)

Als im Jahr 1900 die Truppen der acht alliierten Mächte in Beijing eindrangen, befand sich die Kaiserliche Konkubine Zhen, die Favoritin des Kaisers Guangxu, im kleinen Nordhof des Jingqige (Pavillon der Großen Glückseligkeit) in Arrest. Da Guangxu bei der Flucht nach Xi'an nicht auf seine Lieblingskonkubine verzichten wollte, ließ die Kaiserinwitwe Cixi das 25jährige Mädchen in diesen Brunnen werfen. Im 27. Jahr der Regierungsperiode Guangxu (1901) wurde die Leiche der Konkubine nach Rückkehr der Kaiserfamilie aus Xi'an aus dem Brunnen geholt und der Brunnen bedeckt. Seitdem nennt man den Brunnen „Zhenfei jing" (Brunnen der Kaiserlichen Konkubine Zhen).

園林

Gärten

Die Gartenkomplexe in der Verbotenen Stadt stellen einen integralen Bestandteil der Hof- und Palastarchitektur des Inneren Hofes dar. Vier Gartenkomplexe — der Yuhuayuan (Kaiserlicher Garten), der Jianfugong huayuan (Garten des Palastes der Glücksgründung), der Ningshougong huayuan (Garten des Palastes des Ruhevollen Alters) und der Cininggong huayuan (Garten des Palastes der Barmherzigen Ruhe) — sind die wichtigsten Gartenanlagen der Verbotenen Stadt. Diese Gärten, durch die einzelne Palast- und Hofkomplexe miteinander verbunden sind, besitzen andere Landschaftsszenerien als die Garten- und Parkanlagen in der Stadt Beijing wie beispielsweise der Sanhai (Garten der Drei Seen) sowie die Kaiserlichen Sommerpaläste Yuanmingyuan und Yiheyuan, in welchen die Paläste und Wohnhöfe inmitten natürlicher Berge und Hügel sowie ausgedehnter Wasserflächen liegen. Die vier kaiserlichen Gärten der Verbotenen Stadt bedecken insgesamt nur eine Bodenfläche von 30 000 Quadratmeter. Jeder von ihnen gleicht einem kleinen oder mittelgroßen Privatgarten. Dennoch weisen sie eigene Stilmerkmale auf.

Der Yuhuayuan (Kaiserlicher Garten), in der Ming-Dynastie auch „Garten der Hinteren Paläste" genannt, wurde gleichzeitig mit dem Bau der Palast- und Hofkomplex der Verbotenen Stadt in der frühen Ming-Zeit fertiggestellt. Obgleich der Garten mehrmals Neubauten, Umbauten und Renovierungen erlebte, hat er bis heute seinen Originalcharakter bewahrt. Viele Hallen und Pavillons, Bäume, Felsen und Steine im Garten gehen bis auf das 15. Jahrhundert zurück. Der Yuhuayuan mißt von Osten nach Westen 140 Meter und von Süden nach Norden 80 Meter. Die auf der Zentralachse der Verbotenen Stadt errichtete Qinandian (Halle des Kaiserlichen Seelenfriedens), ein Hallenbau mit doppelstufigem Dach, bildet das Zentrum des Gartens. Um diese Halle gruppieren sich etwa zwanzig verschiedenartige Bauwerke, die im großen ganzen symmetrisch im Ost- und Westteil des Gartens angeordnet sind. Da die meisten dieser Gebäude an die Außenmauern des Gartens angebaut sind, erscheint der Garten offen und geräumig.

Die Qin'andian ist von vier Pavillons flankiert. An der Nordseite stehen der Fubiting (Schwebender Jadegrüner Pavillon) und der Chengruiting (Pavillon der Klarheit und Glückseligkeit). Beide Pavillons haben einen rechteckigen Grundriß. Jeder ist über einem Teich errichtet. Im Süden ist ihnen eine offene Galerie vorgesetzt. Südlich der Qin'andian stehen der Wanchunting (Pavillon des Zehntausendfachen Frühlings) und der Qianqiuting (Pavillon des Tausendfachen Herbstes). Sie haben einen achteckigen Grundriß mit zwischengeschobenen Doppelwinkeln an den schrägen Seiten, eine umlaufende Balustrade und ein Kegeldach mit darunterliegendem zwölfeckigem gestuftem Dachvorsprung. Da ihre vieleckige Konstruktion besonders kunstvoll ist und sie im West- und Ostteil des Gartens die architektonischen Dominanten bilden, stellen sie die attraktivsten Baueinheiten des Gartens dar.

Ein Steinhügel, an die nördliche Palastmauer angelehnt, wird als Duixiushan (Hügel der Aufgetürmten Vorzüglichkeiten) bezeichnet. Der künstliche Hügel setzt sich aus großen, schroff aufragenden Felsen zusammen. Sich schlängelnde Steinpfade führen zum Gipfel, wo sich der Yujingting (Pavillon der Kaiserlichen Aussichten) erhebt. Verschiedenartige Blumenanpflanzungen und Bäume wie die uralten Zypressen und die Chinesischen Schnurbäume lassen sich bis auf die Ming-Zeit zurückführen. Der Garten ist mit bizarren Steinen auf weißen Steinsockeln und verschiedenerlei Miniaturlandschaften ausgestattet. Die Bodenfläche des Gartens ist mit buntfarbigen Kieselsteinmosaiken gepflastert, die die chinesischen Schriftzeichen *fu* (Glück), *lu* (beruflicher Erfolg) und *shou* (Langlebigkeit) wiedergeben oder Blumen-, Tier- und Menschenmotive darstellen.

Der Cininggong huayuan (Garten des Palastes der Barmherzigen Ruhe) wurde während der Regierungsperiode Qianlong der Qing-Dynastie auf der Basis eines Gartenentwurfs aus der Ming-Zeit angelegt. Hinter dem Eingang zum Garten hat ein künstlicher Steinhügel, der als Schattenwand fungiert, Platz gefunden. Hinter ihm erhebt sich auf einer Brücke, die einen Teich überspannt, der Linxiting (Pavillon am Bach). Um den Teich gruppieren sich mehrere Bauwerke, die so angelegt sind, daß sich vom Linxiting aus eine herrliche Aussicht auf den Südteil des Gartens ergibt. Die Xianruoguan (Halle der Allumfassenden Übereinstimmung), im nördlichen Teil des Gartens gelegen, ist das Hauptgebäude des Gartenkomplexes. Hinter ihm liegt das Ciyinglou (Gebäude des Barmherzigen Schutzes). Im Osten wird es vom Baoxianglou (Gebäude des Buddhaantlitzes) und im Westen vom Jiyunlou (Gebäude der Glückverheißenden Wolken) flankiert. Die genannten drei doppelstöckigen Bauwerke mit ihren offenen Säulenveranden bilden einen dreiseitig umschlossenen Hof um die Xianruoguan, der den Nordteil des Gartens deutlich vom Südteil abhebt und den davorliegenden niedrigen Seitengebäuden einen intimen und eher irdischen Charakter verleiht.

Die vielgestaltigen Bauwerke des Cininggong huayuan sind symmetrisch angelegt und zeigen wohldurchdachte Proportionen. Durch die stilvolle und anmutige Ausstattung des Gartens mitsamt dem Teich und dem künstlichen Steinhügel erhielt der Komplex eine parkähnliche Atmosphäre, die die geringe Ausdehnung der Anlage vergessen läßt.

Der Jianfugong huayuan (Garten des Palastes der Glücksgründung), auch West-Garten genannt, wurde 1740 angelegt. Sein Eingang befindet sich hinter dem Huifengting (Pavillon des Günstigen Windes). Hinter dem Eingang erhebt sich ein Hofkomplex, zu dem der Jingyixuan (Pavillon Stiller Seelenruhe) und das Huiyaolou (Gebäude der Weisheit und des Sonnenlichts) gehören, welche die Hauptbauten des Hofes bilden. Der Hofkomplex ist mit einer Mauer umschlossen. Entsprechend seines architektonischen Charakters ist er als ein Übergangsbauwerk anzusprechen, das der traditionellen Palastanlage nicht mehr voll entspricht und dessen Baugruppen zum westlich davon gelegenen Gartenteil überleiten. Das Zentrum des geräumigeren Gartenhofs bildet der Yanchunge (Pavillon des Verlängerten Frühlings). Westlich und nördlich des Pavillons befinden sich das Jiyunlou (Gebäude der Glückverheißenden Wolken), das Jingshengzhai (Studio des Respekts der Vortrefflichkeit), der Bilinguan (Kiosk der Azurblauen Edelsteine) und die Ninghuitang (Halle des Kristallisierten Glanzes). Da diese Gebäude unmittelbar an der Umfassungsmauer des Komplexes errichtet wurden, benehmen sie der Mauer nicht nur den Charakter bedrückender Einförmigkeit, sie schaffen durch ihre asymmetrische Bauanordnung einen scharfen Kontrast zum freistehenden Yanchunge und unterstreichen damit die Erhabenheit des hochragenden Pavillons. Im Süden wird der Gartenhof von einem künstlichen Berg mit bizarren Felsen, alten Bäumen, Grotten und gewundenen Pfaden, die zum Berggipfel führen, begrenzt.

Der Entwurf des West-Gartens gefiel Kaiser Qianlong so gut, daß er den Garten westlich des Ningshougong (Palast des Ruhevollen Alters) nach diesem Mu-

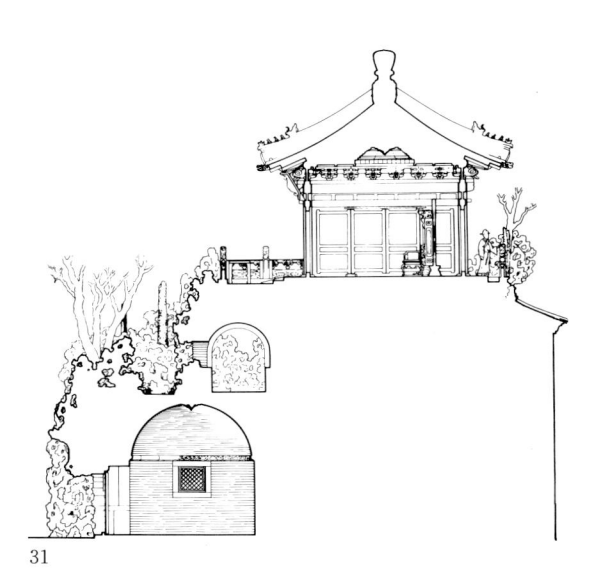

Abb. 31 Querschnitt durch den Duixiushan (Hügel der Aufgetürmten Vorzüglichkeiten) im Yuhuayuan (Kaiserlicher Garten)

Abb. 32 Für die Arbeit in der Verbotenen Stadt ausgewählte Hofdamen vor dem Yanhuige (Pavillon des Verlängerten Glanzes) im Yuhuayuan. Foto aus der späten Qing-Zeit

ster anlegen ließ. Unglücklicherweise wurde der Garten von einer Brandkatastrophe heimgesucht, bevor der letzte Qing-Kaiser die Verbotene Stadt verließ: Nur der Huifengting (Pavillon des Günstigen Windes) und Gesteinsbrocken des künstlichen Berges blieben erhalten.

Der Ningshougong huayuan (Garten des Palastes des Ruhevollen Alters) wurde zwischen dem 36. und dem 41. Jahr der Regierungsperiode Qianlong (1771–1776) fertiggestellt. Der Garten mißt von Süden nach Norden 160 Meter und von Osten nach Westen 37 Meter. Er ist in vier Einzelhöfe unterteilt, die zweckmäßig und platzsparend und so angelegt wurden, daß keiner dem anderen gleicht.

Hinter dem Yanqimen (Tor der Ausbreitung der Glückseligkeit) führt der Pfad um einen Felsenberg herum, der wie eine Schattenwand den Einblick in den Komplex verwehrt. Jenseits des Berges bietet sich eine attraktive Landschaftsszenerie dar. Der Guhuaxuan (Pavillon Antiker Blüten) liegt als Hauptbau in der Mitte des ersten Hofes. Der Ostteil wird von einer Berglandschaft mit Pavillons, Lauben und Korridoren eingenommen, wodurch ein offener und betont gartenartiger Charakter geschaffen wird, in dem Natur und Bauobjekte miteinander verschmelzen. Hinter der südlichen Felsenszenerie wird die Südostachse des ersten Hofes vom Quchilang (Korridor des Zimmermannswinkels) eingenommen. Damit wurde ein „Gärtchen im Garten" in die Anlage eingefügt, ein beliebtes Accessoires der chinesischen Gartengestaltung. Im zweiten Einzelhof, der aus einem dreiseitig umschlossenen Hof besteht, liegt eine Baugruppe mit der Suichutang (Halle des Regsamen Ruhestandes) als Hauptbau an der Nordfront. Der ganze Hof ist nur mit einer Anzahl verstreut liegender Steine ausgeschmückt, so daß eine meditative Atmosphäre der Zurückgezogenheit geschaffen wird. Das Hauptgebäude des dritten Einzelhofs stellt das Cuishanglou (Gebäude der Bewunderung der Quintessenz) dar, ein zweigeschossiger Bau mit Fußwalmdach. Den gesamten Innenraum des Hofes nimmt ein Felsenberg ein, auf dessen Gipfel sich das Songxiuting (Pavillon der Herausragenden Schönheit) erhebt. Auf Grund der herausgehobenen Lage wirkt der Pavillon majestätisch und anmutig zugleich. Der letzte Einzelhof des Gartenkomplexes ist von den übrigen durch eine Felsenszenerie getrennt. Westlich davor befindet sich der Sanyouxuan (Pavillon der Drei Freunde). In der Mitte des hinter dem Bergzug liegenden größten Hofes der Anlage steht der Fuwangge (Pavillon der Erwartung Guten Geschicks). Er ist ein besonders prächtig ausgestattetes Bauwerk und kann als Zentralbau des Ningshougong huayuan überhaupt angesprochen werden. Die Pavillons, Studios, Kioske und Lauben, die ihn umgeben, sind durch zahlreiche Korridore miteinander verbunden, so daß sich der gesamte Hof äußerst abwechslungsreich, aber zugleich als geschlossene Baugruppe darbietet.

Der Ningshougong huayuan umfaßt insgesamt mehr als zwanzig Bauwerke von unterschiedlichem Ausmaß, abwechselungsreicher Gestalt und eindrucksvollem Stil. Zwar mußten sich die Architekten oft nach den baulichen Gegebenheiten und der landschaftsbestimmenden Szenerie der Felsenanlagen richten, dennoch aber wurde die durch die Hauptachse bedingte Symmetrie als Grundprinzip gewahrt, auch wenn sie durch die Felsenlandschaften optisch immer wieder durchbrochen wird. Das Zusammenspiel von landschaftlicher Abwechslung und architektonischer Disziplin macht die Besonderheit dieses Gartenkomplexes aus. Jeder Hof bildet eine oder mehrere Landschaftsszenerien, wobei sich erhabene Einzelberge, Hügelgruppen, steile Klippen und tiefe Grotten ohne Wiederholung abwechseln. Die Baueinheiten fügen sich harmonisch in die Landschaften ein und lassen das eine ohne das andere undenkbar werden.

Entsprechend der besonderen Bedeutung, die der Kunstgarten traditionell für die Oberschicht besaß, wurde bei der Gebäude- und Pavillon-Architektur besonderer Wert auf prunkvolle Außen- und elegante sowie kunstvolle Innenausstattung gelegt. Der Fuwangge (Pavillon der Erwartung Guten Geschicks) ist mit Filigran- und Cloisonnéarbeiten verziert. Zur Wandgestaltung des Yanqulou (Gebäude der Verlängerten Vergnügungen) wurden Keramik-Plättchen verwendet. Im Cuishanglou (Gebäude der Bewunderung der Quintessenz) fallen die aus Glasuren hergestellten Bilder ins Auge. Innerhalb des Sanyouxuan (Pavillon der Drei Freunde) hat ein Mondtor mit einem Rahmen aus Bambusgeflecht Aufstellung gefunden. An beiden Seiten des Eingangs zum Sanyouxuan stehen aus Mahagoni geschnitzte Kiefern, in die Winterkirschblüten und Bambusblätter aus Jade eingelegt sind, was die „Drei Freunde im Winter" symbolisiert. Die Innendekoration des Juanqinzhai (Studio der Mühe und des Fleißes) ist besonders kunstvoll. Die horizontale Täfelung im Zwischengeschoß ist aus Bambusstreifen geflochten, in die Jadegegenstände eingelegt sind. Die vierseitige Wandtäfelung darunter ist mit dem Motiv „Hundert Hirsche" verziert, und die Füllung des Abschirmfensters besteht aus halbdurchsichtiger Seide mit doppelseitiger Stickerei.

Bei der Anlage der Gartenkomplexe in der Verbotenen Stadt war Übereinstimmung mit den örtlichen Gegebenheiten, mit den entworfenen künstlichen Landschaftsszenerien und mit der Gesamtkonzeption der Verbotenen Stadt zu schaffen. Wenn sich ein Garten auf der Zentralachse eines der bedeutenden Paläste befand, war er nach dem Prinzip der Symmetrie anzulegen. Der Yuhuayuan (Kaiserlicher Garten) ist das beste Beispiel dafür. Die vier Pavillons im Garten sind streng symmetrisch gehalten. Ebenso exakt koordiniert sind trotz ihrer Entfernung die Bauten, die den Duixiushan umgeben. Auch beim Cininggong huayuan (Garten des Palastes der Barmherzigen Ruhe), der auf der westlichen Zentralachse der Verbotenen Stadt liegt, wurde das Prinzip der Symmetrie angewandt. Wenn sich jedoch ein Garten nicht auf einer der Zentralachsen befand, sondern die Seite einer der Haupthallen flankierte, konnte vom Grundsatz zur Symmetrie abweichen und die Gartengestaltung flexibel und wechselvoll gehandhabt werden. Betritt man einen dieser Gärten, bieten sich dem Auge bei jeder Körperdrehung verschiedenartige Landschaftsszenerien dar. In diesen Anlagen wurde nach dem klassischen Prinzip des südchinesischen Gartenbaus „Gewundener Pfad führt zu einem abgeschiedenen Ort" verfahren. Sowohl der Jianfugong huayuan (Garten des Palastes der Glücksgründung) als auch der Ningshougong huayuan (Garten des Palastes des Ruhevollen Alters) sind nach diesem Prinzip geschaffen, so daß sich in den Gärten der Verbotenen Stadt die Charakteristika der kaiserlichen wie auch der privaten Gartenanlagen finden lassen.

Die Gärten der Verbotenen Stadt dienten der kaiserlichen Familie vorwiegend als Vergnügungs- und Erholungsort. Einige der Bauwerke wurden vom Kaiser und der Kaiserin als Stätte zur Verehrung und Opferung Buddhas und anderer Gottheiten, als Aufenthaltsraum zu Fastenzeiten oder als Erfrischungsraum vor Staatszeremonien benutzt. Einige Gebäude dienten dem Kaiser als Ort der Aufbewahrung wertvoller Bücher oder als Lesezimmer.

Abb. 33–34 Der Jianfugong huayuan (Garten des Palastes der Glücksgründung) nach dem Brand Anfang der zwanziger Jahre unseres Jahrhunderts

Abb. 35 Der Xishangting (Pavillon der Feierlichen Reinigung) mit dem Liubeiqu (Becher-schwebender Bach) im Ningshougong huayuan (Garten des Palastes des Ruhevollen Alters). Foto aus dem Jahr 1900

位育齋　延暉閣　集福門　順貞門 ❸

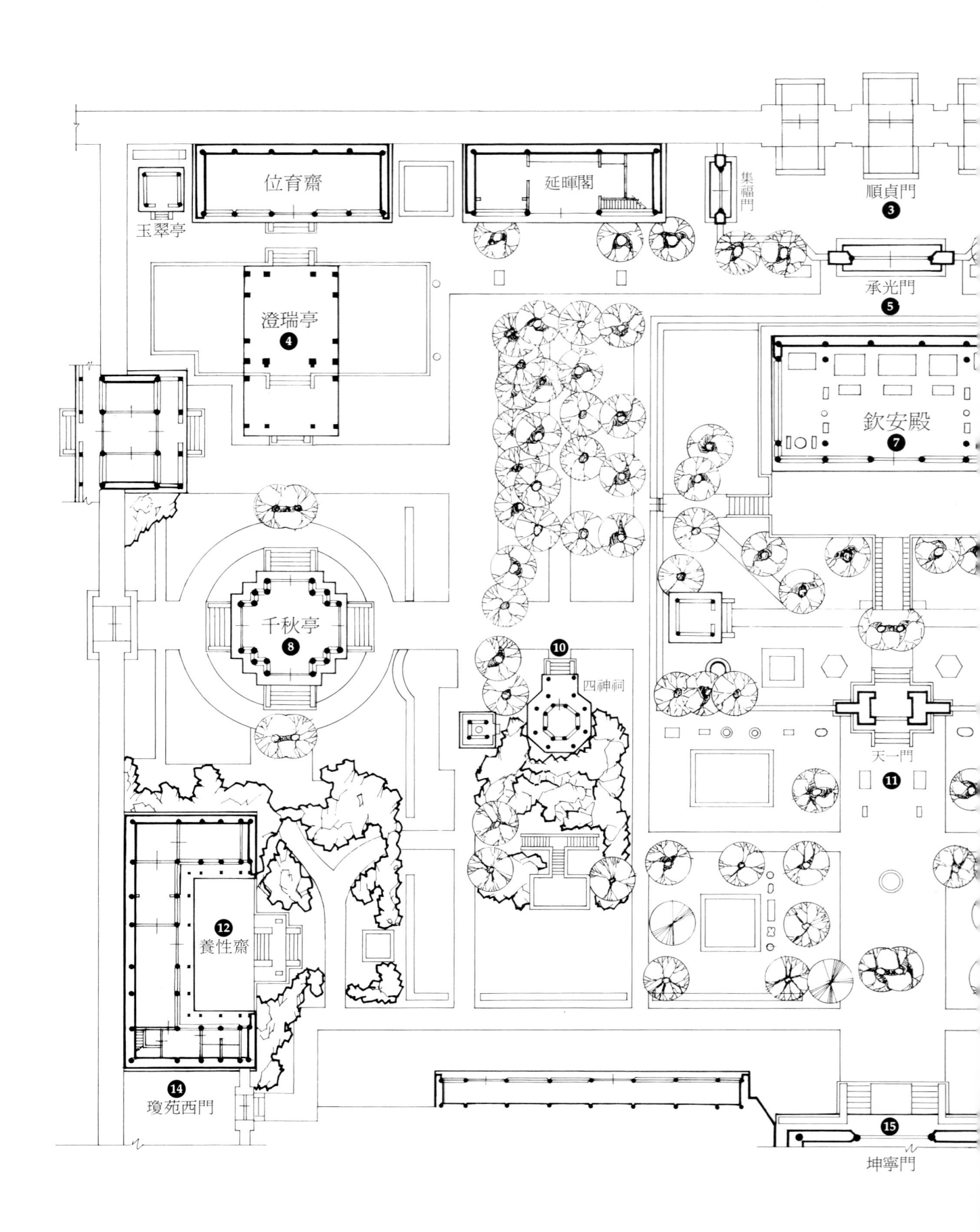

玉翠亭　承光門 ❺

澄瑞亭 ❹

欽安殿 ❼

千秋亭 ❽

❿ 四神祠

天一門

⓫

養性齋 ⓬

⓮ 瓊苑西門

⓯ 坤寧門

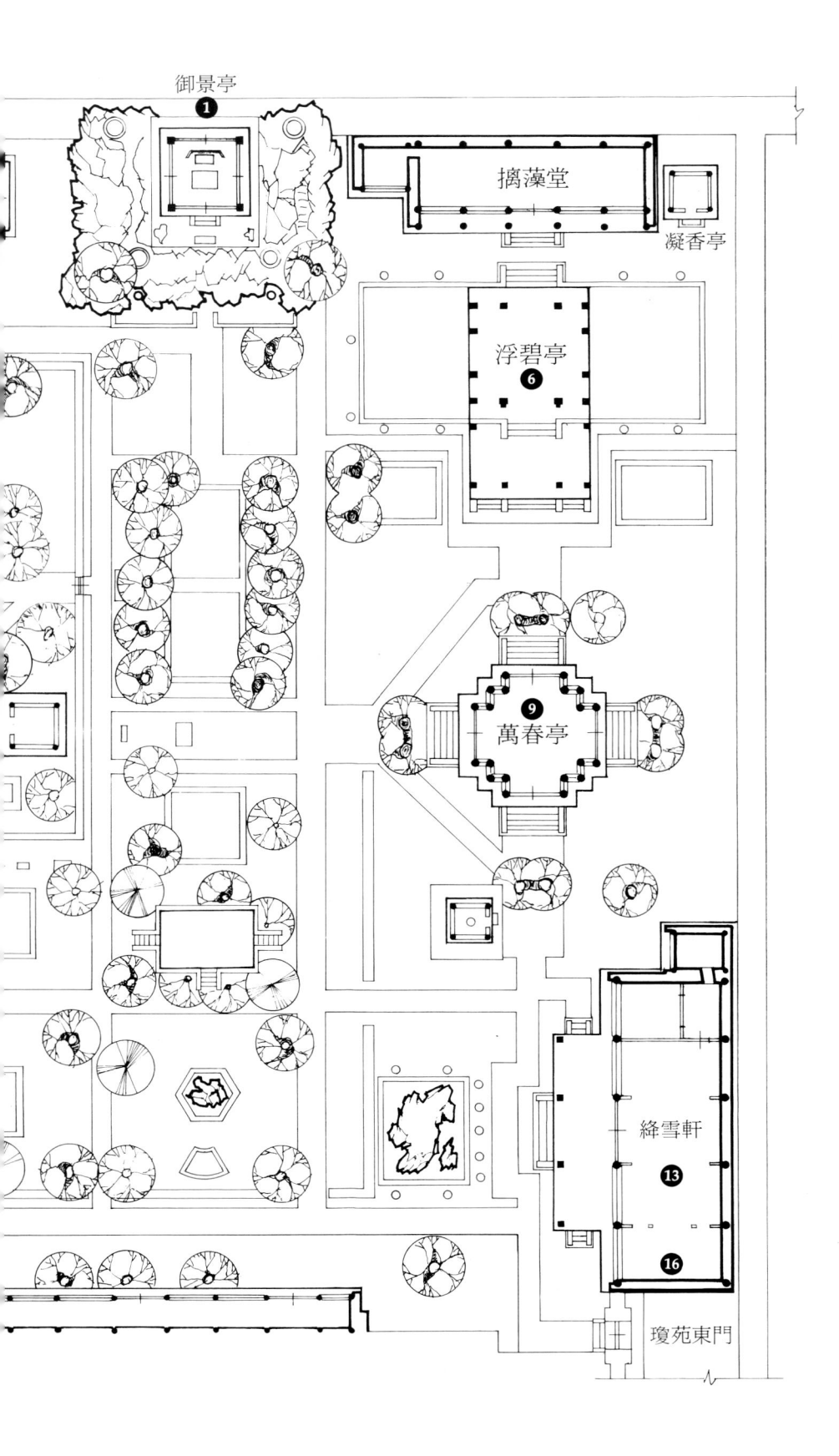

1. Yujingting (Pavillon der Kaiserlichen Aussichten) auf dem Gipfel des Duixiushan, s. Bild 143
2. Yanhemen (Tor der Verlängerten Harmonie), s. Bild 141
3. Shunzhenmen (Tor der Gehorsamen Keuschheit)
4. Chengruiting (Pavillon der Klarheit und Glückseligkeit), s. Bild 135
5. Chengguangmen (Tor des Aufgenommenen Lichts), s. Bild 142
6. Fubiting (Schwebender Jadegrüner Pavillon)
7. Qin'andian (Halle des Kaiserlichen Seelenfriedens)
8. Qianqiuting (Pavillon des Tausendfachen Herbstes)
9. Wanchunting (Pavillon des Zehntausendfachen Frühlings), s. Bild 132
10. Sishenci (Tempel der Vier Götter), s. Bild 133
11. Tianyimen (Erstes Tor unter dem Himmel), s. Bild 121–123
12. Yangxingzhai (Studio der Pflege der Persönlichkeit), s. Bild 134
13. Jiangxuexuan (Pavillon des Roten Schnees)
14. Westlicher Eingang
15. Kunningmen (Tor der Irdischen Ruhe)
16. Östlicher Eingang

- Bäume
- Zwei ein Tor bildende Bäume oder Baumstämme
- Künstliche Berge
- Auf Podesten ausgestellte Felssteine

Abb. 36 Lageplan des Yuhuayuan (Kaiserlicher Garten)

121 Das Tianyimen (Erstes Tor unter dem Himmel)

122 Weihrauchgefäß vor dem Tianyimen in Form eines antiken Dreifußes mit pavillonartigem Aufsatz, auf einem Lotosthron ruhend
123 Detail des Räuchergefäßes

Das Tianyimen, aus Terrazo-Ziegeln aufgemauert, befindet sich auf der Zentralachse der Verbotenen Stadt und stellt den Haupteingang zur Qin'andian (Halle des Kaiserlichen Seelenfriedens) dar. Vor dem Tor stehen zwei *qilin* (Einhorn) genannte Fabeltiere aus vergoldeter Bronze und ein Paar Meteorsteine auf verzierten Sockeln. Innerhalb des Tores gibt es zwei Akazien mit verflochtenen Kronen. Zwischen dem Tianyimen und dem Kunningmen (Tor der Irdischen Ruhe) steht ein riesiges Bronze-Weihrauchgefäß.

124–131 *penjing* (Bonsai-Bäume und Miniaturlandschaften) im Yuhuayuan

Felsen in abwechselungsvoller und fantastischer Form, stehend auf fein gemeißelten Steinsockeln, sind überall im Kaiserlichen Garten zu finden. Sie tragen ihrer Form entlehnte beziehungsreiche Namen. Ein Steinfelsen trägt z. B. den Titel „Zhuge Liang erweist seinen Respekt einem Meteorstein vom Großen Wagen" (Bild 131). Der Name wurde nicht auf Grund der ungekünstelten, zerklüfteten Oberfläche gewählt, sondern nach der Gestalt des Steins, in der man die Silhouette eines sich verbeugenden Greises zu erkennen glaubte. Ein anderer Felsen im Ostteil des Gartens erhielt auf Grund äußerer Ähnlichkeit den Namen „Seegurke" (Bild 125). In der Tat besteht der Gesteinsbrocken aus versteinerten Seegurken. Ein weiteres Fossil, das wegen seiner Form und Seltenheit im Garten Aufstellung fand, ist der auf einem halbkugelförmig gehaltenen Sockel plazierte, versteinerte Baumstamm (Bild 126) vor der

Stein wie ein Sonne und Regen lange ausgesetztes, morsches, von abertausend Insekten durchbohrtes Stück Holz aus. In den Stein wurde 1766 eine Kalligraphie des Kaisers Qianlong eingraviert.

127

128

129

130

131

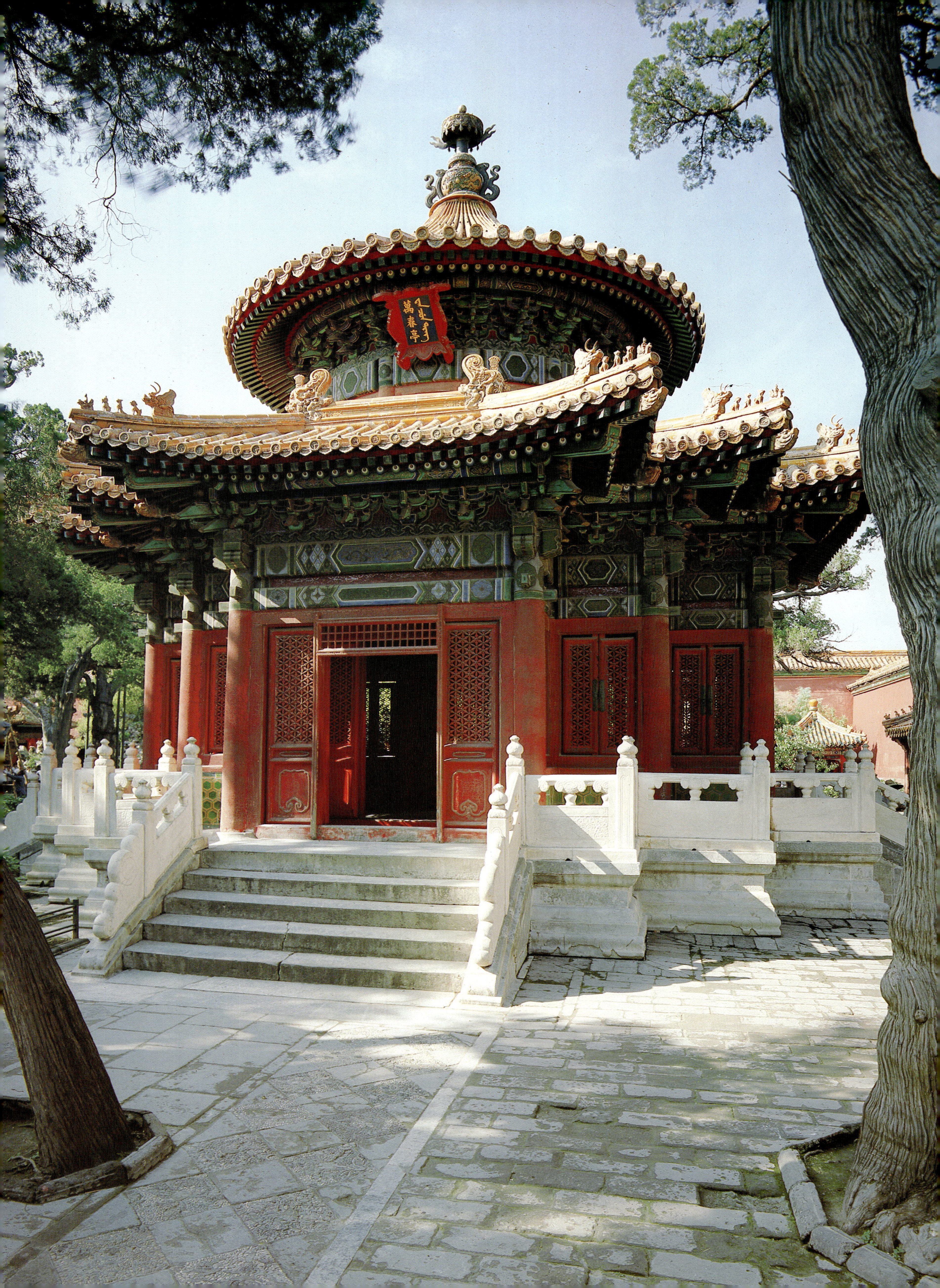

132 Der Wanchunting (Pavillon des Zehntausendfachen Frühlings)

Der Wanchunting wurde 1536 umgebaut und erhielt dabei seine heutige kunstvolle Dachkonstruktion. Im Grundriß ist er dem Qianqiuting (Pavillon des Tausendfachen Herbstes) gleich, bei dem sich die Dachkonstruktion aus der Zeit des Baus der Verbotenen Stadt erhalten hat.

133 Der Sishenci (Tempel der Vier Götter)

Dieser Tempel ist ein achteckiger Pavillon, der von einer offenen Veranda umgeben ist. Er liegt nach Norden hin und steht im Süden dem Yanhuige (Pavillon des Verlängerten Glanzes) gegenüber.

134

134 Das Yangxingzhai (Studio der Pflege der Persönlichkeit)

Das Yangxingzhai ist ein auf einer hohen Plattform errichtetes Bauwerk, das aus sieben *jian* besteht. Es erhebt sich im südwestlichen Winkel des Gartens. Das Yangxingzhai und der Jiangxuexuan (Pavillon des Roten Schnees), der sich an der Südostecke befindet, sind symmetrisch angelegt. Der Grundriß beider Gebäude ergibt zusammen eine quadratische Form, die sich aus einem U und einem davon umschlossenen T zusammensetzt. Da das Yangxingzhai im Gegensatz zum Jiangxuexuan erhöht angelegt ist, ergibt sich der Eindruck, als ließen sich beide Gebäude, bei Aufhebung der räumlichen Entfernung, ineinander schieben.

135 Der Chengruiting (Pavillon der Klarheit und Glückseligkeit)

Der Chengruiting, ein über einem Wasserbecken errichteter Pavillon mit vorgestellter Veranda, findet seine Parallele im Fubiting (Schwebender Jadegrüner Pavillon) auf der Ostseite der Zentralachse. Beide Gebäude unterscheiden sich nur durch die Stufen vor der Veranda.

136 Wasserbecken am Chengruiting

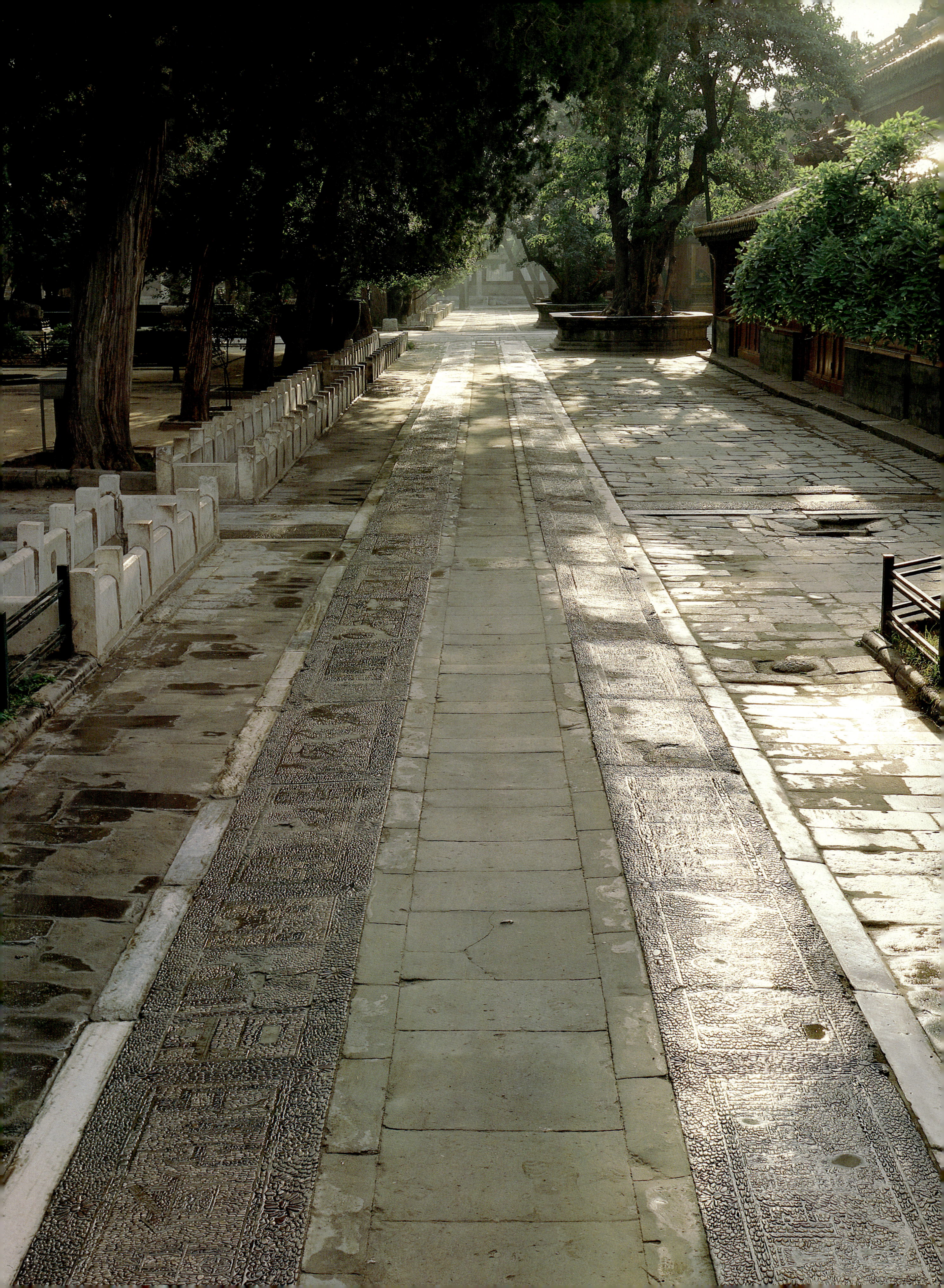

138

139

140

137 Weg im Yuhuayuan
138–140 Bodenmosaike auf einem Weg im Yuhuayuan

Die Wege im Kaiserlichen Garten sind mit Mosaiken aus verschiedenfarbigen Kieselsteinen gepflastert. Insgesamt gibt es im Yuhuayuan mehr als 900 dieser Mosaiken unterschiedlicher Form und Thematik. Gestalten aus Mythen und der Geschichte finden sich ebenso wie Landschaften, Tier- und Pflanzendarstellungen. Die hier wiedergegebenen Mosaiken zeigen: „Der Sommerpalast im Frühling" (*oben*), „Der Kampf zwischen Guan Yunchang und Huang Zhong" (ein Thema aus der Geschichte der Drei Reiche; hier dargestellt in Kostümen der Peking-Oper) sowie „Hirsch und Kranich, Reiher und Ziege erfreuen sich des Frühlings" (*unten*).

133

141 Das Yanhemen (Tor der Verlängerten Harmonie)

Das Yanhemen bildet den östlichen Zugang zum Shunzhenmen (Tor der Gehorsamen Keuschheit), einem der nördlichen Haupttore des Yuhuayuan.

142 Elefant aus vergoldeter Bronze südlich vor dem Chengguangmen (Tor des Aufgenommenen Lichts)

143 Der Duixiushan (Hügel der Aufgetürmten Vorzüglichkeiten)

Aus dem Maul eines zusammengerollten Drachen am Fuß der Frontseite des Duixiushan springt in einem dünnen Strahl Wasser bis zu einer Höhe von zehn Meter empor. Auf dem Berggipfel erhebt sich der Yujingting (Pavillon der Kaiserlichen Aussichten), der auf einer von weißen Marmorbalustraden umgebenen Plattform errichtet wurde. Zum Pavillon führen an der östlichen und der westlichen Seite des Hügels Treppen hinauf. Unter dem Pavillon befindet sich im Inneren des Berges eine Grotte. Durch sie führt ein über gewundene Treppen verlaufender Weg zum Pavillon auf dem Gipfel hinauf. Die Berglandschaft ist mit Rankengewächsen, Sträuchern und Bäumen bewachsen. Trotz der Künstlichkeit der Anlage strahlt der Berg die Schönheit einer natürlichen Szenerie aus, in der schroff aufragende Felsen, tiefe Klüfte oder bizarre Höhlen zusammentreffen. Die Bauweise derartiger „Kunst-Natur" wurde als „Methode zum Auftürmen der Vorzüglichkeit" bezeichnet. Die Aufschüttung des Hügels war während der Regierungsperiode Wanli der Ming-Dynastie abgeschlossen. Vom Gipfelpavillon aus bietet sich dem Auge die vielgestaltige Szenerie der Verbotenen Stadt dar. Auch reicht der Blick weit über die Stadt Beijing hinaus bis zu den Westbergen. Jährlich am 7. Tag des 7. Monats nach dem chinesischen Mondkalender fanden im Yuhuayuan religiöse Zeremonien zur Opferung für den Kuhhirten und die Weberin am Tag ihrer Wiedervereinigung statt. Dabei vollzog der Kaiser, Weihrauchstäbchen in den Händen haltend, als erster vor den Sternen Kotau, ihm folgten die Kaiserin und die Kaiserlichen Konkubinen. Darüber hinaus opferten die Kaiserlichen Familienangehörigen in der Nacht des Mittherbstfests im achten Monat dem Mond und bewunderten im Garten den Vollmond und dessen Spiegelbild in den Wasserbecken. Man feierte hier auch das *chongyang*-Fest (Fest des Doppelten Neunten) am 9. Tag des 9. Monats, an dem man den Duixiushan bestieg und den Anblick der Landschaft genoß.

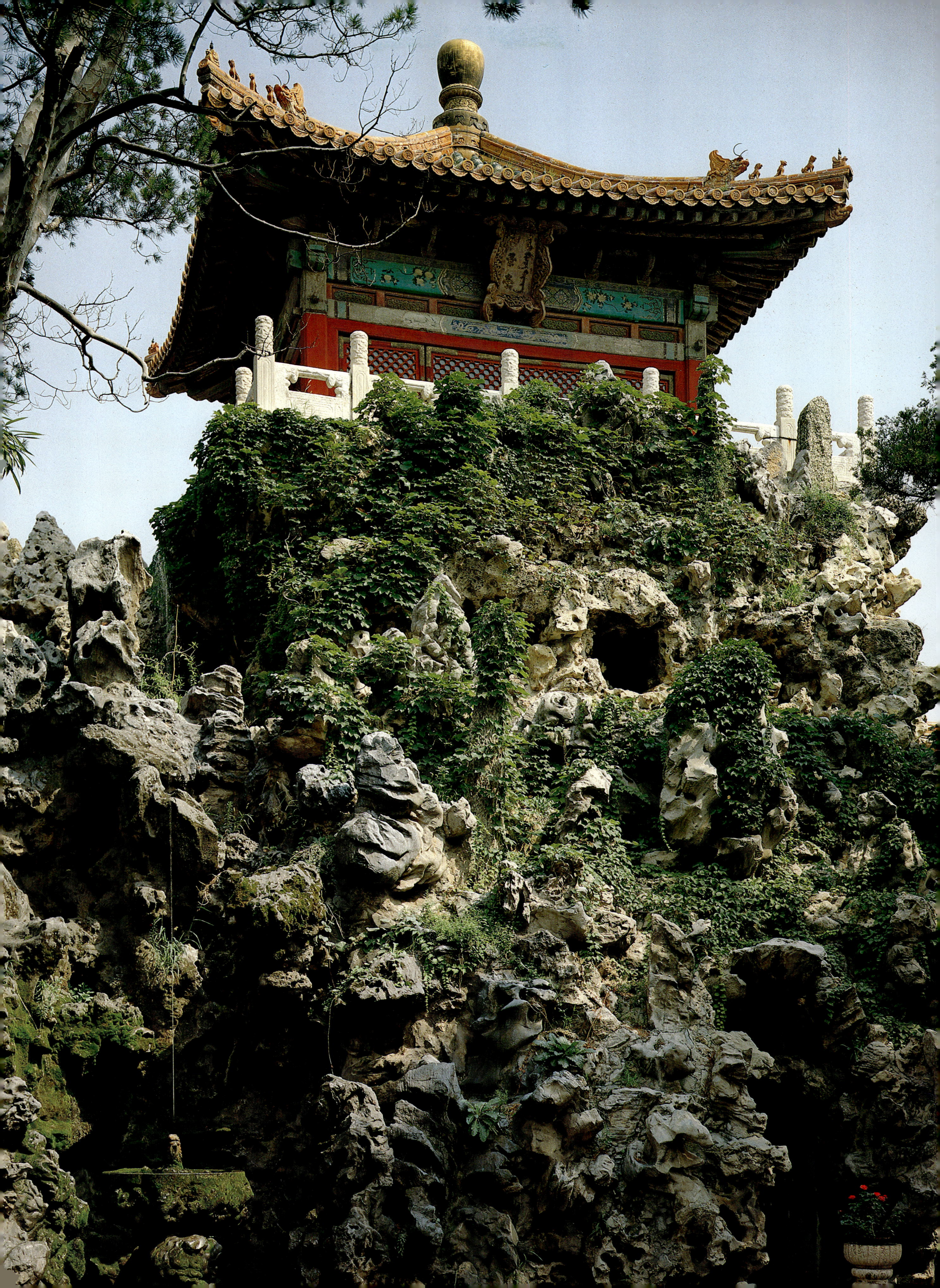

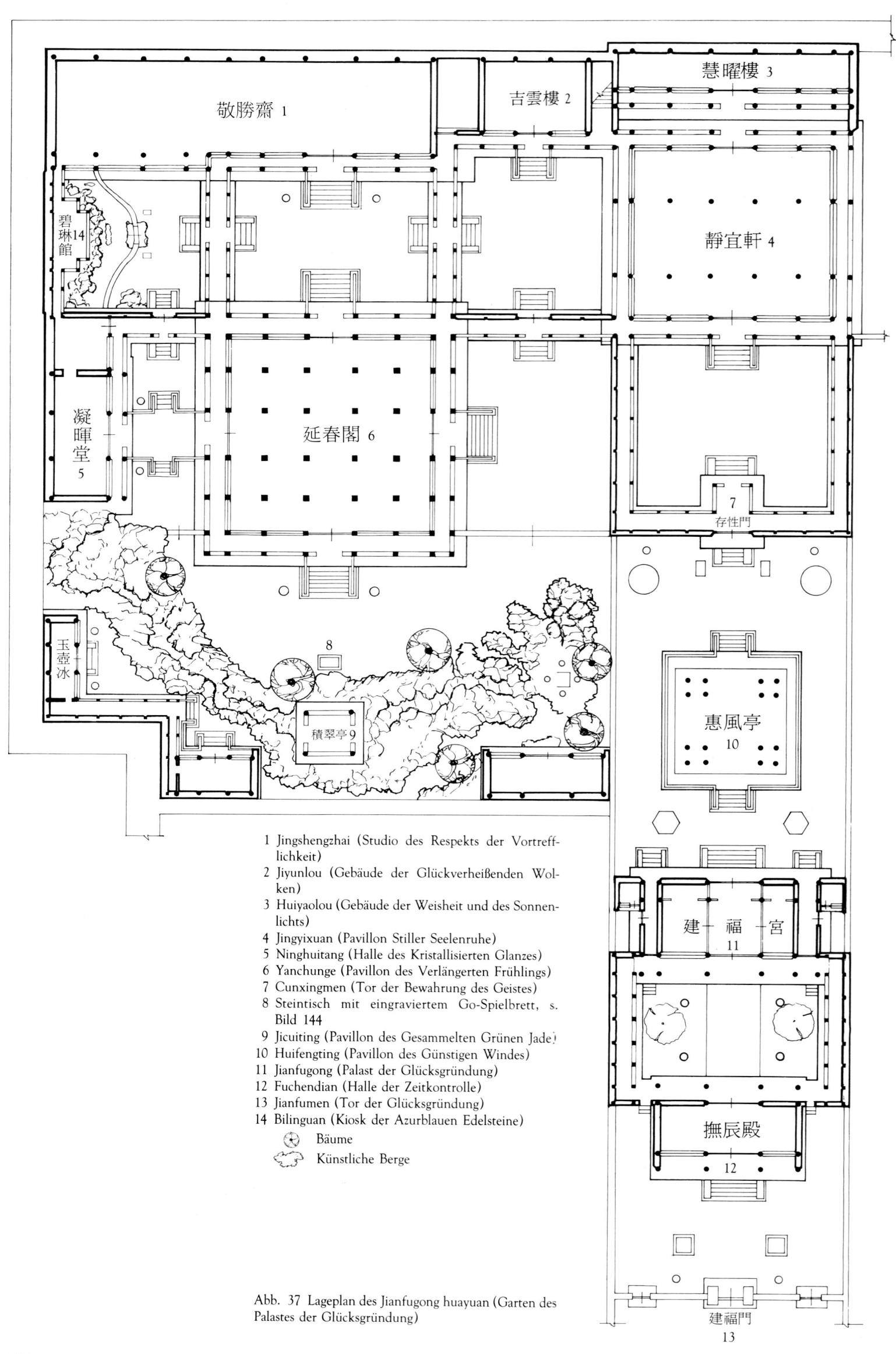

1 Jingshengzhai (Studio des Respekts der Vortrefflichkeit)
2 Jiyunlou (Gebäude der Glückverheißenden Wolken)
3 Huiyaolou (Gebäude der Weisheit und des Sonnenlichts)
4 Jingyixuan (Pavillon Stiller Seelenruhe)
5 Ninghuitang (Halle des Kristallisierten Glanzes)
6 Yanchunge (Pavillon des Verlängerten Frühlings)
7 Cunxingmen (Tor der Bewahrung des Geistes)
8 Steintisch mit eingraviertem Go-Spielbrett, s. Bild 144
9 Jicuiting (Pavillon des Gesammelten Grünen Jade)
10 Huifengting (Pavillon des Günstigen Windes)
11 Jianfugong (Palast der Glücksgründung)
12 Fuchendian (Halle der Zeitkontrolle)
13 Jianfumen (Tor der Glücksgründung)
14 Bilinguan (Kiosk der Azurblauen Edelsteine)

🌳 Bäume
☁ Künstliche Berge

Abb. 37 Lageplan des Jianfugong huayuan (Garten des Palastes der Glücksgründung)

144 Steintisch mit eingraviertem Go-Spielbrett im Jianfugong huayuan (Garten des Palastes der Glücksgründung)

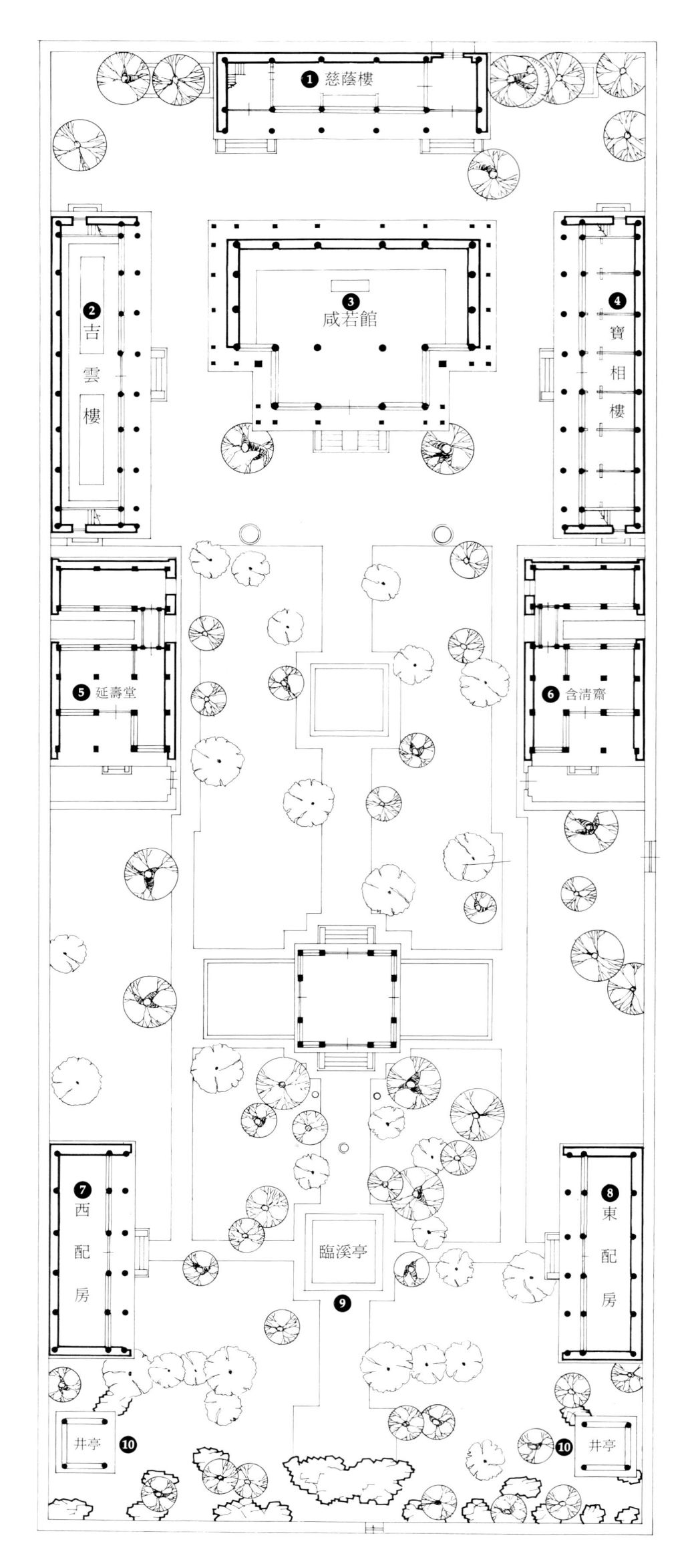

1 Ciyinglou (Gebäude des Barmherzigen Schutzes)
2 Jiyunlou (Gebäude der Glückverheißenden Wolken)
3 Xianruoguan (Halle der Allumfassenden Übereinstimmung)
4 Baoxianglou (Gebäude des Buddhaantlitzes)
5 Yanshoutang (Halle der Verlängerung des Lebens)
6 Hanqingzhai (Studio der Versinnbildlichung der Echtheit), s. Bild 149
7 Xipeifang (Westliche Seitenhalle)
8 Dongpeifang (Östliche Seitenhalle)
9 Linxiting (Pavillon am Bach), s. Bild 147
10 Jingting (Pavillon über dem Brunnen)

- Bäume
- Künstliche Berge

Abb. 38 Lageplan des Cininggong huayuan (Garten des Palastes der Barmherzigen Ruhe)

慈寧宮花園鳥瞰圖

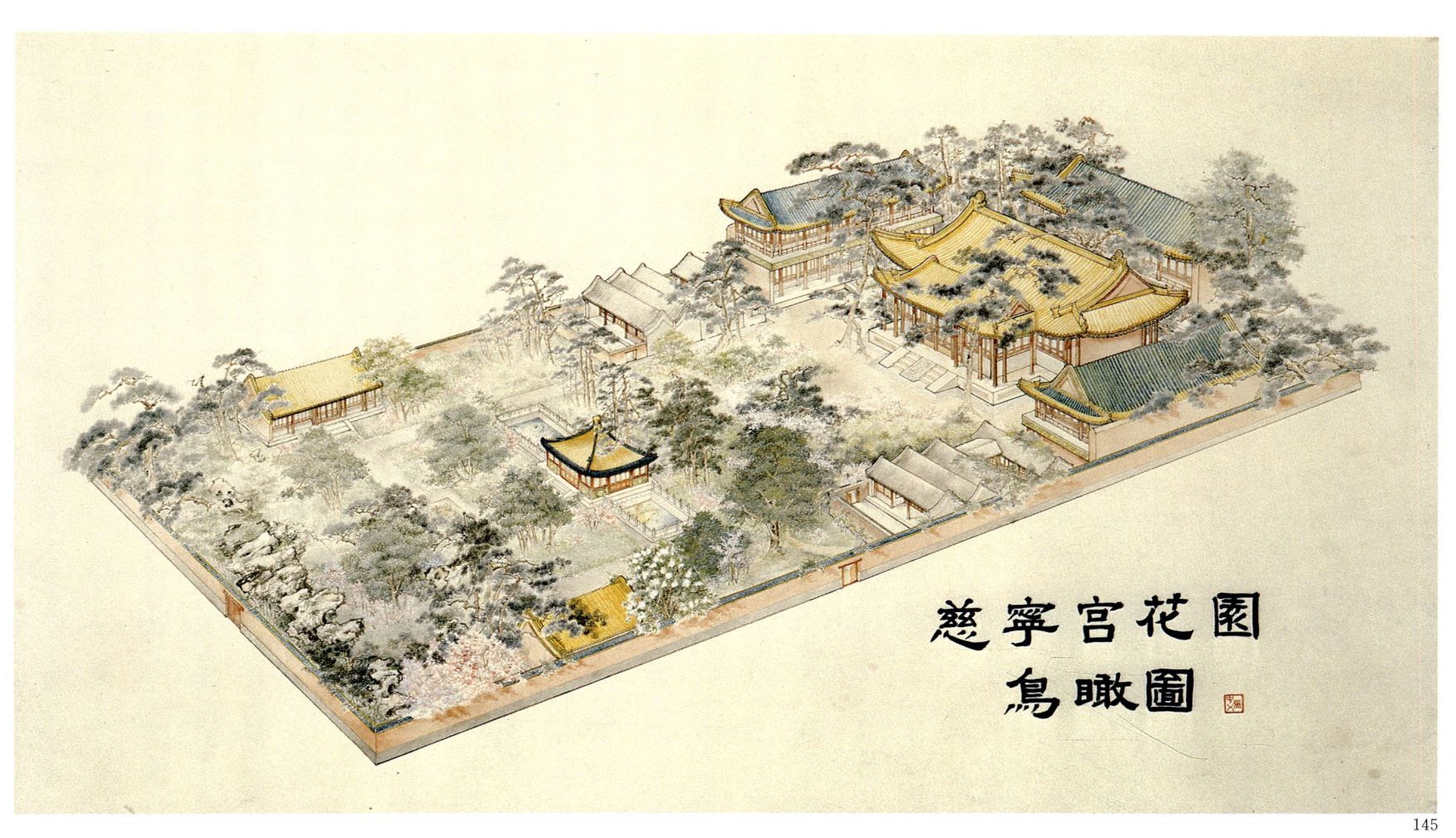

145 Der Cininggong huayuan (Garten des Palastes der Barmherzigen Ruhe) aus der Vogelschau. Zeichnung

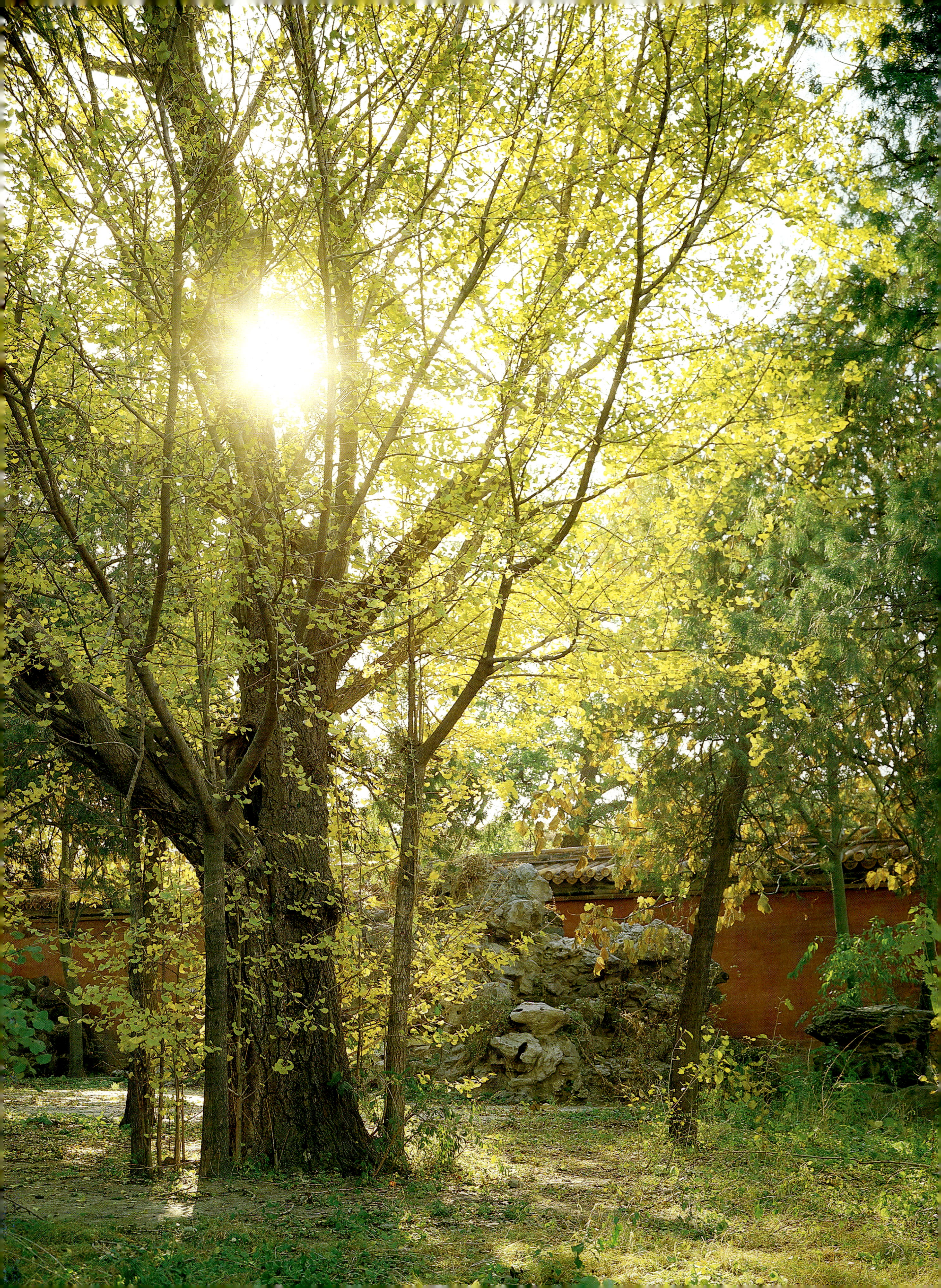

147

148

149

146 Gingko-Baum im Cininggong huayuan
147 Der Linxiting (Pavillon am Bach)

Der Linxiting erhebt sich über einem von weißen Marmorbalustraden umgebenen rechteckigen Teich. An den vier Seiten läßt sich der Pavillon mit in ihrem Gitterwerk reich verzierten Flügeltüren öffnen. Auf den Wasserseiten sind schmale Balkons vor die Flügeltüren gesetzt, so daß man sich in den Anblick schwimmender Fische und blühender Lotospflanzen vertiefen kann.

148 Künstliche Grottenanlage und Mosaikweg im Cininggong huayuan
149 Die mit dem äußeren Mauerwerk verbundenen Runddächer des Hanqingzhai (Studio der Versinnbildlichung der Echtheit)

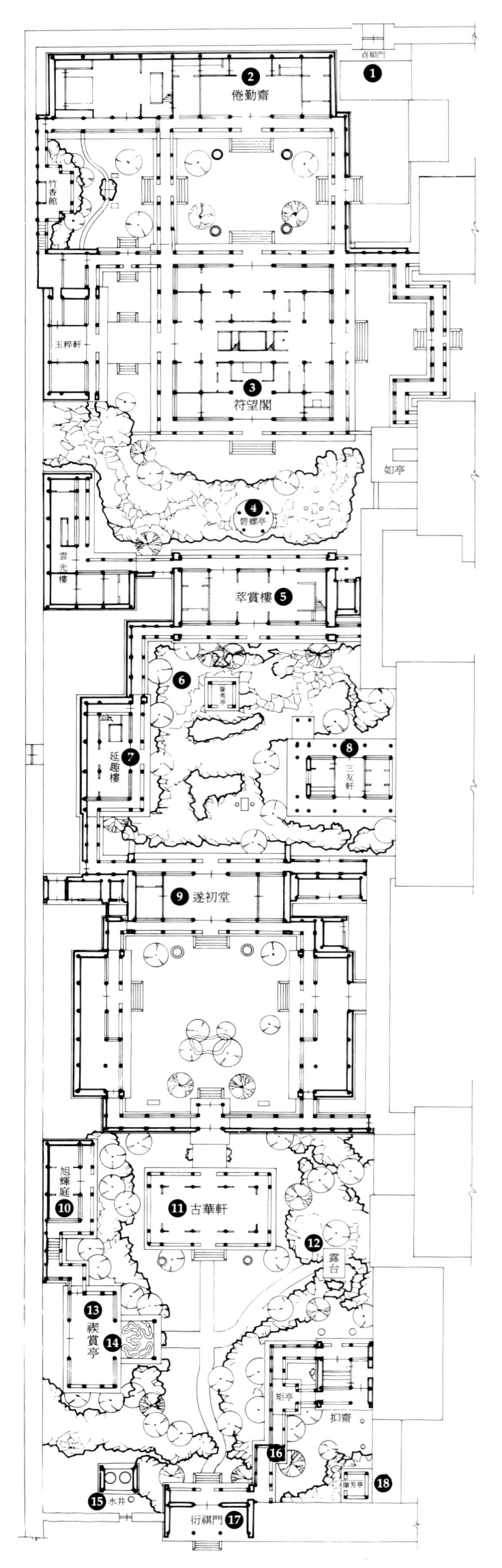

1 Shunzhenmen (Tor der Gehorsamen Keuschheit)
2 Juanqinzhai (Studio der Mühe und des Fleißes), s. Bild 176–178
3 Fuwangge (Pavillon der Erwartung Guten Geschicks), s. Bild 173–175
4 Biluoting (Pavillon der Jadegrünen Muscheln), s. Bild 171 und 172
5 Cuishanglou (Gebäude der Bewunderung der Quintessenz)
6 Songxiuting (Pavillon der Herausragenden Schönheit), s. Bild 170
7 Yanqulou (Gebäude der Verlängerten Vergnügungen), s. Bild 167–169
8 Sanyouxuan (Pavillon der Drei Freunde), s. Bild 163–166
9 Suichutang (Halle des Regsamen Ruhestandes), s. Bild 161
10 Xuhuiting (Pavillon der Prächtigen Morgenröte), s. Bild 159
11 Guhuaxuan (Pavillon Antiker Blüten), s. Bild 151 und 152
12 Lutai (Terrasse zum Auffangen des Taus), s. Bild 153
13 Xishangting (Pavillon der Feierlichen Reinigung), s. Bild 155
14 Liubeiqu (Becher-schwebender Bach), s. Bild 157
15 Brunnenhaus
16 Quchilang (Korridor des Zimmermannswinkels), s. Bild 158
17 Yanqimen (Tor der Ausbreitung der Glückseligkeit), s. Bild 150
18 Xiefangting (Pavillon der Blütensammlung)

⟨⟩ Künstliche Berge

◯ Bäume

Abb. 39 Lageplan des Ningshougong huayuan (Garten des Palastes des Ruhevollen Alters)

150 Das Yanqimen (Tor der Ausbreitung der Glückseligkeit)

Das Yanqimen bildet den Haupteingang zum Ningshougong huayuan. Öffnet man die Torflügel, versperrt eine „Schattenwand" aus Felsen den Einblick in den Gartenkomplex. Der künstliche Felsen wird von üppigen Zypressen und Kiefern überragt, deren Zweige sich im Wind wiegen. Ein gewundener Pfad, mit kleinen, buntfarbigen, unregelmäßig geformten Platten belegt, führt um die felsige Schattenwand herum. Dieser Art der Anlage liegt das traditionelle gärtnerische Gestaltungselement „Gewundener Pfad führt zu einem abgeschiedenen Ort" zugrunde, dem man in fast allen chinesischen Gärten begegnen kann.

151 Der Guhuaxuan (Pavillon Antiker Blüten)
152 Blick aus dem Pavillon nach Süden

Der Guhuaxuan, dem Süden zugewandt und auf der Zentralachse des Gartenkomplexes gelegen, ist ein Bauwerk mit Fußwalmdach und gerundetem Hauptfirst. Der Pavillon wird von einem umlaufenden Säulengang mit niedrigem, zu Sitzbänken gestaltetem Geländer umfaßt. Die aus Nanmu-Holz gefertigte Kassettendecke im Inneren des Pavillons ist mit Hundert-Blumen-Motiven verziert. Vor dem Pavillon steht ein uralter Trompetenbaum, der lange vor dem Bau des Komplexes gepflanzt wurde. Auch bei Anlage der Verbotenen Stadt wurde dem Grundsatz gefolgt, wertvollen Baumbestand zu erhalten und sinnvoll in die Architektur einzufügen. Während der Blütezeit bietet der Baum einen so bemerkenswerten Anblick, daß der Pavillon daher seinen Namen erhielt.

153

154

153 Die Lutai oder Chenglutai (Terrasse zum Auffangen des Taus)
154 Zugangstore der Grotte zur Buddhaverehrung im künstlichen Berg unterhalb der Lutai

Die Lutai (Terrasse zum Auffangen des Taus) auf dem Hauptgipfel des künstlichen Berges östlich des Guhuaxuan ist von weißen Marmorbalustraden eingefaßt. Die Terrasse, die zwischen Zypressen und Kiefern aufgemauert ist, bieten einen attraktiven Ausblick auf den ersten Hof des Ningshougong huayuan. Durch ein Tor erreicht man auf zwei zwischen Felsen verlaufenden Treppen von der östlichen und der westlichen Seite die Terrasse. Innerhalb des künstlichen Hügels wurde eine Höhle in Form einer Grotte zur Buddhaverehrung angelegt, womit absichtsvoll an Landschaftsszenerien mit uralten Grotten-Tempeln am Rand eines steilen Felshanges erinnert wird.

155

155 Der Xishangting (Pavillon der Feierlichen Reinigung)

Der Xishangting ist ein pavillonähnliches, rechteckiges Bauwerk, mit einfachem Fußwalmdach, auf das ein niedriges Zeltdach mit vierseitigem First und Kugelknauf aufgesetzt ist. Der Pavillon wurde so angelegt, daß er mit der Lutai auf der gegenüberliegenden Seite des ersten Gartenhofes eine Einheit der Gegensätze bildet. Der Name des Pavillons spielt auf den berühmten Kalligraphen der Jin-Dynastie Wang Xizhi an, der einst eine Inschrift für die Zeremonie anläßlich des Einweihungsfestes für den Orchideen-Pavillon verfaßt hatte.

156 Bottiche zur Wasserspeicherung für den Liubeiqu hinter der Xishangting
157 Der Liubeiqu (Becher-schwebender Bach) in der Veranda des Xishangting

Der Liubeiqu diente der kaiserlichen Familie als Vergnügungsort. Der verschlungen angelegte, stets gleich breite Wasserlauf ist so konstruiert, daß eine gefüllte Weinschale auf ihm in der Fließrichtung schwimmen kann. Das Schwimmenlassen der Weinschale war ein beliebtes Unterhaltungsspiel. Der, dessen Schale in den Windungen des Baches hängen blieb, mußte ein Gedicht rezitieren und die Schale in einem Zug leeren. Das dazu benötigte Wasser wurde aus einem Brunnen neben dem Yanqimen (Tor der Ausbreitung der Glückseligkeit) in zwei hinter dem Xishangting aufgestellte Bottiche geleitet, so daß der Liubeiqu zu beliebiger Zeit in Betrieb gesetzt werden konnte. Zufluß und Abluß des Liubeiqu sind geschickt unter dem Felsgestein neben dem Pavillon verborgen. Gleichartige Wasserläufe für das Weinschalen-Spiel befinden sich auch im Lüyunting (Pavillon der Grünen Wolken) des Cininggong huayuan und in den Gartenanlagen Zhonghai (Mittlerer See) und Nanhai (Südlicher See) in Beijing.

156

157

158 Seitenansicht des Quchilang (Korridor des Zimmermannswinkels)

Der Quchilang befindet sich in der Südostecke des ersten Einzelhofes des Ningshougong huayuan. Zum Komplex gehört ein winziger Hof, der durch den Korridor vom Gartenwinkel um den Xiefangting (Pavillon der Blütensammlung) abgetrennt ist. Der somit gebildete „Garten im Garten" ist ein beliebtes Element der chinesischen Gartenarchitektur. Zur Anlegung eines gewundenen Korridors in der Südostecke des Hofes wird mit der Plazierung eines weiteren Korridors an der Nordwestseite des Hofes vor der Xuhuiting (Pavillon der Prächtigen Morgenröte) eine Entsprechung geschaffen.

159 Der Xuhuiting (Pavillon der Prächtigen Morgenröte)

160 Zum Xuhuiting hinaufführender Korridor

Der Xuhuiting ist eine kleine Halle von drei *jian* mit einem Fußwalmdach und aufgebogenen Firstenden. Sie ist nach Osten gewandt und hat ihren Platz auf dem Nordwest-Berg des ersten Hofes, so daß man von hier aus den Sonnenaufgang bewundern kann.

Durch einen bergerkletternden Korridor sind der Xuhuiting und der Xishangting am Fuß des Berges miteinander verbunden. Die Landschaftsszenerie und die Geländearchitektur sind so gestaltet, daß sie den Blick auf die hohe Umfassungsmauer der Gesamtanlage versperren.

161 Das Chuihuamen (Tor der Hängenden Blüten), Eingangstor zum zweiten Hof vor der Suichutang (Halle des Regsamen Ruhestandes)

Das Tor hat ein breit ausladendes Schmuckdach und reiche Blumenschnitzerei am überhängenden Türsturz.

162 Mit „Tigerfell"-Motiven dekorierte Mauerbasis zu beiden Seiten des Tores

Die kühle Farbgebung der Mauerdekoration bildet einen angenehmen Kontrast zum Rot des Tores und dem Goldglanz des schweren Daches.

159

160

161

162

149

163 Frontseite des Sanyouxuan (Pavillon der Drei Freunde) mit Fenstern aus Holz-Gitterwerk
164 Fensterfüllung aus Mahagoni

Die Schnitzerei stellt Kiefern, Bambus und blühende Winterkirschen, die „Drei Freunde im Winter", dar.

165 Trennwand aus Mahagoni mit eingelegten Jadescheiben sowie Schrift- und Bildrollen im Sanyouxuan

Auf den Bildern sind ebenfalls die „Drei Freunde im Winter" dargestellt.

166 Mondtor im Sanyouxuan, geschmückt mit Kiefern, Bambus und blühenden Winterkirschen

Der Sanyouxuan (Pavillon der Drei Freunde) liegt an der Ostseite des dritten Einzelhofes des Ningshougong huayuan. Sein Name geht auf die reichlich verwendeten Kiefern-, Bambus- und Winterkirschblüten-Ornamente, die die „Drei Freunde im Winter" symbolisieren, zurück. Der erhöht liegende Pavillon hat drei dem Süden zugewandte Räume. Der Pavillon diente dem Kaiser als erholsamer Aufenthaltsort im Winter. Auf der Nordseite schützt ein Berg den Pavillon vor den Winterstürmen. Zur Innenausstattung gehört u. a. ein heizbarer *kang*. Der Pavillon trägt über seinem Westflügel ein Fußwalmdach, während der Ostflügel mit einem Satteldach unmittelbar an die Wand der Leshoutang (Halle des Freudvollen Alters) angesetzt ist. Die Konstruktion des Daches ist einmalig in der Verbotenen Stadt und findet nur in den Privatgärten südlich des Changjiang ihre Parallele.

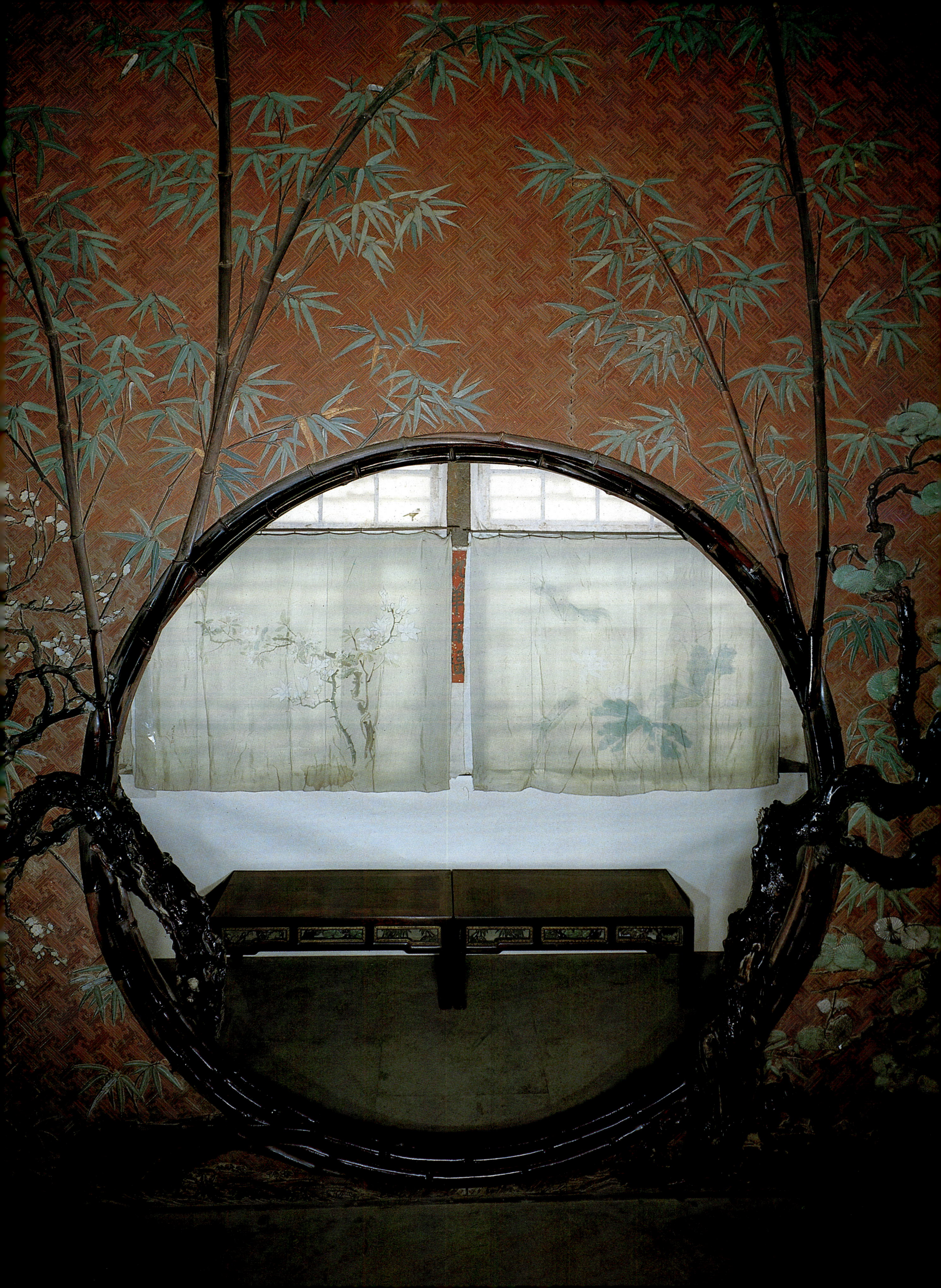

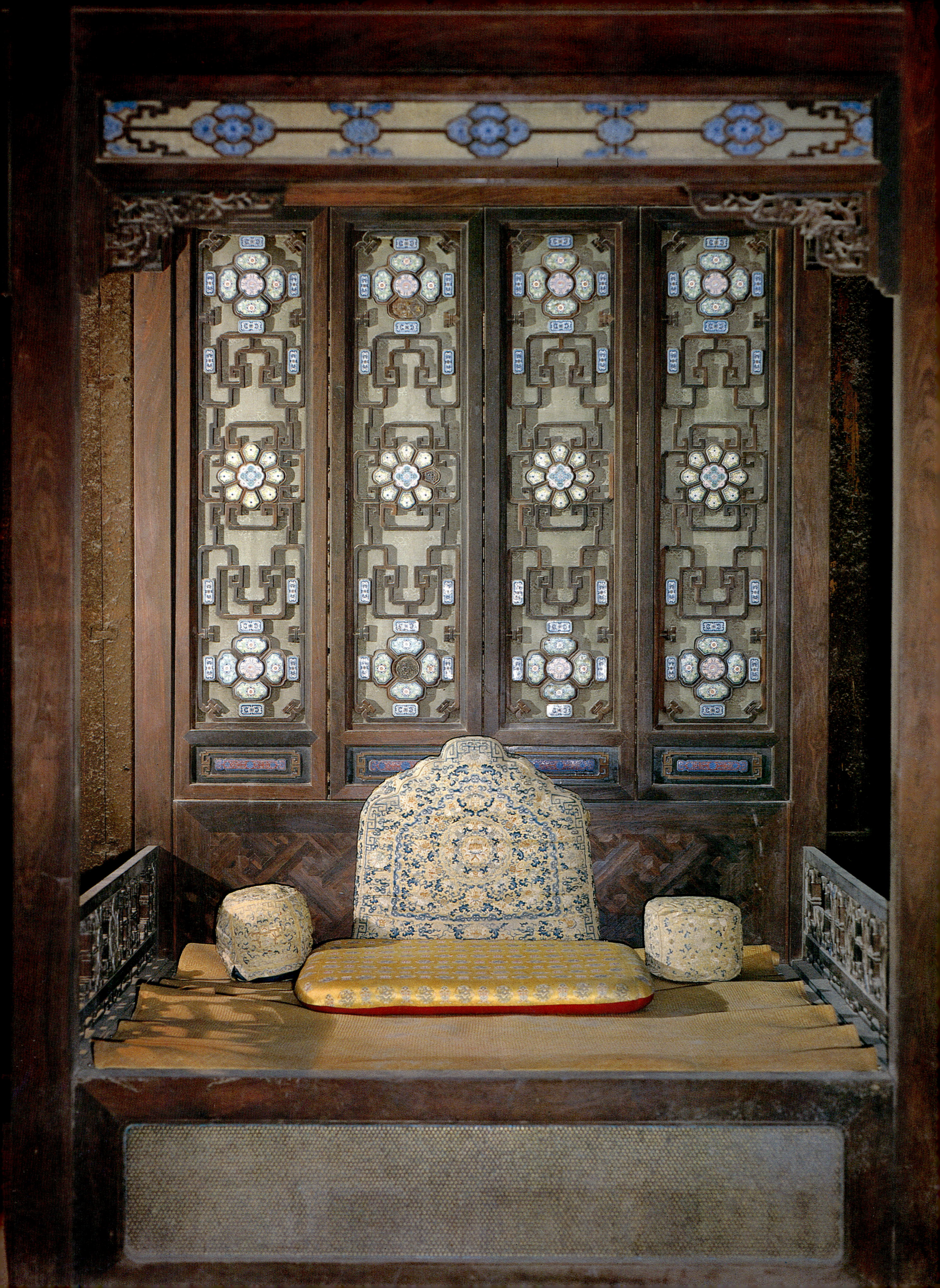

167 Kaiserlicher Sitz im Yanqulou (Gebäude der Verlängerten Vergnügungen)
168 Das Yanqulou. Ansicht von Nordosten
169 Grottenanlage unterhalb des Yanqulou

Der dritte Einzelhof des Ningshougong huayuan bildet eine einzige Bergszenerie, die den ganzen Hofraum ausfüllt. Innerhalb des Bergareals befinden sich zahlreiche Grotten und Höhlen, die miteinander durch Gänge verbunden sind. Die Bauten stehen demzufolge am Rand des Hofes in durchweg erhöhter Lage, wodurch die Illusion, sich mitten im Gebirge zu befinden, erhöht wird. Der Hof wird halbseitig von einem Korridor umschlossen. Zu den Baueinheiten des Hofes gehören der Sanyouxuan auf der Ostseite, das Yanqulou auf der Westseite und der Songxiuting (Pavillon der Herausragenden Schönheit) auf dem Berggipfel im Norden, von dem aus sich das Panorama des gesamten Gartenkomplexes darbietet. Durch einen Korridor, der sich unterhalb der Gebäude entlangzieht, ist der dritte Hof mit dem ersten verbunden. Er ist so gehalten, daß er den Ausblick aus den Säulengalerien der Pavillons nicht beeinträchtigt.

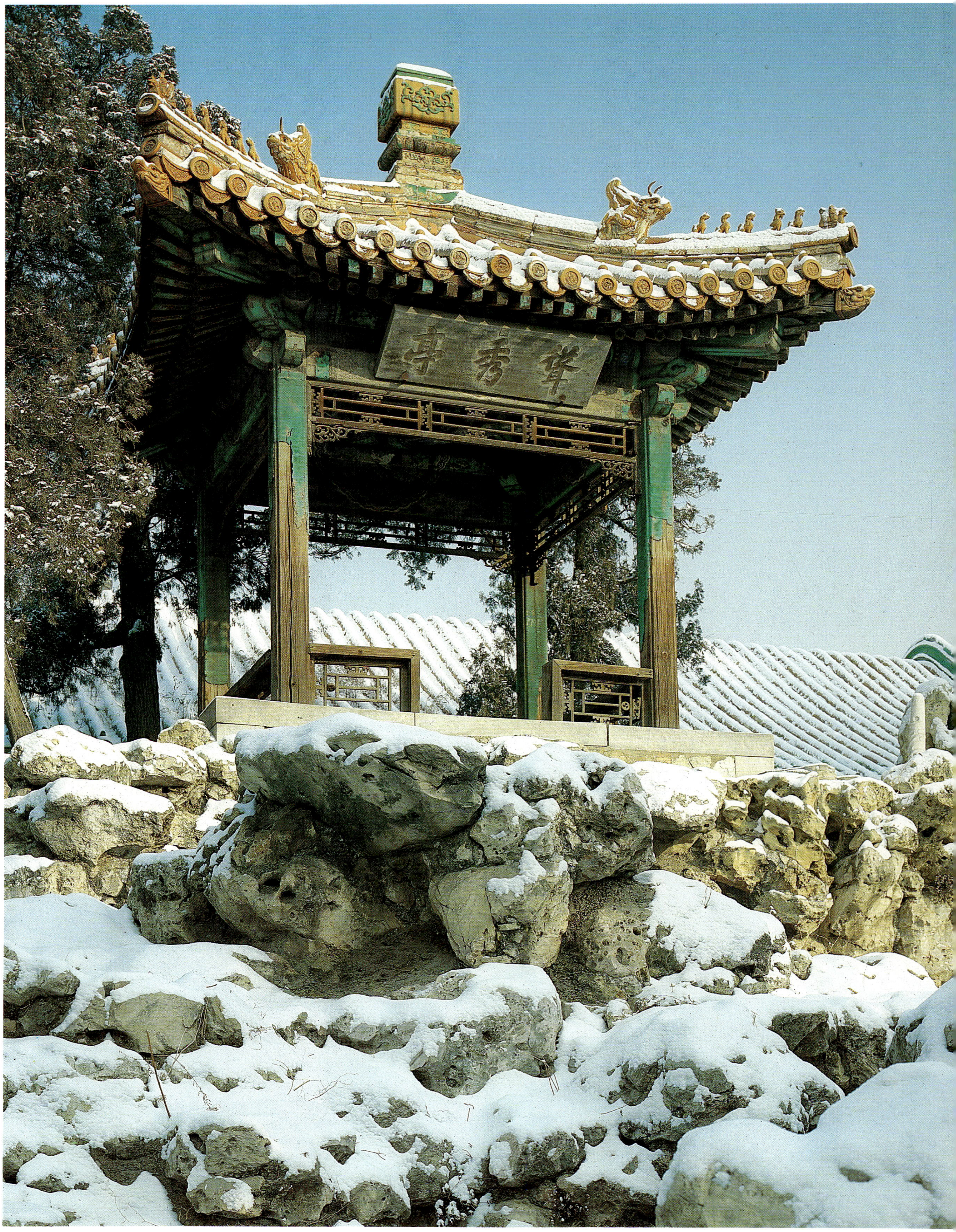
聳秀亭

170 Der Songxiuting (Pavillon der Herausragenden Schönheit)

Der quadratische Songxiuting erhebt sich auf dem etwa zehn Meter hohen Hauptberg des Gartenkomplexes im dritten Hof. Er dient als zentraler Aussichtspunkt. Vor ihm fällt eine steile Klippe bis zum Grund des Hofes ab. Durch diesen Kamin kann man von unten aus ein Stück des Himmels erblicken — auch dies ein traditionelles Element der chinesischen Gartengestaltung.

171 Der Biluoting (Pavillon der Jadegrünen Muscheln) im vierten Hof
172 Brücke vom Cuishanglou (Gebäude der Bewunderung der Quintessenz) zum Biluoting

Der Biluoting erhebt sich auf dem Berg, der den Südteil des vierten Hofes durchzieht. Er ruht auf fünf Säulen und hat ein zweistufiges Kegeldach mit je fünf Schmuckfirsten. Zwischen den Säulen umläuft eine runde Bank den Pavillon. Die Innen- und Außenseite der Bank ist mit blühenden Winterkirschen verziert. Auch die Dekorationen am herabhängenden Dachsturz und der Innendecke sind mit Motiven der Winterkirschen ausgestaltet. Der Dachkonstruktion mit fünf Firsten diente ebenfalls die aus fünf Blütenblättern bestehende Blüte der Winterkirsche als Muster. Alles in allem symbolisiert der Pavillon einen großen Blumenkorb voller Winterkirschblüten. Deshalb wird der Pavillon auch als Meihuating (Winterkirschblüten-Pavillon) bezeichnet. Eine Steinbrücke verbindet den Biluoting mit dem Cuishanglou. Auf diese Weise kann man vom Songxiuting aus den Biluoting direkt erreichen, ohne hinabsteigen zu müssen.

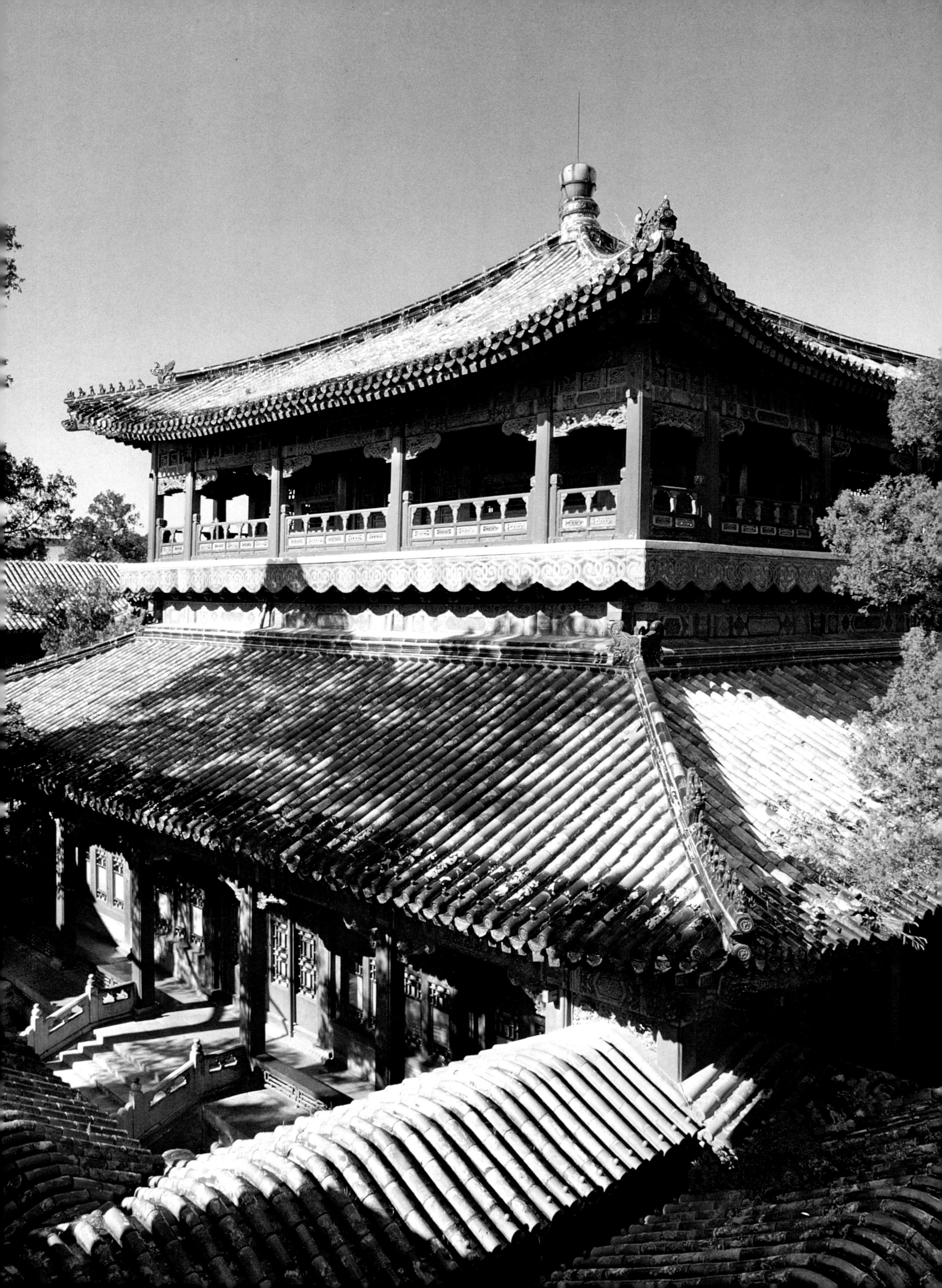

173 Der Fuwangge (Pavillon der Erwartung Guten Geschicks)
174 Emailliertes Fenster mit Jadeeinlage im Fuwangge
175 Trennwand aus Mahagoni mit eingelegten Blüten aus Jade und doppelseitiger Seidenstickerei im Fuwangge

Der in der Trennwand dargestellten Blütenbaum, ein Zitronengewächs, wird als *foshou* (Hand oder Finger Buddhas) bezeichnet.

Der Fuwangge (Pavillon der Erwartung Guten Geschicks) ist im Zentrum des vierten Einzelhofes gelegen. Er ist ein doppelstöckiges, quadratisches Gebäude von fünf *jian* mit einem Zeltdach und aufgebogenen Firstenden. Die ausladende untere Dachstufe und das daraufsitzende hohe Obergeschoß verleihen dem Fuwangge einen majestätischen Charakter. Die sich um den Pavillon gruppierenden Gebäude und Hofflächen sind durch Korridore und niedrige Mauern miteinander verbunden, die zugleich eine trennende Funktion ausüben, so daß sich der hintere Hof aus mehreren kleinen Einzelhöfen zusammensetzt, die jeweils einen eigenen Stil aufweisen. Der Hauptkorridor ist mit Trennwänden, die mit Vergoldungen oder Einlagen aus Jade verziert sind, so angelegt, daß Besucher bei jeder Richtungsänderung leicht die Orientierung verlieren, weshalb der Baukomplex auch den Namen Milou (Labyrinth) erhielt.

176

177

176 Hauptkammer des Juanqinzhai (Studio der Mühe und des Fleißes)
177 Wandtäfelung mit dem traditionellen Motiv „Hundert Hirsche" in der Hauptkammer des Juanqinzhai
178 Kaiserlicher Sitz in der Hauptkammer des Juanqinzhai

Das Juanqinzhai (Studio der Mühe und des Fleißes) ist das den Ningshougong huayuan im Norden abschließende Gebäude. Es besteht aus einem Hauptraum, zwei Nebenkammern und einer Galerie, die mit dem Korridorsystem des hinteren Hofes verbunden ist. Hinsichtlich der Ausstattung ist das Juanqinzhai das am geschmackvollsten eingerichtete Gebäude des ganzen Gartenkomplexes. Die Wandtäfelung des Hauptraums und der darüberumlaufenden Galerie ist aus Bambus hergestellt, mit kunstvollen Jadeeinlagen verziert und mit bestickter Seide bespannt.

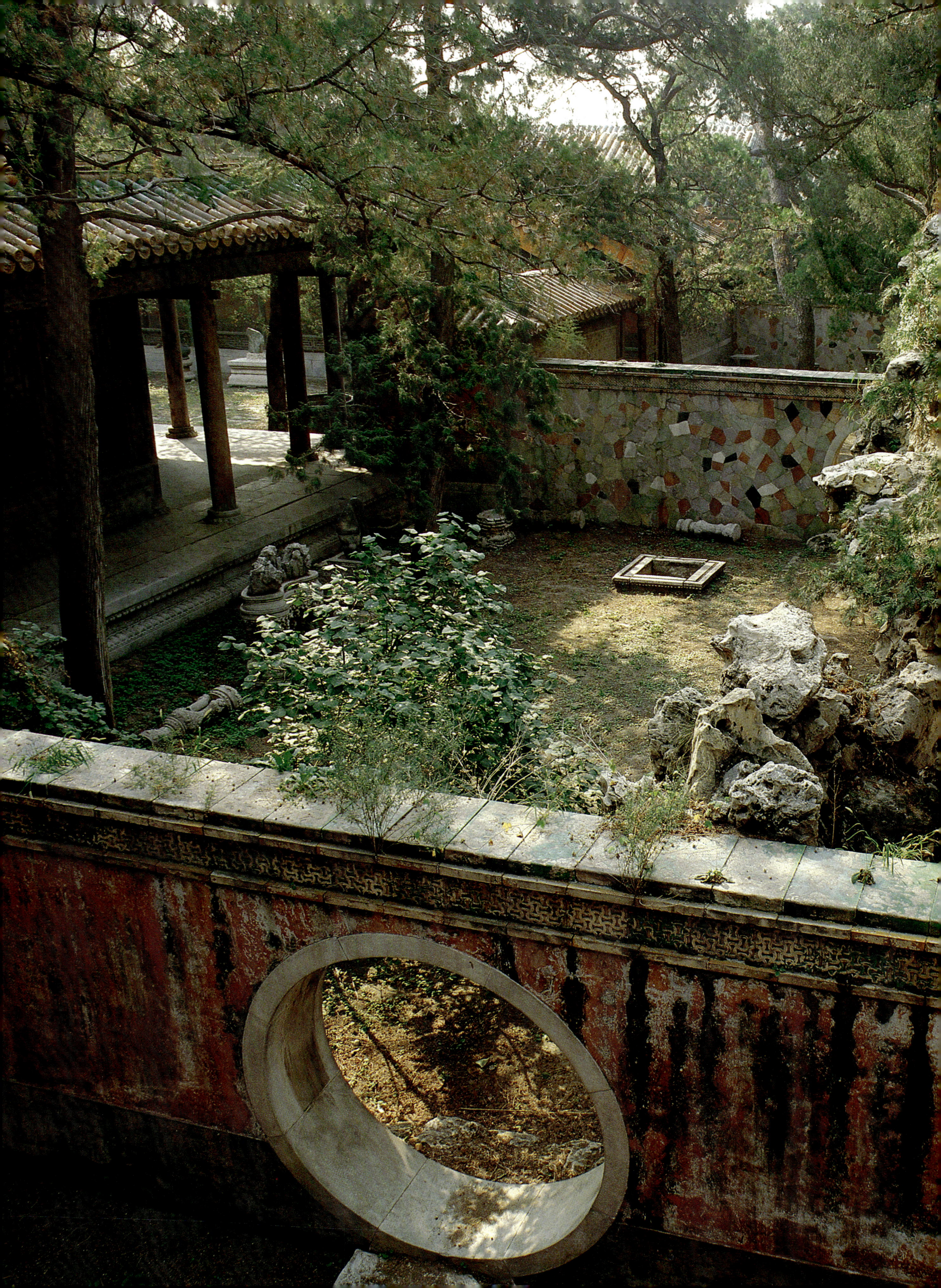

180

179 Der östliche Hof vor dem Jingqige (Pavillon der Großen Glückseligkeit)
180 Die Frontseite des Jingqige

戲臺

Theaterbühnen

In der Verbotenen Stadt gibt es mehrere Theaterbühnen, die sich über den Inneren Hof verteilen. Manche davon sind bis heute in gutem Zustand erhalten, wie die große Theaterbühne Changyinge (Pavillon des Heiteren Klangs) hinter dem Ningshougong (Palast des Ruhevollen Alters), die kleine Bühne im Juanqinzhai (Studio der Mühe und des Fleißes), die Bühne im Hof des Shufangzhai (Studio der Frischen Aromen) im Chonghuagong (Palast der Doppelten Herrlichkeit), die kleine Bühne Fengyacun (Bewahrung der Kultur) im selben Komplex und die Bühne im Hof des Changchungong (Palast des Immerwährenden Frühlings). Die Bühnen sind in Innenräumen oder im Freien in unterschiedlicher Größe, Höhe und Art angelegt, um den verschiedensten Aufführungstypen zu entsprechen.

Der große Theaterpavillon Changyinge (Pavillon des Heiteren Klangs) ist ein dreistöckiger Bau, der 1772 errichtet und 1802 und 1891 renoviert wurde. Eine hölzerne Treppe verbindet die drei Stockwerke, die entsprechend der traditionellen Trinität *fu lu shou* (Reichtum, beruflicher Erfolg, Langlebigkeit) als Bühne des Reichtums (oben), Bühne des Erfolgs (Mitte) und Bühne der Langlebigkeit (unten) bezeichnet wurden. Die Bühne der Langlebigkeit ist quadratisch und hat eine Fläche von drei mal drei *jian*. Sie ist damit neunmal so groß wie eine allgemein übliche Bühne. Die Bühnenzugänge befinden sich außerhalb des Bühnenraums an beiden Seiten des hinter dem Spielhaus errichteten zweistöckigen Quergebäudes. Über den Bühnenzugängen liegen kurze Galerien, von denen man auf die Bühne der Langlebigkeit hinunter- oder zur Bühne des Erfolgs hinaufgelangen kann. In der Mitte und in den vier Ecken sind unter der Bühne der Langlebigkeit fünf Bühnengräben angelegt, die mit Holzplanken belegt wurden, sofern sie für die Darbietung nicht gebraucht wurden. Im Bedarfsfall konnte die Bühnenausstattung mittels einer Seilwinde aus den Bühnengräben auf die Spielfläche hinaufgezogen werden. Bei der Oper *Diyong jinlian* (Goldene Lotos springen aus der Erde) gelangten beispielsweise fünf auf großen Lotosthronen sitzende Bodhisattwas auf diese Weise auf die Spielfläche. Der in der Mitte gelegene Bühnengraben konnte mit Wasser gefüllt werden, wodurch eine besondere Resonanz und erstaunliche akustische Effekte erzielt wurden. In der Decke der Mittelbühne befinden sich zudem drei Öffnungen, durch die Darsteller oder Teile der Bühnenausstattungen herabgelassen werden konnten, wie z. B. beim Stück *Luohan duhai* (Die Arhats überqueren das Meer).

Die Bühne des Erfolgs im zweiten Geschoß und die Bühne des Reichtums im dritten Geschoß des Theaterbaus sind relativ klein, denn beide sind speziell entsprechend dem Blickfeld des Kaisers entworfen, der beim Besuch der Oper auf dem Thronsitz im nördlich des Changyinge gelegenen Yueshilou (Gebäude zur Betrachtung der Darbietungen) saß. Bei Darbietungen großen Typs, etwa des Festspiels *jiujiu daqing* (Kaiserliche Geburtstagsfeier), erschienen Hunderte von Schauspielern in Kostümen von Heiligen und Buddhas gleichzeitig auf allen drei Bühnen und boten abwechslungsreiche Szenen dar.

An das dreistöckige Bühnenhaus des Changyinge ist ein zweistöckiges Gebäude angefügt, das als Garderobe der Schauspieler diente. Der Bau ist fünf *jian* lang und drei *jian* tief. Das gerundete Fußwalmdach schließt an die Dachstufe über der Bühne des Erfolgs an. Bühnenhaus und Garderobe bilden zusammen ein geräumiges Theatergebäude, das mit dem erhöhten Bühnenhaus durchaus der modernen Theaterarchitektur entspricht, auch wenn die drei übereinanderliegenden Spielstätten eine Besonderheit des Kaiserpalasts darstellen. Ein ähnlicher Theaterbau wurde später auch im Kaiserlichen Sommerpalast Yiheyuan im Nordwesten Beijings errichtet.

Im Westraum des Juanqinzhai (Studio der Mühe und des Fleißes), das den Ningshougong huayuan (Garten des Palastes des Ruhevollen Alters) im Norden abschließt, wurde ein kleiner Bühnenpavillon eingerichtet, der den Eunuchen zum Singen und Spielen von *chaqu* (eine Art von musikalischem Spiel in Form von Fragen und Antworten mit lyrischem oder burleskem Charakter) diente. Er ist ein viereckiger offener Bühnenraum mit einem flachen Zeltdach. An drei Seiten wird die Spielfläche von hölzernen Gittern umstanden, die als Trennwände dienten und die die Gestalt kunstvoll geschnitzter Bambuszäune erhielten. Die Nordwand der Westkammer des Juanqinzhai ist in voller Länge und Höhe mit einer Landschaftsmalerei ausgestattet, die den Ausblick aus einer offenen Halle auf ein rotes Palastgebäude wiedergibt. Die auf die Wand gemalten Säulen sind von herabhängenden Glyzinien umwunden. Die Wandmalerei findet in der Deckenmalerei, die eine offene, mit Glyzinien überwachsene Bambuslaube darstellt, ihre Fortsetzung. Die Ausgestaltung des Raumes erweckt die Illusion, als befinde sich der Theaterpavillon im Freien. Diese Form der Gestaltung eines Innenraums ist einmalig in der Verbotenen Stadt und sticht mit ihrem bukolischen Charakter deutlich von der durch rote Mauern und goldgelb glänzende Dächer geprägten Palastarchitektur ab. Beim Besuch der Darbietungen saß der Kaiser auf dem Thronsitz in einer gegenüber der Bühne errichteten doppelstöckigen Galerie.

Das Shufangzhai (Studio der Frischen Aromen), das während der Regierungsperiode Qianlong im Verlauf des Umbaus zweier westlicher Paläste errichtet wurde, befindet sich im östlichen Hof des Chonghuagong (Palast der Doppelten Herrlichkeit). Hier gibt es zwei Bühnen. Die größere befindet sich im Hof vor dem Shufangzhai. An den vier Seiten der Bühne tragen je vier Säulen das Obergeschoß. Der Abstand der beiden Mittelsäulen an der Frontseite wurde so groß gewählt, daß die Hauptszenen eines Stücks ohne Beeinträchtigung durch die Säulen dargeboten werden konnten. In diesem mit einem Fußwalmdach ausgestatteten, reich geschmückten Bühnenhaus fanden Vorführungen statt, wenn der Kaiser an den Neujahrstagen Gratulationen entgegennahm oder den Fürsten und hohen Beamten Bankette gab. Während oder nach dem Essen folgten sie den Darbietungen. Die kleine Bühne Fengyacun (Bewahrung der Kultur) wurde in die Jinzhao yucui (Kammer des Goldenen Jade) hinter dem Shufangzhai eingebaut. Hier wurden während der Familienbankette des Kaisers kleine Theatervorführungen dargeboten.

Die Tiyuandian (Halle des Verkörperten Ursprungs) zwischen dem Changchungong (Palast des Immerwährenden Frühlings) und der Taijidian (Halle des Höchsten Prinzips) in den Sechs Westlichen Palästen wurde während der Rekonstruktion des Changchunmen (Tor des Immerwährenden Frühlings) in der späten Qing-Zeit gebaut. Den Nordteil der Halle bildet eine drei *jian* große, überdachte Veranda, die als Bühne des Changchungong diente. Die Bühne ist relativ breit und schlicht gehalten. Zwischen den Säulen sind niedrige hölzerne Bänke auf den Balustraden eingerichtet, von denen aus das Publikum die Vorführungen in unmittelbarer Nähe verfolgen konnte.

Abb. 40 Der große dreigeschossige Theaterpavillon im Kaiserlichen Sommerpalast Yiheyuan im Nordwesten von Beijing

Abb. 41 Programmhefte

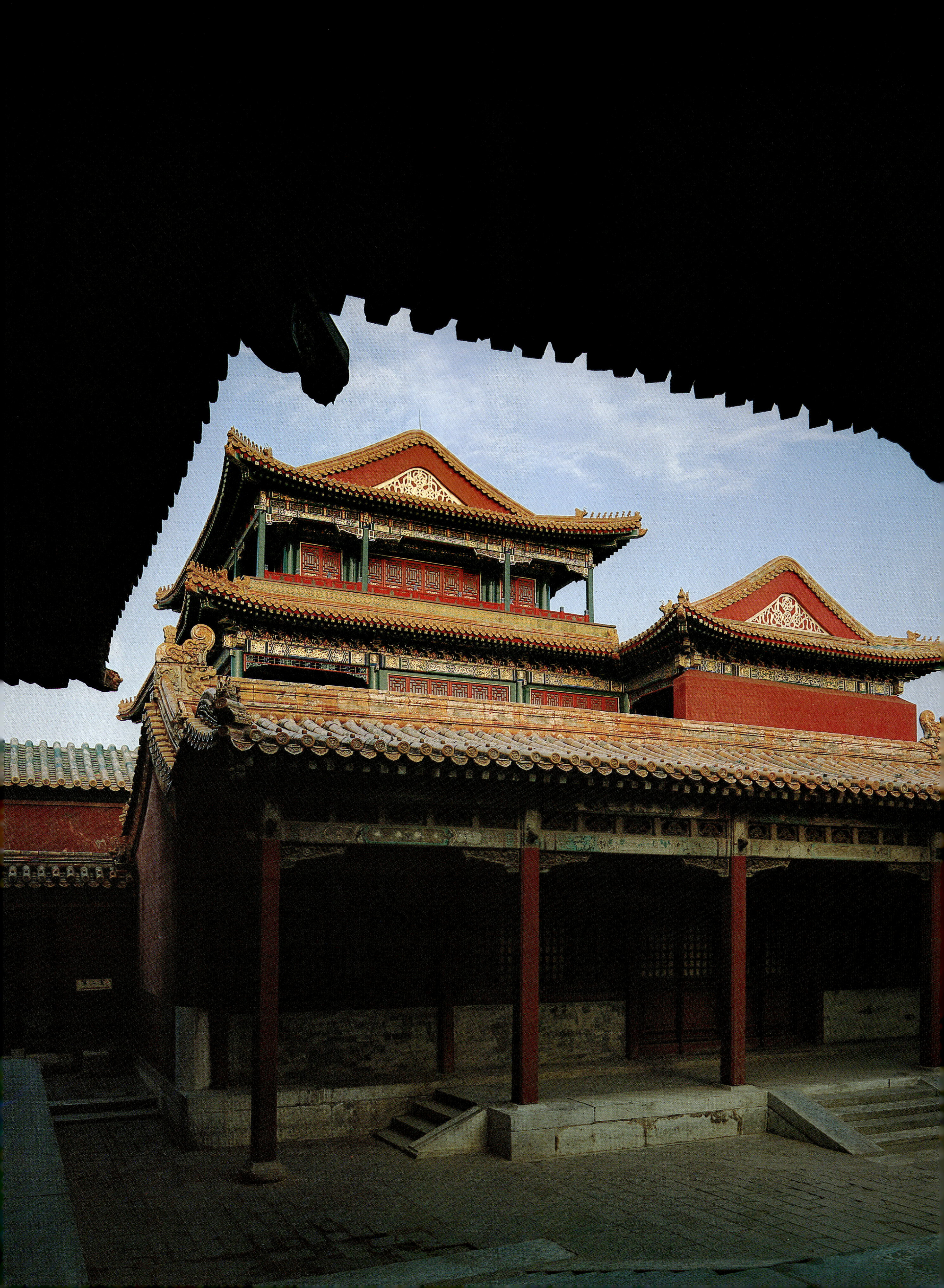

181 Der Bühnenpavillon Changyinge (Pavillon des Heiteren Klangs) im Ningshougong (Palast des Ruhevollen Alters). Blick von Westen
182 Die Bühne des Erfolgs (*unten*) und die Bühne des Reichtums (*oben*). Blick auf das zweite und das dritte Geschoß des Changyinge
183 Tierköpfiger Säulenschmuck im Changyinge

Ins Theater zu gehen war eine der wichtigsten Vergnügungen für die Kaiserliche Familie in der Verbotenen Stadt. Es gab Aufführungen an jedem Festtag, am Frühlingsfest, am Laternenfest am 15. Tag des 1. Monats, am 19. Tag des 1. Monats, am Drachenbootfest im 5. Monat, am 7. Tag des 7. Monats, am Mondfest im 8. Monat, am *chongyang*-Fest am 9. Tag des 9. Monats, am Tag der Wintersonnenwende, zu den Winteropfern und am Silvestertag sowie an den Geburtstagen des Kaisers und der Kaiserin, beim Fest der Thronbesteigung des Kaisers und anläßlich der Titelverleihung an Fürsten, verdienstvolle Beamte und kaiserliche Konkubinen. Es gab eine fest besoldete Theatertruppe im Kaiserpalast. Der Inhalt der Darbietungen richtete sich nach dem auszugestaltenden Fest. Am Geburtstag des Kaisers und der Kaiserinmutter wurden beispielsweise Stücke wie *Sihai shengping* (*Friede herrscht über den vier Meeren*) und *Wanshou wujiang* (*Langlebigkeit ohne Ende*) aufgeführt. Erst in der mittleren Regierungsperiode Guangxu wurden auswärtige Theatertruppen zu Vorstellungen in den Palast verpflichtet, um die außerhalb der Verbotenen Stadt verbreiteten und beliebten Theaterstücke dem Palastpublikum vorzuführen.

184 Blick in den Innenraum der Bühne des Reichtums im Obergeschoß des Changyinge mit Deckenöffnungen und Vorrichtungen zum Herablassen der Bühnenausstattung
185 Die Bühne des Reichtums im Changyinge
186 Schauspielergarderobe im hinteren Quergebäude des Changyinge

Der in der Qing-Dynastie errichtete Changyinge ist der größte Theaterbau in der Verbotenen Stadt. Der dreigeschossige, mit drei übereinanderliegenden Spielstätten ausgestattete Bau befindet sich im östlichen Teil des Ningshougong (Palast des Ruhevollen Alters). Kaiser Qianlong, der das Theater für sich hatte erbauen lassen, hat selbst nur sehr wenige Vorstellungen dort besucht, da er nie im Ningshougong wohnte. Erst in seiner späten Regierungszeit begab er sich anläßlich wichtiger Feste wie Neujahrstag und Geburtstag dorthin und wohnte Vorstellungen bei. Während der Regierungszeit der Kaiserinwitwe Cixi wurden hier sehr oft Opernvorführungen dargeboten. An allen wichtigen Festtagen kam Cixi in Begleitung des Kaisers, der Kaiserin, der kaiserlichen Konkubinen, Ehrendamen, Fürsten und Minister hierher, um sich die Aufführungen anzusehen. Anläßlich ihres 50. Geburtstags 1884 wurde vom 22. bis zum 28. Tag des 9. Monats im Changyinge und wieder vom 8. bis zum 16. Tag des 10. Monats gleichzeitig im Changyinge und im Changchungong (Palast des Immerwährenden Frühlings) Theater gespielt. Die Darbietungen dauerten täglich sechs bis sieben Stunden. Allein für die Kostüme und die Requisiten dieser Aufführungen wurden 110 000 Tael Silber ausgegeben. Kostüme und Requisiten aus der Qing-Dynastie haben sich bis heute in gutem Zustand erhalten.

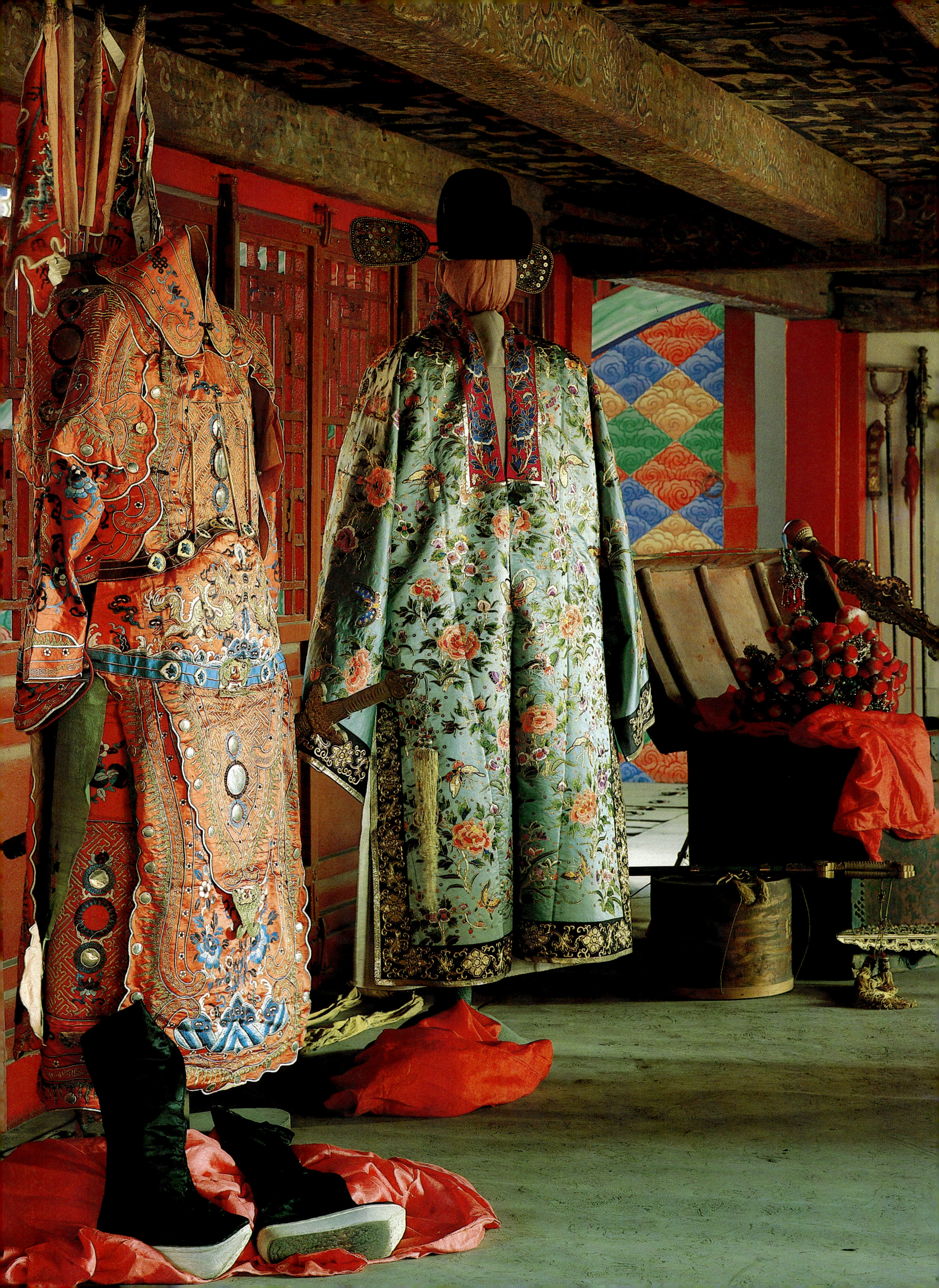

187 Das Yueshilou (Gebäude zur Betrachtung der Darbietungen) gegenüber dem Changyinge

Dieser zweistöckige Bau wurde in der Regierungsperiode Qianlong errichtet. Er steht mit Blick nach Süden dem Changyinge gegenüber und mißt fünf *jian* in der Länge und drei *jian* in der Breite. Während der Aufführungen saß der Kaiser in der Mitte der Halle auf einem Thronsessel. Zu beiden Seiten des Gebäudes verbinden Galerien das Yueshilou mit dem Changyinge. Sie standen während der Darbietungen den zuschauenden Fürsten und Ministern zur Verfügung. Während der Regierungsperiode Jiaqing (1796–1820) wurde das Yueshilou umgebaut und während der Regentschaft der Kaiserinwitwe Cixi mit großen Glastüren und -fenstern versehen. Cixi liebte es, während der Vorführungen auf einer Couch im Inneren des Yueshilou zu liegen. Auf diese Weise konnte sie den Darbietungen bei geschlossener Tür folgen.

188, 189 Zwei Details des Bildes *Bishu shanzhuang yanxitu* (Opernvorführung in der Sommerresidenz in Chengde) (Palastmuseum, Beijing)

Das Bild stellt Kaiser Qianlong beim Besuch einer Oper in der Kaiserlichen Sommerresidenz in Chengde (heute in der Provinz Hebei) nördlich von Beijing dar. Die Sommerresidenz wurde in der Regierungsperiode Kangxi der Qing-Dynastie gebaut und während der Regierungsperiode Qianlong mehrmals ausgebaut. Die Sommerresidenz wurde ein politisches und religiöses Zentrum des Reiches an der Nordgrenze. Hier gewährten Kangxi und Qianlong vielen ausländischen Gesandten und den Vertretern der im Grenzraum siedelnden ethnischen Gruppen Audienzen. Zu diesem Zweck wurden in der Nähe der Residenz mehrere Tempel der verschiedenen religiösen Richtungen angelegt. Der dreigeschossige Theaterpavillon in der Sommerresidenz, der Qingyinge (Pavillon des Klaren Klangs), wurde nach dem Muster des Changyinge gebaut.

Das von Hofmalern angefertigte Bild stellt eine Szene des Jahres 1789 dar.

喜在嘉主兆有年
萬添南棲應無菓

191

190 Die kleine Bühne im Juanqinzhai (Studio der Mühe und des Fleißes), die hauptsächlich zur Aufführung von *chaqu* diente
191 Thronsitz vor der Bühne im Juanqinzhai

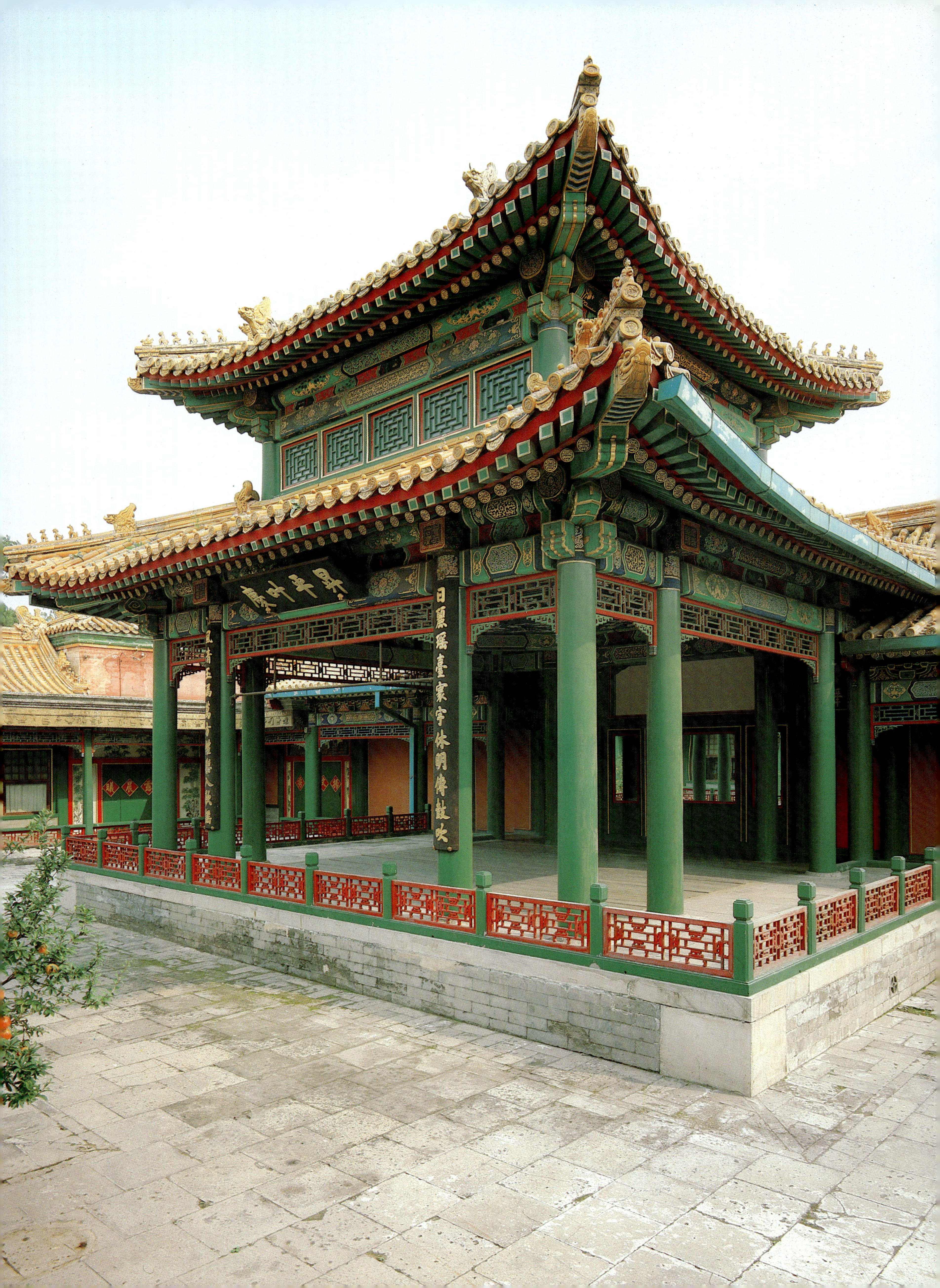
昇平叶慶

192 Die Bühne im Hof des Shufangzhai (Studio der Frischen Aromen)
193 Deckenverzierung über der Bühne des Shufangzhai
194, 195 Zugangstüren für die Schauspieler auf die Bühne des Shufangzhai

Die Schriftzeichen bedeuten (*von rechts nach links*): *yi wu* (zeremonieller Tanz) und *xie yin* (harmonische Töne).

聊將山水寄清音

風雅存

196 Die kleine Bühne Fengyacun (Bewahrung der Kultur) in der Jinzhao yucui (Kammer des Goldenen Jade) hinter dem Shufangzhai

Über der Bühne die Schriftzeichen *Feng ya cun* (Bewahrung der künstlerischen Feinheit).

197 Der Theaterpavillon im Hof des Changchungong (Palast des Immerwährenden Frühlings)

佛堂、道場及其他祭祀建築

Buddhistische und daoistische Hallen und andere Bauten für Opferzeremonien

In der Verbotenen Stadt gibt es zahlreiche Hallen und Pavillons, die der Kaiserlichen Familie zur Religionsausübung und zur Abhaltung der unterschiedlichsten Opferzeremonien dienten. Da die Sekte der Tugendhaften (Gelugspa; allgemein als „Gelbe Sekte" bezeichnet) des Lamaismus, die in den mongolischen und tibetischen Gebieten verbreitet ist, zu Beginn der Qing-Zeit zur Staatsreligion erklärt wurde, wurde in der Verbotenen Stadt vor allem Buddha in seinen mannigfaltigen Erscheinungen verehrt. Aber auch dem Daoismus und dem Konfuzianismus wurde ein bestimmter Stellenwert eingeräumt. Darüber hinaus fanden noch andere Opferzeremonien, die mit den traditionellen Staatsgottheiten wie auch mit den unterschiedlichsten Volksgottheiten und den Ahnen in Zusammenhang standen, hier statt.

Die buddhistischen Hallen, Türme und Pavillons konzentrieren sich zumeist auf den Inneren Hof, ganz besonders auf den Ningshougong (Palast des Ruhevollen Alters), auf den Cininggong (Palast der Barmherzigen Ruhe), den Shou'angong (Palast des Friedvollen Alters) und den Shoukanggong (Palast des Rüstigen Alters), wo die Kaiserinmutter und die kaiserlichen Konkubinen lebten. So befinden sich zum Beispiel das Forilou (Gebäude der Buddhistischen Sonne) und das Fanhualou (Gebäude des Blühenden Buddhismus) im östlichen Teil des hinteren Palastareals des Ningshougong, die Dafotang (Halle des Großen Buddha) hinter dem Cininggong, der Yuhuage (Pavillon des Blütenregens) in der Nordostecke des Cininggong huayuan (Garten des Palastes der Barmherzigen Ruhe) und nordöstlich des Cininggong hinter dem Chunhuamen (Tor der Frühlingsblüten) und die Yinghuadian (Halle des Üppigen Blühens) nördlich des Shoukanggong und des Shou'angong. Außerdem wurden auch Nischen für Buddhafiguren, Statuetten der unterschiedlichsten Gestalten des buddhistischen Pantheons und rituelle Geräte wie Öfen, Tabletts, Pagoden und *qing* (ein topfförmiges Schlaginstrument aus Messing), die gottesdienstlichen Zwecken der Kaiserlichen Familie dienten, im Kunninggong (Palast der Irdischen Ruhe) und im Chengqiangong (Palast des Himmlischen Erbes), einem der Sechs Östlichen Paläste, eingerichtet bzw. aufgestellt. Die daoistischen Bauten wurden vorwiegend in der Ming-Zeit errichtet, so die Qin'andian (Halle des Kaiserlichen Seelenfriedens) im Yuhuayuan (Kaiserlicher Garten), der an der Südwestmauer des Yuhuayuan befindliche Sishenci (Tempel der Vier Götter) und die Xuanqiong baodian (Schatzhalle der Dunklen Himmelstiefe) östlich der Sechs Östlichen Paläste. Als Kultstätten der Kongzi-Verehrung dienten hauptsächlich der erste Hof der Chuanxindian (Halle der Herzensübertragung) östlich der Wenhuadian (Halle der Literarischen Blüte) und der Kongzi-Altar neben dem Qianqingmen (Tor der Himmlischen Reinheit). Außerdem gibt es noch große Hallen wie die Fengxiandian (Halle der Ahnenverehrung) und der Zhaigong (Palast des Fastens), in denen der Kaiser seinen Ahnen Opfer darbrachte oder vor den Opferzeremonien fastete.

Das Forilou (Gebäude der Buddhistischen Sonne) und das Fanhualou (Gebäude des Blühenden Buddhismus) befinden sich östlich hinter dem Ningshougong und nördlich des Jingfugong (Palast des Strahlenden Glücks) unmittelbar an der Palastmauer der Verbotenen Stadt. Diese zwei Bauten sind entsprechend dem Jiyunlou (Gebäude der Glückverheißenden Wolken) und dem Huiyaolou (Gebäude der Weisheit und des Sonnenlichts) im Jianfugong huayuan (Garten des Palastes der Glücksgründung) angelegt. Die beiden nebeneinanderstehenden Hallen haben jeweils einen eigenen Hof; im Obergeschoß sind sie durch einen überdachten Korridor miteinander verbunden. Eine Steintreppe mit hölzerner Balustrade führt von unten nach oben. In beiden Gebäuden stehen die Statuen der wichtigsten Buddhas und Heiligen des Lamaismus, darunter auch die Statue von Tsong-khapa (1357–1419), dem Gründer der Gelugspa-Sekte des Lamaismus, sowie weitere 10 900 kleine Statuetten. Im Erdgeschoß sind sechs große, äußerst fein gefertigte Cloisonné-Pagoden aufgestellt.

Die Dafotang (Halle des Großen Buddha) hinter dem Cininggong war der Platz, an dem die Kaiserinmutter Buddha verehrte und ihm „ihren Kummer und Gram anvertraute". Die Halle besitzt die gleichen Ausmaße wie der Cininggong und ruht mit ihm auf einer Terrasse. Während der Qing-Dynastie dienten hier Eunuchen als Lamas und begannen am 5. Tag des 12. Monats, einundzwanzig Tage lang Sutren zu rezitieren. In der Regel fanden lamaistische Zeremonien am 6. Tag jedes Monats statt. Thatagata, Sakyamuni und Maitreya, die Buddhas der Vergangenheit, der Gegenwart und der Zukunft, wurden daneben auch in der Xianruoguan (Halle der Allumfassenden Übereinstimmung) im Hinterteil des Cininggong huayuan, im östlich davon gelegenen Baoxianglou (Gebäude des Buddhaantlitzes), im westlich davon gelegenen Jiyunlou (Gebäude der Glückverheißenden Wolken) sowie im Ciyinlou (Gebäude des Barmherzigen Schutzes) hinter der Xianruoguan verehrt. Die Kaiserinnen und Konkubinen der verstorbenen Kaiser kamen hierher, um Langlebigkeit und Beistand im Alter zu erbitten und Askese zu praktizieren.

Der Yuhuage (Pavillon des Blütenregens) hinter dem Chunhuamen (Tor der Frühlingsblüten) ist ein sorgfältig konstruierter, quadratischer, dreistöckiger Bau. Die beiden unteren Dächer sind mit grün-, blau- und gelbglasierten Ziegeln gedeckt. Das flache Zeltdach des Oberpavillons, das von einem Aufsatz in Art einer buddhistischen Schirmhaube bekrönt wird, ist mit vergoldeten Bronzeziegeln belegt. Auf den vier Dachfirsten des Oberdachs stehen goldglänzende Drachen. Im Pavillon wurde der Buddha des Westlichen Paradieses mit seinem Gefolge verehrt, und je-

Abb. 42 Die Chuanxindian (Halle der Herzensübertragung) östlich der Wenhuadian (Halle der Literarischen Blüte)

Abb. 43 Tsong-khapa, der große Reformator des tibetischen Buddhismus und Begründer der Sekte der Tugendhaften (Gelugspa) des Lamaismus. Statue im Potala-Palast in Lhasa (Tibet)

den Monat fanden Sutrenrezitationen und andere lamaistische Zeremonien statt.

Am nordwestlichen Ende des ersten Hofs des Yuhuage befindet sich das Fanzonglou (Gebäude der Vorfahren Brahmas), wo Manjusri verehrt wurde. Hinter dem Yuhuage gab es noch weitere Stätten der Buddhaverehrung und der Sutrenrezitation, die jedoch 1923 niederbrannten.

Die Yinghuadian (Halle des Üppigen Blühens), im Norden des Shou'angong gelegen, wurde während der Ming-Dynastie gebaut und in den Jahren 1689 und 1762 renoviert. Vor der Halle stehen zu beiden Seiten des Yinghuamen (Tor des Üppigen Blühens) mit Kranichen aus glasierten Keramikziegeln geschmückte Mauern, die noch aus der Ming-Dynastie stammen. Die Halle ist fünf Bodhisattwas gewidmet, die auf Lotosthronen sitzend an der Hauptwand abgebildet sind. Die Kaiserinwitwen und die Kaiserinnen der Ming-Dynastie kamen hierher, um den hilfreichen Gottheiten ihre Verehrung auszudrücken.

Die Qin'andian (Halle des Kaiserlichen Seelenfriedens) befindet sich hinter dem Tianyimen (Erstes Tor unter dem Himmel) inmitten des Yuhuayuan. Sie wurde in der Ming-Dynastie gebaut und hat ein zweistufiges, oben abgeplattetes *luding*-Walmdach. In der Mitte des rechteckigen Flachdachs ragt eine vergoldete buddhistische Schirmhaube auf. Die Halle ruht auf einer einstufigen Terrasse, zu der eine Treppe mit eingelegtem Kaiserlichen Weg von Süden emporführt. Die die Terrasse und den Aufgang begrenzenden Balustraden sowie die mit Drachenmustern reich verzierte Steinplatte des Kaiserlichen Weges sind gut erhaltene Zeugnisse der hohen Steinmetzkunst der Ming-Zeit. Die Qin'andian steht inmitten eines kleinen Hofes, der von einer niedrigen Mauer umschlossen wird. In der Halle wurde Xuantian Shangdi, der daoistische Gott des Nördlichen Himmels, verehrt. Zu jedem Frühlings-, Sommer-, Herbst- und Winteranfang wurden in der Halle die Altäre der Götter und Opferbänke aufgestellt. Der Kaiser kam dann hierher, um Weihrauch zu entzünden und die Gebetsriten durchzuführen. Die Neujahrstage und die Zeit zwischen dem 6. und dem 18. Tag des 8. Monats nach dem Mondkalender waren die Tage des Himmelsopfers. Die daoistischen Meister und Anhänger brachten dann hier, wie auch in der Xuanqiong baodian (Schatzhalle der Dunklen Himmelstiefe), die erforderlichen Opfer dar.

Die Xuanqiong baodian befindet sich östlich der Sechs Östlichen Paläste und südlich der Fünf Östlichen Höfe. Die Haupthalle hat eine Länge von fünf *jian*, und die Seitenhallen im Osten und Westen messen je drei *jian*. In der Haupthalle wurde Haotian Shangdi, die Himmlische Exzellenz der Kraft des Daoismus, verehrt. Die religiösen Aktivitäten gestalteten sich hier ähnlich wie in der Qin'andian.

Die Chuanxindian (Halle der Herzensübertragung), 1685 errichtet, befindet sich östlich der Wenhuadian (Halle der Literarischen Blüte). In der Halle waren die Ahnentafeln der legendären Kaiser der Frühzeit, Fu Xi, Shen Nong, Xuan Yuan (der Gelbe Kaiser), Yao und Shun, sowie der Könige Yu, Tang, Wen und Wu und des Herzogs Zhou wie auch Kongzis (Konfuzius) aufgestellt. Im zweiten Monat jedes Frühjahrs und Herbstes kam der Kaiser am Tag vor dem Anhören der Vorlesungen über die Klassiker hierher, um zu beten. Auf der Ostseite des vorderen Hofs befand sich ein großer Küchenbrunnen mit frischem Trinkwasser. Seit 1651 brachte man jedes Jahr hier dem Brunnengott Opfer dar.

Die Jikongchu (Konfuzius-Opferhalle), zwischen dem kaiserlichen Lesestudio Maoqindian (Halle der Intensiven Energie) und der Shangshufang (Obere Studierstube) neben dem Qianqingmen (Tor der Himmlischen Reinheit) im Zentralhof des Inneren Palastes gelegen, beherbergt eine Tafel mit einer Kalligraphie des Kaisers Qianlong, die die Zeichen trägt: *yu tian di can* (Verbindung von Himmel und Erde). In der Halle waren die Ahnentafeln Kongzis, seiner Schüler sowie weiterer verehrungswürdiger konfuzianischer Gestalten der Geschichte aufgestellt.

Die Fengxiandian (Halle der Ahnenverehrung) erhebt sich östlich des Yuqinggong (Palast des Hervorbringens der Glückwünsche). Die Grundstruktur der großräumigen Anlage stammt aus der Ming-Dynastie, der jetzige Bau wurde aber erst 1656 errichtet und in den Jahren 1679, 1681 und 1737 renoviert. Die Halle ist in Form eines liegenden H konstruiert. Die neun *jian* lange Frontseite und das zweistufige Walmdach weisen sie als Bauwerk höchsten Ranges aus. Eine hohe Mauer umgibt den Komplex. In der vorderen Halle wurden die Ahnentafeln von Nurhachi, dem Gründer des Mandschu-Reichs, der ihm folgenden Kaiser und ihrer Kaiserinnen verehrt. In der hinteren Halle standen die Ahnentafeln seiner Vorfahren. Am Geburtstag des Kaisers, an Neujahrstagen und zur Wintersonnenwende, den drei wichtigsten Festtagen in der Verbotenen Stadt, sowie zu den staatlichen Feiern kam der Kaiser persönlich oder ein von ihm bevollmächtigter Vertreter hierher, um Opfer zu bringen.

Der Zhaigong (Palast des Fastens) befindet sich westlich des Yuqinggong im Süden der Sechs Östlichen Paläste. Er wurde 1731 gebaut und 1801 renoviert. In der frühen Periode der Qing-Dynastie weilte der Kaiser einen Tag lang hier und fastete, bevor er sich zum Tiantan (Himmelstempel) im Süden Beijings und zum Ditan (Erdaltar) im Norden der Stadt begab. Ehe er an den Altären die jährlichen Opferzeremonien vornahm, war ein weiterer Fastentag im Fastenpalast jedes der Tempel vorgeschrieben. Während dieser Fastenzeit waren alle Vergnügungen, waren Musizieren, der Genuß von Wein und scharfer, stark gewürzter Speisen, sogar der Verzehr von Zwiebeln und Knoblauch verboten.

Zu den religiösen Stätten innerhalb des Kaiserpalasts gehört weiterhin der 1726 errichtete Chenghuangmiao (Tempel des Stadtgotts), der sich im äußersten Nordwestwinkel der Verbotenen Stadt befindet.

177

198

198 Das zweistöckige Fanhualou (Gebäude des Blühenden Buddhismus) in der Nähe des Ningshougong (Palast des Ruhevollen Alters)
199 Pagode aus Cloisonné im Erdgeschoß des Fanhualou

Das Fanhualou befindet sich am nordöstlichen Ende des Ningshougong. Die doppelstöckige Halle hat eine Länge von sieben *jian*. An der Frontseite zieht sich vor beiden Stockwerken eine offene Säulengalerie entlang. Das Dach ist ein mit gelbglasierten Ziegeln gedecktes Satteldach mit Giebelabschluß. Im Fanhualou sind zahlreiche buddhistische Pagoden und Statuen sowie Thankas (Bildrollen) aufbewahrt.

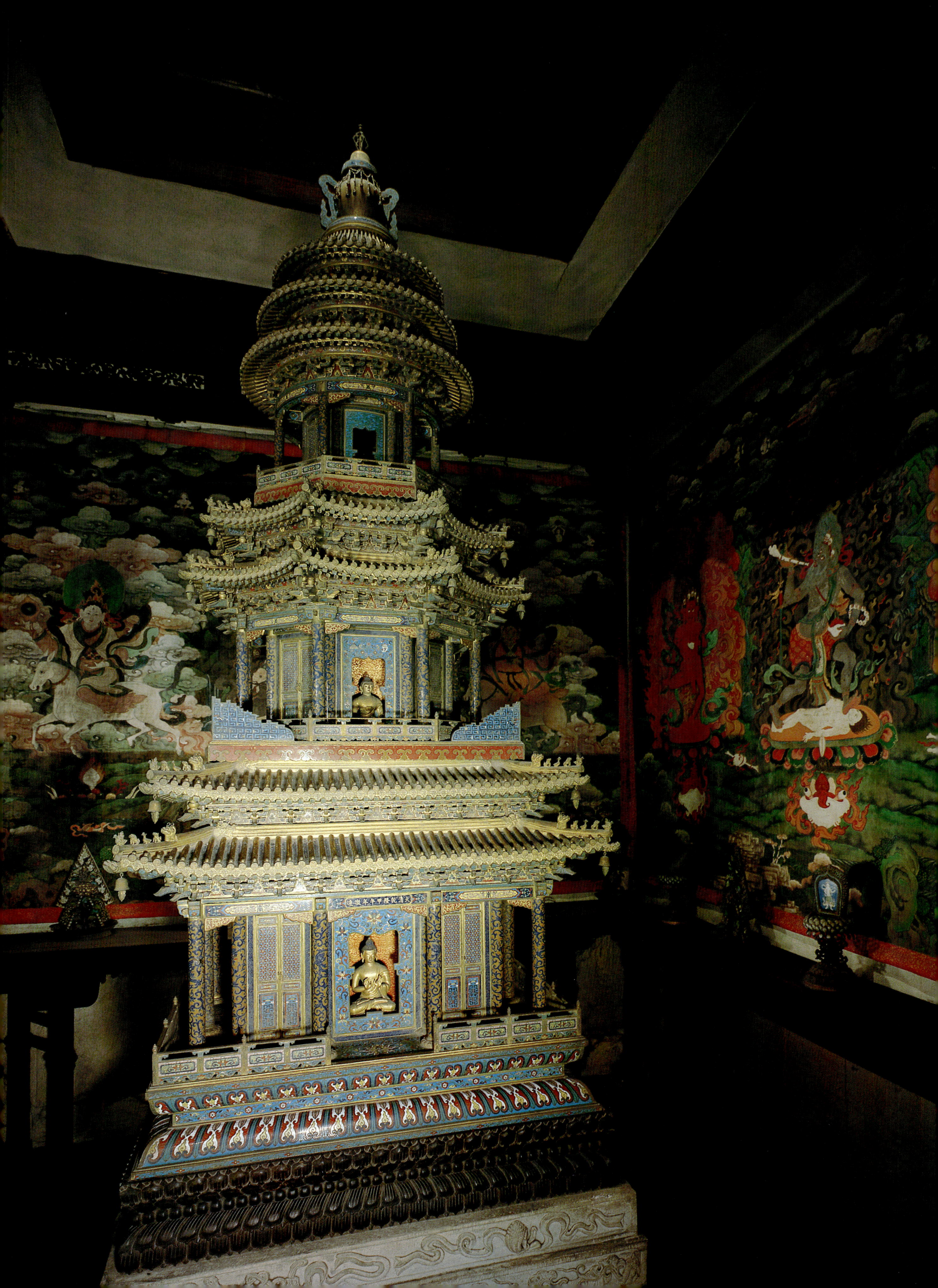

200 Holzverkleidete Wandnische im Obergeschoß des Fanhualou

Die geschnitzten Türfüllungen im unteren Teil der Wandverkleidung sind mit sechs der „Acht Kostbarkeiten" des Buddhismus geschmückt, die auf Gaben zurückgehen, die Buddha erhielt, als er die Erleuchtung erreicht hatte. Diese glückverheißenden Symbole des Buddhismus sind: ein Paar goldener Fische (Survarnamatsya), der kostbare Schirm (Chattra), das weiße rechtsgewundene Muschelhorn (Shankha), der unendlich ineinander verschlungene Lebensknoten (Shrivatsa), das wehende Rundbanner des Sieges des Buddhismus (Dhvaja), die Vase mit Schätzen (Kalashi), die unvergleichliche Lotosblume (Padtma) und das goldene Rad der Lehre (Chakra).

Im oberen Teil der Nische 61 kleine Statuen von Buddhas und Heiligen des Buddhismus.

201 Detail der Nische mit 61 buddhistischen Skulpturen im Obergeschoß des Fanhualou

In der obersten Reihe „Buddhas der Sündenvergebung": (*von links*) Amoghadarshin, der Buddha, der den tiefen Sinn der Dinge erschaut; Ratnarcis, der Buddha, der das kostbare Licht der Buddhakraft ausstrahlt; Virasena, der Buddha der geistigen Heldenstärke; Viranandin, der Buddha der die Freude an allem Bösen besiegenden Kraft.

In der zweiten Reihe Arhats (Luohan), die legendären buddhistischen Heiligen: Kanakavatsa und Bhadra (*erster und zweiter von links*) sowie Vanavasin (*rechts*).

In der Mittelreihe neben Buddhamanifestationen wie Amitabha Jina, Varunadeva und Vimaloshnisha im Zentrum Lozang Kälzang Gyatsho, der 7. Dalai Lama (reg. 1708–1757).

In der zweiten Reihe von unten wieder „Buddhas der Sündenvergebung": (*von links*) Bhadrashri, der Buddha der vergebenden heiligen Güte; Candanashri, der Buddha der allerhöchsten Hingabe; Brahmadatta Jina, der Buddha der Reinheit des Gebens.

In der untersten Reihe vor allem Statuetten der Mahasiddhas (Große Lehrer), darunter Buddhapalita (*links außen*) und Shantarakshita (*rechts außen*), der als erster im 8. Jahrhundert den Buddhismus aus Indien nach Tibet gebracht haben soll.

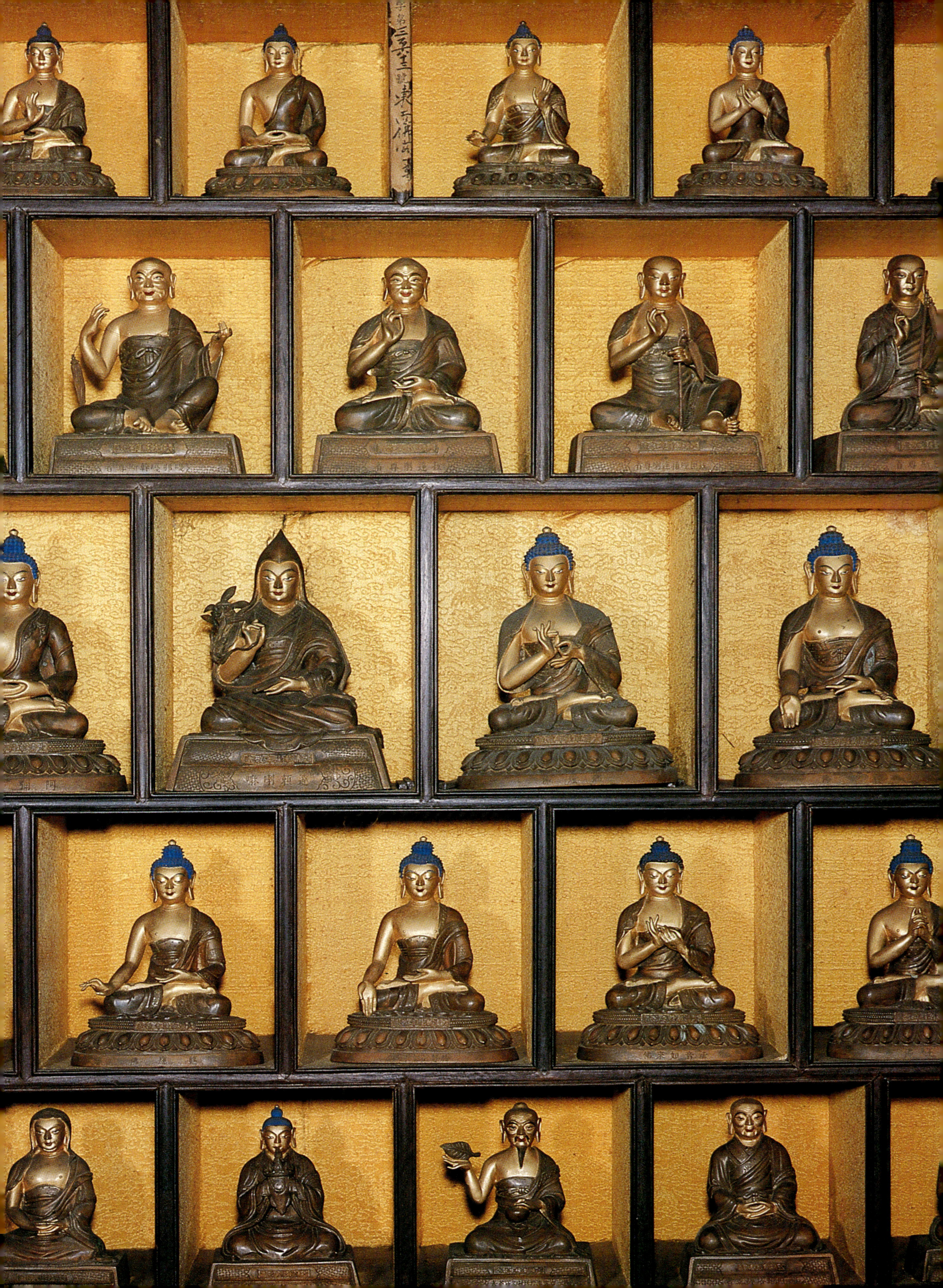

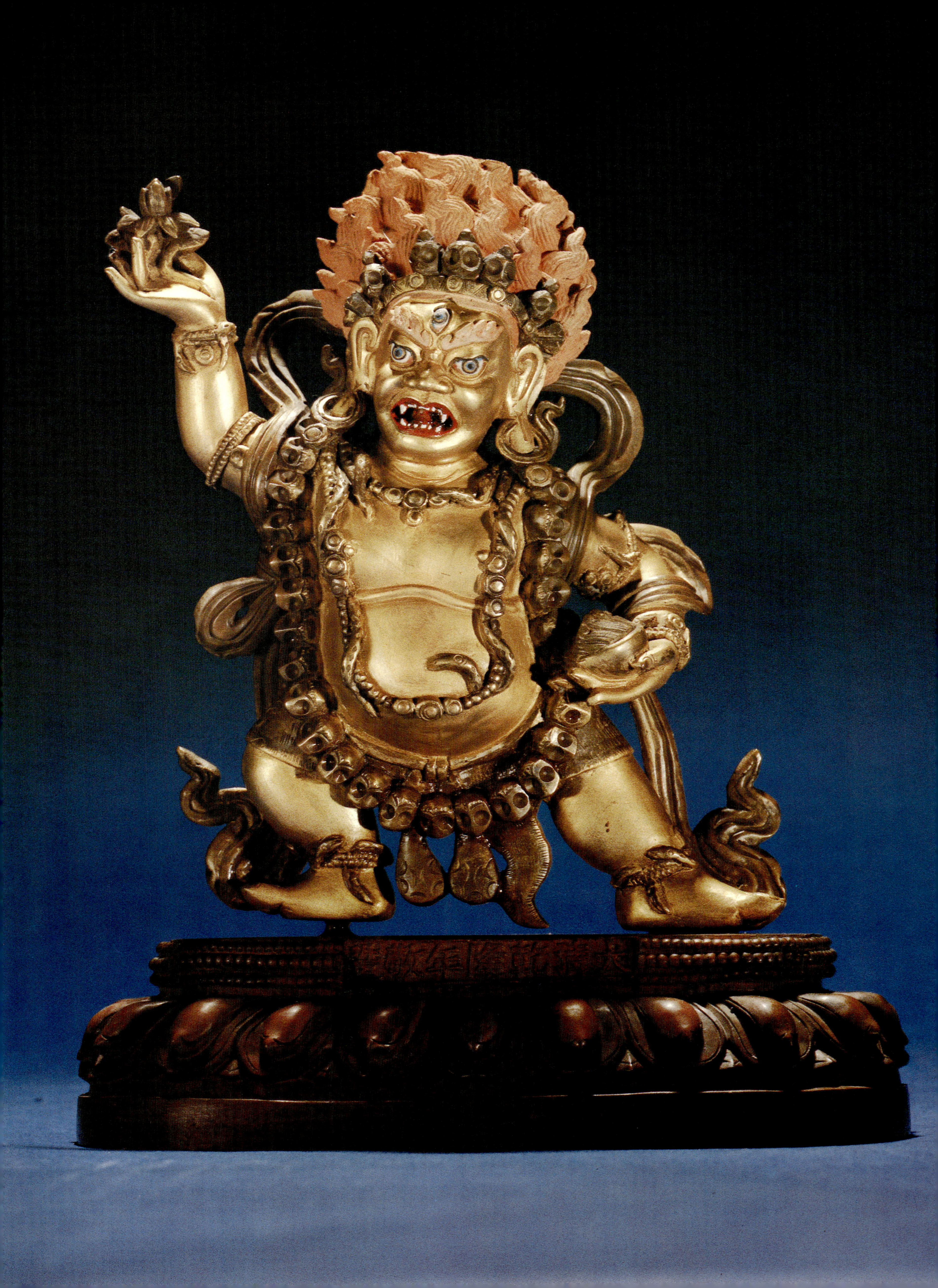

202 Statue des Antara-Sadhana Dharmaraja in einer Nische des Fanhualou

Antara-Sadhana Dharmaraja, dargestellt mit dem Donnerkeil und der Hirnschale, gehört mit seinem Flammenhaar, dem Stirnauge und der Kette aus Menschenschädeln zu den sogenannten Dharmapalas, den im Lamaismus beliebten Schutzgottheiten der Religion.

203 Statue Tsong-khapas auf einem Altar im Fanhualou vor einer Wandmalerei mit predigenden Arhats
204 Vergoldete Statue einer der Pancarakshas, der mehrgesichtigen, vielarmigen weiblichen Schutzgottheiten des Tantrismus, im Fanhualou

Die tantrische Mystik erfreute sich im tibetischen Buddhismus großer Volkstümlichkeit. Die Pancarakshas gehören zu jenen Gottheiten, die für ein langes Leben angerufen werden. Die auf einem Lotosthron sitzende Pancaraksha hält in ihren sechs Händen den Donnerkeil, die Frucht des Karman (Symbol für die Summe aller geistigen und körperlichen Taten der vergangenen Existenzen und des gegenwärtigen Lebens), das Rad der Lehre, die Glocke, den Lotos und das Schwert.

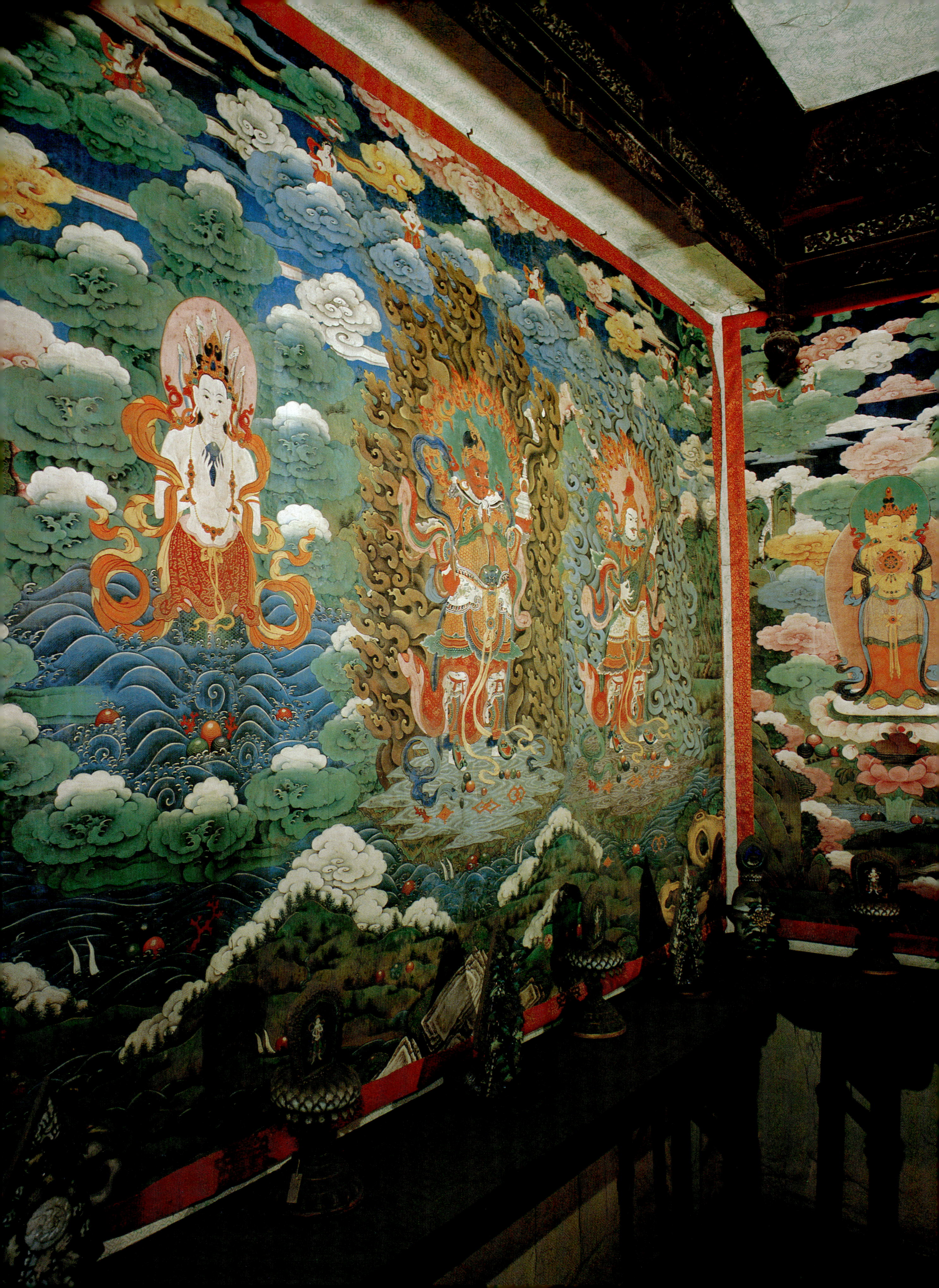

205 Wandfüllende Thankas im Hauptflur des Fanhualou

Die Stoffmalerei zur Linken zeigt die vier Himmelskönige als Begleiter von Sitatara, der weißen Dölma, einer mildtätigen weiblichen Schutzgottheit, die sich im tibetischen Buddhismus großer Beliebtheit erfreut. Die die weiße Dölma kennzeichnenden, zusätzlichen sieben Augen sind auf dieser Darstellung über ihrem Kopf plaziert.

206 Thanka auf dem oberen Flur des Fanhualou

Die Stoffmalerei stellt im Zentrum Guhyasamaja, eine tantrische Gottheit, die zum persönlichen Schutz angerufen wird, dar. Die Schutzgottheit wird in Yabyum-Stellung gezeigt, d.h. in enger Umschlingung einer weiblichen Partnergottheit (Prajna), einem Symbol der Vereinigung der Zwienatur der Wesen. Guhyasamaja und seine Partnerin sind beide dreigesichtig, sechsarmig und mit dem Schmuck der hilfreichen Bodhisattwas dargestellt. Der mit der Spiegelgleichheit erreichte Ausdruck der Einheit wird noch dadurch unterstützt, daß beide die gleichen Symbole in den Händen halten, Rad und Lotosblume, Juwel und Schwert, Glocke und Zepter, die bei der Prajna nicht zu sehen sind, da sie ihre Arme und den Nacken Guhyasamajas geschlungen hat.

Umgeben wird das Paar von weiteren Manifestationen tantrischer Schutzgottheiten, zumeist ebenfalls in Yabyum-Stellung. Vor dem Thanka sind Statuetten tantrischer Schutzgötter aufgestellt.

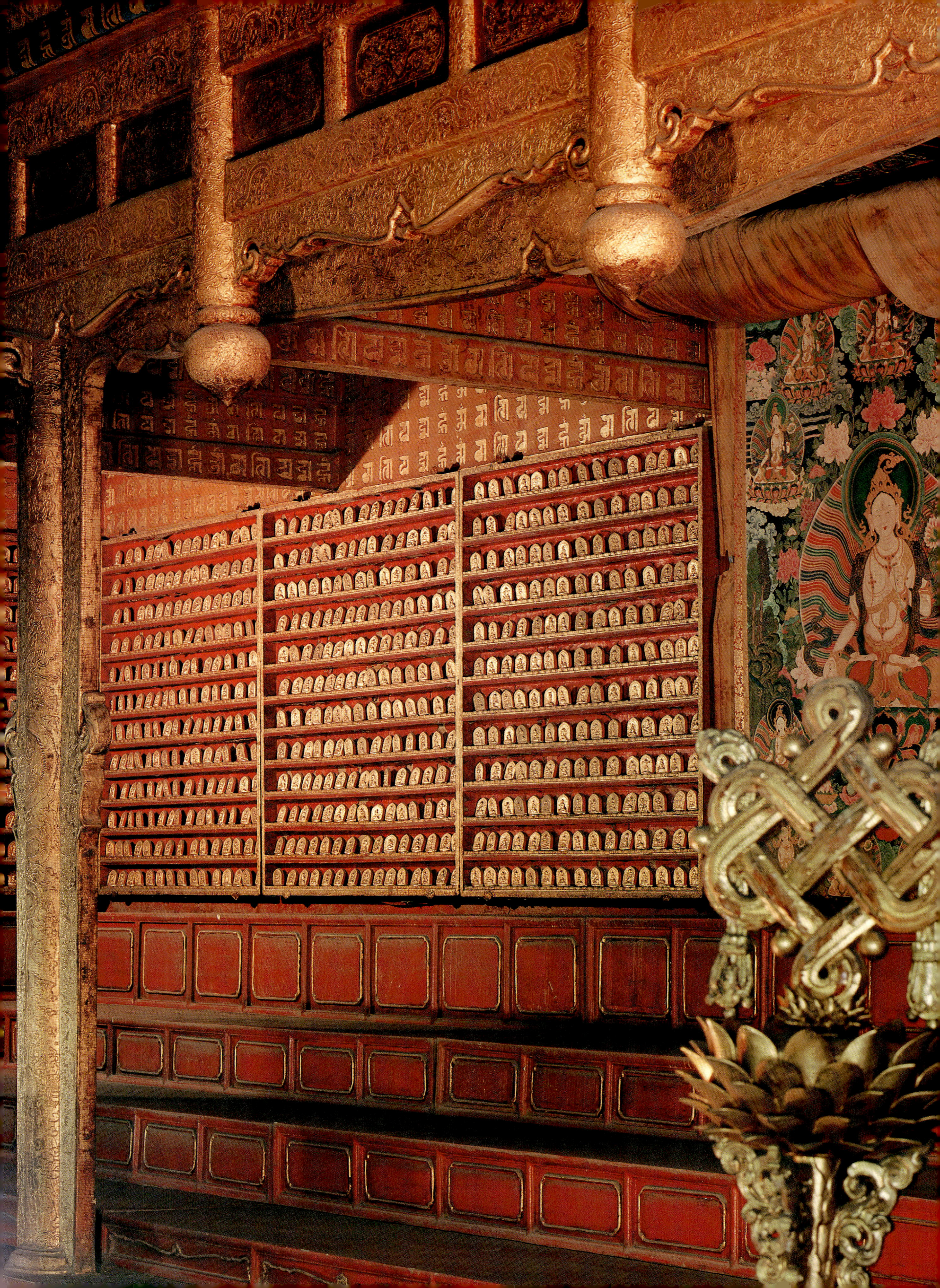

207 Teil des Buddha-Schreins in der Xianruoguan (Halle der Allumfassenden Übereinstimmung) hinter dem Cininggong huayuan (Garten des Palastes der Barmherzigen Ruhe)

Im Vordergrund ein auf einem Lotos thronender, vergoldeter Shrivatsa, der unendlich ineinander verschlungene Lebensknoten. Zusammen mit den anderen sieben glückverheißenden Symbolen des Buddhismus findet er in der Regel zu Füßen der Buddhastatuen vor dem Hauptaltar eines Heiligtums Aufstellung.

208 Blick in die Haupthalle des Xianruoguan

Vor dem Altar die acht glückverheißenden Symbole des Buddhismus. Im Vordergrund die sogenannten „Fünf Wertvollen Dinge" — zwei Vasen mit vergoldeten Blumen, zwei Kerzenständer und ein Räuchergefäß —, die nach altchinesischer Tradition vor einem Altar Aufstellung finden (s. Bild 222).

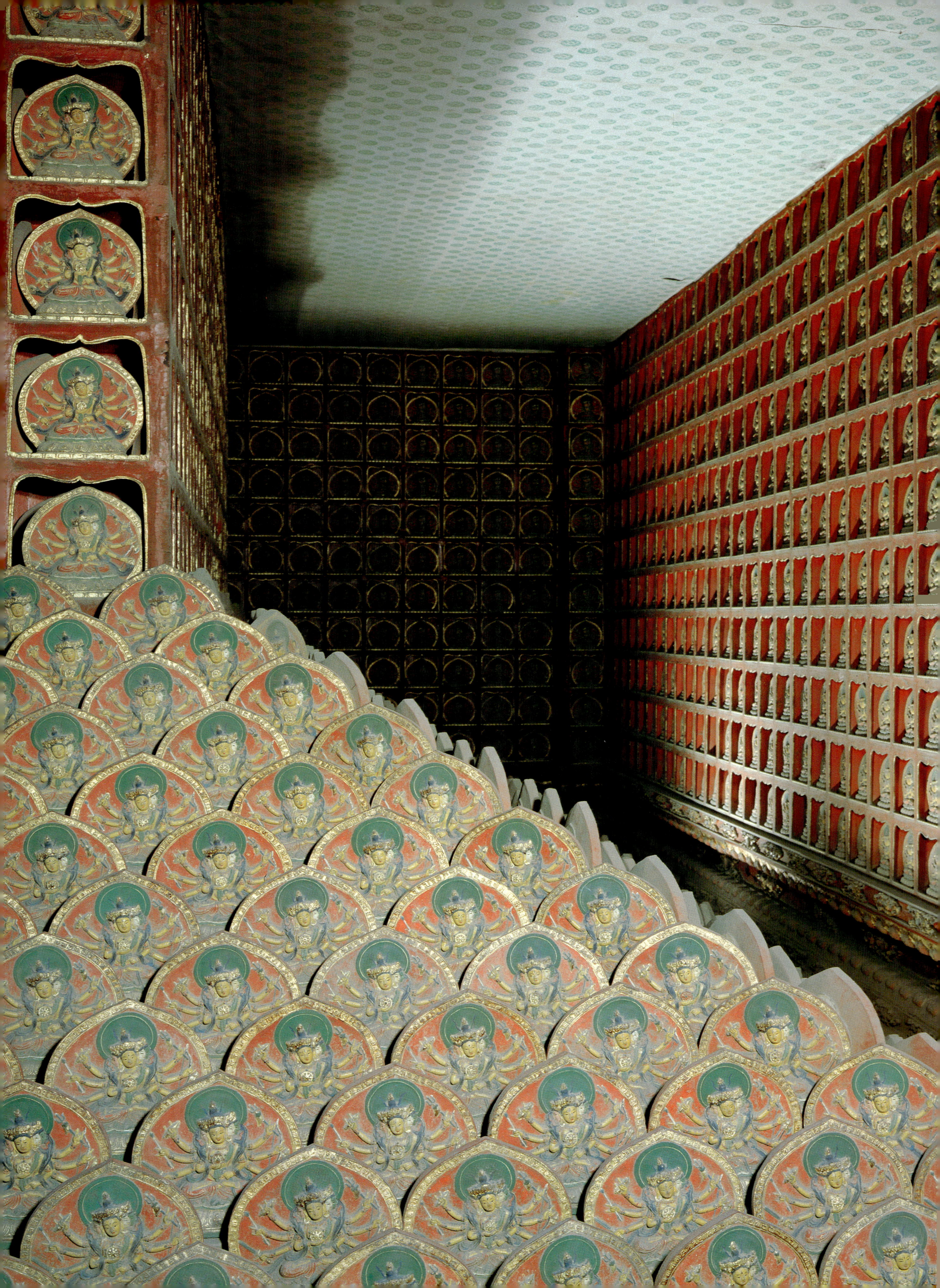

209 Buddhistische Statuetten und Bildscheiben mit tantrischen Manifestationen im Jiyunlou (Gebäude der Glückverheißenden Wolken)
210 Der Yuhuage (Pavillon des Blütenregens)

Der Yuhuage, eine der herausragenden lamaistischen Bauten in der Verbotenen Stadt, wurde in der Regierungsperiode Qianlong der Qing-Dynastie gebaut. Der dreistöckige Pavillon wird im Erdgeschoß von einer überdachten Galerie umschlossen. Die Säulenköpfe der umlaufenden offenen Galerien in den beiden Obergeschossen sind mit Tierkopf-Mustern oder mit aus Holz geschnitzten, goldlackierten Drachen dekoriert. Das flache Zeltdach über dem Oberpavillon ist mit vergoldeten Bronze-Ziegeln gedeckt. Auf den Dachfirsten liegen vier vergoldete bronzene Drachen. Die Spitze des Dachs wird von einer pagodenförmigen vergoldeten Schirmhaube bekrönt.

211 Lamaistischer Rundaltar im Yuhuage
212 Mittelteil des Rundaltars im Yuhuage

Der Altar hat die Gestalt eines lamaistischen Tempels, der auf dem Sumeru-Berg im Westlichen Paradies, dem Aufenthaltsort der ins Nirwana eingegangenen Buddhas, thront. Die Verherrlichung des Westlichen Paradieses auf dem Sumeru-Berg, dem der Yuhuage gewidmet ist, spiegelt sich auch in der architektonischen Gestalt des Pavillons wider.

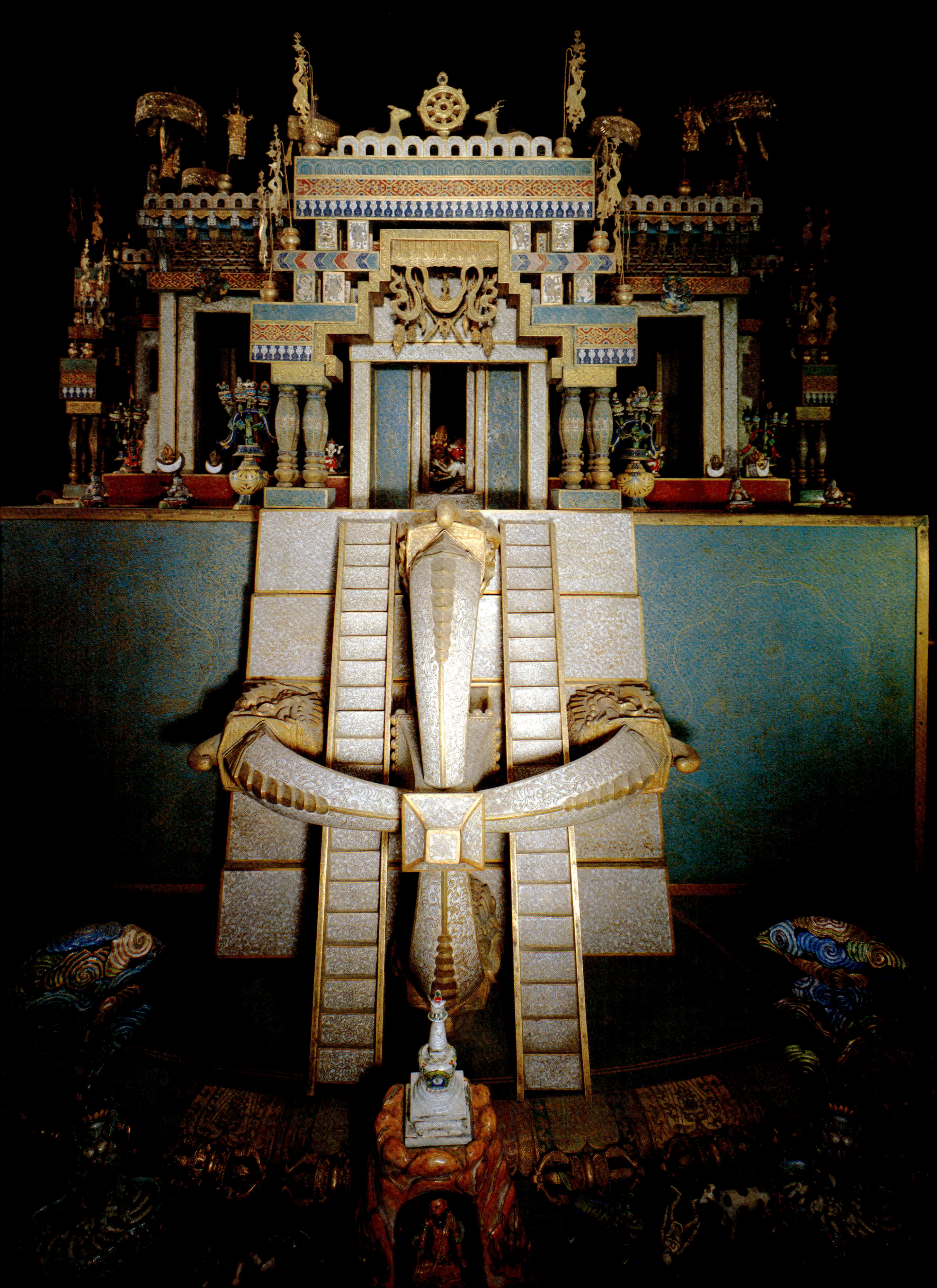

213 Blick durch das Mittelgeschoß des Yuhuage auf das doppelstufige Pavillondach über dem Rundaltar im Untergeschoß

214 Treppenaufgang zum Obergeschoß des Yuhuage, an der Wand ein Thanka, vier Manifestationen der Dölma darstellend

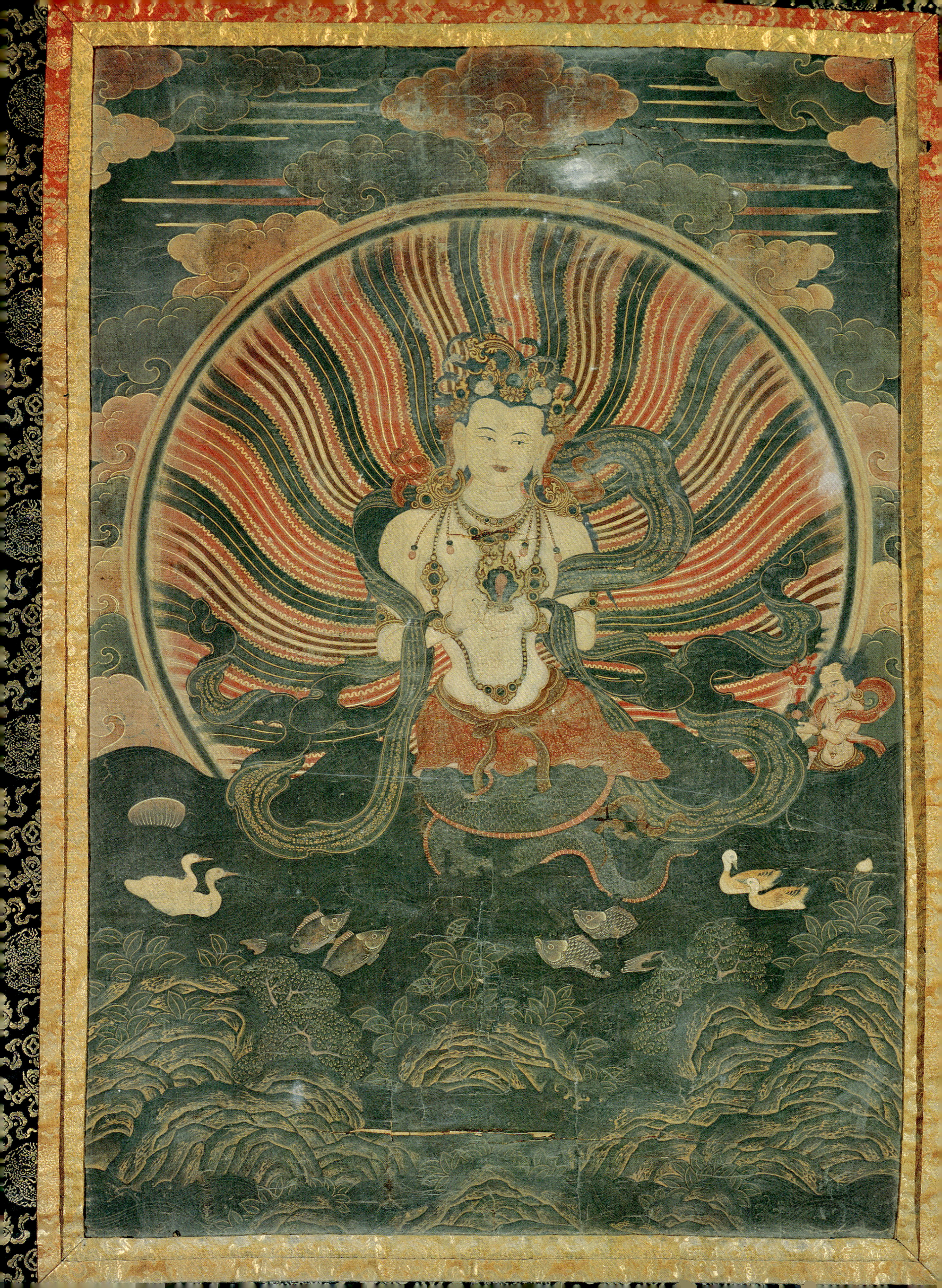

215 Thanka mit der Darstellung Varuna Nagarajas, einer Schlangengottheit, in der Yinghuadian (Halle des Üppigen Blühens)

Zu den Naturgottheiten, die ins buddhistische Pantheon Aufnahme fanden, gehören mehrere „Schlangenkönige". Sie gelten als Schutzherren der Weisheit und als Götter der Lebensverlängerung. Der Überlieferung nach soll Nagarjuna, einer der Ahnherren des Buddhismus, das Buch der Weisheit aus dem Reich der Schlangenwesen (Nagas) geholt haben. In seinen Händen hält Varuna Nagaraja die Vase mit dem Wasser des ewigen Lebens.

216 Mit einer buddhistischen Legende bemaltes Blatt des Bodhi-Baums (*Ficus religiosa*)
217 Aus Samenkapseln des Bodhi-Baums (*rechts*) hergestellter Rosenkranz
218 Buddhistisches Sutra, auf das Blatt eines Bodhi-Baums geschrieben

Die Yinghuadian, die in der Ming-Zeit errichtet wurde, diente der Verehrung der fünf wichtigsten Bodhisattwas, der hilfreichen Vermittlungsgötter zwischen Buddha und der Menschenwelt. Die Halle ist fünf *jian* lang und drei *jian* breit und trägt ein mit gelbglasierten Ziegeln gedecktes Walmdach. Vor der Halle steht ein üppiger Bodhi-Baum, der im Sommer goldfarbige Blüten trägt. Die Samen und die Blätter können bei der Herstellung buddhistischer Devotionalien verwendet werden.

219 Die Qin'andian (Halle des Kaiserlichen Seelenfriedens) im Yuhuayuan (Kaiserlicher Garten)
220 Ofen aus Keramikfliesen zum Verbrennen der Opfergaben an der Ostseite vor Qin'andian
221 Reich verzierter Sockel des Flaggenmastes vor der Qin'andian

Die Qin'andian, erbaut in der Ming-Dynastie, liegt in der Mitte des Yuhuayuan am Ende der die Verbotene Stadt durchlaufenden Zentralachse. Sie ist fünf *jian* lang und hat ein zweistufiges Walmdach. In der Halle wurde Xuantian Shangdi, die Erste Himmlische Exzellenz des Daoismus, auch Gott des Nördlichen Himmels genannt, verehrt. Während der Ming- und der Qing-Dynastie wurden hier oft daoistische Zeremonien abgehalten, was dazu beitrug, daß der Bau relativ gut erhalten ist. Die Qin'andian steht auf einem Sumeru-Sockel. Der auf die Terrasse führende Kaiserliche Weg ist mit Drachen- und Wolken-Mustern, die Marmor-Balustraden sind mit Drachen- und Phönix-Mustern aus der Ming-Zeit verziert. Der Komplex ist von einer niedrigen Mauer umgeben, so daß die Anlage einen in sich abgeschlossenen „heiligen Bezirk" bildet.

220

221

222 Statue Xuantian Shangdis, des Gottes des Nördlichen Himmels, in der Qin'andian

Xuantian Shangdi wird von Himmelskönigen, Dienern und Himmelsgenerälen umrahmt. Im Vordergrund die „Fünf Wertvollen Dinge" — zwei Vasen, zwei Kerzenständer, ein Räuchergefäß.

197

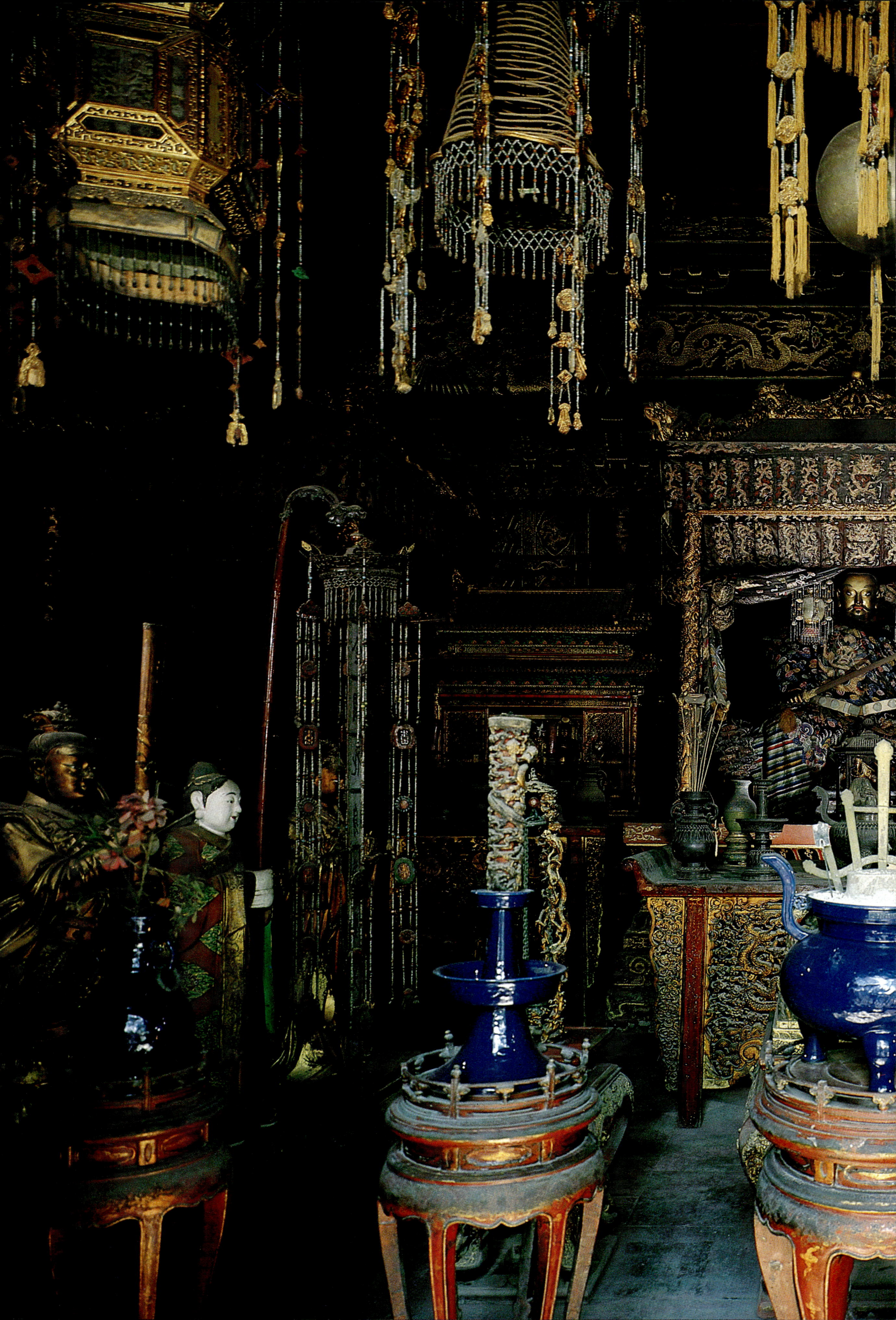

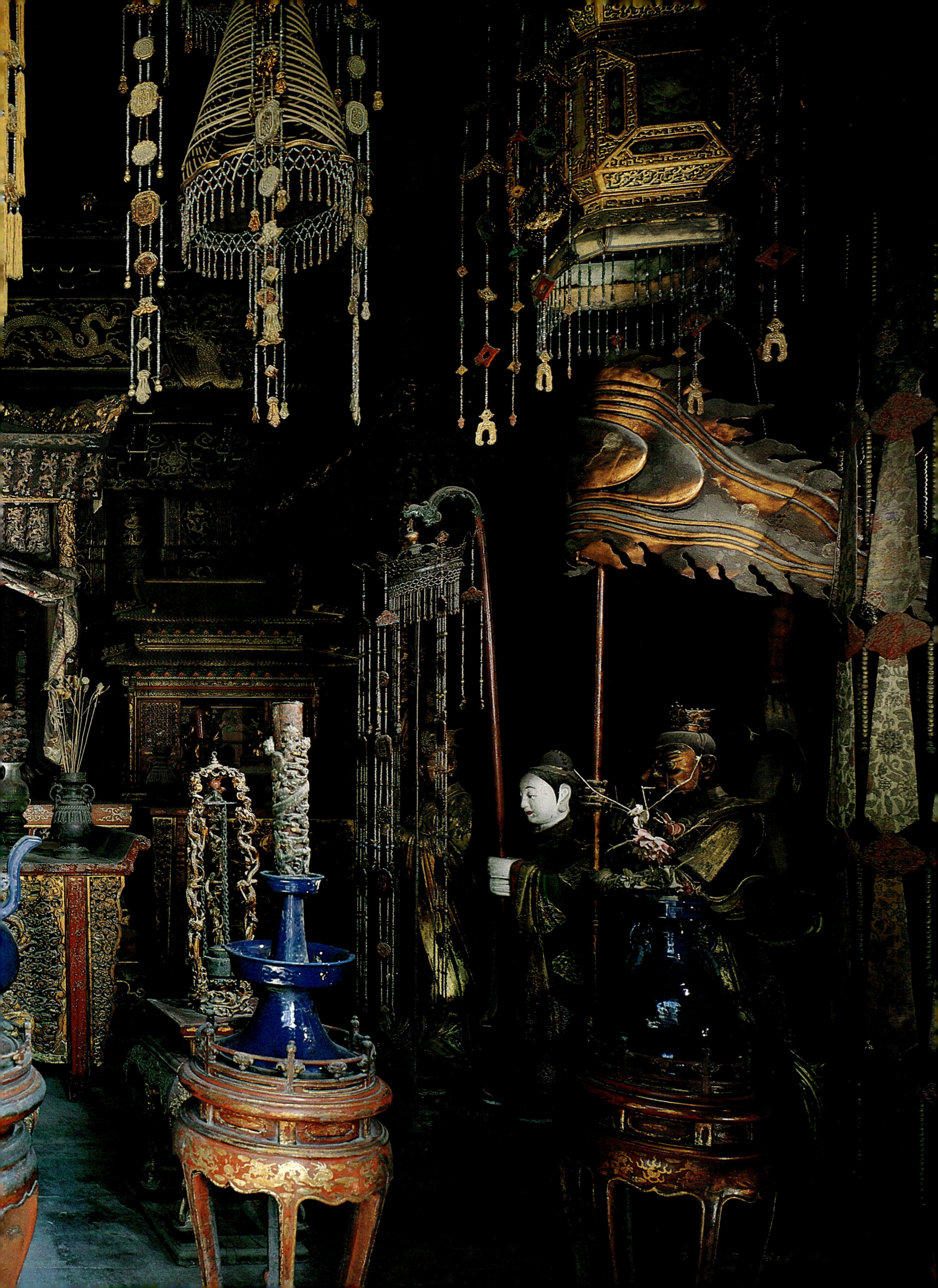

書房、藏書樓

Lesesäle und Bibliotheken

Als Bibliotheken und Lesesäle galten in der Verbotenen Stadt der Wenyuange (Pavillon der Literarischen Tiefgründigkeit), die Chizaotang (Halle der Literarischen Eleganz), die Zhaorendian (Halle der Leuchtenden Wohltätigkeit), die Shangshufang (Obere Studierstube), die Baozhongdian (Halle des Gedeihens), das Weiyu shushi (Studio des Bleibenden Geschmacks) und das Zhibuzuzhai (Studio der Vermehrten Kenntnisse).

Der Wenyuange wurde in der Ming-Dynastie vor der Wenhuadian (Halle der Literarischen Blüte) errichtet. Hier wurden alte Bücher aus der Song- und der Yuan-Dynastie aufbewahrt. Darunter befanden sich hundert Truhen mit Büchern, die 1421 aus der Kaiserlichen Bibliothek des Kaiserpalasts in Nanjing hierhergebracht wurden, sowie das *Yongle dadian* (*Große Yongle-Enzyklopädie*) der Ming-Dynastie, das 11 095 Bände umfaßte. 1774 wurde ein neuer Wenyuange auf dem alten Platz der Shengjidian (Halle der Heiligen Hilfe) hinter der Wenhuadian gebaut. 1776 wurde der Neubau fertiggestellt und so mit der Wenhuadian verbunden, daß sie eine geschlossene Baueinheit innerhalb des Äußeren Hofes bildeten.

Die Umgebung des Wenyuange ist gartenartig gestaltet. Hinter dem Pavillon zieht sich von Westen nach Osten ein künstlicher Berg entlang, der aus den bizarr geformten Taihu-Steinen (Steine vom Grund des Sees Taihu bei Wuxi, die als die kostbarsten Materialien der Gartengestaltung galten) aufgetürmt wurde. Auf dem Hügel wurden Kiefern und Zypressen angepflanzt. An der Ostseite neben dem Wenyuange wurde ein quadratischer Pavillon mit einem gerundeten Zeltdach und vier gerundeten Firsten errichtet. Die deutlich aufgebogenen Firstenden verleihen dem Pavillon einen typisch südchinesischen Charakter. Im Pavillon fand eine Stele mit einer Inschrift des Kaisers Qianlong mit dem Titel *Wenyuange ji* (*Aufzeichnung über den Wenyuange*) Aufstellung. Vor dem Wenyuange wurde ein vom Inneren Goldwasserfluß gespeister, von einer Brücke überspannter und mit Balustraden eingefaßter rechteckiger Teich angelegt. Die Pfeiler der weißleuchtenden Balustraden sind mit Wassermotive zeigenden Flachreliefs ornamentiert. Zu beiden Seiten des Teichs führt ein mit Kieselsteinen und Steinplatten gepflasterter Pfad zwischen Bäumen und Blumen auf den Wenyuange zu, wodurch die ruhige und geschmackvolle, an einen traditionellen chinesischen Garten erinnernde Atmosphäre rund um den Wenyuange noch unterstrichen wird.

Die Innenausstattung und der Dekor des Wenyuange harmonieren mit dem Außeneindruck der Anlage. Die Plattform, auf der die Halle ruht, ist aus Stadtmauer-Ziegeln aufgemauert. Darüber decken weiße Steinbalken die Terrasse ab. Die dem Untergeschoß vorgestellte offene Säulengalerie schließt im Osten und Westen ein rundbogiges Tor ab, das an den beiden Giebelseiten von einem Baldachin aus grünglasierten Ziegeln bekrönt wird. Die Säulen des Wenyuange sind dunkelgrün gestrichen. Zwischen ihnen begrenzt ein kunstvolles hölzernes Geländer die Galerie, über dem sich zwischen den Säulen eine reichbemusterte Schmuckleiste entlangzieht. Die Längsbalken darüber sind mit farbigen historischen Szenen im Stil der Suzhou-Malerei illuminiert. Der Wenyuange hat ein Fußwalmdach, gedeckt mit schwarzglasierten Ziegeln, die von einer Kante aus grünglasierten Ziegeln umsäumt werden. Auf dem grünfarbigen Hauptfirst schlängeln sich purpurfarbige Drachen. Infolge notwendig gewordener Reparaturen finden sich inzwischen auf dem Dach auch buntglasierte Ziegel mit weißen Streifen. Eine derartige Kombination kalter Farben auf dem Hauptdach einer Halle ist einmalig in der Verbotenen Stadt.

Die Struktur des Wenyuange wurde nach dem Muster des Tianyige (Erster Pavillon unter dem Himmel) in Ningbo, Provinz Zhejiang, gestaltet. Er ist fünf *jian* breit zuzüglich eines schmalen Treppenraums am Westende. Die Halle mißt 34,7 Meter in der Länge und drei *jian* in der Breite. Zusammen mit den überdachten Galerien an der Süd- und der Nordfront ergibt sich ein Breite von insgesamt 17,4 Meter. Von außen gesehen wirkt der Pavillon wie ein zweistöckiger Hallenbau, im Inneren jedoch verfügt er über drei Stockwerke, da zwischen den beiden Hauptgeschossen ein umlaufender Korridor eingebaut wurde.

Die zwischen 1772 und 1782 in der Regierungsperiode Qianlong der Qing-Dynastie verfaßte große Enzyklopädie *Siku quanshu* (*Komplette Bibliothek in Vier Kategorien*), die aus 79 030 Sektoren (*juan*), aufgeteilt in 36 000 Bände (*ce*) und 6750 Kategorien (*han*), besteht, das *Siku quanshu zongmu kaozheng* (*Kommentar zum Gesamtkatalog der Kompletten Bibliothek in Vier Kategorien*) und das *Gujin tushu jicheng* (*Sammlung der Bücher und Illustrationen der Vergangenheit und Gegenwart*) werden im Wenyuange aufbewahrt. Alle Bände sind in kleine Kästen aus Nanmu-Holz gelegt und in den Bücherregalen aufgestellt. In der Mitte des oberen und des unteren Stockwerks wurden durch quergestellte Bücherregale Lesesäle geschaffen, in deren Zentrum ein Kaiserlicher Sitz steht. Er wurde benutzt, wenn der Kaiser zur Vorlesung der Klassiker hierherkam.

Vom *Siku quanshu* existieren nur sieben handgeschriebene komplette Ausgaben, die in den Kaiserlichen Bibliotheken im Yuanmingyuan in Beijing und in der Sommerresidenz in Chengde (Provinz Hebei) sowie im Kaiserpalast von Shenyang (Provinz Liaoning), in Yangzhou und Zhenjiang (Provinz Jiangsu) und in Hangzhou (Provinz Zhejiang) aufbewahrt werden. Das am besten erhaltene Exemplar befindet sich im Wenyuange in der Verbotenen Stadt.

Die Chizaotang (Halle der Literarischen Eleganz) liegt östlich der Qin'andian (Halle des Kaiserlichen Seelenfriedens) im Yuhuayuan (Kaiserlicher Garten). Sie ist fünf *jian* breit, hat eine vorgesetzte Galerie und ein mit gelbglasierten Ziegeln gedecktes Satteldach mit Giebelabschluß. Das *Siku quanshu huiyao* (*Essenz der Kompletten Bibliothek in Vier Kategorien*) wird hier aufbewahrt. Diese Buchreihe wurde auf Befehl Kaiser Qianlongs von offiziell beauftragten Kompilatoren angefertigt, indem sie die wichtigsten Abschnitte aus dem *Siku quanshu* auswählten. Von diesem Werk wurden nur zwei komplette handgeschriebene Exemplare angefertigt. Das eine befindet sich in der Chizaotang, das andere wurde früher im Weiyu shushi (Studio des Vollen Geschmacks) im Changchunyuan (Garten des Ewigen Frühlings) im Komplex des Yuanmingyuan aufbewahrt, wurde aber 1860 zerstört, als die britisch-französischen alliierten Truppen den Yuanmingyuan plünderten und in Brand steckten.

Die Zhaorendian (Halle der Leuchtenden Wohltätigkeit) befindet sich an der Ostseite des Qianqinggong (Palast der Himmlischen Reinheit). Die Haupthalle ist drei *jian* breit und hat eine überdachte Galerie. 1744 und 1797 ordneten die Qing-Kaiser an, alle in der Song-, der Liao-, der Jin-, der Yuan- und der Ming-Dynastie gedruckten Bücher, die in der Verbotenen Stadt aufbewahrt waren, in dieser Halle zusammenzutragen.

Die Shangshufang (Obere Studierstube) liegt neben dem Qianqingmen (Tor der Himmlischen Reinheit). Zu beiden Seiten des Tors schließt sich eine Reihe von Gebäuden an. In den östlich liegenden Bauten war die Shangshufang, das Studio für die Kinder der Kaiserlichen Familie, untergebracht; die westlichen Räume, die Nanshufang (Südliche Studierstube), standen dem Amt der *Hanlin*-Akademie zur Verfügung. Hier arbeiteten die Großsekretäre. Im Nordwesten des Inneren Hofs an der Nordseite des Yuehuamen (Tor des Mondscheins) befindet sich die Maoqindian (Halle der Intensiven Energie), in der eine große Menge von Büchern aufbewahrt wurde; sie diente die meiste Zeit als Bücherlager.

Der Chonghuagong (Palast der Doppelten Herrlichkeit) gehörte ursprünglich zu den Fünf Östlichen Residenzen. Hier lebte Kaiser Qianlong, solange er Kronprinz war. Nach seiner Thronbesteigung stieg die Residenz demzufolge in ihrem Rang. Der östliche Flügel wurde daraufhin Baozhongdian (Halle des Gedeihens) genannt, da hier der Kaiser in seiner Jugend studiert hatte.

Der Yuqinggong (Palast des Hervorbringens der Glückwünsche) war die Kronprinzen-Residenz des Kaisers Jiaqing. In seiner Jugend standen ihm hier die beiden Studios Weiyu shushi (Studio des Bleibenden Geschmacks) und Zhibuzhai (Studio der Vermehrten Kenntnisse) zur Verfügung. Während seiner Regierungszeit wurden in diesen Räumen die weiteren Exemplare des *Siku quanshu* sowie andere Bücher aufbewahrt.

Neben den genannten Bibliotheken gibt es in der Verbotenen Stadt noch weitere umfangreiche Büchersammlungen aus verschiedenen Dynastien, die im Guoshiguan (Büro der Nationalen Geschichte) nördlich des Donghuamen (Tor der Östlichen Blüten), im Neige daku (Großes Lager des Kaiserlichen Sekretariats) vor der Wenhuadian (Halle der Literarischen Blüte), in den Nebengebäuden der Wuyingdian (Halle der Militärischen Tapferkeit) in der Nähe des Xihuamen (Tor der Westlichen Blüten) und im Jingyanggong (Palast der Strahlenden Sonne), einem der Sechs Östlichen Paläste, aufbewahrt werden.

Abb. 44 Einige Bände des *Siku quanshu* (*Komplette Bibliothek in Vier Kategorien*)

Abb. 45 Der Tianyige (Erster Pavillon unter dem Himmel) in Ningbo, Provinz Zhejiang

Abb. 46 Der Mitteleingang des Tianyige

Abb. 47 Band aus dem *Yongle dadian* (*Große Yongle-Enzyklopädie*) aus der Regierungsperiode Yongle (1403–1424) der Ming-Dynastie

223 Brücke vor dem Wenyuange (Pavillon der Literarischen Tiefgründigkeit). Blick von Westen
224 Der Wenyuange. Blick von Südosten auf die Hauptfront
225 Pavillon mit der Schriftstele Kaiser Qianlongs neben dem Wenyuange
226 Rundbogiger Seiteneingang zur Galerie des Wenyuange mit Schmuckbaldachin

Der Wenyuange, errichtet zwischen 1774 und 1776, ist der Ort der Aufbewahrung des *Siku quanshu* (*Komplette Bibliothek in Vier Kategorien*). Die Halle wurde nach dem Muster der Bibliothek Tianyige in Ningbo (Provinz Zhejiang) konstruiert. Der Pavillon ist sechs *jian* breit und ist mit einer an beiden Längsseiten vorgestellten Säulengalerie ausgestattet. Das Fußwalmdach ist mit schwarz- und grünglasierten Ziegeln gedeckt und wird von einem Schmuckfirst bekrönt. Das seiner Konstruktion nach zweistöckige Bauwerk verfügt in seinem Inneren über drei Etagen. Die Längsbalken sind mit farbigen Malereien im Suzhou-Stil illuminiert.

Neben dem Wenyuange wurde ein Pavillon zur Aufnahme einer Schriftstele mit einer Kalligraphie Qianlongs errichtet. Die kaiserliche Inschrift trägt den Titel *Wenyuange ji* (*Aufzeichnung über den Wenyuange*).

227

228

227 Der Kaiserliche Sitz mit Schreibtisch im Wenyuange
228 Bücherregale im Lesesaal des Wenyuange

Die Bücherregale, in denen die schmalen Einzelbände in Holzkästen aufbewahrt werden, dienen als Zwischenwände. Die dadurch entstehenden Räume mit dem Kaiserlichen Sitz im Zentrum wurden benutzt, wenn sich der Kaiser zur Vorlesung der Klassiker in den Wenyuange begab.

229 Die Chizaotang (Halle der Literarischen Eleganz) im Yuhuayuan (Kaiserlicher Garten)

Die Halle befindet sich in der nordöstlichen Ecke des Yuhuayuan, nördlich des Fubiting (Schwebender Jadegrüner Pavillon). Hier wird die bekannte Sammlung *Siku quanshu huiyao* (*Essenz der Kompletten Bibliothek in Vier Kategorien*) aufbewahrt.

230 Eingangstor der Zhaorendian (Halle der Leuchtenden Wohltätigkeit)

Die Zhaorendian war ursprünglich die Dongnuandian (Östliche Halle der Wärme) des Qianqinggong (Palast der Himmlischen Reinheit). Während der Regierungsperiode Qianlong wurden hier die in der Song-, der Yuan- und der Ming-Dynastie gedruckten Bücher aufbewahrt. Die gesamte Bibliothek wurde 1797 ein Raub der Flammen. Noch im selben Jahr wurde die Halle wiederaufgebaut und seitdem als Bibliotheksraum innerhalb der Drei Hinteren Paläste benutzt.

衙署及其他

Amtsgebäude

In der Verbotenen Stadt ließen die Kaiser wichtige Regierungsämter unterbringen und zahlreiche Wach- und Dienststuben sowie Lagerräume errichten, die direkt unter ihrer Kontrolle bzw. in ihrem Dienst standen und somit die Ausübung der Regierungsgewalt erleichterten. Alle diese Bauten sind schlicht gehalten, im Architekturstil für niedrigrangige Gebäude ausgeführt und befinden sich zumeist relativ weit weg vom vorderen und hinteren Haupthof. Einige der Amtsgebäude liegen zwar in der Nähe der Drei Großen Audienzhallen und der Drei Hinteren Paläste, aber sie sind nur als Galerie- und Seitenräume konzipiert. Ihre Standorte wurden entsprechend ihrer Funktion festgelegt. Die wichtigsten Regierungsorgane waren das Kaiserliche Sekretariat (Neige), der Große Staatsrat (Junjichu), das Hauptamt der Neun Minister (Jiuqingfang), das Amt für Mongolische Fürsten (Menggu wanggong zhifang) und das Büro für die Kaiserliche Haushaltung (Neiwufu).

Das Kaiserliche Sekretariat bestand während der Ming- und der Qing-Dynastie und diente dazu, dem Kaiser bei der Erledigung der Staatsangelegenheiten zu helfen. Seine Aufgabe lag hauptsächlich darin, die Edikte des Kaisers zu entwerfen und weiterzuleiten, die Eingaben und Briefe der Beamten zu studieren, schriftlich zu kommentieren und dem Kaiser vorzulegen. Die Büros des Kaiserlichen Sekretariats befanden sich entsprechend ihrer Aufgabenstellung in Bauten verschiedener Paläste.

Das Hauptbüro des Kaiserlichen Sekretariats liegt an der Ostseite des Hofes zwischen dem Taihemen (Tor der Höchsten Harmonie) und dem Wumen (Mittagstor). Es nimmt 22 Galerieräume zu beiden Seiten des Xiehemen (Tor der Vereinten Harmonie) ein. In diesen Räumen befanden sich u.a. das Büro für die Verleihung von Ehrentiteln und das Inspektorat.

Die anderen Büros des Kaiserlichen Sekretariats sind in einer Baugruppe im Vorhof südlich der Wenhuadian (Halle der Literarischen Blüte) konzentriert. Der Mittelraum des Komplexes diente als Große Halle des Kaiserlichen Sekretariats. Im Ostteil des Gebäudes waren die Register-Abteilung für Han-Chinesen, die Abteilung, in der die Lektoren der Hanlin-Akademie Anträge entwarfen, und die Abteilung, in der Sekretäre der Register-Abteilung die Dokumente formell kopierten, untergebracht sowie das Archiv für Denkschriften. Außerdem befand sich dort die Abteilung für chinesische Kopien der in Mandschurisch abgefaßten Dokumente. Im Westteil arbeiteten die Abteilung für Mongolische Kopien, in der in Mongolisch, Tibetisch, Türkisch oder anderen Sprachen abgefaßte Texte ins Mandschurische übersetzt und die offiziellen Aufzeichnungen sowie die kaiserlichen Belehrungen in Mongolisch aufbewahrt wurden. In einem weiteren Seitenraum wurden Schriften und Dokumente in Mandschurisch überprüft, kopiert, gesammelt und nach Weiterleitung an den Kaiser archiviert.

In den Gebäuden hinter der Großen Halle des Kaiserlichen Sekretariats waren die Register-Abteilung für Mandschuren, das Inspektorat und das Archivamt sowie Unterkünfte für die Großsekretäre untergebracht, in denen sie sich während der Fastenzeit aufhielten, ehe sie sich an den Opferzeremonien beteiligten. Das Archivamt war in eine südliche und eine nördliche Abteilung aufgeteilt. Die südliche Abteilung verwaltete das Siegel des Archivamts, empfing und behandelte alle Eingaben, legte sie dem Kaiser vor und überprüfte außerdem die Leistungen der Regierungsbeamten. Die nördliche Abteilung war für die Verwaltung der Kaiserlichen Siegel und Denkschriften sowie für die Aufbewahrung der vom Kaiser mit Randbemerkungen versehenen Schriften und Dokumente verantwortlich.

Das Große Lager des Kaiserlichen Sekretariats bestand aus dem Archiv der vom Kaiser unterzeichneten oder annotierten Schriftstücke und dem Kaiserlichen Archiv. Diese beiden Archive befinden sich östlich der Großen Halle des Kaiserlichen Sekretariats. Es sind zwei doppelstöckige Gebäude mit insgesamt 22 Räumen. Zur Sicherung gegen Brandgefahr wurden die Mauerflächen gänzlich mit Backsteinziegeln verkleidet. In diesen Archiven werden zahlreiche literarische Aufzeichnungen, Landkarten und eine große Menge historischer Dokumente aus der Ming- und der Qing-Dynastie aufbewahrt. Die historischen Aufzeichnungen und Statuten wurden im nördlich davon gelegenen Büro der Nationalen Geschichte gesammelt.

Der Große Staatsrat, früher auch als „Militärischer Rat" und „Rat der Staatsadministration" bezeichnet, war eigentlich eine Unterabteilung des Kaiserlichen Sekretariats, die 1729 entstand. Da im Lauf der Zeit immer mehr geheime und wichtige Staatsangelegenheiten vom Kaiserlichen Sekretariat an diese Abteilung weitergeleitet wurden und sie unmittelbar unter der Kontrolle des Kaisers stand, wurde ihre Position erheblich gestärkt, so daß der Große Staatsrat allmählich als eines der zentralen Organe des Staates fungierte. Nur dem Kaiser sehr nahestehende Personen durften Mitglieder des Großen Staatsrats werden. Alle politischen Angelegenheiten wurden ausschließlich von den Mitgliedern des Großen Staatsrates dem Kaiser vorgelegt. Das Büro des Großen Staatsrates (Junjichu) befindet sich hinter dem Neiyoumen (Inneres Tor zur Rechten) westlich des Qianqingmen (Tor des Himmlischen Reinheit).

Wenn die Qing-Kaiser im Qianqingmen Staatsangelegenheiten erledigten oder im Inneren Hof Audienz gewährten, mußten die wichtigsten Beamten der Neun Abteilungen im Hauptamt der Neun Minister und die mongolischen Prinzen und Fürsten im Amt für Mongolische Fürsten warten, bis sie gerufen wurden. Die beiden Ämter liegen zwar nicht weit vom Büro des Großen Staatsrats entfernt, aber es war den Ministern und mongolischen Fürsten streng verboten, mit den Mitgliedern des Großen Staatsrats zu sprechen.

Das Büro für die Kaiserliche Haushaltung liegt innerhalb des Xihuamen (Tor der Westlichen Blüten) nördlich der Wuyingdian (Halle der Militärischen Tapferkeit). Das Büro war zuständig für alle Haushaltsfragen des Kaiserhofs. Das Büro umfaßte verschiedene Abteilungen mit unterschiedlicher Aufgabenstellung. Die Abteilungen, die mit dem Kaiserhof unmittelbar zu tun hatten, waren.

Die Kaiserliche Waffenkammer (Wubeiyuan) verwaltete vier Lager: das Lager für Rüstung und Waffen, das Filzlager, in dem Bögen und Pfeile, Reitstiefel und -schuhe sowie Filzstoffe aufbewahrt wurden, das nördliche Lager für Reitsattel, wo die Sättel und das Zaumzeug, die Baldachine, Zelte und Sonnensegel des Kaisers lagerten, und das südliche Lager für Reitsattel, das zuständig war für die Sättel und das Zaumzeug sowie andere Reitutensilien der Armee.

Der Kaiserliche Marschstall (Shangsiyuan) befindet sich an der Südseite des Nansansuo (Drei Südliche Höfe) in der Nähe des Donghuamen (Tor der Östlichen Blüten). Im nordwestlichen Winkel der Verbotenen Stadt steht der Tempel des Pferdegottes. Jedes Jahr im Frühling und Herbst wurden hier für die Pferde des Kaisers dem Pferdegott Opfer dargebracht.

Der Abteilung für Umfassende Lager (Guangchusi) unterstanden zur Aufbewahrung allgemeiner Dinge sechs Lager: Schatzkammer, Seidenlager, Kleiderlager, Teelager, Pelzlager und Porzellanlager, die sich über die ganze Verbotene Stadt verteilen. Die Schatzkammer befand sich im Hongyige (Pavillon des Offenbaren Wohlwollens) westlich der Taihedian (Halle der Höchsten Harmonie); das Seidenlager im Tirenge (Pavillon der Glorreichen Rechtschaffenheit) östlich der Taihedian sowie in der westlichen Galerie außerhalb des Zhongyoumen (Mittleres Tor zur Rechten); das Kleiderlager in der Galerie südlich des Hongyige; das Teelager in der westlichen Galerie innerhalb des Taihemen (Tor der Höchsten Harmonie) sowie in der östlichen Galerie innerhalb des Zhongzuomen (Mittleres Tor zur Linken); das Pelzlager im südwestlichen Eckturm vor der Taihedian und in der Galerie östlich der Baohedian (Halle zur Erhaltung der Harmonie); und das Porzellanlager in der westlichen Galerie vor der Taihedian sowie in einem Raum westlich der Wuyingdian (Halle der Militärischen Tapferkeit).

Die Kaiserliche Medizinische Abteilung (Taiyiyuan) hatte ihren Sitz an der Nordseite des Donghuamen. Sie stand ausschließlich dem Kaiser zur Verfügung. Die beiden anderen kaiserlichen Apotheken lagen südlich des Duanzemen und im Komplex des Beiwusuo (Fünf Nördliche Höfe). In der Verbotenen Stadt gab es verschiedenartige Küchen. Die größte war die Äußere Küche, die sich östlich des Jianting (Pfeilpavillon) befand. Die südlich der Yangxindian (Halle der Pflege des Herzens) gelegene Kaiserliche Küche stand ausschließlich dem Kaiser zur Verfügung, versorgte ihn in den verschiedenen Palästen mit Mahlzeiten und bereitete Festessen und Bankette vor. In den Sechs Östlichen und den Sechs Westlichen Palästen sowie im Palast der Kaiserinmutter gab es eine Reihe kleiner Küchen zur Versorgung der Palastbewohner.

Der Jianting (Pfeilpavillon) steht ziemlich isoliert in der Mitte des großen Platzes zwischen der die Drei Großen Audienzhallen begrenzenden östlichen Galerie und dem Nansansuo. Der eingeschossige, von einer offenen Säulengalerie umzogene Hallenbau mißt fünf *jian* und trägt ein Fußwalmdach. Hier war der Platz, wo die Kandidaten der Kaiserlichen Prüfung ihre militärischen Talente vor dem Kaiser zeigten.

Abb. 48 Kniematte im Großen Staatsrat

Abb. 49 Dienststube im Teelager

231 Das Büro des Großen Staatsrats
232 Innenraum im Büro des Großen Staatsrats

Das Büro des Großen Staatsrats befindet sich in der Gebäudezeile in der Nordwestecke des Querhofs zwischen der Baohedian (Halle zur Erhaltung der Harmonie) und dem Qianqingmen (Tor der Himmlischen Reinheit). An seiner Westfront schließt sich das Hauptbüro für die Kaiserliche Haushaltung an, die äußere Kammer der Ostseite diente als Wachstube. Das Büro des Großen Staatsrats war zwar bescheiden gehalten und von architektonischer Einfachheit, dennoch stellte es das höchste Verwaltungsorgan der Qing-Regierung dar. Von hier aus wurden 182 Jahre lang (von 1729 bis 1911) die Geschicke des ganzen Landes gelenkt.

Das einst hölzerne Gebäude wurde während der Regierungsperiode Qianlong durch einen Ziegelbau ersetzt, der bis heute unverändert erhalten blieb. Das Büro lag in unmittelbarer Nähe der Yangxindian (Halle der Pflege des Herzens), damit der Kaiser seine Beamten ohne Aufwand zur Beratung von Staatsangelegenheiten zu sich rufen konnte. Das Büro des Großen Staatsrats ist überraschend klein und auch in der Innenausstattung von betonter Schlichtheit. Außer dem Tisch, einigen Stühlen und dem langen Sitz-*kang* schmücken den Raum nur zwei Schrifttafeln. Die Tafel an der südlichen Wand trägt eine Inschrift des Kaisers Yongzheng mit den Schriftzeichen *yitang heqi* (Raumvolle Harmonie). Nach der Unterdrückung des ersten Taiping-Aufstands durch die Armee der Qing-Regierung wurde an der östlichen Querwand die Tafel mit der Kalligraphie des Kaisers Xianfeng *xibao hongjing* (Freudige Nachricht des Sieges mit roten Bannern) angebracht.

233 Das Beamtenbüro, in dem die Sekretäre sich während ihres Dienstes aufhielten
234 Das Hauptamt der Neun Minister
235 Das Amt für Mongolische Fürsten
236 Die Große Halle des Kaiserlichen Sekretariats

Die Große Halle des Kaiserlichen Sekretariats liegt südlich der Wenhuadian (Halle der Literarischen Blüte) unmittelbar an der Palastmauer der Verbotenen Stadt. Die Halle ist drei *jian* lang und ein *jian* breit und trägt ein Satteldach mit Giebelabschluß. Das Kaiserliche Sekretariat war eine Institution der Qing-Administration, die dem Kaiser bei der Erledigung der Staatsangelegenheiten half.

237 Das Qixiangmen (Tor des Glückbringens)
238 Der Jianting (Pfeilpavillon)

Der Jianting steht inmitten einer ausgedehnten Fläche südlich der Fengxiandian (Halle der Ahnenverehrung). Hier übten sich die Qing-Kaiser sowie ihre Familienangehörigen im Pferderennen und Bogenschießen. Der mit einem Fußwalmdach und mit sich leicht aufbiegenden Traufenenden versehene Jianting ist der einzige isoliert stehende Hallenbau in der Verbotenen Stadt. Die zwanzig zinnoberrotlackierten Säulen der umlaufenden Galerie fungieren zugleich als die tragenden Säulen des Daches. Auf diese Weise konnte die Zahl der Innensäulen und der inneren Balkenschichten nach Art der traditionellen Baustruktur reduziert und die Übungsfläche im Inneren des Pavillons vergrößert werden. Eine derartige Hallenkonstruktion ist in der Architektur der Qing-Zeit selten.

建築結構與裝飾

Baukonstruktion und
Dekoration

臺基、欄杆

Terrassen und Balustraden

Gebäude aus Holzkonstruktion bestehen in China aus drei Hauptelementen: der Terrasse, dem eigentlichen Baukörper und dem Dach. Seit der Shang-Dynastie (16.–11. Jh. v. u. Z.) und der Zhou-Dynastie (11. Jh.–770 v. u. Z.) entwickelte sich die Terrasse zu einem der wichtigsten Bestandteile der Palastarchitektur. Während der Periode der Streitenden Reiche (475–221 v. u. Z.) erhöhte sich die Bedeutung der Terrassen noch, da die Fürsten aller Landesteile danach trachteten, ihre Paläste mittels eines möglichst hohen Sockelgeschosses von den Bauten der Umgebung abzuheben. Die oft mehrere Meter hohe Terrasse mußte mit einer Balustrade umzäunt werden, um Unfälle zu vermeiden. Terrassen und Balustraden bilden zusammen eine geschlossene Baueinheit. Im Lauf der Entwicklung erhielten die terrassenförmigen Unterbauten wichtiger Hallen und Paläste immer stärker symbolischen Charakter, bis im Zuge des Vordringens des Buddhismus nach China die terrassenförmig angelegten Plattformen unter hochrangigen Bauwerken mit dem Berg Sumeru, dem Aufenthaltsort der ins Nirwana eingegangenen Buddhas, in Verbindung gebracht wurden. Derartige Plattformen erhielten den Namen „Sumeru-Terrassen". Damit wurde die Vorstellung des im Zentrum alles Seins thronenden Buddha auf das auf der Plattform thronende Bauwerk übertragen, das dadurch an Bedeutung, Würde und Heiligkeit gewann. Im Buch *Yingzao fashi* (*Richtschnur für die Konstruktions- und Bauarbeiten*) von Li Mingzhong aus der Nördlichen Song-Dynastie (960–1126) wurden genaue Angaben für die Anlage terrassenförmiger Plattformen und die Aufstellung und Dekorierung der Balustraden verzeichnet.

Bei der Projektierung der Terrassen war man in der Ming-Zeit sehr wählerisch. Zur Zeit der Regierungsperiode Yongle (1403–1424) der Ming-Dynastie wurden die drei höchstrangigen Baukomplexe — die Fengtiandian (Halle zur Anbetung des Himmels; heute Taihedian, Halle der Höchsten Harmonie) in der Verbotenen Stadt, die Qiniandian (Halle der Ernteopfer) im Tiantan (Himmelstempel) und die Leng'endian (Halle des Himmlischen Segens) in Changling, dem Grab des Kaisers Yongle, auf dreistufigen Sumeru-Terrassen mit umlaufenden Balustraden errichtet, so daß sich die Bauten ausdrucksstark, verhältnisgerecht, prunkvoll und erhaben von ihrer Umgebung abhoben. Die Beeindruckung durch die in diesen Bauten voll zur Wirkung gebrachte Funktion der Terrassen hat die Architektur der Verbotenen Stadt nachhaltig beeinflußt und die vielseitige Verwendung von Plattformen und Sumeru-Terrassen zu einem neuen Höhepunkt gebracht. Die bis heute anhaltende Wirkung der Fengtiandian, der Qiniandian und der Leng'endian auf den Betrachter ist nicht zuletzt auf das Konzept der dreistufigen Terrassen zurückzuführen. Entsprechend ihrer Funktion und ihres Grundrisses erhielten die drei Gebäude recht unterschiedliche Terrassengeschosse, so daß jeder Bau seinen eigenen Charakter aufweist. Die als Rotunde angelegte Qiniandian erhielt eine kreisrunde Terrasse, die Leng'endian ruhte auf einem rechteckigen Unterbau, und der Fengtiandian wurde eine Terrasse in Form einer römischen I unterlegt, was die absolute Autorität des Kaisers zum Ausdruck brachte.

Dreistufige Sumeru-Terrassen finden sich äußerst selten in der klassischen chinesischen Architektur. Einstufige Sumeru-Fundamente mit umlaufenden weißen Balustraden werden dagegen allgemein bei bedeutenden Hallen und Toren verwendet; in der Verbotenen Stadt beispielsweise beim Taihemen (Tor der Höchsten Harmonie), Qianqingmen (Tor der Himmlischen Reinheit), Yinghuamen (Tor des Üppigen Blühens), Ningshoumen (Tor des Ruhevollen Alters), Wuyingmen (Tor der Militärischen Tapferkeit), beim Qianqinggong (Palast der Himmlischen Reinheit), bei der Huangjidian (Halle der Kaiserlichen Absolutheit), Qin'andian (Halle des Kaiserlichen Seelenfriedens), Fengxiandian (Halle der Ahnenverehrung), Wuyingdian (Halle der Militärischen Tapferkeit), Yinghuadian (Halle des Üppigen Blühens) u. a. Vor den größeren Hallen sind die Terrassen zumeist so konzipiert, daß sie vor der Frontseite einen erhöhten Vorplatz bilden. Die die Balustraden stützenden Säulen sind mit Drachenmustern geschmückt und ragen über das Geländer hinaus. In der Mitte der zur Terrasse hinaufführenden Treppen ist ein aus reich bemusterten riesigen Steinblöcken gebildeter Weg angelegt, der als Kaiserlicher Weg bezeichnet wurde. Bei der dreistufigen Terrasse der Drei Vorderen Hallen waren zur Anlage des hinauf- und hinabführenden Weges also sechs dieser als Flachrelief gearbeiteten großformatigen Steinplatten erforderlich. Ursprünglich bestanden die Wege zwischen den Terrassenstufen jeweils aus einer einzigen Platte, von denen sich nur ein Exemplar hinter der Baohedian (Halle zur Erhaltung der Harmonie) erhalten hat. Der Steinblock hat eine Länge von 16,57 Meter und eine Breite von 3,07 Meter. Der Schmuck der Platten war einheitlich festgelegt. Die äußere Umrandung zeigt ein Ornamentband mit Rankenmotiven. Das Innenbild ist mit Wolkenmustern verziert. Den unteren Abschluß bildet eine Kante aus sich auftürmenden Wellen zwischen fünf stilisierten Berggipfeln. Inmitten der Wolken tummeln sich neun in Hochrelief ausgeführte Drachen, die drei flammende Perlen bewachen. Sie sind das Symbol des Kaisers und weisen mit ihren fünfzehigen Klauen darauf hin, daß das Gebäude, dem sie beigeordnet sind, ein Bauwerk höchsten Ranges ist. Wenn Phönixe, allein oder in Kombination mit Drachen, bei der Ausgestaltung steinerner Wegplatten Verwendung fanden, wies das auf ein der Kaiserin gewidmetes Bauwerk hin.

Die Balustraden an den Terrassen setzen sich aus zwei Bestandteilen, den Geländerstücken und den Säulen, zusammen. Jedes Geländerstück besteht aus einer Oberleiste, einem darunterliegenden, freistehenden, mehr oder weniger stilisierten Lotos und einer Wandfläche, in die dekorative Muster wie Holzapfel- und Bambusmotive, Rankenmuster, Wassertiere und *kui*-Drachen eingraviert sind. Die am kunstvollsten verzierten Balustradenplatten befinden sich vor der Qin'andian (Halle des Kaiserlichen Seelenfriedens). Jede Platte zeigt zwei fliegende Drachen, wobei jeder Drache in unterschiedlicher Gestalt, Haltung, Gestik und in dynamischer Bewegtheit dargestellt ist. Die Umrandung der Platten trägt Rundornamente und Blattmotive.

Die Dekoration der Balustradensäulen in der Verbotenen Stadt zeigt viele Varianten, die sich in erster Linie nach der Bedeutung des Baukomplexes, dem sie zugehören, richten. Die Säulen bestehen in der Regel aus einem schmucklosen Schaft und einem aufgesetzten runden, quadratischen, blütenförmigen oder lotosthronartigen Säulenknauf. Den reichsten Schmuck tragen naturgemäß die Balustraden im Bereich der Drei Großen Hallen, dem Herzstück des Kaiserpalasts. Als Symbol der kaiserlichen Macht sind sie mit Drachen- und Phönixmotiven verziert. Vor weniger bedeutenden Bauten, wie beispielsweise den vier Ecktürmen, die den Hof um die Drei Großen Audienzhallen

50

begrenzen, tragen die Balustradensäulen niedrigrangigere Muster, z. B. die Symbole der 24 Solarabschnitte des chinesischen Mondkalenders. An Balustraden vor Pavillons, Hallen und Studios in den Gartenanlagen sind die Säulenknäufe zumeist mit Granatapfel-, Wolken-, Lotos- und Bambusmustern verziert. Besonders auffallend ist der Säulenschmuck an der Duanhongqiao (Gebrochener-Regenbogen-Brücke) östlich der Wuyingdian (Halle der Militärischen Tapferkeit). Die Säulenknäufe haben die Gestalt eines Lotosblattes. Der Blattrand ist faltig und wirkt dadurch äußerst natürlich. Darüber erhebt sich eine Lotosblüte mit dreischichtig angeordneten Blütenblättern. Darauf thronen Löwen und von Jungen umspielte Löwinnen. Die mit erhobenem Kopf, mit sich windendem Körper, mit aus Seidenstreifen geflochtenen Bällen spielenden oder sich mit Jungtieren, die oft nur wenige Zentimeter groß sind, balgenden Löwenskulpturen gehören im Variantenreichtum ihrer Posen zu den Meisterwerken des Balustradenschmucks in der Verbotenen Stadt.

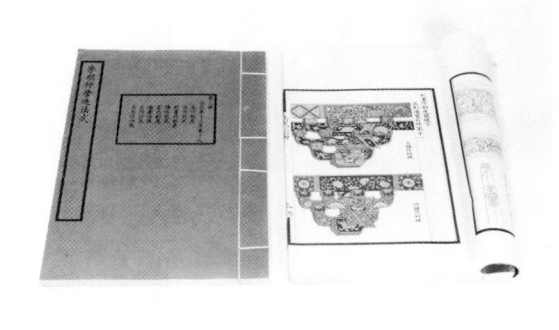

Abb. 50 Die Qiniandian (Halle der Ernteopfer) im Tiantan (Himmelstempel)

Abb. 51 Dekorationsmuster für Balustraden im *Yingzao fashi* (*Richtschnur für die Konstruktions- und Bauarbeiten*) von Li Mingzhong aus der Nördlichen Song-Dynastie

Abb. 52 Aus mehreren Einzelteilen zusammengefügte Steinplatte des Kaiserlichen Weges vor der Taihedian (Halle der Höchsten Harmonie) aus der Zeit des Wiederaufbaus der Drei Großen Hallen in der Regierungsperiode Wanli (1573–1619) der Ming-Dynastie (s. Einleitung, Abschnitt: Bruchstein)

Abb. 53 Die weiße Markierung kennzeichnet die Nahtstellen, an denen die Steinplatte vor der Taihedian im 16. Jahrhundert aus mehreren Einzelteilen zusammengefügt wurde.

Abb. 54 Das *Yingzao fashi* (*Richtschnur für die Konstruktions- und Bauarbeiten*) von Li Mingzhong

239 Die dreistufige Sumeru-Terrasse unter den Drei Großen Hallen mit Balustraden aus *hanbaiyu* („weißer Marmor")

240 Der untere Teil des Kaiserlichen Weges nördlich der Baohedian (Halle zur Erhaltung der Harmonie)

Der Kaiserliche Weg wird auf der untersten Stufe der Terrasse hinter der Baohedian von einer einzigen Steinplatte gebildet. Sie ist 16,57 Meter lang, 3,07 Meter breit und 1,7 Meter dick. Ihr Gewicht beträgt über 200 Tonnen. Das aus dem *hanbaiyu*-Marmor herausgemeißelte Relief ist ein hervorragendes Zeugnis der Steinmetzkunst der frühen Ming-Zeit. Die äußere Umrandung zeigt ein Rankenornament. Das Hauptfeld trägt neun zwischen Wolken fliegende Drachen, die flammende Perlen bewachen. Der untere Bildrand zeigt, entsprechend der Lehre der Fünf Elemente, fünf zwischen Wellen aufragende stilisierte Berggipfel. Die daneben zur Terrasse hinaufführenden Stufen sind mit eingravierten Löwen- und Pferdemotiven geschmückt.

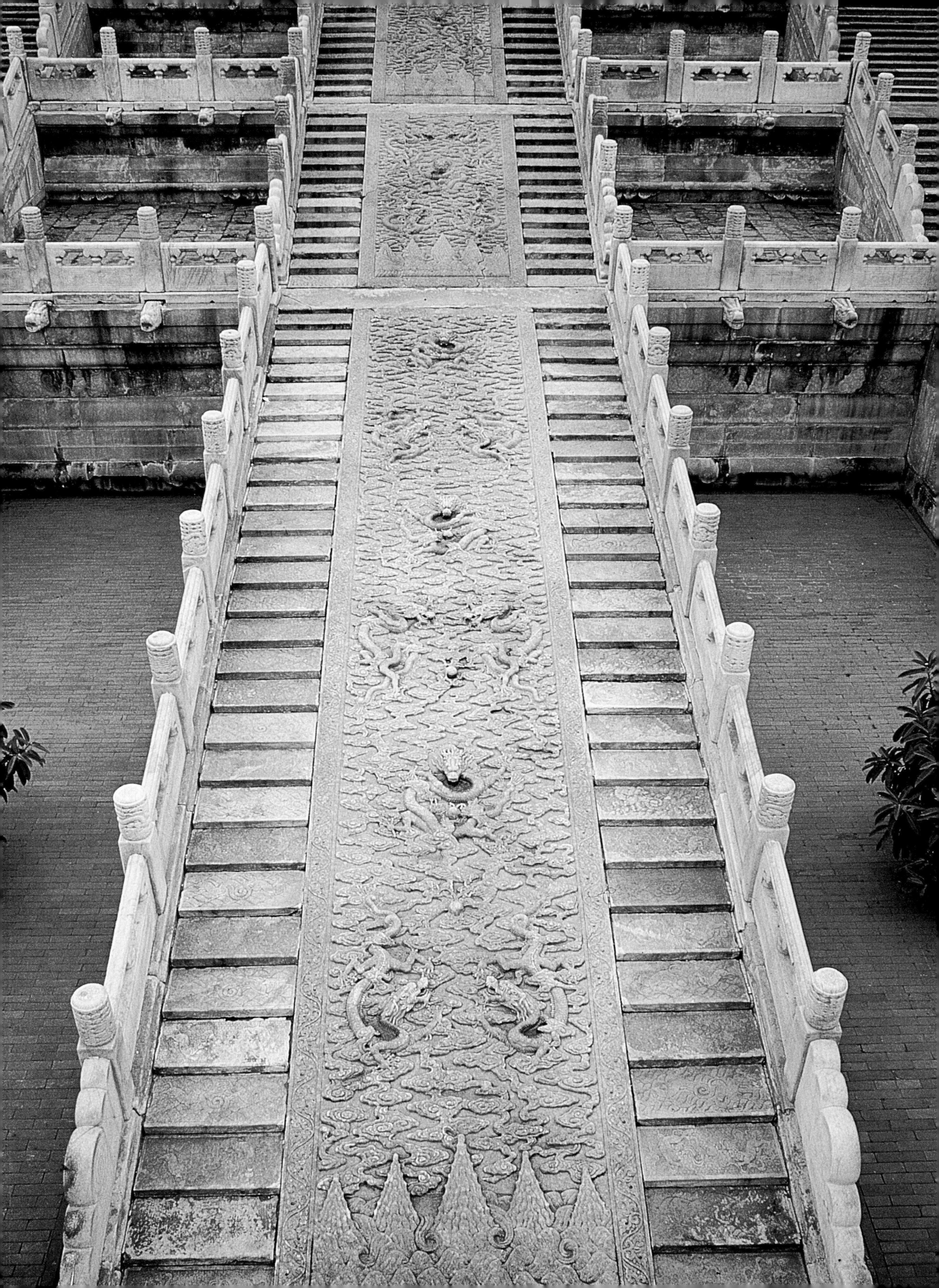

241

242

243

244

216

241 Der Kaiserliche Weg über die Nei jinshuiqiao (Innere Goldwasserbrücke) vor dem Taihemen (Tor der Höchsten Harmonie)
242 Der die dreistufige Sumeru-Terrasse hinaufführende Kaiserliche Weg vor der Taihedian (Halle der Höchsten Harmonie)
243 Mit Drachen-, Phönix- und Blumenmotiven geschmückter Kaiserlicher Weg vor dem Qianqinggong (Palast der Himmlischen Reinheit)
244 Mit zwei Phönixen, dem Symbol der Kaiserin, und Blumen dekorierter Kaiserlicher Weg vor dem Chengqiangong (Palast des Himmlischen Erbes)
245 Zwei die flammende Perle bewachende Drachen auf dem Kaiserlichen Weg vor dem Mitteleingang der Taijidian (Halle des Höchsten Prinzips)
246 Kaiserlicher Weg mit ineinander verschlungenen, im Wasser spielenden Drachen über einer Unterkante aus Felsen vor der Yangxingdian (Halle der Pflege der Persönlichkeit)
247 Mit Drachen, Wellen, Tieren, Phönixen und Blumen gestaltete Steinplatte des Kaiserlichen Weges vor der Huangjidian (Halle der Kaiserlichen Absolutheit)

248 Mit Wolkenmustern dekorierte Säulen und Geländerstücke auf der dreistufigen Sumeru-Terrasse vor der Taihedian
249 Mit Wassertieren, Wellen und Lotosmotiven verzierte Balustrade am Teich vor dem Wenyuange (Pavillon der Literarischen Tiefgründigkeit)
250 Balustrade mit Blatt- und Blütenmotiven vor dem Wanchunting (Pavillon des Zehntausendfachen Frühlings) im Yuhuayuan (Kaiserlicher Garten)
251 Balustrade mit archaischen Ranken- und Pflanzenornamenten an der Lutai (Terrasse zum Auffangen des Taus) östlich des Guhuaxuan (Pavillon Antiker Blüten) im Ningshougong huayuan
252 Balustrade mit unterschiedlichen Bambusmotiven, einem Symbol der Reinheit, am Xishangting (Pavillon der Feierlichen Reinigung) im Ningshougong huayuan

253 Winterkirschblüten. Flachrelief an der Balustrade des Biluoting (Pavillon der Jadegrünen Muscheln) im Ningshougong huayuan
254 Balustrade mit Drachen- und Blütenmustern vor der Qin'andian (Halle des Kaiserlichen Seelenfriedens) im Yuhuayuan
255 Balustrade mit Drachen- und Wellenmustern sowie Drachen- und Wolkendekor auf dem Säulenknauf auf der Terrasse vor der Qin'andian
256 Balustrade mit Blumenmotiven und Phönixmustern auf dem Säulenknauf vor der Huangjidian (Halle der Kaiserlichen Absolutheit)
257 Kopf eines hornlosen chi-Drachen als Wasserspeier an der Sumeru-Terrasse vor der Taihedian
258 Geländerfuß an einer Treppe vor der Huangjidian
259 Geländerfuß mit Drachen- und Blumenmustern an einer Treppe vor der Qin'andian

219

260 Säulenknauf mit Drachen- und Wolkenmustern vor der Qin'andian
261 Säulenknauf mit Drachen- und Wolkenmustern vor der Taihedian
262 Säulenknauf mit einem auf von Wellen umbrandeten Felsen stehenden Phönix vor der Qin'andian

263 Auf Lotos thronender Granatapfel-Säulenknauf vor dem Shenwumen (Tor des Göttlichen Kriegers)
264 Säulenknauf in Gestalt eines der Symbole der 24 Solarabschnitte des chinesischen Mondkalenders vor dem Xiehemen (Tor der Vereinten Harmonie)
265 Säulenknauf mit Bananenblattmustern vor dem Chengruiting (Pavillon der Klarheit und Glückseligkeit) im Yuhuayuan (Kaiserlicher Garten)
266–267 Löwenskulpturen auf den Balustradensäulen an der Duanhongqiao (Gebrochener-Regenbogen-Brücke)
268 Säulenknauf mit Lotosblattmustern am Wasserbecken vor dem Wenyuange (Pavillon der Literarischen Tiefgründigkeit)

221

梁架

Balken- und Dachkonstruktion

Die Außenansicht der Hallen, Paläste, Tempel und Pavillons in der Verbotenen Stadt weist sehr differenzierte Stilmerkmale auf, die aufs engste mit der inneren Baustruktur zusammenhängen.

Die in Holzkonstruktion ausgeführten offiziellen Gebäude waren bereits zur Zeit der Ming-Dynastie weitestgehend standardisiert; sie unterlagen entsprechend der ihnen zugedachten Funktion in Konstruktion und Design einer festen Norm. Die Paläste in der Verbotenen Stadt wurden unter direkter Aufsicht des Ministeriums für Öffentliche Bauten projektiert und errichtet. Sie entsprachen damit nicht nur der offiziellen Norm, sie waren auch normbildend für spätere Generationen, und zwar sowohl hinsichtlich der Baugestalt als auch der Baukonstruktion.

Der chinesische Holzskelettbau kennt im wesentlichen drei Konstruktionsmethoden: die Säulen- und Balkenkonstruktion, die Konstruktion aus verbundenen Säulen und die Hüttenkonstruktion aus Stämmen. Die Säulen- und Balkenkonstruktion ist die am häufigsten verwendete Konstruktionsmethode. Auch die Gebäude der Verbotenen Stadt wurden nach diesem Prinzip errichtet.

In der Regel liegt dem Holzskelettbau das Rechteck zugrunde. Symmetrie und Parallelität bestimmen die Anlage und die einzelnen Teile. Auf der Plattform werden Steinringe zur Aufnahme der Säulen angebracht. Wuchtige, in die Säulenköpfe eingezapfte Längsbalken (*efang*) verbinden die Säulen an ihrem oberen Ende miteinander. Über den Längsbalken liegen auf den Säulenköpfen die Querbalken (*liang*) auf. Meist werden zwei übereinanderliegende Querbalken verwendet. Die oberen Querbalken tragen die an ihrem Ende aufliegenden längslaufenden Dachpfetten (*hengtiao* oder *lintiao*) und zwei kürzere Stuhlsäulen (*guazhu* oder *tuodun*), die wiederum durch kürzere Querbalken miteinander verbunden sind. Die gleiche Anordnung wiederholt sich mehrmals. Bis zu vier übereinanderliegende, von Stuhlsäulen gestützte und in der Längsrichtung Pfetten tragende Querbalken bilden den Dachstuhl. Der oberste Querbalken trägt in der Mitte nur noch eine Stuhlsäule, auf der die Firstpfette aufliegt. Diese Form der Dachstuhlkonstruktion, die für die äußere Gestalt des Daches ausschlaggebend ist, wird auch „Säulen- und Querbalkenmethode" genannt. Das Höhenverhältnis der Pfetten zueinander wird so gewählt, daß das Dach die für die chinesische Architektur typische Schwingung erhält. Auf den Pfetten werden die aus kleinen runden oder quadratischen Holzstücken bestehenden Dachsparren angebracht, deren Neigungswinkel von Querbalkenlage zu Querbalkenlage so differiert, daß sie dem Dach, das sie zu tragen haben, die gewünschte Neigung und Schwingung verleihen. Auf die Sparren wird eine Schicht Bretter (*wangban*, „Sicht-Bretter") aufgelegt, die den Mörtel trägt, in den die Dachziegel eingepreßt werden. Die Verbindung zwischen Säulen und Dach wird durch das Konsolensystem gebildet.

Die Dachformen der Palastbauten sind äußerst verschiedenartig. Ihren kompliziertesten Bauteil stellen in der Regel die querstehenden Giebelwände dar. Bei niedrigrangigen Gebäuden wird zumeist ein Satteldach mit einfachem Giebelabschluß (*yingshanding*, „fester Berg") verwendet, bei dem der Giebel entsprechend der Form des Daches ohne Verzierungen und Giebeldächer aufgemauert wird. Diese Gebäude werden *erfang* (Kleiner Raum) genannt (s. Abb. 56, 2).

Gebäude einer etwas höheren Rangstufe sind durch ein Satteldach mit Giebelüberstand (*xuanshanding*, „hängender Berg") gekennzeichnet (s. Abb. 56, 4). Dabei ragt das Dach vor und bildet an einer oder an beiden Längsseiten eine offene Säulengalerie. Diese Bauform findet sich zumeist bei den die wichtigen Baueinheiten der Verbotenen Stadt umgebenden Seitengebäuden und Galerien, z. B. im Komplex der Wenhuadian (Halle der Literarischen Blüte), der Wuyingdian (Halle der Militärischen Tapferkeit), bei den Dienststuben östlich und westlich des Shenwumen (Tor des Göttlichen Kriegers) und den Wachstuben innerhalb und außerhalb des Xihuamen (Tor der Westlichen Blüten).

Hochrangige Gebäude sind durchweg mit einem Walmdach ausgestattet, das unterschiedliche Formen aufweisen kann. Der Grundgedanke des Walmdachs liegt darin, daß das Wasser in alle vier Himmelsrichtungen abfließen kann. Deshalb wurde diese Dachform schon vor der Song- und der Yuan-Dynastie als *si'ashi* (Vier Abdachungen) oder *sizhuding* (Vier fließende Wasserdächer) bezeichnet. Sie entstand bereits in frühgeschichtlicher Zeit. Bereits in der jungsteinzeitlichen Yangshao-Kultur wurden Hütten mit Walmdächern aus Stroh errichtet, wie Ausgrabungen am südlichen Ufer des Jinhe bei Baoji (Provinz Shaanxi) belegen. Das Walmdach wird dort von zwei im Inneren des Hauses stehenden Säulen getragen. Obwohl diese frühe Form der Walmdachkonstruktion noch recht primitiv anmutet, stellt sie doch den Grundentwurf der späteren majestätischen Hallenarchitektur dar. Die 857 errichtete große Halle des Foguangsi (Tempel des Lichtes Buddhas) aus der Tang-Zeit in der Provinz Shanxi — einst der größte Hallenbau Chinas — ist ein repräsentatives Meisterwerk der *si'ashi*-Architektur. Ihrem Charakter nach wirken Walmdach-Hallen allerdings eher feierlich als prächtig. Deshalb kamen einfache Walmdächer (s. Abb. 56, 1), d. h. Walmdächer mit nur einem Traufenvorsprung (*danyan wudianding*, „Dach einer Halle mit Säulenumgang"), beim Bau der Haupthallen in der Verbotenen Stadt überhaupt nicht in Frage. Nur weniger gewichtige Bauten wie die Yinghuadian (Halle des Üppigen Blühens), der Jingyanggong (Palast der Strahlenden Sonne), die Vorhalle des Xianfugong (Palast des Allumfassenden Glücks), die hintere Halle der Fengxiandian (Halle der Ahnenverehrung), das Chengguangmen (Tor des Aufgenommenen Lichts), der Tirenge (Pavillon der Glorreichen Rechtschaffenheit) und der Hongyige (Pavillon des Offenbaren Wohlwollens) wurden mit einfachen Walmdächern ausgestattet.

Um die Majestät des Walmdachs zu unterstreichen, entwickelte man schon in klassischer Zeit die Form des zweistufigen Walmdachs (*chongyan wudianding*, „Halle mit Säulenumgang und doppeltem Dach"). Dabei wurde das Walmdach durch einen über dem Säulenumgang umlaufenden Dachkranz ergänzt (s. Abb. 56, 3). Der so entstehende doppelte Traufenvorsprung half einerseits die Horizontale der Säulenfront, andererseits die Vertikale des darüber hochragenden Daches zu betonen. Die wichtigsten Bauten des Kaiserpalastes erhielten ein solches zweistufiges Walmdach, so die Taihedian (Halle der Höchsten Harmonie), der Hauptbau des Äußeren Hofes, der Qianqinggong (Palast der Himmlischen Reinheit), der Hauptbau des Inneren Hofes, der Kunninggong (Palast der Irdischen Ruhe), die Fengxiandian (Halle der Ahnenverehrung), die Huangjidian (Halle der Kaiserlichen Absolutheit) und die Hallen auf den vier

Abb. 55 Die große Halle im Foguangsi (Tempel des Lichtes Buddhas) aus dem Jahr 857 auf dem Wutaishan (Provinz Shanxi)

Haupttoren der Verbotenen Stadt in der äußeren Umfassungsmauer.

Einen Rang niedriger als das Walmdach ist traditionell das Fußwalmdach eingestuft, also eine Kombination von Satteldach mit Giebelüberstand und Walmdach, wobei die untere Hälfte des Giebels mit einem einfachen oder zweistufigen Querdach ausgestattet wird. Im oberen Teil entspricht die Dachkonstruktion einem Satteldach, der untere folgt dem Prinzip *siposhui* (Wasser in vier Richtungen). Da durch die Seitendächer der Eindruck entsteht, die Halle verfüge über zwei seitlich angebaute Räume, wurde dieser Bautyp vor der Song-Zeit als *xia liang tou zao* (Räume an beiden Enden) bezeichnet. Auf Grund der Tatsache, daß ein einstufiges Fußwalmdach über neun Dachfirste — den Hauptfirst, die vier Seitenfirste des Satteldachs und die vier vorspringenden Firste der Querdächer — verfügt, bürgerte sich auch die Bezeichnung *jiujidian* (Neun-First-Halle) ein. Erst im 12. Jahr der Regierungsperiode Yongzheng der Qing-Dynastie (1734) tauchte im Buch *Gongcheng zuofa* (*Buch der Baukonstruktion*) die Bezeichnung Fußwalmdach (*xieshanding*, „ruhender Berg") für diesen Typ der Dachgestaltung auf.

Das Fußwalmdach, ganz besonders in seiner Form als zweistufiges Fußwalmdach (*chongyan xieshanding*), sieht kunstvoll, würdig und in höchstem Maß ästhetisch aus (s. Abb. 56, 5). Die meisten Hallen, Pavillons, Tore und mehrgeschossigen Wohnpaläste der Verbotenen Stadt, z. B. die Hallen und Torgebäude der Sechs Östlichen und der Sechs Westlichen Paläste, wurden mit einfachem Fußwalmdach ausgestattet, während die wichtigeren Bauten innerhalb dieser Gebäudeklassifikation, wie das Tian'anmen (Tor des Himmlischen Friedens), das Duanmen (Tor der Aufrichtigkeit), das Taihemen (Tor der Höchsten Harmonie), die Baohedian (Halle zur Erhaltung der Harmonie), der Ningshougong (Palast des Ruhevollen Alters), der Cininggong (Palast der Barmherzigen Ruhe) u. a., ein doppelstufiges Fußwalmdach erhielten. Zur Konstruktion zweistufiger Fußwalmdächer gibt es verschiedene Methoden, deren Grundprinzip darauf beruht, auf dem das untere Dach tragenden Querbalken zusätzliche Stuhlbalken anzubringen, auf denen der Querbalken der zweiten Seitendachs aufliegt, ohne die Dachstuhlkonstruktion des Satteldaches zu beeinträchtigen.

Bereits in der Westlichen Han-Dynastie (206 v. u. Z.-24 u. Z.) gab es eine frühe Form des Fußwalmdachs. Unterhalb des Satteldachs mit Giebelüberstand wurde an der Giebelwand ein vom Hauptdach getrennter Dachvorsprung angebracht, um das Regenwasser von der Seitenwand des Hauses abzuleiten. Während der Östlichen Han-Dynastie (25–220) wurden dann beide Dachformen so miteinander verbunden, daß ein Hauptdach mit an den Seiten umlaufenden Traufenvorsprüngen und neun Firsten entstand. Das älteste erhaltene Beispiel eines typischen Fußwalmdachs ist die 782 errichtete Haupthalle des Nanchansi (Tempel des Südlichen Zen). In der Song-Dynastie (960–1127) wurden zahlreiche Bauten mit Fußwalmdächern versehen. Zwei Bilder aus dieser Zeit, *Huanghelou* (Gelber-Kranich-Turm; s. Abb. 21) und *Minghuang bishutu* (*Sommersitz des Kaisers Minghuang*), zeigen mit doppelstufigen Kreuzdächern ausgestattete, prachtvolle, turmartige Pavillons, die erkennen lassen, daß das Kreuzdach aus der Kombination zweier sich kreuzender Fußwalmdächer entstand. Diese äußerst komplizierte Form des Fußwalmdachs stellt fraglos eine Spitzenleistung der klassischen chinesischen Dachkonstruktion dar. Man kann sie noch heute im Lingxingsi (Tempel Lingxing) in Zhengding, Provinz Hebei, bewundern. Auch den Dächern der Ecktürme auf der Palastmauer der Verbotenen Stadt wurde in Nachahmung der song-zeitlichen Architektur das Prinzip sich kreuzender Fußwalmdächer zugrunde gelegt, in der Ausführung allerdings um weitere Nebendächer und Traufenvorsprünge kunstvoll bereichert.

Jeder der vier Ecktürme der Verbotenen Stadt besteht aus sechs Fußwalmdächern, die zusammen ein dreistufiges Kreuzdach mit 28 Traufenvorsprüngen, zehn Giebelfeldern und 72 Firsten bilden. Es ist besonders bemerkenswert, daß die raffiniert und zugleich leicht wirkende Dachkonstruktion der Ecktürme ohne das Mitteldach tragende Hauptsäulen im Inneren der Gebäude und, mit Ausnahme der Firstenden, ohne freiragende Balken im Dachbereich auskommt. Derart komplizierte Dachkonstruktionen sind in der Holzskelettarchitektur äußerst selten. Sie stellten auch zur Zeit des Baus der Verbotenen Stadt eine überaus schwierige Aufgabe dar.

Daneben fanden in der Verbotenen Stadt zahlreiche weitere Varianten des Walmdachs und Fußwalmdachs, z. B. bei den Pavillons in den Gärten, Verwendung, wobei sich die Dachform in die umgebende natürliche Szenerie und in den Gesamtkomplex einzupassen hatten. Diese Dächer haben nicht die Funktion, die Bedeutung des Gebäudes herauszustreichen, sondern wollen als Teile der sie umgebenden Anlage betrachtet werden. Dies gilt auch für die bei der Zhonghedian (Halle der Vollkommenen Harmonie) und der Jiaotaidian (Halle der Berührung von Himmel und Erde) benutzten Zeltdächer (*sijiao zuanjianding*, „von vier Richtungen in einem Punkt zusammenführendes Dach"), die mit ihrer quadratischen Form ein Symbol des über der als Quadrat gedachten Erde ruhenden Himmelsgewölbes darstellen (Abb. 56, 9). Da sie zusammen mit den vor und hinter ihnen plazierten hohen Haupthallen eine Einheit bilden, bestand zugleich die Aufgabe, den Seitenanblick ebenso eindrucksvoll wie den kaum bemerkbaren Anblick der auf der zentralen Achse der Verbotenen Stadt gelegenen Frontseiten zu gestalten. Das Problem wurde durch die Wahl des quadratischen Zeltdachs mit Mittelknauf adäquat gelöst. Der gleiche Dachtyp, allerdings in Form eines doppelstufigen Zeltdachs, wurde für die vier das Wumen (Mittagstor) umstehenden Turmpavillons gewählt. Weitere, um einige Traufenvorsprünge vermehrte Varianten des Zeltdachs finden sich beispielsweise am Huifengting (Pavillon des Günstigen Windes) im Jianfugong huayuan (Garten des Palastes der Glücksgründung) und am Jingfugong (Palast des Strahlenden Glücks). Der Stelenpavillon neben dem Wenyuange (Pavillon der Literarischen Tiefgründigkeit) trägt ein Zeltdach mit grundeten Firsten. Neben dem bei Nebenbauten mitunter verwendeten Satteldach mit gerundetem First (*juanpengding*, Abb. 56, 6) und dem vor allem für kleine Gartenpavillons benutzten Kegeldach (*yuan zuanjianding*, Abb. 56, 7) gehört noch das oben flache, halbierte Walmdach (Abb. 56, 8) zu den in der Verbotenen Stadt verwendeten Dachkonstruktionen. Da die entsprechenden Gebäude wie eine Stempeldose aussehen, in die das Kaiserliche Siegel eingestellt wurde, erhielt die Dachform den Namen *luding* (Siegeldosen-Dach). Bauwerke mit diesem Dachtyp, z. B. die Qin'andian (Halle des Kaiserlichen Seelenfriedens), galten in ihrer Rangordnung als den offiziellen Haupthallen unmittelbar beigeordnet.

1 *danyan wudianding*. Einstufiges Walmdach
2 *yingshanding*. Satteldach mit Giebelabschluß
3 *chongyan wudianding*. Doppelstufiges Walmdach
4 *xuanshanding*. Satteldach mit Giebelüberstand
5 *chongyan xieshanding*. Doppelstufiges Fußwalmdach
6 *juanpengding*. Dach mit gerundetem First
7 *yuan zuanjianding*. Kegeldach
8 *luding*. Oben flaches, halbiertes Walmdach
9 *sijiao zuanjianding*. Zeltdach

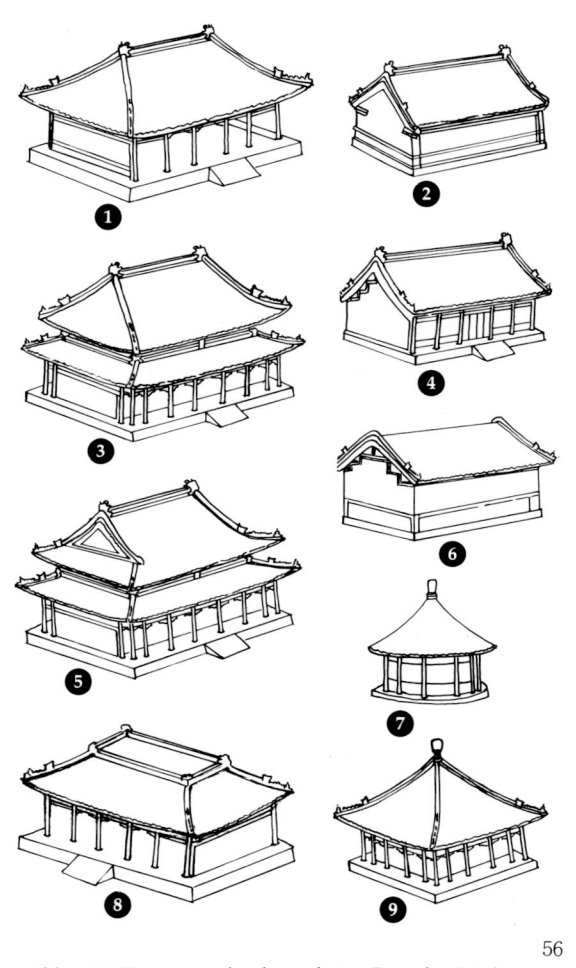

Abb. 56 Neun verschiedene, beim Bau der Verbotenen Stadt verwendete Dachkonstruktionen

269 Modell der Holzskelett-Bauweise einer Halle mit Fußwalmdach
270 Der Zhongcuigong (Palast der Gesammelten Essenz)
271 Balkenstruktur des an der Spitze in *luding*-Form gehaltenen Daches des Xijingting (Westlicher Brunnenpavillon) im Yuhuayuan (Kaiserlicher Garten)
272 Das doppelstufige Walmdach der Taihedian (Halle der Höchsten Harmonie)
273 Das doppelstufige Fußwalmdach der Baohedian (Halle zur Erhaltung der Harmonie)
274 Das Zeltdach der Jiaotaidian (Halle der Berührung von Himmel und Erde)
275 Das oben flache, doppelstufige *luding*-Dach der Qin'andian (Halle des Kaiserlichen Seelenfriedens) im Yuhuayuan
276 Dach mit gerundetem First im Komplex des Zhongcuigong (Palast der Gesammelten Essenz)
277 Einstufiges Walmdach im Komplex des Jingyanggong (Palast der Strahlenden Sonne)
278 Kegeldach auf dem Wanchunting (Pavillon des Zehntausendfachen Frühlings) im Yuhuayuan
279 Satteldach mit einfachem Giebelüberstand

272

273

274

275

276

277

278

279

225

280

281

282

226

284

285

286

287

288

280 Säule mit Längsbalken und darüberliegenden Querbalken im Taihemen (Tor der Höchsten Harmonie)
281 Balkenwerk im Longzongmen (Tor der Großen Ahnen)
282 Das System von Querbalken, Stuhlbalken und Dachsparren im Dezhaomen (Tor der Leuchtenden Tugend)
283 Säulen-, Querbalken- und Pfettensystem im Houyoumen (Hinteres Tor zur Rechten)

284 Dachbalkenstruktur der Garderobe hinter dem Changyinge (Pavillon des Heiteren Klangs)
285 Säule und mit vergoldeten Drachen verzierte Längsbalkenstütze in der Huangjidian (Halle der Kaiserlichen Absolutheit)
286 Doppelte Längsbalken mit Stütze in der Taihedian
287 Balkenstruktur eines der Seitendächer in einem der vier Ecktürme auf der Palastmauer der Verbotenen Stadt
288 Innenkonstruktion eines firsttragenden Balkens in einem der Ecktürme

227

斗栱

Konsolensystem

In der Geschichte der chinesischen Holzarchitektur kam der Entwicklung vielfältiger Konsolensysteme besondere Bedeutung zu. Das Grundprinzip besteht darin, daß auf der auf dem Säulenkopf ruhenden Konsolenplatte (*zhudou*) ein mehrstufiges System sich kreuzender, längs- und querverlaufender Konsolenarme (*gong*) angebracht wird, deren Funktion es ist, einerseits die Querbalken (*liang*) und andererseits die Schrägarme (*ang*) zu tragen, auf denen mit Hilfe einer weiteren Konsolenkonstruktion die die Dachsparren (*chuan*) haltenden Längsbalken (*fang*) des Traufenvorsprungs montiert sind. Entsprechend der Hauptbestandteile Konsolenplatte und Konsolenarme erhielt das Konstruktionssystem den Namen *dougong*.

Dougong wurde sehr frühzeitig entwickelt. Bereits unter den archäologischen Funden aus der Östlichen Zhou-Dynastie (770–256 v. u. Z.) finden sich Beispiele der Konsolenarchitektur. Die vielfältigen Anwendungsmöglichkeiten des Systems fanden während der Han-Dynastie (206 v. u. Z.–220 u. Z.) eine rasche Entwicklung, die sich nicht nur in der Verwendung von Konsolen in der Hallenarchitektur und bei der Konstruktion der Traufenvorsprünge äußerte, sondern sich auch im Einsatz steinerner Konsolen bei Toren und in Grabanlagen zeigte. In der Östlichen Han-Dynastie (25–220) war der Gebrauch von Konsolen als Verbindungselement zwischen Säule und Dach bereits allgemein verbreitet. Während der Tang-Dynastie (618–907) fand das aus architektonischer Notwendigkeit gewachsene Konsolensystem eine derart komplizierte und auch spielerische Ausprägung, daß es zu einem die Ästhetik des Hallenbaus weitgehend bestimmenden eigenständigen Element der Holzarchitektur wurde. Die ursprünglich nur auf den tragenden Säulen ruhenden Konsolen wurden damals auch auf den Längsbalken plaziert, so daß sich in der Traufenzone des Dachs umlaufende Konsolengesimse um das gesamte Gebäude zogen. Konsolengestützte Balken und Dächer galten als hochrangig, so daß die Verwendung von Konsolen bei den Wohnbauten des einfachen Volkes untersagt war. Nach der Song-Dynastie fanden die Konsolensysteme zu einfacheren Formen zurück, zumal die ursprünglich von der Wandzone aus getragenen Traufen immer stärker von einer unter den Traufenvorsprung vorgeschobenen Säulengalerie gestützt wurden. Da sich aber seit der Ming-Dynastie der von vier Säulen umgrenzte Raum (*jian*) vergrößerte, mußte das Konsolensystem erweitert werden, um den neuen Raummaßen und den sich daraus ergebenden statischen Zwängen Rechnung zu tragen. Um beispielsweise die doppelstufige Walmdach-Konstruktion der großräumigen Taihedian (Halle der Höchsten Harmonie) zu tragen, war die Verwendung von acht verschiedenen Konsolensystemen erforderlich (s. Bild 40). Damit entsprach man nicht nur dem architektonischen Zwang, sondern kennzeichnete durch die Vielfalt der *dougong*-Formen die Halle zugleich als das höchstrangige Gebäude des Reiches. Durch die Verwendung vielschichtiger Konsolensysteme wurde der traditionelle Schrägarm der Song-Zeit entbehrlich. Nur in der Formgebung des nach außen vorstoßenden Endes querverlaufender Konsolenarme (falscher Schrägarm) hat sich die Erinnerung an das Konsolensystem der Song-Zeit bewahrt (s. Abb. 57).

Gemäß der Anzahl der sich über der Konsolenplatte kreuzenden Konsolenarme werden die Konsolensysteme in verschiedene Typen eingeteilt. Sie werden je nach Größe der Halle und nach Rangwertigkeit des Gebäudes verwendet. Beim Bau hoher und bedeutender Hallen oder Tempel ist das Konsolensystem entsprechend vielgliedrig und setzt sich aus mehreren ineinandergreifenden Schichten von Konsolenarmen zusammen. Bei der Taihedian wird beispielsweise der umlaufende untere Traufenvorsprung von einem vierschichtig übereinanderliegenden und der obere Traufenvorsprung von einem fünfschichtigen Konsolensystem getragen. Weniger gewichtige Bauten verfügen über eine entsprechend geringere Anzahl übereinanderliegender Konsolenarme. Allerdings richtet sich die Mehrschichtigkeit des Konsolensystems nicht

Abb. 57 Modell eines Konsolensystems an einer Ecke des Zhongcuigong (Palast der Gesammelten Essenz)

Abb. 58 Konsolensystem mit über der Konsolenplatte längs- und querverlaufenden Konsolenarmen am Zhongcuigong

Abb. 59 Konsolensystem in der Shengmudian (Halle der Heiligen Jungfrau) des Jincisi (Sippentempel von Jin), Provinz Shanxi

nur nach der ideologischen Wertigkeit des Gebäudes, sondern in erster Linie nach der Verhältnismäßigkeit der statischen Erfordernisse. Da der Druck des Hauptdachs sowie des unteren Traufenvorsprungs bei einer großen Halle auf das Konsolensystem entsprechend hoch ist, muß es dementsprechend mehrschichtig konstruiert werden, um das Gewicht sachgemäß auf die tragenden Balken und Säulen zu verlagern.

Die Konsolenplatten ruhen im allgemeinen auf den unter den Traufenvorsprüngen stehenden Säulen sowie den von ihnen getragenen Haupt-Längsbalken (*efang*), so daß die mehrschichtig übereinanderliegenden Konsolenarme das Gebäude unter den Traufenvorsprüngen wie eine niemals unterbrochene filigrane Kette aus kurzen Längsarmen und Querarmenden (Konsolengesims) umziehen. Aus statischen wie ästhetischen Gründen wird dabei grundsätzlich vom Prinzip der Symmetrie Gebrauch gemacht, d. h., das nach außen vorgeschobene Konsolensystem wiederholt sich im Inneren des Gebäudes. Da dieses seit der Ming-Zeit gebräuchliche Konstruktionsmodell, von der Seite betrachtet, dem chinesischen Schriftzeichen *pin* ähnelt, wird es als *pin*-Konsolensystem bezeichnet. Es stützt nicht nur die Querbalken und die die Dachsparren tragenden Pfetten, sondern spielt für den Druckausgleich zwischen den oberen und unteren Partien der Holzkonstruktion die entscheidende Rolle.

Daneben erfüllt das *pin*-System zugleich die Funktion einer Federung zwischen den tragenden Säulen und den Querbalken. Es gleicht im wesentlichen den Federn moderner Verkehrsmittel, die ebenfalls nach dem Prinzip der „Aufeinanderschichtung" aufgebaut sind. Obwohl das Gewicht des Dachs der Taihedian über 2000 Tonnen beträgt, die Entfernung zwischen dem Hauptfirst und dem Hallenboden 35,05 Meter mißt und zwei gewaltige Ornament-Tiere, die Starrenden Drachen (*dawen*), von 3,4 Meter Höhe und von 4,3 Tonnen Gewicht den Hauptfirst schmücken, hat die Taihedian allen Erdbeben unbeschadet getrotzt, denen so manche niedrigeren Hallen und ganze Wohnviertel zum Opfer fielen. Dies belegt die Funktionstüchtigkeit des in Jahrtausenden entwickelten Konsolensystems der Holzarchitektur.

Ursprünglich diente das Konsolensystem in erster Linie dazu, den sich weit über die Hauswand streckenden Traufenvorsprung des Dachs zu tragen. Der dazu verwendete, von Konsolen gehaltene Längsbalken hatte beträchtliches Gewicht aufzufangen. Um einen Ausgleich zwischen dem vom Hauptdach und vom Traufenvorsprung auf die tragenden Säulen in der Wandzone einwirkenden Druck herzustellen, benutzte man in der alten Architektur die Schrägarme, die oberhalb der tragenden Säulen im Konsolensystem verankert waren. Bei der Taihedian wie bei den meisten anderen Hallen der Verbotenen Stadt wurde dies System durch freitragende Konsolen ersetzt, die, um den Druck des Traufenvorsprungs gut ableiten zu können, entsprechend mehrschichtig ausfallen mußten. Eine Weiterentwicklung dieses Konsolensystems, das sogenannte „hochgehobene Konsolensystem", kam beim Wenhuamen (Tor der Literarischen Blüte) und der Taijidian (Halle des Höchsten Prinzips) in Anwendung. Dabei wurde das alte Prinzip der Schrägarme aufgegriffen und so verändert, daß oberhalb der Konsolen zwei verlängerte Querarme den Druck wie Schrägarme auf die Senkrechte über der Konsolenplatte ableiten. Damit wurden die Konsolen entlastet und zugleich eine zusätzliche Stütze für die Dachpfetten geschaffen. Unter statischen Gesichtspunkten kann dies System als Höhepunkt der Konsolenkonstruktion betrachtet werden.

Das klassische Prinzip der Holzskelettarchitektur, die Verbindung zwischen Zapfen und Zapfenloch, erfuhr durch das Konsolensystem als Verbindungskombination, bei der zumindest hundert, zumeist aber mehr als tausend Einzelteile pro Gebäude zum Einsatz kamen, nicht nur eine Erweiterung seiner architektonischen Möglichkeiten, sondern auch eine Steigerung seiner Beanspruchbarkeit, da sich die Widerstandsfähigkeit der Holzarchitektur gegen Verformung, Preßdruck und Erdbeben erhöhte.

58

59

230

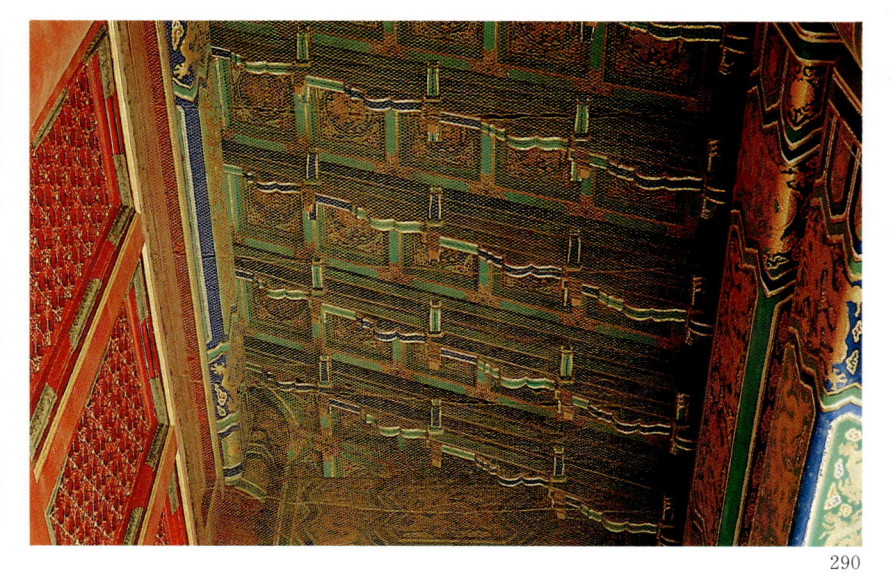

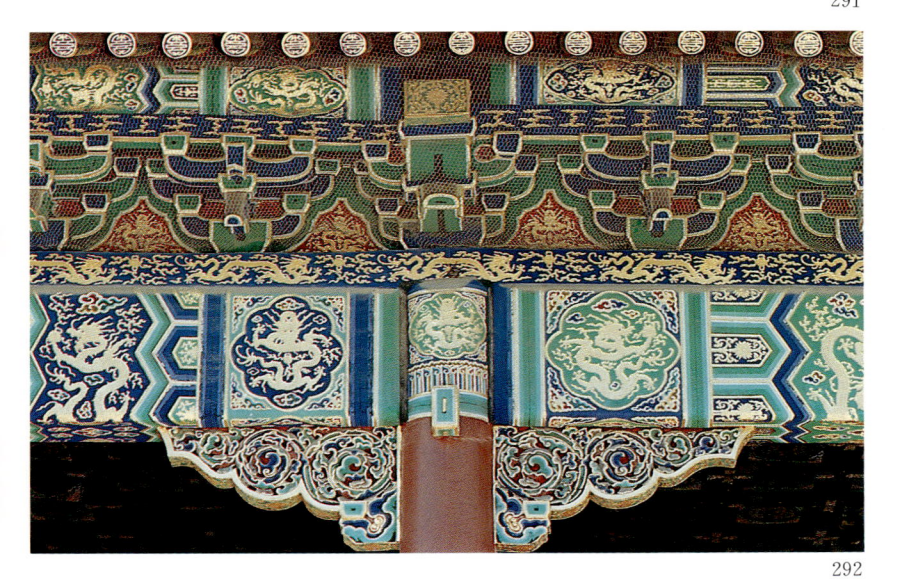

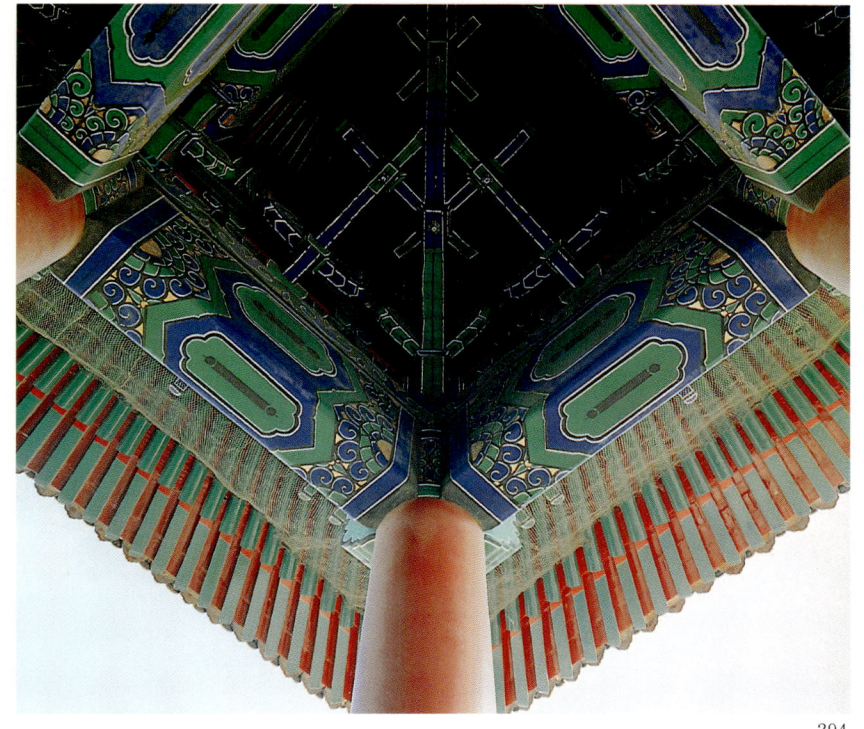

289 Auf Konsolenplatte ruhendes Konsolensystem mit verlängerten Querarmen im Inneren der Taijidian (Halle des Höchsten Prinzips)

290 Vergoldete Längsbalken unter dem Traufenvorsprung der Taihedian (Halle der Höchsten Harmonie)

291 Die Decke tragendes Konsolensystem in Gestalt des chinesischen Schriftzeichens *pin* auf einem Querbalken im Inneren des Taihemen (Tor der Höchsten Harmonie)

292 Längsbalken mit dachtragendem Konsolensystem auf der Fronseite der Huangjidian (Halle der Kaiserlichen Absolutheit)

293 Verlängerte, als Schrägarme wirkende Querarme im Inneren des Wenhuamen (Tor der Literarischen Blüte)

294 Balken- und Konsolensystem unter einem Dachwinkel des Shenwumen (Tor des Göttlichen Kriegers)

295 Konsolensystem einer Wandecke im Inneren des Wanchunting (Pavillon des Zehntausendfachen Frühlings) im Yuhuayuan (Kaiserlicher Garten)

231

屋面裝飾

Dächer und ihre Dekoration

In der klassischen chinesischen Architektur wird der ästhetischen Seite eines Bauwerks besonderer Wert beigemessen, was in der Dachdeckung und im Dachdekor seinen augenfälligsten Ausdruck findet. Die Neigung des Dachs ist geschwungen und entspricht damit den in der Natur auftretenden Geländeformen weit mehr als ein gerades Dach, das sich der natürlichen Umwelt nicht anpaßt. Das Dach ist, um den Schattenwinkel der winterlich tiefstehenden Sonne zu verkürzen, aufgebogen. Die Eckwinkel der Traufenvorsprünge sind hochgezogen, was dem Dach die lastende Schwere benimmt und den Eindruck eines „fliegenden Dachs" hervorruft. Der Eindruck wird durch die aus praktischen Erwägungen erwachsenen weit ausladenden Traufenvorsprünge verstärkt. Konstruktive wie ästhetische Aspekte haben bei der Ausprägung der klassischen chinesischen Dachformen zusammengewirkt, wobei für die Dachdeckung mit farbigen Glasurziegeln sowie den variantenreichen Dachdekor in erster Linie ästhetische Gesichtspunkte ausschlaggebend waren, die vielfältige symbolische Begründung erfuhren. Insgesamt soll ein hervorgehobenes Dach die Wirkung eines majestätischen Berges mit dem Eindruck schwebender Leichtigkeit vereinen.

Die großen und kleinen Paläste, Hallen, Pavillons, Galerien und Korridore in der Verbotenen Stadt sind sämtlich mit Glasurziegeln verschiedener Form und Farbe gedeckt. Die Farbe der Ziegel richtete sich nach der Zweckbestimmung und der Wertigkeit des Bauwerks innerhalb der Gebäudehierarchie. Bei den Baukomplexen der Verbotenen Stadt wurden vor allem zwei Ziegelformen verwendet: Brettziegel (*banwa*) und Röhrenziegel (*tongwa*). Die Brettziegel sind relativ breit und nur leicht gekrümmt und werden zur Abdeckung niedrigrangiger Wohnbauten benutzt. Für Hallen- und Tempeldächer verwendete man Röhrenziegel, die die Form eines der Länge nach halbierten Zylinders haben. Ihre Montage erfolgte so, daß in der unteren Ziegellage die Höhlung nach oben weist; danach wurden die Fugen der ersten Lage durch eine zweite Lage überdeckt, bei der die Höhlung nach unten weist. Die dadurch entstehenden, das Dach überziehenden kräftigen Rippen betonen die Vertikale und bilden ein Gegengewicht zu der durch den weiten Traufenvorsprung und den stark hervortretenden Hauptfirst betonten Horizontale. Die Dächer wurden mit glasierten Keramikfiguren verschiedener Form geschmückt. Auf dem Hauptfirst wurden wuchtige Starrende Drachen angebracht, auf den Winkeln der Traufenvorsprünge wurde aus kleinen Götter-, Fabel- und Tierwesen eine Prozession von Schutzgeistern formiert. Die seitlichen Dachkanten bei Satteldächern und an den oberen Giebelwänden der Fußwalmdächer wurden mit Seitenbrettern abgedeckt, die mit in Form der Winterkirschblüten angeordneten Nägeln (*meihuading*) verziert sind (s. Bild 296).

Die Taihedian (Halle der Höchsten Harmonie) verfügt als Haupthalle des Kaiserpalastes mit ihrem doppelstufigen Walmdach naturgemäß über den höchstrangigen Firstschmuck. Die auf beiden Enden des Hauptfirsts sitzenden *dawen* (Starrende Drachen) stellen mit ihren aufgesperrten Mäulern, über die Köpfe hochgebogenen Schwänzen und aufgerichteten fächerartigen Rückenfinnen eine Mischung aus Drachen und Fisch dar. Die Körper überziehen Drachenreliefs, und aus den Rückseiten strecken gehörnte Drachen ihre Köpfe hervor. Die beiden Tiere sind einander zugewandt. Im Buch *Yingzao fashi (Richtschnur für die Konstruktions- und Bauarbeiten)* von Li Mingzhong aus der Song-Dynastie werden diese Figuren als eulenartige Wesen (*chi*) mit aufgesperrten Rachen (*wen*) bezeichnet, weshalb sich dafür auch der Ausdruck *chiwen* einbürgerte. Eine Erläuterung des seltsamen Firstschmucks findet sich im Buch *Tanghuiyao (Wichtige Dokumente der Tang-Dynastie)*. Es heißt dort: „Nachdem die Halle von Bo Liang aus dem Reich Han niedergebrannt war, berichtete ein zauberkundiger Weiser aus dem Staat Yue von einem im Meer lebenden Fisch mit eulenartigem Körper, der im Meer so hohe Wellen aufwirft, daß nicht endende Regengüsse vom Himmel herabströmen. Deshalb wurde das Bild des Tieres auf dem Dach angebracht, um das Haus vor Feuer zu schützen." Die Enden der abwärtslaufenden Firste sind mit einer Reihe kleinerer Schutzwesen geschmückt. Den Anfang (von unten nach oben) bildet über der Traufenkante ein auf einem Huhn (oder Phönix) reitender Unsterblicher. Danach folgen ein Drache, ein Phönix, ein Löwe, ein Einhorn oder Himmelsroß (*tianma*), ein Seepferd (*haima*), ein Walroß oder Seelöwe (*suanni*), ein Mischwesen aus Löwe, Fisch und Schildkröte (*yayu*), ein feuervertilgendes rinderartiges Fabeltier (*xiezhai*), ein geschuppter Stier (*douniu*) und ein mit Flügeln ausgestattetes affenartiges Wesen (*xingshen*). Den Abschluß bildet ein dem *chiwen* nachgebildetes gehörntes Drachenwesen mit buschigem Schwanz. Seit der Ming-Dynastie gab es gemäß der Rangstufe der Gebäude genaue Festlegungen für die Anzahl, Abfolge und Größe des Firstschmucks. Jeder *chiwen* auf dem Hauptfirst der Taihedian ist aus dreizehn glasierten Einzelteilen zusammengesetzt. Er hat eine Höhe von 3,4 Meter und ein Gewicht von 4,3 Tonnen. Als einziges Bauwerk ist die Taihedian mit allen elf Schutzwesen auf den Firstenden ausgestattet (das abschließende gehörnte Drachenwesen fand bei allen Bauten mit Firstschmuck in der Verbotenen Stadt Anwendung). Der Qianqinggong (Palast der Himmlischen Reinheit) war als Wohn- und Amtsresidenz des Kaisers das zweitwichtigste Bauwerk des Palastkomplexes. Die *chiwen*-Figur auf dem Hauptfirst sowie die Figuren auf den Firstenden fielen entsprechend kleiner aus, und die Anzahl der Schutzgestalten wurde auf zehn reduziert. Der Kunninggong (Palast der Irdischen Ruhe), die ursprüngliche Wohnresidenz der Kaiserin, erhielten nur noch acht in ihrer Größe wiederum verkleinerte Figuren auf das Firstende gesetzt. Da die Reihenfolge der Figuren festgelegt war, fehlten hier also *xingshen*, *douniu* und *xiezhai*. Die Sechs Östlichen und die Sechs Westlichen Paläste tragen als Wohnpaläste der kaiserlichen Konkubinen nur noch fünf Firstfiguren, die noch kleiner ausgefallen sind. Auch die zur Abdeckung verwendeten Ziegel haben hier geringe Maße. In Befolgung dieses Systems variieren Ziegelformate sowie Anzahl und Größe der Schmuckfiguren in der gesamten Verbotenen Stadt und geben zugleich Auskunft über den Rang eines jeden Gebäudes. Die Anwendung des Traufenschmucks spiegelt einerseits die strenge hierarchische Gliederung, der die Gesellschaft und selbst die Architektur zur Zeit der Ming- und der Qing-Administration unterlag, sie dokumentiert andererseits jedoch auch den hohen Grad der Standardisierung, den diese Administration ermöglichte.

Zum Dachdekor der Verbotenen Stadt gehören neben unterschiedlich geformten Dachknäufen auf Zelt-, Kegel- und Kreuzdächern auch die traditionell verwendeten, glasierten runden Schmuckscheiben (*dizi*) am Traufenende der Ziegelrippen sowie die spitzzulaufenden Schmuckscheiben (*goutou*) am Traufenabschluß der darunterliegenden Ziegelschicht. Die in sie eingepreßten Drachen- oder Blütenmuster und geometrischen Ornamente sind äußerst vielfältig.

296 Vergoldeter Bronzeknauf auf dem Kreuzdach eines der Ecktürme auf der Mauer der Verbotenen Stadt
297 Der vergoldete Bronzeknauf auf dem Zeltdach der Jiaotaidian (Halle der Berührung von Himmel und Erde)
298 Glasierter Keramikknauf auf dem Dach des Fubiting (Schwebender Jadegrüner Pavillon) im Yuhuayuan (Kaiserlicher Garten)
299 Hölzerner Knauf auf dem Dach des Ruting (Ru-Pavillon) im Ningshougong huayuan (Garten des Palastes des Ruhevollen Alters)
300 Glasierter Keramikknauf mit Aufsatz in Form einer buddhistischen Schirmhaube auf dem Kegeldach des Qianqiuting (Pavillon des Tausendfachen Herbstes) im Yuhuayuan
301 Glasierter Keramikknauf auf dem Dach des Biluoting (Pavillon der Jadegrünen Muscheln) im Ningshougong huayuan

234

Fabeltier- und Unsterblichenfiguren aus glasierter Keramik auf den Firsten der Taihedian (Halle der Höchsten Harmonie):

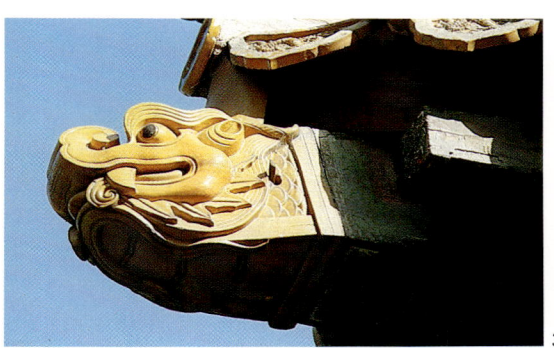

302 *dawen* oder *chiwen* auf dem Hauptfirst
303 Die Prozession der Schutzwesen auf einem der Firstenden
304 Auf einem Huhn oder Phönix reitender Unsterblicher
305 Drache
306 Phönix
307 Löwe
308 Einhorn, auch als Himmelspferd bezeichnet (*tianma*)
309 Seepferd (*haima*)
310 Walroß oder geschuppter Seelöwe (*suanni*)
311 Mischwesen aus Löwe, Fisch und Schildkröte (*yayu*)
312 Feuervertilgendes rinderartiges Fabeltier (*xiezhai*)
313 Geschuppter Stier (*douniu*)
314 Mit Flügeln ausgestattes affenartiges Wesen (*xingshen*)
315 *chiwen*-ähnlicher gehörnter Drache

316 Mit Drachenmustern verzierte Schmuckscheiben am Traufenende des Daches der Yangxindian (Halle der Pflege des Herzens)

Zwischen den die Ziegelrippen abschließenden runden Schmuckscheiben (*dizi*) fließt das Regenwasser durch die relativ weite Pinne (*maoding*) und wird von darunterliegenden spitzzulaufenden Schmuckscheiben (*goutou*) von der unter dem Traufenvorsprung liegenden Galerie abgeleitet.

317 Hornloser Drache an einem Winkel des Traufenvorsprungs an der Qin'andian (Halle des Kaiserlichen Seelenfriedens) im Yuhuayuan
318 Der aus zwei gehörnten Drachen und vier Schutzwesen bestehende Traufenschmuck an einer Wachstube neben dem Shenwumen (Tor des Göttlichen Kriegers)
319 Aus sechs Firstfiguren bestehende Prozession auf dem Dach des Xiefangting (Pavillon der Blütensammlung) im Ningshougong huayuan

Dachform, Dachdeckung und Dachdekoration streben seit Beginn der chinesischen Architektur nach harmonischer Einheit mit der einen Baukörper umgebenden natürlichen oder gebauten Landschaft. Als Beispiel können die Drei Großen Audienzhallen dienen. Die das Zentrum bildende Taihedian ist durch ein doppelstufiges Walmdach herausgehoben. Den hinteren Abschluß bildet auf der Zentralachse die Baohedian, die ebenso wie das den vorderen Abschluß markierende Taihemen mit einem zweistufigen Fußwalmdach ausgestattet ist. Zwischen der Taihedian und der Baohedian ist die Zhonghedian eine niedrige Halle mit Zeltdach, plaziert. Dadurch ergibt sich eine geschwungene Linie, die einem aus drei unterschiedlich hohen Gipfeln bestehenden Gebirge gleicht (s. Bild 25). Die Dächer der Haupthallen finden in denen der Seitengebäude ihre Entsprechung. Die Nebentore tragen einfache Fußwalmdächer, die herausgehobenen Seitenpavillons einstufige Walmdächer und die vier Ecktürme kurze doppelstufige Fußwalmdächer. Insgesamt entsteht der Eindruck eines in sich geschlossenen und doch sehr bewegten Hofensembles, das mit der Vielfalt der Dachformen und des Dachdekors die Vielfalt und zugleich harmonische Einheitlichkeit jenes Reiches symbolisierte, das von der im Zentrum thronenden majestätischen Taihedian aus regiert wurde — Architektur als Ausdruck eines ideologischen Postulats und Ideals.

內外簷裝修

Die Ausstattung innerhalb und außerhalb des Traufenvorsprungs

In der traditionellen chinesischen Architektur wird hinsichtlich der Ausstattung eines Gebäudes zwischen der Ausstattung „innerhalb und außerhalb des Traufenvorsprungs" unterschieden. Gemeint sind damit einerseits die Ausstattung der Innenwände, Innentüren und Räume sowie die Gestaltung der Außenwände, Türen und Fenster.

Die Ausstattung „außerhalb des Traufenvorsprungs" äußert sich in ihrer Vielfältigkeit in erster Linie in der äußerst variantenreichen Gestaltung der Türen und Fenster, die jedem wichtigeren Bauwerk der Verbotenen Stadt einen individuellen Charakter verleiht. Entsprechend ihrer Funktion finden die unterschiedlichsten Türformen Verwendung. Gleiches gilt für die Fenster, wobei Türen und Fenster vor allem die Wandgestaltung des südlichen Traufenvorsprungs prägen. Das Türen- und Fenstersystem der größeren Hallen und Paläste ist, abgesehen vom Dekor, relativ einheitlich. Flügel- und Harmonika-Türen sowie die Fenster bilden eine aufgelockerte und durch das reiche Maßwerk aufgebrochene Trennwand zur Galerie hin, die den Charakter einer das Gebäude umschließenden Wand zu negieren sucht. Den oberen Teil der Türflügel nimmt ein verziertes hölzernes Gitterfenster (*gexin*) ein, das von der Innenseite mit Papier hinterklebt wurde. Der zumeist mit reichem Schnitzwerk geschmückte, stabile untere Teil der Flügel wird als Unterbrett (*qunban*) bezeichnet. Um die Tür zieht sich ein Rahmen, der unterhalb der Tür eine hohe Schwelle bildet und oberhalb der Tür bei weniger zeremoniösen Gebäuden oft die Form eines querlaufenden Gitterfensters erhält. Die danebenliegenden Fenster sind entweder entsprechend der Türflügel aus einem Stück hergestellt und bestehen aus Gitterfenster und Unterbrett, oder sie werden über einer aus Holz oder Ziegeln angefertigten Unterwand eingesetzt.

Die höchstrangigen Muster für Gitterfenster werden von einem Gitternetz aus von sich kreuzenden Streben zusammengehaltenen vier- oder sechsblättrigen Blüten gebildet, wie sie sich beispielsweise an der Taihedian (Halle der Höchsten Harmonie) finden. Dieses Muster wird als „doppel oder dreifach gekreuztes, sechsblättriges Wasserkastanien-Muster" bezeichnet. Die darunterliegenden Unterbretter sind mit vergoldeten, von Wolken umgebenen und die flammende Perle bewachenden Drachen geschmückt. Die reiche Verwendung von Goldlack an Türen und Fenstern diente als Ausdruck der Schönheit und des Luxus, wobei sich die Motive der Flachreliefs der Unterbretter nach Wertigkeit und Funktion des Gebäudes richteten. So erhielt die Jiaotaidian (Halle der Berührung von Himmel und Erde) auf jedem Unterbrett einen Drachen und einen Phönix, während die Unterbretter an Türen und Fenstern der Yangxindian (Halle der Pflege des Herzens) nur mit einem vergoldeten, *ruyi* genannten Ornamentband auf rotem Grund ausgestattet wurden. Andere Unterbretter zeigen geometrische Muster wie die buddhistische Swastika, kreisförmige und münzenartige Ornamente oder Blatt- und Bambusmotive wie beim Zhongcuigong (Palast der Gesammelten Essenz). Auch hier war bei der Motivwahl die symbolische Beziehung zwischen Tür- und Fensterschmuck und der Gebäudefunktion ausschlaggebend sowie der Ausdruck harmonischer Übereinstimmung der Haupthalle mit der sie umgebenden Baueinheit.

Zur Ausstattung innerhalb des Traufenvorsprungs gehören in erster Linie die den Innenraum prägenden oder teilenden Wandelemente, die in der Verbotenen Stadt, ganz besonders in den Wohn- und Schlafpalästen der Kaiserin und der kaiserlichen Konkubinen, große Vielfalt, kostbare Materialien und hohe Kunstfertigkeit aufweisen. Als Trennelemente dienten ebenso wandschirmartige Harmonika-Türen und stoffbespannte, mit Maßwerk versehene tür- und fensterähnliche leichte Wände wie auch Bücherregale oder raumteilende vollplastische, zumeist Winterkirschblütenmotive gestaltende Schnitzereien. Bei der Ausgestaltung der Trennelemente folgte man zumeist dem Prinzip, den Raum entsprechend den Wohnbedürfnissen zu teilen, zugleich aber den Eindruck eines großen Gesamtraumes zu bewahren. Besonders deutlich kommt das in den durch geschnitzte Teilwände oft nur angedeuteten Raumtrennungen in den Sechs Östlichen Palästen zum Ausdruck. Für die Schnitzereien wurde vorwiegend indisches Mahagoni oder Rosenholz verwendet. Ähnlich exquisit die Verzierung der Raumteilungselemente in den Sechs Westlichen Palästen. Hier werden mit geometrischem Maßwerk geschmückte Zwischenwände und Zwischentüren bevorzugt, die mit farbigem Glas, bestickten oder bemalten Seiden- und Brokatstoffen, die mit Vorliebe Blumenmotive und Kalligraphien zeigen, hinterlegt sind. Die dabei vorherrschende Form des vertikal stehenden Rechtecks, zumeist in Gestalt eines Laternenmusters, findet in den von der Decke hängenden Palastlaternen, den an den Wänden und Säulen angebrachten senkrechten Kalligraphien sowie den unter der Decke plazierten horizontalen Schrifttafeln ihre Wiederaufnahme, wodurch die intime Atmosphäre eines Studios unterstrichen wird.

Hinsichtlich der Vielfalt in Konzeption und Ausführung sowie der kunsthandwerklichen Vollendung gehört die Ausstattung „innerhalb des Traufenvorsprungs" in den Palästen der Verbotenen Stadt zweifellos zu den bedeutendsten Leistungen der baugebundenen Kunst in China. Zwar entspricht auch die Ausstattung „außerhalb des Traufenvorsprungs" den Erfordernissen kaiserlicher Prachtentfaltung, aber sie unterliegt noch deutlich der ihr zugedachten traditionellen Zweckbestimmung: dem Schutz des Innenraums vor Wind und Regen sowie vor Hitze und Kälte, der Beleuchtung und der Öffnung des Innenraums nach außen hin. Damit hängt es auch zusammen, daß sich dekorative Elemente an Außenwänden und außerhalb der Tür- und Fensterfronten sowie der Balkenzonen, abgesehen von Ziermauern und Schmucktoren, an den Bauten der Verbotenen Stadt nur ausnahmsweise finden.

Abb. 60 Entlang der vier Außenmauern angelegter typischer Beijinger Wohnhof, wie er als Muster auch der Anlage der Wohnpaläste der Verbotenen Stadt zugrunde lag

Abb. 61 Dreifach gekreuztes, sechsblättriges Wasserkastanien-Muster

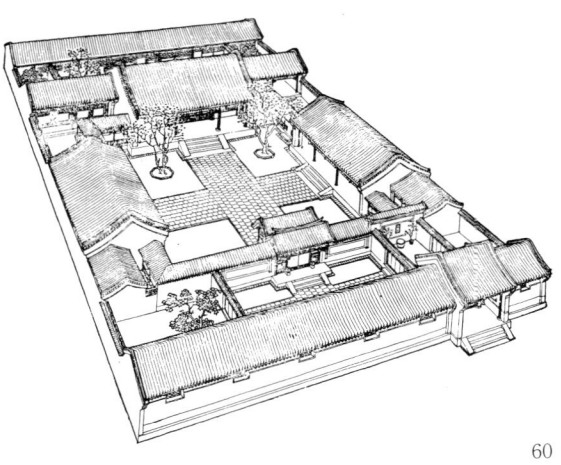

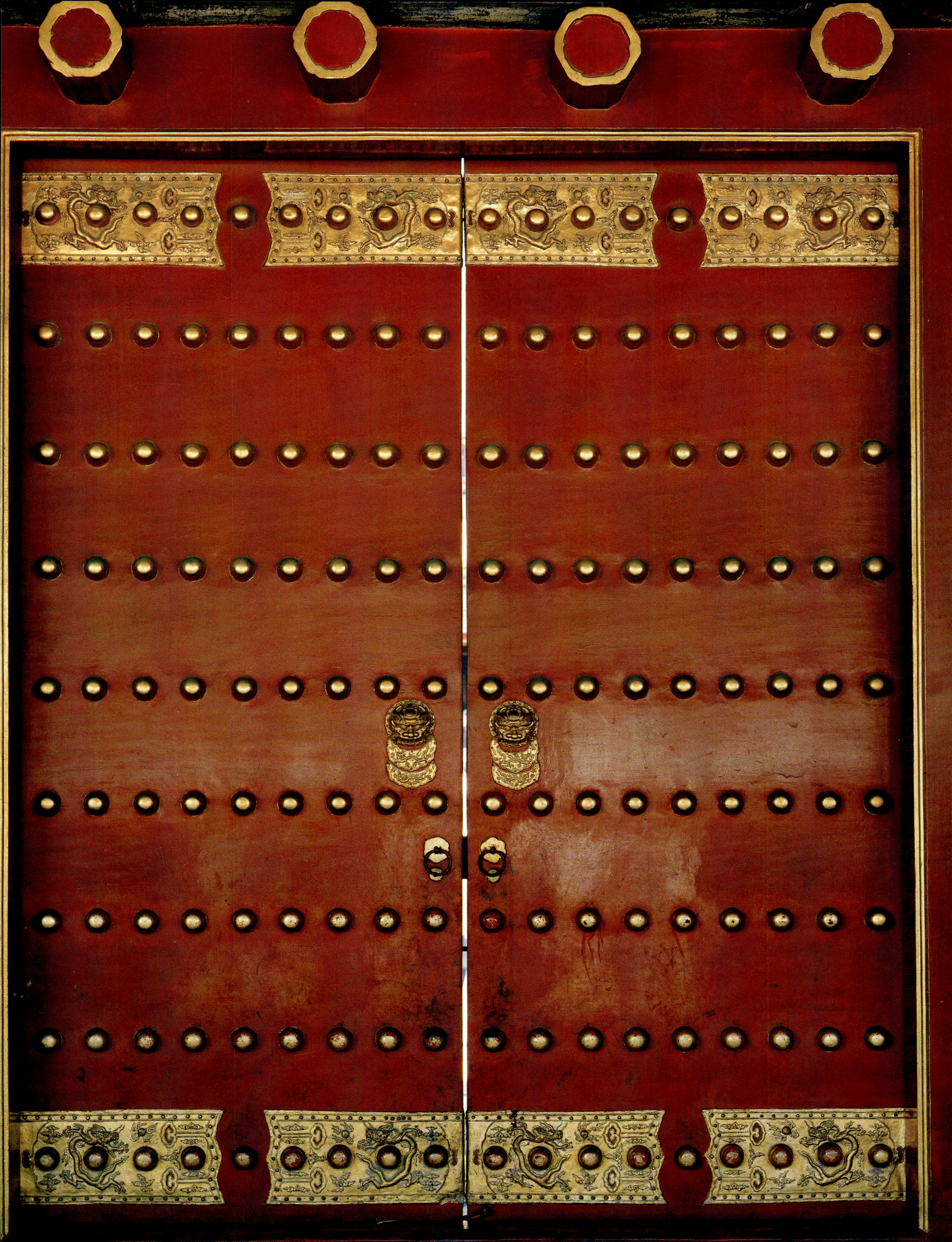

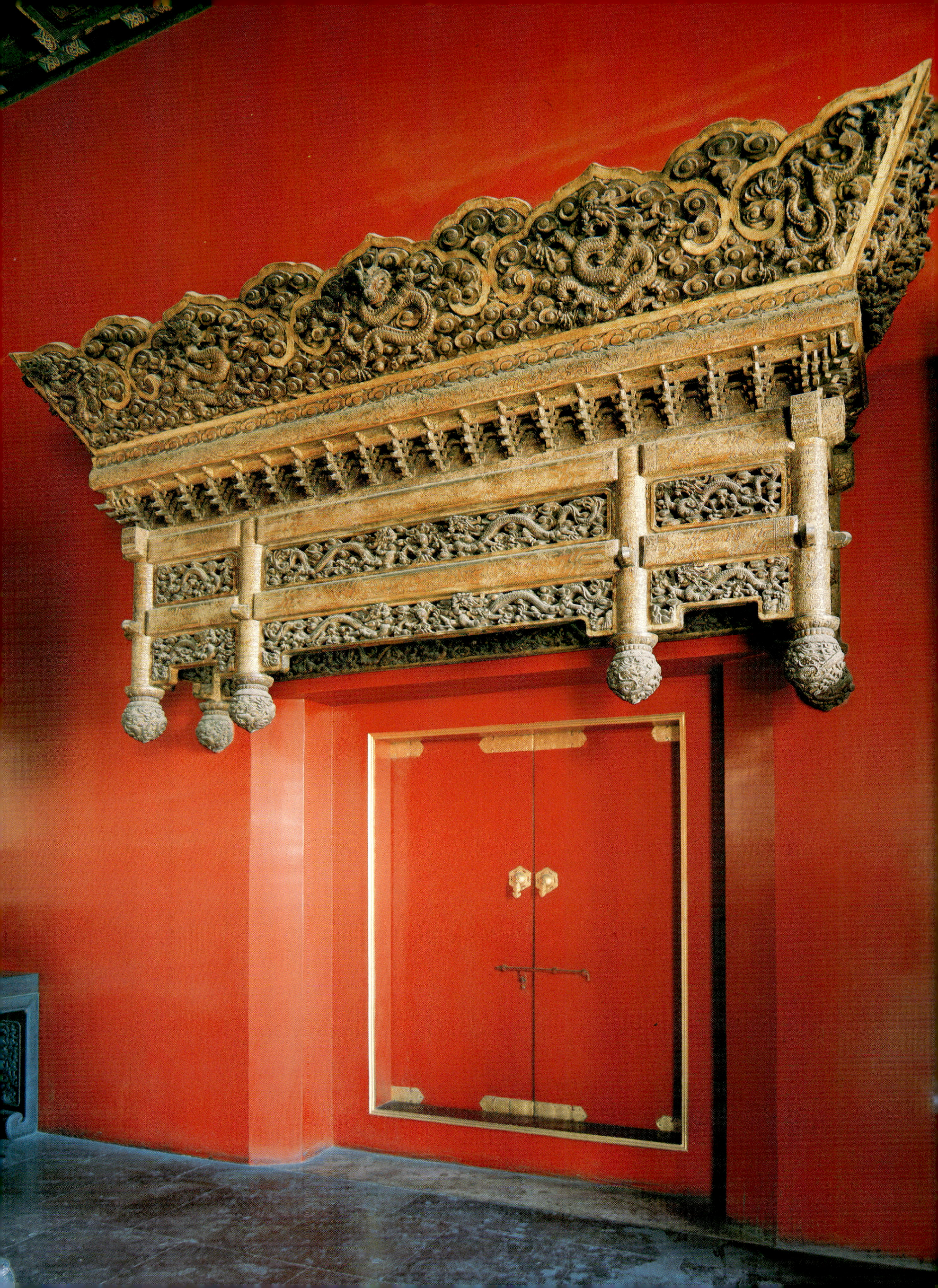

322

323

324

325

320 Torflügel auf der Nordseite des Qianqingmen (Tor der Himmlischen Reinheit)

Jeder Torflügel ist mit neun Nagelreihen, die jeweils neun vergoldete Nägel tragen, verziert (s. Einleitung, Abschnitt: Dekor).

321 Zweiflüglige Tür zur Nebenhalle im Qianqinggong (Palast der Himmlischen Reinheit) mit drachenverziertem Baldachin

322 Drachenschild tragende Tiermaske (*pushou*). Türbeschlag am Ningshoumen (Tor des Ruhevollen Alters)

323 *pushou*-Türbeschlag an der Innenseite des Yanqimen (Tor der Ausbreitung der Glückseligkeit) im Ningshougong huayuan (Garten des Palastes des Ruhevollen Alters)

Im Gegensatz zu Bild 322 hat die *pushou*-Tiermaske hier insofern die allgemein übliche Form, als das obere Drachenschild frei im Maul der Maske aufgehängt ist.

324 *pushou*-Türbeschlag auf der Nordseite des Qianqingmen

Der Ausdruck der *pushou*-Maske sowie der Stirndekor weisen Unterschiede auf, so daß die Maske wechselnd drachen-, löwenkopf- und menschenähnliche Züge zeigt. Die auch als *menpu* bezeichneten Masken sind in der Regel vergoldet. Ihnen wird die gleiche Bedeutung wie den vor den Haupthallen aufgestellten Löwen zugeschrieben.

325 Türbeschlag mit zimbelförmigem Türgriff an den Toren des Ningshougong

326 Gitterfenster mit Mustern in Form einer Lochmünze und mit *ruyi*-Ornament verzierte Unterbretter an der Türfront der Yangxindian (Halle der Pflege des Herzens)
327 Dreifach gekreuztes, sechsblättriges Wasserkastanien-Muster und die Perle bewachende Drachen an der Taihedian (Halle der Höchsten Harmonie)

328 Dreifach gekreuztes, sechsblättriges Wasserkastanien-Muster sowie Drachen und Phönixe an der Jiaotaidian (Halle der Berührung von Himmel und Erde)

329 Das Dongpingmen (Östliches Schutzscheibentor) im Hof des Shufangzhai (Studio der Frischen Aromen)

330 Gitterfenster mit Blatt- und Kreisornamenten an einer Tür der Qin'andian (Halle des Kaiserlichen Seelenfriedens)
331 Gitterwerk und *ruyi*-Ornamente an der Westgalerie der Huangjidian (Halle der Kaiserlichen Absolutheit)
332 Türfront mit Wasserkastanien-Mustern und *ruyi*-Ornamenten im Wanchunting (Pavillon des Zehntausendfachen Frühlings)
333 Gitterfenster am Zhongzuomen (Mittleres Tor zur Linken)
334 Gitterfenster mit Laternenmustern im Yanhuiting (Pavillon des Verlängerten Glanzes)

335 Unterbretter mit Bambusmustern an einer Tür des Zhongcuigong (Palast der Gesammelten Essenz)
336 Gitterfenster im Hongyige (Pavillon des Offenbaren Wohlwollens)
337 Türflügel mit dem Motiv der fünf Fledermäuse und mit dem Schriftzeichen *shou* (Langlebigkeit) in der Kreismitte (in Chinesisch ist das Zeichen für Fledermaus ein gleichlautendes Wort wie „Glück") im Jiangxuexuan (Pavillon des Roten Schnees)

Um die Mitte der Qing-Dynastie kam die Verwendung von Glas bei Türen und Fenstern in Gebrauch. Glas fand vor allem in den Wohnpalästen der Kaiserin und der kaiserlichen Konkubinen Anwendung. Dabei wurden die von schlichten Rahmen gehaltenen Scheiben außerhalb des Traufenvorsprungs vor Fenstern und Türen angebracht, so daß sie in der warmen Jahreszeit abgenommen werden konnten. Das Maßwerk der Gitterfenster wurde dabei nicht verändert. Erst später wurden in der Verbotenen Stadt auch normale großflächige Glasfenster eingebaut.

338 Türbeschläge und Ringgriffe an der Jiaotaidian (Halle der Berührung von Himmel und Erde)
339 Türbeschläge und Ringgriffe am Shenwumen (Tor des Göttlichen Kriegers)
340 Türbeschläge und Ringgriffe am Kunninggong (Palast der Irdischen Ruhe)
341 Türbeschläge und Türgriffe am Yikungong (Palast des Beistandes des Kaisers)

Jeder Türgriff ist mit dem Zeichen für die „fünf Segnungen" (Langlebigkeit, Reichtum, Gesundheit, Tugend und Ende des Lebens erst nach Ablauf der zugemessenen Zeit) geschmückt. Die Beschläge nehmen in ihrem Dekor das Motiv auf und ergänzen es durch das stilisierte Schriftzeichen für Langlebigkeit.

342 Unterbretter mit *ruyi*-Ornament an der Fengxiandian (Halle der Ahnenverehrung)

343 Unterbrett mit *ruyi*-Ornament am Ningshougong (Palast des Ruhevollen Alters)

344 Zwei Drachen, die die flammende Perle bewachen. Vergoldete Schnitzerei an den Unterbrettern der Huangjidian (Halle der Kaiserlichen Absolutheit)

345 Die Perle bewachende Drachen. Vergoldete Schnitzerei an den Unterbrettern des Qianqinggong (Palast der Himmlischen Reinheit)

346 Fenstergitter mit Lochmünzen-Muster an der Lutai (Terrasse zum Auffangen des Taus) östlich des Guhuaxuan (Pavillon Antiker Blüten) im Ningshougong huayuan (Garten des Palastes des Ruhevollen Alters)

347 Unterschiedlich geformte Fenster am Ruting (Ru-Pavillon) im Ningshougong huayuan

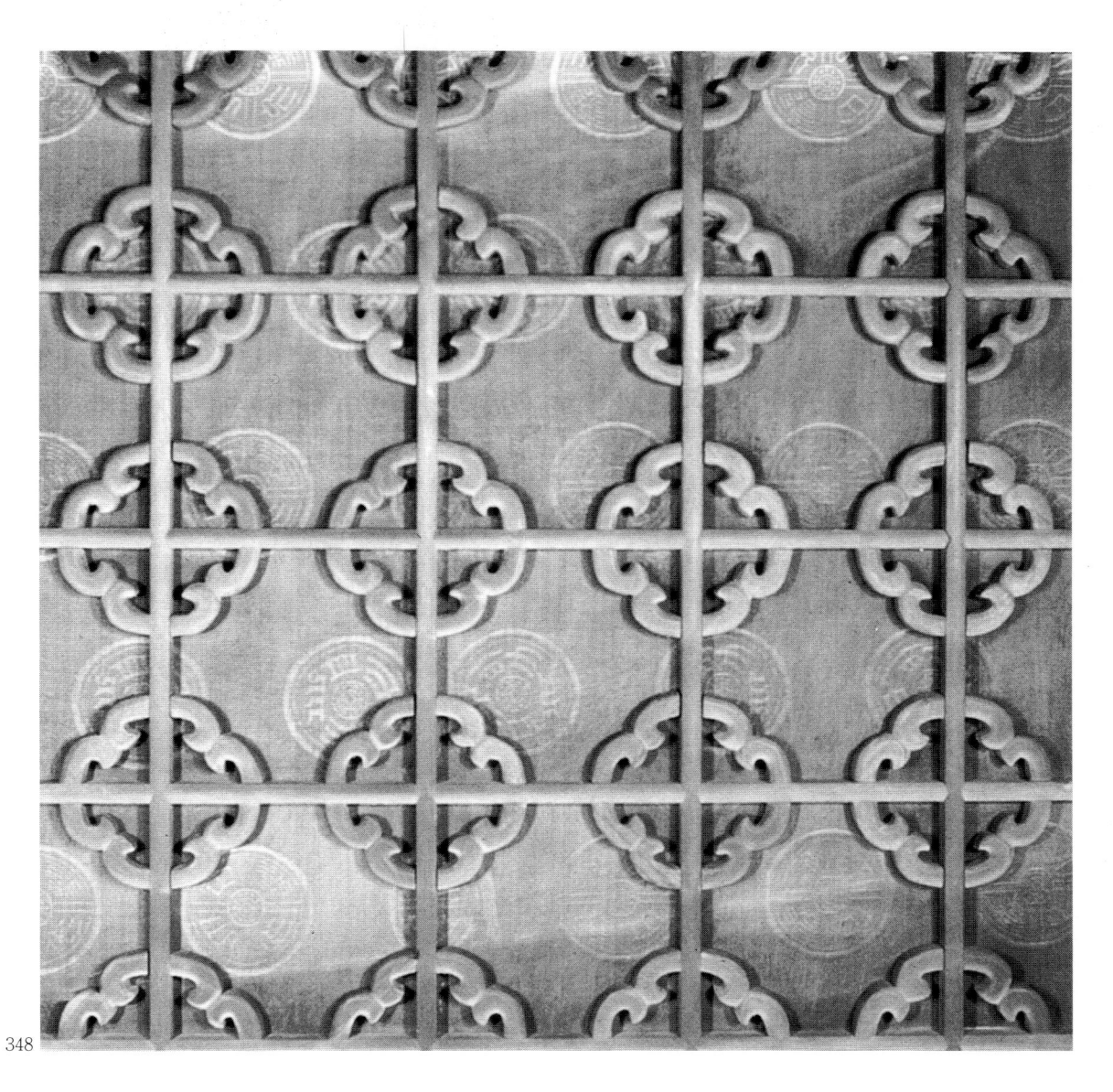

348 Maßwerk mit Blattmustern an einem Fenster in der Westkammer der Leshoutang (Halle des Freudvollen Alters)
349 Mauerschmuck mit dem traditionellen Thema der „Hundert Antiquitäten" am Shufangzhai (Studio der Frischen Aromen)

350

350 Mit Cloisonné-Einlage und mit Schriftzeichen sowie Malereien ausgestattete Harmonika-Tür als Zwischenwand in der Leshoutang
351 Zwischenwand mit Laternenmustern, umgeben von Schrifttafeln, im Shufangzhai

352 Schnitzerei aus sich windenden Lotospflanzen als Trennwand im Shufangzhai
353 Fenster aus sich windenden Lotospflanzen in der Trennwand. Detail aus Bild 352

354 Kiefern umwachsende Pflanzen. Wandschnitzerei im Yikungong (Palast des Beistandes des Kaisers)
355 Detail aus Bild 354

藻井、天花

Deckenkassetten und Deckenbemalung

Deckenkassetten finden in der Verbotenen Stadt in erster Linie in den besonders herausgehobenen Hallen Verwendung, um die Erhabenheit und Würde des Raumes zu betonen. Die Sechs Westlichen und die Sechs Östlichen Paläste sind, da sie als Wohnresidenzen der Konkubinen als niedrigrangig galten, nicht mit Deckenkassetten ausgestattet.

Die Konstruktion der Deckenkassetten ist äußerst kompliziert, zumal sie durch besonders reiche Schmuckgebung gekennzeichnet sind. Aus den in der Verbotenen Stadt erhalten gebliebenen Deckenkassetten läßt sich das Prinzip ihrer Konstruktion rekonstruieren. Das Innenfeld bildet zumeist einen kuppelförmig wirkenden Kreis, der mittels sternförmig angelegter Streben in die Grundform des Quadrats hinübergeführt wird. Die Hallen tragen zumeist nur ein einziges großes Kassettenfeld, das sich im Zentrum der Decke befindet. Die die Hauptkassette umgebende Decke ist aus kleinen quadratischen Kassettenfeldern zusammengesetzt. Die Mittelkassette besteht aus einem Ober-, einem Mittel- und einem Unterteil. In der Taihedian beispielsweise bildet der Unterteil ein Quadrat mit einer Seitenlänge von 5,94 Meter. Die Seitenbalken tragen ein 50 Zentimeter hohes dreischichtiges Konsolensystem, auf dem die sternförmig ineinander verzapfte *dougong*-Konstruktion, die den Mittelteil trägt, aufruht. Dieser mit Zierkonsolen und drachen- sowie phönixgeschmückten dreieckigen und rhombischen Deckenfeldern ausgestattete Mittelteil ist 57 Zentimeter hoch. Die aus 28 Verzapfungen bestehende *dougong*-Konstruktion bildet an der Unterkante des Mittelkreises ein Oktogon. Von Wolken umgebene Drachen an der Innenseite des Oktogons leiten zum Mittelring über. Der Mittelring trägt ein dreischichtiges Konsolensystem von 72,2 Zentimeter Höhe, auf dem das kreisrunde Zentralfeld von 3,2 Meter Durchmesser aufruht. Das Mittelfeld ist mit einem großen vollplastischen Drachen geschmückt, dessen Maul in der Taihedian die von kleineren Perlen umgebene, leuchtende Perle hält. Sie bildet wie eine Lampe das Zentrum der Decke und des Raumes, obwohl sie nicht Beleuchtungszwecken dient. Der Glanz der über und über vergoldeten Kassette und der mattschimmernden Perle darin überstrahlt allen Schmuck des Thronensembles, der Wände und Balken sowie der sonstigen Einrichtung. Die Kassette ist das Symbol des Himmels, der sich über dem darunter thronenden Himmelssohn öffnet.

Andere Formen prunkvoller Deckenkassetten — ebenfalls Meisterwerke der baugebundenen Kunst — finden sich u. a. im Qianqiuting (Pavillon des Tausendfachen Herbstes) und im Fubiting (Schwebender Jadegrüner Pavillon) im Yuhuayuan (Kaiserlicher Garten). Im Gegensatz zu den Kassetten der Zeremonialhallen richtet sich ihre Gestaltung stärker nach der Struktur des Gebäudes, seiner Wertigkeit und der Konzeption des Baukomplexes, zu dem das Bauwerk gehört. Während die Kassetten in den Zeremonialhallen trotz Differenzierung in der Ausgestaltung einem einheitlichen Konstruktionsprinzip folgen, belegen die Kassetten in den zweitrangigen Bauobjekten die Stilvielfalt der Kassettenarchitektur.

Bei der Bemalung der aus der Ming- und der Qing-Dynastie stammenden großen Kassettenfelder wurde Goldlack bevorzugt, in den weniger erhabenen Bauten ergänzt durch kalte Farben wie Blau und Grün, die als Kontrastfarben dienten und die goldfarbig gehaltenen Partien umso deutlicher hervortreten ließen. Kaiserliche Symboltiere wie Drache und Phönix wurden stets mit Goldlack bemalt.

Die Deckenbemalung in der Verbotenen Stadt entstammt zum größten Teil der Spätzeit der Ming-Dynastie und der Qing-Zeit. Die Deckenkonstruktion erfolgte im wesentlichen nach zwei Methoden. Man unterscheidet kassettenartige Kastendecken und *ruan*-Decken („weiche Decken"). Bei Kastendecken wird ein sich kreuzendes Netz aus Balken über die Halle gelegt. Die durch die Balken gebildeten Quadrate werden mit Latten abgedeckt. Die Quadrate werden mit gleichförmigen Mustern bemalt. Als Fondfarbe wird Blau oder Grün verwendet; der Mittelkreis wird mit goldfarbigen Drachen-, Phönix-, Kranich- oder auch mit Blumenmotiven geschmückt. Die vier Winkel erhalten Wolken- oder Pflanzendekor, wobei als Kontrastmittel Farben wie Rot und Gelbbraun Verwendung finden. Die die Kastendecke haltenden Balken sind zumeist grün gestrichen. Die Kreuzungspunkte der Balken tragen ein rundes Muster aus Lotosblütenblättern, an das sich schwalbenschwanzartig angelegte *ruyi*-Ornamente auf den Balkenarmen anschließen.

Ruan-Decken bestehen aus einem leichten Gitterwerk aus Holz- oder Bambusstangen, das mit Leinen oder Papier bespannt und in Form einer Kastendecke oder in freier Gestaltung bemalt wird. *Ruan*-Decken waren in erster Linie für Paläste niedrigen Ranges bestimmt und sind daher u. a. in den Sechs Westlichen und den Sechs Östlichen Palästen anzutreffen.

In einigen Ausnahmefällen wie in der Leshoutang (Halle des Freudvollen Alters) und im Guhuaxuan (Pavillon Antiker Blüten) wurde die Kastendecke nicht bemalt, sondern aus Nanmu-Holz geschnitzt. Als Motive wurden dabei zumeist sich um eine Mittelblüte windende Blatt- und Rankenornamente verwendet. Die Deckengestaltung trägt hier besonders nachhaltig zur harmonischen Gesamtwirkung des Raumes bei und weicht vom Prinzip der Verwendung von Symbolmotiven bei der Deckenmalerei insofern ab, als der Eindruck entsteht, der Raum werde von einer bewachsenen Laube überdacht. Eine weitere Ausnahme bildet der kleine Bühnenraum im Juanqinzhai (Studio der Mühe und des Fleißes), dessen Deckenmalerei eine offene, mit Glyzinien überwachsene Bambuslaube darstellt. Die Deckenmalerei findet in einem wandfüllenden Landschaftsgemälde ihre Fortführung (s. Bild 190). Diese Art der Wand- und Deckengestaltung, die mit malerisch-realistischen Mitteln die Illusion eines „Blumengartens unter dem Dach" hervorzurufen sucht, ist einmalig in der Verbotenen Stadt.

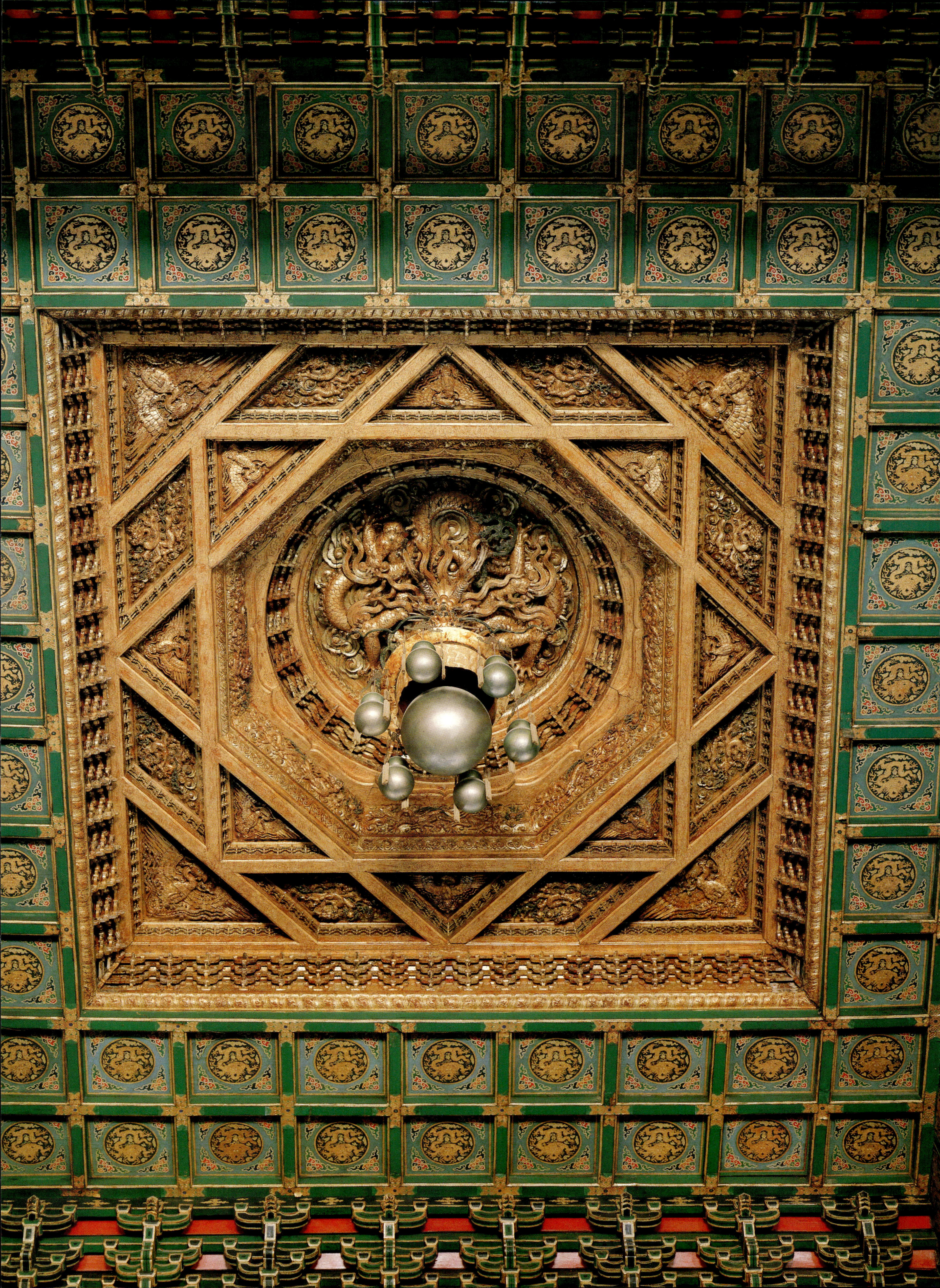

356 Deckenkassette in der Taihedian (Halle der Höchsten Harmonie)
357 Deckenkassette in der Jiaotaidian (Halle der Berührung von Himmel und Erde)

358 Deckenkassette in der Yangxindian (Halle der Pflege des Herzens)

Große, eingetiefte Deckenkassetten sind ein spezielles Dekorationselement, das über dem Thronsitz oder auch über der Hauptfigur des Altars eines Tempels angebracht wird. Bereits seit der Han-Dynastie kennt man Deckenkassetten. Im Buch *Fengsutong* (*Über Sitten und Gebräuche*) heißt es: „Zur Zeit bringt man gern Deckenkassetten in den Gebäuden an. Da die Kassetten einem Brunnen ähneln, glaubt man, damit Brände verhüten zu können."

Die Deckenkassette in der Taihedian befindet sich direkt über dem Thron. Sie ist, wie üblich, im Zentrum rund und bildet um das kuppelförmig gehobene Mittelstück ein Quadrat von annähernd sechs Meter Seitenlänge. Die Kassette besteht aus Unter-, Mittel- und Oberteil, die zusammen 1,8 Meter tief sind. Der kuppelförmige Oberteil wird von einer *dougong*-Konstruktion gehalten, deren dreieckige und rhombische Zwischenfelder mit vergoldeten Wolken- und Drachenmotiven geschmückt sind. Im Zentralfeld schlängelt sich ein riesiger Drache, der in seinem nach unten gerichteten Maul eine Perle hält. Die ganze Deckenkassette ist in Gold in zwei Farbtönen gehalten. Ihre Gestaltung steht mit der des Thrones in Einklang.

359 Deckenkassette in der Nanxundian (Halle des Südlichen Wohlgeruchs)
360 Deckenkassette im Zhaigong (Palast des Fastens)

361 Deckenkassette im Linxiting (Pavillon am Bach) im Cininggong huayuan (Garten des Palastes der Barmherzigen Ruhe)
362 Deckenkassette im Chengruiting (Pavillon der Klarheit und Glückseligkeit) im Yuhuayuan (Kaiserlicher Garten)

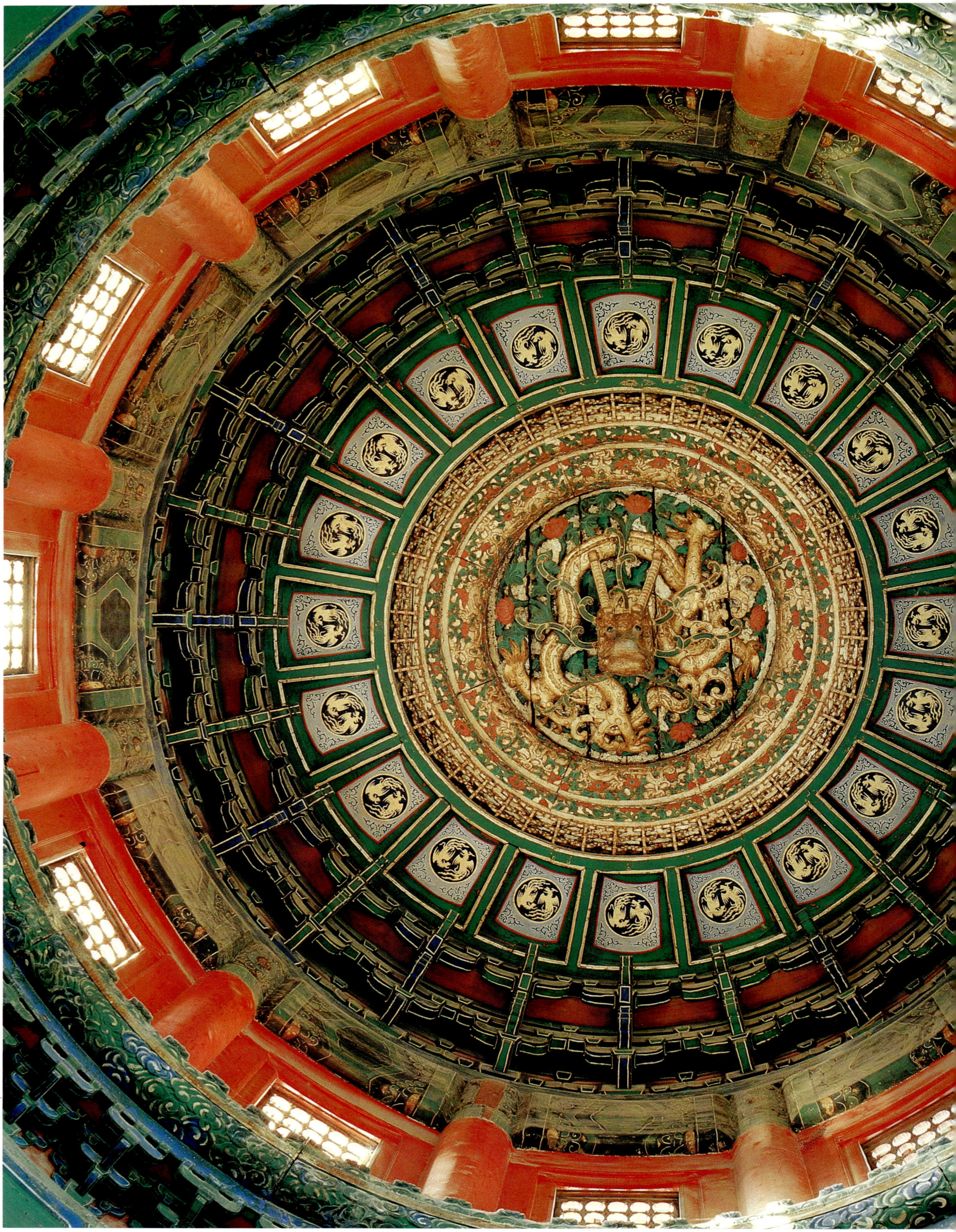

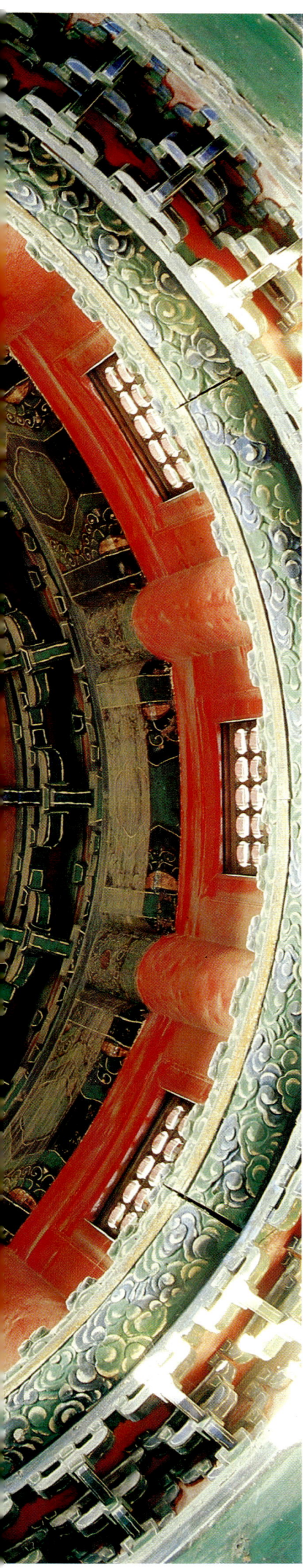

363 Kuppelförmige Deckenkassette im Wanchunting (Pavillon des Zehntausendfachen Frühlings) im Yuhuayuan
364 Gemauertes Kuppelgewölbe im Duixiumen (Tor der Aufgetürmten Vorzüglichkeiten), dem Tor zum Duixiushan (Hügel der Aufgetürmten Vorzüglichkeiten) im Yuhuayuan

Derartige gemauerte Kuppelgewölbe sind in der chinesischen Architektur nicht unbekannt, allerdings finden sie vorrangig bei Grabanlagen Verwendung. Das Mittelfeld ist mit einem steinernen Drachen verziert.

365 Detail der Kastendecke des Taihemen (Tor der Höchsten Harmonie), dekoriert mit frontalen Drachen sowie Lotosblüten- und Schwalbenschwanzornamenten
366 Detail der Kastendecke in der Baohedian (Halle zur Erhaltung der Harmonie), dekoriert mit frontalen Drachen und Lotosblüten- sowie Schwalbenschwanzornamenten
367 Deckenfeld mit die flammende Perle bewachendem Drachenpaar in der Nanxundian (Halle des Südlichen Wohlgeruchs)
368 Deckenfelder mit die flammende Perle bewachenden Drachen im Qianqingmen (Tor der Himmlischen Reinheit)

Die Drachen in den Deckenfeldern sowie die sie umrahmenden Wolkenornamente zeigen unterschiedliche Posen und Formen. Auf den Deckenbalken Lotosblüten. Bei den schwalbenschwanzartig auslaufenden Ornamentbändern zwischen den Deckenfeldern findet das klassische *ruyi*-Ornament Verwendung, das oft auch der Formgebung der Wolken und Blüten in den Winkeln der Deckenfelder zugrunde liegt.

Die Vielfalt der Deckenmalerei in den Palästen der Verbotenen Stadt ist auffällig. Die ehrenvollsten Motive waren selbstverständlich Drachen und Phönixe, die Symbole des Kaisers und der Kaiserin. In der Taihedian, der Zhonghedian (Halle der Vollkommenen Harmonie) und der Baohedian (Halle zur Erhaltung der Harmonie) sowie in der Jiaotaidian (Halle der Berührung von Himmel und Erde), im Qianqinggong (Palast der Himmlischen Reinheit) und im Kunninggong (Palast der Irdischen Ruhe) sind ausschließlich diese Motive anzutreffen. In den Palästen der Konkubinen, in den Pavillons, Hallen, Studios und Galerien der Gartenanlagen findet man dagegen lebenszugewandte, traditionelle Motive, deren Wahl im wesentlichen unter dem Gesichtspunkt der Gebäudefunktion und der darauf bezugnehmenden Symbolik der Deckengestaltung erfolgte. Im Jingyanggong (Palast der Strahlenden Sonne) zeigt die Decke das Motiv der „Doppel-Kraniche", im Fubiting (Schwebender Jadegrüner Pavillon) im Yuhuayuan (Kaiserlicher Garten) das Motiv „Hundert Blumen" (jedes Deckenfeld ist hier mit einer anderen Pflanze bemalt), im Sishenci (Tempel der Vier Götter) das Motiv „Verschlungener Lotos" und im Wenyuange (Pavillon der Literarischen Tiefgründigkeit) das Motiv „Goldener Lotos" sowie andere Wasserpflanzen.

366

367

368

261

369

370 371

369 Detail der Kastendecke im Sishenci (Tempel der Vier Götter) im Yuhuayuan, dekoriert mit dem Motiv „Verschlungener Lotos"

370 Detail der Kastendecke im Yucuiting (Pavillon des Grünen Jade) im Yuhuayuan, dekoriert mit dem Motiv „Hundert Blumen". Dargestellt sind u. a. Narzissen, Magnolien, Päonien, Lotos, Pfirsiche und Granatäpfel

371 Detail der Kastendecke im Fubiting (Schwebender Jadegrüner Pavillon) im Yuhuayuan, dekoriert mit dem Motiv „Hundert Blumen"

372 Detail der holzgeschnitzten Kastendecke im Guhuaxuan (Pavillon Antiker Blüten) im Ningshougong huayuan (Garten des Palastes des Ruhevollen Alters)

373 Detail der holzgeschnitzten Kastendecke in der Leshoutang (Halle des Freudvollen Alters)

374 In Form einer Blüte angeordnete holzgeschnitzte Kastendecke im Biluoting (Pavillon der Jadegrünen Muscheln) im Ningshougong huayuan, dekoriert mit blühenden Winterkirschen

375 Detail einer geflochtenen *ruan*-Decke mit Gitterornament im Pavillon des Quchilang (Korridor des Zimmermannswinkels) im Ningshougong huayuan

376 Detail der *ruan*-Decke („weiche Decke") mit kastenförmiger Deckenbemalung im Chengqiangong (Palast des Himmlischen Erbes), dekoriert mit die flammende Perle bewachenden Phönixen
377 Detail der *ruan*-Decke mit kastenförmiger Deckenbemalung im Linxiting (Pavillon am Bach) im Cininggong huayuan (Garten des Palastes der Barmherzigen Ruhe), dekoriert mit Blumenmotiven
378 Detail der *ruan*-Decke mit kastenförmiger Deckenbemalung im Jingyanggong (Palast der Strahlenden Sonne), dekoriert mit dem Motiv „Doppel-Kraniche"

380

379 Detail der *ruan*-Decke mit kastenförmiger Deckenbemalung im Yuhuage (Pavillon des Blütenregens), dekoriert mit Sanskrit-Schriftzeichen tragenden Lotosblüten
380 Deckenbemalung über der Bühne im Hof des Shufangzhai (Studio der Frischen Aromen), dekoriert mit schwebenden Wolken

Die freie Deckengestaltung mit ihrer vorrangig dekorativen Funktion weist auf den relativ niedrigen Rang des Gebäudes hin.

彩畫

Dekorationsmalerei am Balkenwerk der Holzkonstruktion

Eines der besonderen Merkmale der traditionellen chinesischen Architektur ist die Bemalung der hölzernen Teile im Holzskelett-Bau. Sie dient einerseits der Imprägnierung des Balkenwerks, andererseits der Verschönerung des Bauwerks.

Anfangs verwendete man nur einfarbige Anstriche, um die Holzkonstruktion vor den klimatischen Bedingungen und vor Wurmfraß zu schützen. Die Farben wurden aus pflanzlichen und mineralischen Stoffen gewonnen. Im Verlauf der Entwicklung der chinesischen Zivilisation und Kunst und der damit verbundenen Herstellung unterschiedlichster Farbstoffe kam seit Mitte des ersten Jahrtausends die malerische Ausschmückung des Balkenwerks in Gebrauch. Sie war ursprünglich ausschließlich Palästen und Tempeln zugedacht und galt in der Ming- und der Qing-Zeit als unentbehrlicher Bestandteil der Palastarchitektur. Bereits im Stadium der Bauplanung wurde dem Balkenschmuck vorzügliche Beachtung geschenkt.

Nach der vollständigen Zerstörung Dadus, der Hauptstadt der Yuan-Dynastie, war es sehr schwer, authentische Vorlagen für die Ausgestaltung des Balkenwerks zu finden. In dem Bestreben, die Hinterlassenschaft der mongolischen Herrschaft aus dem Bewußtsein des Volkes weitestgehend zu tilgen, begann die junge Ming-Dynastie, die Ornamentik und die malerische Symbolsprache der klassischen chinesischen Tradition wieder zu entdecken und zur Festigung ihrer Herrschaft vielfältig einzusetzen; vorzugsweise in der auch nach außen hin sichtbaren Balkendekoration. Die Qing-Dynastie, die eine nationale Minderheit an die Macht brachte, setzte in dem Bemühen, ihre Herrschaft durch Wahrung der Tradition zu legitimieren, den Prozeß fort, wobei die strengen Formen der Ming-Zeit partiell einen Stilwandel zugunsten des stärker folkloristisch empfindenden mandschurischen Dekorationsstil erlebten. Während der Ming-Dynastie war dem gemeinen Volk untersagt, die Wohnbauten mit polychromem Balkendekor auszustatten. Und auch für die Palastanlagen der Verbotenen Stadt galten hinsichtlich der Balkendekoration strenge Vorschriften entsprechend der Gebäudeklassifikation. Obwohl diese Regelungen in der Qing-Zeit, besonders bei den mittelrangigen Bauten, fließender gehandhabt wurden, sind die Unterschiede noch heute deutlich zu erkennen.

Die wichtigsten Gebäude des Äußeren und des Inneren Hofes tragen Dekor im *hexi*-Stil. *Hexi*-Stil-Dekorationen setzen sich aus drei Elementen zusammen: aus *fangxin*, dem Herz oder Zentrum des Balkens, aus *zaotou*, dem Gürtel, und aus *gutou*, den Wickeln, die sich an den beiden äußersten Enden des Balkens befinden. *Gutou* besteht aus gerundeten, in ein breites, den Balken umlaufendes Band eingestellten Bildfeldern, die Drachen-, Phönix- oder Pflanzenmotive tragen. *Zaotou* setzt sich aus schmalen, in Längsrichtung verlaufenden, mit stilisierten Lotosblüten geschmückten Streifen zusammen, die spitzwinklig oder spitzbogig enden und in zwei den Balken umlaufenden parallelen Zickzack-Linien ihren Abschluß finden. Ein von Zickzack-Linien eingefaßtes, den Balken umlaufendes, mit Drachen oder Phönixen verziertes Band schließt sich an. *Fangxin*, das lange Mittelstück des Balkens, nimmt die durch die Zickzack-Linien vorgegebene Gliederung der Balkenflächen auf und bildet ein von einem zumeist einfarbigen Rahmen eingefaßtes, mit Drachen und Phönixen ausgestattetes, längslaufendes Bildfeld. Sich ergebende Zwischenräume oder Zwischenbalken — z. B. bei Doppelbalken-Konstruktionen oder unter- und oberhalb der Konsolenzonen — werden mit Drachen-, Phönix-, Lotos-, stilisierten Pflanzen- oder Wolkenmotiven geschmückt. Die dominierenden Farben des *hexi*-Stils sind Gold und kühles Blau als Fondfarbe, das durch rote Untergründe oder Ornamentflächen sowie durch weiße Feld- und Ornamentbegrenzungen aufgelockert wird. Die Grundfarbe der Hauptbalken ist in jedem Raum einheitlich gehalten, entweder oben blau und unten grün oder umgekehrt. Auf dem insgesamt in einem kalten Farbklang gehaltenen Balkenwerk treten die goldenen Drachen und Phönixe umso leuchtender hervor und unterstreichen die feierliche Atmosphäre der Haupthallen des Palastes.

Der sogenannte *xuanzi*-Stil rangiert in seiner Wertigkeit unmittelbar hinter dem *hexi*-Stil. Er fand vornehmlich an mittelrangigen Gebäuden, die in einiger Entfernung vom Zentrum der Verbotenen Stadt liegen, Anwendung, z. B. im Jianting (Pfeilpavillon). Der Hauptunterschied zum *hexi*-Stil liegt in der Gestaltung des *zaotou*-Teils, der mit Blumenmustern dekoriert ist, bei denen kreisförmige Ornamente tonangebend sind. Da das beim *xuanzi*-Dekorationsstil oft *huaxin* genannte *fangxin*-Mittelfeld freigelassen wird und nur als blauschwarz gehaltene, zumeist blau umrandete Fläche in Erscheinung tritt, wird im *xuanzi*-Stil der *zaotou*-Sektor als „Blumenherz" (*huaxin*) oder „Zentrum" bezeichnet. Die aus Kreisen, Ringen und Wirbeln (*xuan*) zusammengesetzten Blütenornamente gaben dem Stil seinen Namen. Die dem *xuanzi*-Stil zugrunde liegenden stilisierten pflanzlichen Rundornamente wurden vor allem in der Qing-Dynastie gern gebraucht. Vermutlich ist ihre Herausbildung auf eine Vereinfachung der rollenden Wellen-Ornamentik zurückzuführen, die sich seit der Tang-Dynastie entwickelte. Nachdem die Rundform zur Blumengestaltung gefunden war, ließen sich daraus die unterschiedlichsten Muster, wie z. B. die allseits beliebte Lotosblüte, ableiten. Verglichen mit dem *hexi*-Stil ist die künstlerische Gestaltung der *xuanzi*-Dekoration durch größere Einfachheit zugleich aber dank der ineinanderfließenden Folge grüner und blauer Bänder durch optische Kompliziertheit gekennzeichnet. Die durch senkrechte und waagrechte Streifen sowie Zickzack-Bänder streng gehaltene Gliederung der Balken mit *hexi*-Dekor löste sich optisch weitgehend auf, so daß man dazu überging, einige Partien des Blumenornaments, etwa den Mittelpunkt oder Teile der Umrandung, mit Gold abzusetzen. Daraus entwickelte sich ein vielstufiges System der *xuanzi*-Dekoration, die entsprechend der anteiligen Verwendung von Gold und anderen Farben in acht Typen eingeteilt wird, die gemäß der Rangwertigkeit eines Gebäudes zur Anwendung kamen.

Die meisten *xuanzi*-Dekorationen in der Verbotenen Stadt entstanden während der Qing-Zeit mit Ausnahme der im *xuanzi*-Stil dekorierten oberen Querbalken und der Oberbalken des inneren Traufenvorsprungs im Zhongcuigong (Palast der Gesammelten Essenz), im Changchungong (Palast des Immerwährenden Frühlings) und in der Nanxundian (Halle des Südlichen Wohlgeruchs), die noch aus der Zeit der Ming-Dynastie stammen. Die Dekorateure der Qing-Dynastie übernahmen die traditionellen Muster und entwickelten sie weiter, wobei die Muster und ihre Farbgebung in zunehmendem Maß standardisiert wurden, was die Renovierung der Gebäude erheblich erleichterte. Entsprechend der festgelegten Typenskala für *xuanzi*-Dekoration erhielten die Gartenpavillons, Kioske und Korridore einen insgesamt leichteren und farbenfreudigeren Balkenschmuck.

Die Weiterentwicklung der Balkendekoration nahm ihren Ausgangspunkt vom *fangxin*-Teil, dem beim *xuanzi*-Stil zumeist freigelassenen langgestreckten, *huaxin* genannten Mittelfeld des Balkens. Diese freie Fläche bot sich zur Aufnahme neuer Dekorationselemente an. Da man schon bald dazu überging, das *fangxin*-Feld mit realistisch gestalteten Szenen aus der Pflanzen-, Tier- und Menschenwelt im Stil der klassischen Tuschmalerei zu schmücken, bürgerte sich dafür die Bezeichnung „Suzhou-Stil" ein. Er ist im wesentlichen durch zwei Typen gekennzeichnet. Beim ersten wird das *fangxin*-Feld auf jeder Seite des Balkens als eingenständige, von einem Rahmen umgrenzte Bildfläche behandelt. Beim zweiten wird die Illusion eines über den Balken gelegten kreisförmigen Bildes erweckt, so daß die beiden Schauseiten des Balkens ein an der Oberkante nicht begrenztes, halbkreisförmiges Bildfeld zeigen. Bei doppelter oder dreifacher Balkenkonstruktion erstreckt sich das halbrunde Bildfeld gewöhnlich über alle Balken. Um den Halbkreis des Bildfelds zieht sich in der Regel ein aus gefalteten Bändern gestalteter Ornamentring, der mit seinen angedeuteten Schattierungen den perspektivischen Charakter des Bildes erhöhen und den Eindruck wecken soll, als blicke man aus einem Fenster. Durch die Dominanz des Bildfeldes, das den Charakter der *xuanzi*-Dekoration grundlegend veränderte, wandelte sich auch der Dekorationsstil der *zaotou*- und *gutou*-Teile, die mit fächerartigen oder kürbisförmigen Feldern besetzt wurden, die schon bald eine Fülle der unterschiedlichsten Nebenbilder in sich aufnahmen, womit der Weg vom streng geregelten zum freien Balkendekor weiter geebnet wurde. Das Charakteristikum des Suzhou-Stils liegt in der Breite seines Repertoires und in der lyrischen Grundstimmung der Darstellung. Häufig wiederkehrende Motive sind die symbolträchtigen traditionellen Pflanzen, wie Winterkirsche, Pflaume, Narzisse, Pfirsich und Granatapfel, Berglandschaften und idyllische Wohnplätze sowie Fabeltiere und Gestalten aus der chinesischen Geschichte oder der Literatur wie die Szenen aus dem Roman *Xiyouji* (*Die Reise nach Westen*), die die Balken des langen Korridors am Ufer des Kunming-Sees im Yiheyuan (Sommerpalast) schmücken. Bei der Motivwahl spielte es keine Rolle, ob dafür ein traditionelles *fangxin*-Feld oder eine halbrunde Bildfläche gewählt wurde.

Die meisten Dekorationen im Suzhou-Stil in der Verbotenen Stadt stammen aus der Mitte der Qing-Dynastie, so z. B. der Balkenschmuck im Yuhuayuan (Kaiserlicher Garten) und im Ningshougong huayuan (Garten des Palastes des Ruhevollen Alters). Während der späteren Jahre der Qing-Dynastie griff man bei der Renovierung der Sechs Östlichen und der Sechs Westlichen Paläste ebenfalls zu Farbmalereien im Suzhou-Stil.

Die farbigen Balkendekorationen im *hexi*-, *xuanzi*- und Suzhou-Stil sowie die partiell verwendete Drachen-Brokat-Malerei (Gebrauch von Drachen- und Brokatmustern) sind in ihren Grundfarben generell in Blau und Grün gehalten. Sie dienen nicht nur zur Unterscheidung wichtiger und weniger wichtiger Gebäude, sie sind darüber hinaus Kennzeichen der Prachtentfaltung der kaiserlichen Architektur.

Polychrome Balkendekoration im *hexi*-Stil (maßstabgetreue Wiedergabe)

381 Balkendekoration im Inneren der Taihedian (Halle der Höchsten Harmonie)

Als wichtigstes Gebäude der Verbotenen Stadt ist die Taihedian vorherrschend durch vergoldete Drachen und Lotosblüten in den *zaotou*-Partien gekennzeichnet.

382 Äußere Balken- und Konsolendekoration des Eckturms in der Nordostecke des Hofes der Taihedian

Die Lotosmuster sind mit fließenden, teilvergoldeten Linien versehen. Vergoldete Drachen- und Blumenmotive füllen das erste Band, die acht glückverheißenden Symbole des Buddhismus das zweite; das dritte Band zeigt die Bemalung der *dougong*-Konstruktion, und das vierte Band ist mit wirbelartigen Wolkenmustern besetzt.

383 Balkendekoration im Inneren des Shoukanggong (Palast des Rüstigen Alters)

Vergoldete Rankenornamente fassen die *gutou*-Zone neben der Säule ein. Die Bildfelder der *gutou*- und Zickzackbänder sind mit vergoldeten Phönixen und Drachen geschmückt, den Symboltieren des Kaisers und der Kaiserin.

384 Innere Balkendekoration im Mittelteil des Shou'angong (Palast des Friedvollen Alters)

Das innere Drachenfeld ist von einem Flammenring umgeben, einem der zwölf Kaiserlichen Symbole. Mit dem ohrartigen Muster des darunterliegenden Ornamentrings erinnert die Balkendekoration an die kaiserliche Robe. Der Kreis ersetzt bei mehreren übereinanderliegenden Balken gelegentlich die Längsfelddekoration der *fangxin*-Zone.

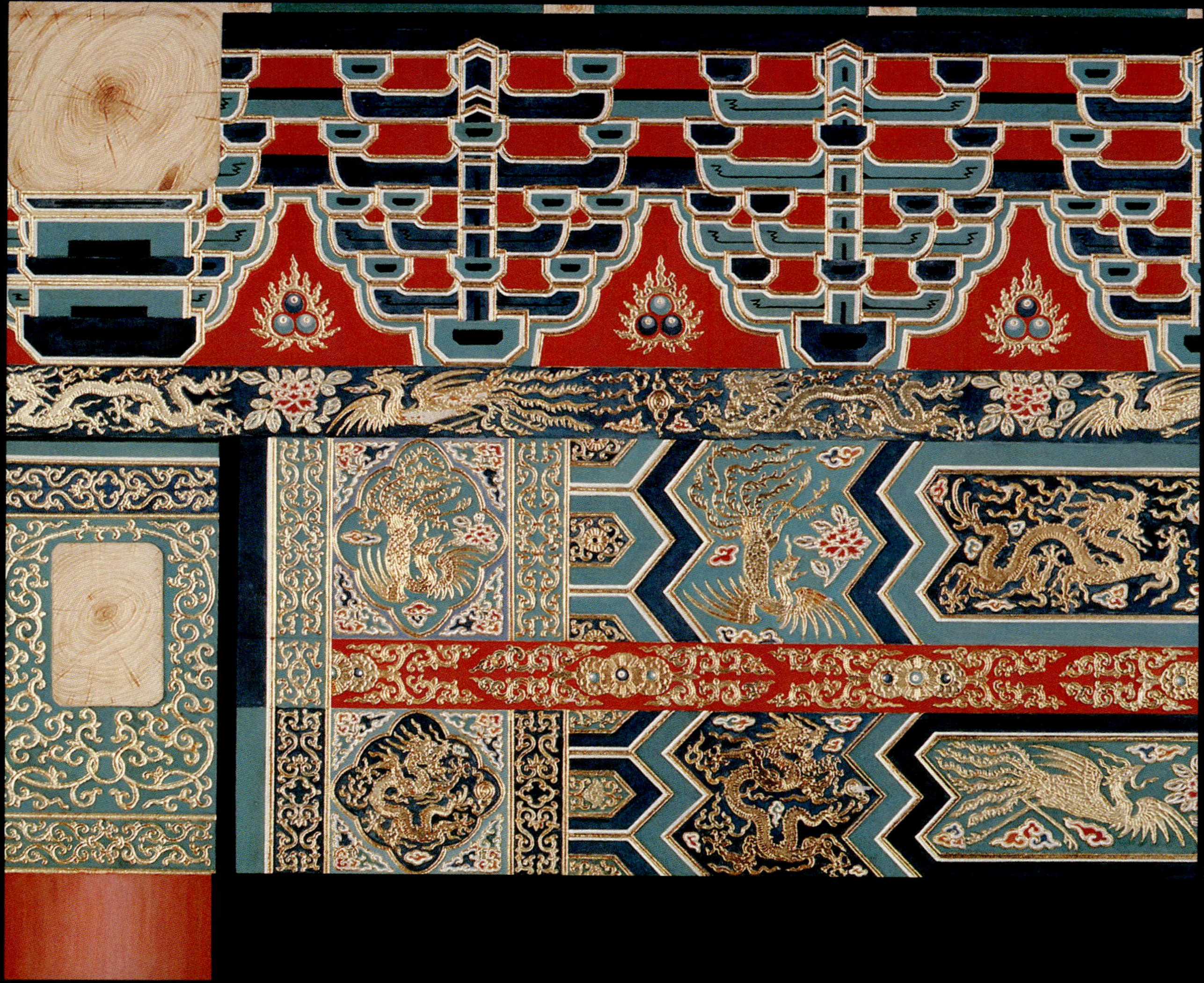

383

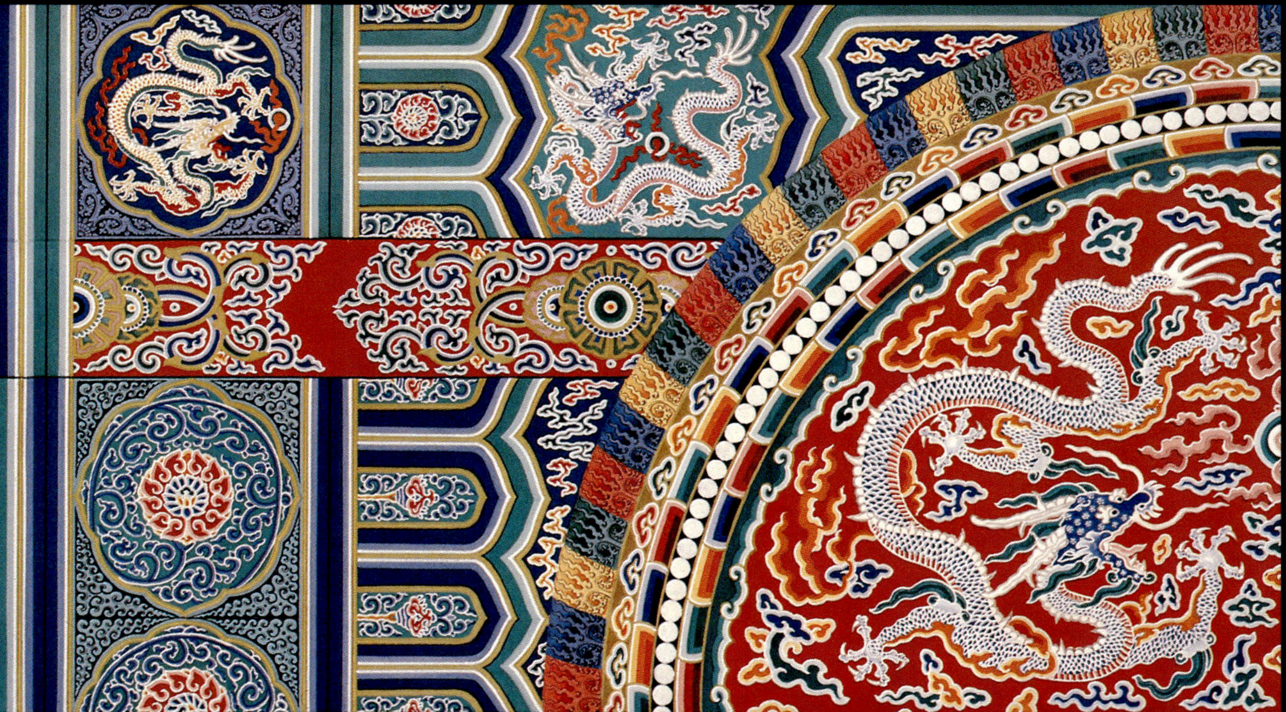

384

385

386

Polychrome Balkendekoration im *hexi*-Stil

385 Balken- und Deckenbemalung in der Taihedian
386 Balken- und Deckenbemalung in der Baohedian (Halle zur Erhaltung der Harmonie)
387 Außendekoration der doppelten Längsbalken zu beiden Seiten des Säulenkopfes, der Konsolenzone, der Pfetten und der Dachsparren mit rundem und quadratischem Querschnitt in der Taihedian

387

388 Außendekoration der doppelten Längsbalken der Huangjidian (Halle der Kaiserlichen Absolutheit)
389 Geschnitzte und vergoldete Drachentafeln zwischen drachen- und phönixgeschmückten *fangxin*-Feldern und darüberliegenden verzierten Enden der runden und quadratischen Dachsparren am Ningshougong (Palast des Ruhevollen Alters)
390 Dekoration auf den Balken und Konsolen innerhalb der Qin'andian (Halle des Kaiserlichen Seelenfriedens)
391 Dachsparren mit rundem und quadratischem Querschnitt, dekoriert mit dem stilisierten Schriftzeichen *shou* (Langlebigkeit) und der buddhistischen Swastika, außerhalb der Qin'andian

271

392

393

394 Vergoldete Innendekoration auf einem Längsbalken und Dekor der *dougong*-Konstruktion in der Nanxundian (Halle des Südlichen Wohlgeruchs)
395 Reliefdekoration aus Blattgold auf den inneren Balken im Hauptraum der Fengxiandian (Halle der Ahnenverehrung)

396

397

274

399

400

401

402

Polychrome Balkendekoration im *xuanzi*-Stil

396 Dekoration auf Querbalken und Decke im Inneren des Ciningmen (Tor der Barmherzigen Ruhe)
397 Dekoration auf Säulenkopf und den doppelten Längsbalken unterhalb des Konsolensystems in der Fengxiandian
398 Teilvergoldete Dekoration auf Längs- und Querbalken im Inneren des Longzongmen (Tor der Großen Ahnen)
399 Dekoration auf Längsbalken, Konsolen und Pfetten an der Huangjidian (Halle der Kaiserlichen Absolutheit)
400 Teilvergoldete Dekoration auf Längsbalken, Konsolen und Pfetten am nordwestlichen Eckturm auf der Mauer der Verbotenen Stadt
401 Dekoration auf Längsbalken, Konsolen und Pfetten am westlichen Dienstraum neben dem Shenwumen (Tor des Göttlichen Kriegers)
402 Dekoration an Säulenkopf, Längsbalken und Konsolen des Xiehemen (Tor der Vereinten Harmonie)

Der Suzhou-Stil ist der dritte der wichtigsten Dekorationstypen der Holzarchitektur in der Verbotenen Stadt. Im Vergleich zur *hexi*- und *xuanzi*-Dekoration liegt der Hauptunterschied im malerischen Charakter. Die Bildmotive sind zumeist den klassischen Themen der traditionellen Tuschmalerei, der Landschafts-, Vogel- und Blumen-Malerei entnommen. Eine halskettenförmige Bordüre in drei abgestuften Farbtönen umgibt das *fangxin*-Bildfeld, um die Tiefenwirkung des Bildes zu erhöhen. Das *fangxin*-Bildfeld ist entweder als traditioneller Mittelstreifen oder als Halbkreis gestaltet.

403

404

405

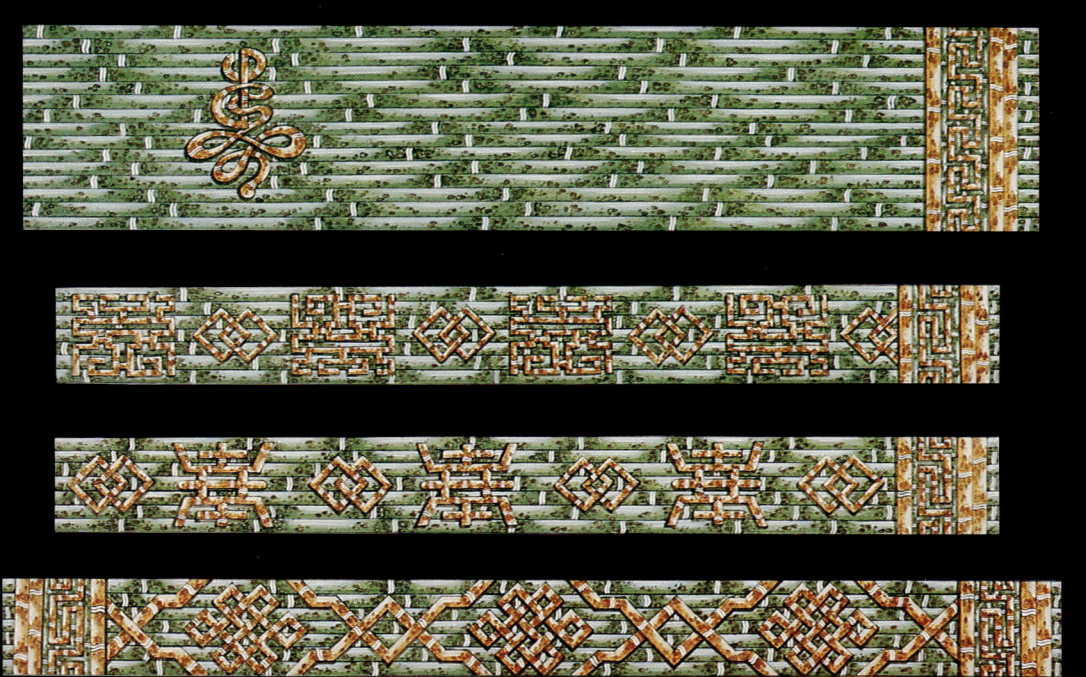

Polychrome Balkendekoration im Suzhou-Stil (maßstabgetreue Wiedergabe)

403 Außendekoration des Xuhuiting (Pavillon der Prächtigen Morgenröte) im Yuhuayuan (Kaiserlicher Garten)

Für den räumlichen Eindruck des oberen Bildfelds sorgt hier die perspektivische Darstellung der Gegenstände auf dem Mittelbalken.

404 Reich mit Gold ornamentierte Außendekoration auf Längsbalken, Konsolen und Pfetten an der Tihedian (Halle der Verkörperten Harmonie)

405 Halbrunde *fangxin*-Bildfelder mit getönter halskettenförmiger Bordüre auf den Balken des Mittel-, Seiten- und Außenraums der Tihedian. Das Blumenbild (*unten*) ist ein Detail aus Bild 404

406 Außendekoration mit rautenförmigen Seidenstickerei-Mustern auf den doppelten Längsbalken des Forilou (Gebäude der Buddhistischen Sonne) im Ningshougong huayuan (Garten des Palastes des Ruhevollen Alters)

407 Dekoration auf den doppelten Längsbalken des Biluoting (Pavillon der Jadegrünen Muscheln) im Ningshougong huayuan im Stil der Brokatstickerei

408 Mit Ornamentzeichen geschmückte, gemalte Bambusmatten-Dekoration im Korridor des Jiangxuexuan (Pavillon des Roten Schnees) im Yuhuayuan

409

410

409 Dekoration auf den Querbalken des östlichen Seitentors neben dem Shufangzhai (Studio der Frischen Aromen)

Der Abschluß der zaotou-Zone wird hier von Schmetterlingen und Fledermäusen gebildet.

410 Innendekoration auf den Pfetten des Durchgangs zum Zhongcuigong (Palast der Gesammelten Essenz)

Das zentrale Design zeigt die Hälfte der bagua, des Oktogons mit den Acht Trigrammen.

411 Dekoration auf den doppelten Querbalken der Galerie des Jingfugong (Palast des Strahlenden Glücks)

Die Landschaftsbilder harmonieren mit dem sich aus der Galerie bietenden Anblick des Hofes.

412 Innendekoration auf den Längsbalken im Eckkorridor des Chuxiugong (Palast der Gesammelten Eleganz)

413 Decken- und Balkendekoration im Inneren des Jingyanggong (Palast der Strahlenden Sonne)

Um einen harmonischen Übergang zur Deckengestaltung herzustellen, ist das fangxin-Feld in Form eines Doppelabschlusses zweier halbkreisförmiger Bildfelder angelegt.

414 Dekoration auf einem Längsbalken des Xishangting (Pavillon der Feierlichen Reinigung) im Ningshougong huayuan

415 Dekoration auf Querbalken und Eckbalken im Inneren des Theaterpavillons im Hof des Shufangzhai

279

琉璃裝飾

Glasierte Ornamente

In der Verbotenen Stadt sind die Tore und Durchgänge zu den Hallen- und Palastkomplexen des Inneren Hofes sowie Mauern und Durchgänge, Schattenwände und Einfassungen von Terrassen und Balustraden innerhalb der Palastkomplexe häufig mit glasierten Keramikornamenten verziert. Über die Wahl des Designs entschieden auch bei dieser Art der Dekoration die Wertigkeit und die Funktion des Gebäudekomplexes. Glasierte Ornamente an Gebäuden, in denen der Kaiser lebte, zeigen in jedem Fall Drachenmotive, z. B. im Chonghuagong (Palast der Doppelten Herrlichkeit), in dem Kaiser Qianlong als Kronprinz lebte. Die Sechs Östlichen und die Sechs Westlichen Paläste waren Wohnresidenzen der Kaiserin und der Konkubinen; ihre glasierten Ornamente zeigen demzufolge in der Regel Vogel- und Blumenmotive. In Nebenhöfen finden ausschließlich einfarbigglasierte Ziegel ohne figürliche Dekoration Verwendung.

Viel fester als Holz und geschmackvoller als Stein besitzen gebrannte Tonziegel als Dekorationselement zahlreiche Vorzüge. Die Fortschritte auf dem Gebiet des Brennens farbigglasierter Ziegel, der Übergang zur Massenproduktion sowie die Einplanung mit glasierten Ziegeln ausgestatteter Bauteile bereits im Stadium der Projektierung seit der Yuan-Dynastie bezeugen, daß bereits damals hellglänzende Ziegel in großer Zahl verwendet wurden und daß man sie zur Verschönerung von Palastkomplexen und Tempeln für unbedingt notwendig hielt. In Verbindung mit großräumigen Baueinheiten wurden sie dazu benutzt, eine optische Signalwirkung an der Grenzlinie zwischen dem inneren und äußeren Bezirk eines Hofes hervorzurufen. Ein großer, einer breiten Straße vergleichbarer Hofplatz, der sich vor dem Hauptgebäude auf der Nord-Süd-Achse erstreckte, ließ sich auf diese Weise nicht nur teilen, sondern ließ die Bedeutung des im hinteren Hofteil gelegenen Gebäudes umso deutlicher hervortreten. Darüber hinaus machten die Bauplaner oftmals von einer trichterförmig auf das Haupttor zuführenden Mauergestaltung Gebrauch wie beim Qianqingmen (Tor der Himmlischen Reinheit), wodurch Funktion und Wirkung der hofteilenden Mauer erhöht wurden. Im Vergleich mit der Sumeru-Terrasse und den Gebäuden des unmittelbar davor gelegenen Komplexes der Drei Großen Hallen gehört das Qianqingmen zu den Bauten niedrigeren Ranges. Die bei ihm verwendeten grünen und hellgelben Ziegel passen sich dem Charakter der Mauer und der roten Grundfarbe gut an und unterstützen zugleich die Funktion der Anlage. Mauer, Tor und Mauerschmuck proklamieren den Wechsel zwischen Äußerem und Innerem Hof und stimmen den Besucher ein in die intimere Atmosphäre des Inneren Hofes.

Die Mauern des Inneren Hofes und die Tore der Palasthöfe sind oft mit glasierten Keramiken dekoriert, die Holzschnitzereien imitieren. Dazu gehören auch Baldachine, Dachsparren, Konsolen, Pfetten und Längsbalken aus Keramik, die Traufenvorsprünge und im *xuanzi*-Stil dekoriertes Balkenwerk imitieren. Auf jeder Seite des Tores wird eine niedrige, manchmal auf einem Sumeru-Sockel ruhende Schattenmauer errichtet, so daß der Eindruck eines aus drei Torelementen bestehenden Hofzugangs entsteht, der aber nur einen in der Mitte liegenden Durchgang besitzt. Ins Zentrum der Schattenmauern ist ein keramisches Muster mit Tier-, Vogel- und Pflanzenmotiven eingesetzt, an den vier Ecken sind dreieckige, aus Pflanzenornamenten gebildete Schmuckfelder plaziert. Ein schönes Beispiel findet sich am Durchgang zur Yangxindian (Halle der Pflege des Herzens). Glasierte Keramik wird hier als Schmuckelement in reichem Maß verwendet: Der obere Teil des Tors und die beiden Schattenmauern sind mit glasierten Ziegeln gedeckt. Die Mauerflächen werden von einer Kante aus gelbglänzenden Ziegeln umrahmt. Darüber liegt in Gestalt eines Schmuckbalkens ein Band aus grünen Ornamentziegeln. Das Zentrum der Mauerflächen nimmt ein spitzbogiges Feld ein, das weiße Seidenreiher, grüne Lotosblätter, gelbe Lotosblüten, blaues Wasser und blaue sowie weiße Wolken zeigt. Eine andere, *pailou* genannte Form des Hofzugangs ist dadurch gekennzeichnet, daß an die hohe Mauer, die z. B. den äußeren Hofkomplex des Ningshougong (Palast des Ruhevollen Alters) umgibt, ein Schmucktor angesetzt wird, das die traditionelle dreitorige Torhalle ersetzt und zugleich den abschreckenden Eindruck der hohen Mauer mildert. Die dabei benutzten keramischen Schmuckelemente dienen der Imitation der bei einer traditionellen Torhalle verwendeten hölzernen Bauteile. Die drei keramikgeschmückten Durchgänge erzielen durchaus einen der Torhalle ebenbürtigen prachtbetonten Effekt.

Eine weitere, besonders attraktive Anwendungsform von glasierten Keramikziegeln ist auf der im allgemeinen als Jiulongbi (Neun-Drachen-Mauer) bezeichneten Schattenwand vor dem Huangjimen (Tor der Kaiserlichen Absolutheit) zu bewundern.

Eine ähnliche symbolische Funktion wie der Schmuck der Jiulongbi weisen die Schmuckmotive anderer Schutz- oder Schattenwände auf. So sind beispielsweise die Schattenwände vor dem Tianyimen (Erstes Tor unter dem Himmel) und dem Yinghuamen (Tor des Üppigen Blühens) mit verschiedenen Relieffeldern mit daoistischen oder buddhistischen Motiven geschmückt.

Neben den glasierten Ornamenten auf Schatten- und Schutzmauern gibt es eine ganze Anzahl von Mauerflächen niedrigrangiger Hofkomplexe, die mit glasierten Ziegeln verziert und mit Schmuckfeldern ausgestattet, sowie Terrassen- und Balustradensockel, die mit glasierten, mehrfarbigen Keramikziegeln verkleidet sind.

Belegstücke für die Verwendung gebrannter Ton-Wasserleitungen und Dachziegel gibt es bereits aus der Qin-Dynastie (221–207 v. u. Z.). Aber die für die Palastarchitektur erforderliche Entwicklung der Produktivität und die damit verbundene Verbesserung der Brenntechnik vollzogen sich erst während der Ming- und der Qing-Dynastie. Buntglasierte Keramik fand seit der Ming-Zeit in großem Umfang in der Palast- und Tempelarchitektur Anwendung. Der spürbare Mangel an traditionell üblichen Baumaterialien wie Holz und das reichliche Vorhandensein von Ton in Nordchina blieben nicht ohne Einfluß auf die Entwicklung des Baugeschehens und machten es möglich, in der Verbotenen Stadt in großem Umfang glasierte Keramik zu verwenden.

416 Glasierte Schattenwand innerhalb des Zunyimen (Tor der Gerechtigkeit)
417 Glasierte Schattenwand innerhalb des Yangxinmen (Tor der Pflege des Herzens)
418 Das Huangjimen (Tor der Kaiserlichen Absolutheit)

Das der hohen Mauer des äußeren Hofes des Ningshougong (Palast des Ruhevollen Alters) vorgesetzte Tor stellt mit seinen sieben Dächern, den Konsolen und Balken aus Keramikziegeln sowie seinen drei Durchgängen die Imitation einer klassischen Torhalle der Holzarchitektur dar.

419

420

419 Detail der Jiulongbi (Neun-Drachen-Mauer) vor dem Huangjimen
420 Die glasierte Schattenwand, die allgemein als Jiulongbi bezeichnet wird, vor dem Huangjimen

Die Jiulongbi wurde 1771, als der Ningshougong renoviert wurde, errichtet. Sie ist vollständig mit buntglasierten Keramikziegeln bedeckt, die im Zentrum neun sehr unterschiedlich geformte Drachen zeigen. Sie ist mit einer Dachimitation ausgestattet und ruht auf einem breiten Sumeru-Sockel aus Marmor.

Die Jiulongbi ist 3,5 Meter hoch und 29,4 Meter lang. Neun Drachen bewachen flammende Perlen vor einem Hintergrund aus rollenden Wogen, Wolken und Felsgipfeln. Auf beiden Seiten jagen je vier, flammende Perlen bewachende Drachen mit fünfzehigen Klauen und Doppelhörnern, jeder in unterschiedlicher, äußerst dynamischer Gestaltung, um das Zentrum, in dem ein frontal den Betrachter ansehender Drache dargestellt ist. Die in vier Paaren aufgestellten acht Drachen werden vom im Zentrum plazierten neunten Drachen regiert. Schroffe Felsen und dynamisch bewegte, stilisierte Wellen geben dem ganzen Relieffries einen Ausdruck kompositorischer Geschlossenheit und hoher Intensität.

Die Drachen sind als Halb- oder Dreiviertelrelief gestaltet. Der dicksten Stelle an ihrer Stirn ragt zwanzig Zentimeter über die Wandfläche hinaus. Die Hauptfläche ist aus 270 glasierten Ziegeln zusammengesetzt. Das Relief dokumentiert den hohen Stand der Glasur- und Fertigungstechnik jener Zeit.

Die drei Drachen in der Mitte der Jiulongbi befinden sich direkt auf der Zentralachse des Huangjimen, des Ningshoumen, der Huangjidian und des Ningshougong. Zusammen mit dem Kaiserlichen Weg, den Löwenskulpturen auf der Frontseite der Huangjidian und der horizontalen Tafel mit neun Drachen unter ihrem Dach scheinen die Drachen als Schutzwesen eine Einheit zu bilden. Der Blick des zentralen Drachen ist auf den Kaiserlichen Weg fixiert, den er durch die beiden Tore bis zum Eingang der Huangjidian einsehen kann. Von der Front der Huangjidian aus dagegen wird der südwärts gerichtete Blick am Ende des Kaiserlichen Weges durch die Jiulongbi aufgehalten.

Insgesamt gibt es drei „Neun-Drachen-Mauern" in China. Eine befindet sich in Datong, Provinz Shanxi, sie wurde in der Ming-Dynastie erbaut. Die andere steht im Beihai-Park in Beijing, sie wurde während der Regierungsperiode Qianlong der Qing-Dynastie angelegt. Unter den drei Neun-Drachen-Mauern gilt die in der Verbotenen Stadt als die schönste und vollendetste.

421 Relief aus Glasurziegeln mit Wolken und zwei Kranichen auf der Schattenwand innerhalb des Tianyimen (Erstes Tor unter dem Himmel) im Yuhuayuan (Kaiserlicher Garten)
422 Relief aus Glasurziegeln mit Seidenreihern zwischen blühenden Lotos- und anderen Wasserpflanzen auf der Schattenwand innerhalb des Yangxinmen
423 Seitenwand des Liulimen (Glasur-Tor) neben dem Chonghuamen (Tor der Doppelten Herrlichkeit)

424 Glasiertes spitzbogiges Ziegelrelief mit Pflanzendekor auf der Schattenwand des Qianqingmen (Tor der Himmlischen Reinheit)
425 Glasiertes dreieckiges Ziegelrelief in einem Außenwinkel der Schattenwand des Qianqingmen
426 Mit glasierten Reliefziegeln verkleidete Terrasse des hochangelegten Blumenbeets vor dem Jiangxuexuan (Pavillon des Roten Schnees) im Yuhuayuan
427 Glasierte Reliefziegel mit Pflanzendekor im *xuanzi*-Stil als Imitation der Holzarchitektur am Chonghuamen
428 Glasierte Relieffliesen mit Pflanzendekor als äußere Wandfüllung im Linxiting (Pavillon am Bach) im Cininggong huayuan (Garten des Palastes der Barmherzigen Ruhe)
429 Sumeru-Sockel aus glasierten Reliefziegeln an der Schattenwand innerhalb des Tores des Zhaigong (Palast des Fastens)
430 Glasierte Wandfliesen mit Bienenwaben-Dekor und geometrischen Blumenmustern innerhalb der Taihedian (Halle der Höchsten Harmonie)

Versorgungseinrichtungen 其他設施

橋梁、涵洞

Brücken und Wasserdurchlässe

Die Verbotene Stadt ist von einem breiten Wallgraben umgeben, der allgemein unter dem Namen Tongzihe (Rohrfluß) bekannt ist. Der den Wallgraben speisende Wasserlauf entspringt im Yuquanshan (Jadequellenberg) und fließt in den Jishuitan (Wasserspeichersee) im Nordwesten der Hauptstadt. Ein Arm dieses Flusses speist den Beihai (Nördlicher See), nimmt vom Ostufer des Sees seinen Weg zur Westmauer des Jingshan (Schöner Berg) und mündet in der nordwestlichen Ecke der Verbotenen Stadt in den Wallgraben. Durch einen schmalen Durchlaß unter der Stadtmauer erreicht der Wasserlauf gegenüber seiner Einmündung in den Wallgraben die Palaststadt, wo er den Namen Nei jinshuihe (Innerer Goldwasserfluß) erhalten hat.

Der Goldwasserfluß existierte bereits in der Yuan-Dynastie. Im Abschnitt „Wasserwege" des *Yuanshi* (*Geschichte der Yuan-Dynastie*) wird berichtet, daß der Goldwasserfluß am Jadequellenberg im Kreis Wanping entspringen soll. Sein Wasser fließt durch das südliche Wassertor des Heyimen (Tor der Harmonie und Rechtschaffenheit) in die Hauptstadt ein. Da nach der Lehre der Fünf Elemente der Süden mit dem Element „Metall" oder „Gold" verbunden ist, erhielt der Wasserlauf seinen Namen. Das im Süden gelegene Heyimen der Yuan-Hauptstadt Dadu entspricht dem späteren Xizhimen (Westliches Aufrechtes Tor). Die Stelle, wo das südliche Wassertor gestanden hat, ist ungefähr 120 Meter südlich des Xizhimen ermittelt worden. Im *Gujin shiwu kao ji* (*Überprüfte Notizen über Dinge von gestern und heute*) ist festgehalten: „Kaiser lassen oft einen Goldwasserfluß innerhalb ihrer Hauptstadt bauen, um die Milchstraße im Himmel zu symbolisieren. Diese Praxis ist seit der Zhou-Dynastie befolgt worden." Als die Yuan-Kaiser Dadu (Große Hauptstadt) bauen ließen, wurde dem alten System entsprechend ein Fluß angelegt, der das Palastgelände durchfloß und Goldwasserfluß genannt wurde. Obwohl der Verlauf des Goldwasserflusses infolge des Palastneubaus während der Ming-Dynastie und der Veränderungen in der Qing-Dynastie geringfügig verlegt wurde, folgt er bis heute im großen und ganzen dem ursprünglichen Weg.

Der Wallgraben der Verbotenen Stadt wurde während der Ming-Dynastie angelegt. Er ist 52 Meter breit und wird von einer aus großen, flachen Erbsensteinen und schwarzdunklen Steinen aufgemauerten Einfassung begrenzt. Die Einfassung wird auf beiden Ufern von einer niedrigen Mauer bekrönt. Der Wallgraben war eigentlich für Verteidigungszwecke gedacht, verlor aber während der späteren dynastischen Zeit diese Funktion und stellte fortan nur noch ein Zugeständnis an die Tradition der Palastarchitektur dar. Das Wasser des Grabens spiegelte die Bäume an seinen Ufern und die Wachtürme auf den vier Mauerecken, wodurch ein eher idyllischer und keineswegs martialischer Eindruck entstand. Während der Qing-Dynastie wurde der Wallgraben mit Lotos bepflanzt, was die bukolische Atmosphäre vor den Mauern der Verbotenen Stadt noch erhöhte.

Der Innere Goldwasserfluß fließt durch einen unterirdischen Kanal an der Nordwestecke der Mauer in die Verbotene Stadt ein und setzt seinen Verlauf in südlicher Richtung entlang der Westseite der Palaststadt fort. Südlich der Wuyingdian (Halle der Militärischen Tapferkeit) biegt er nach Osten ab, durchläuft den Vorhof vor dem Taihemen (Tor der Höchsten Harmonie), windet sich nördlich bis zum Wenyuange (Pavillon der Literarischen Tiefgründigkeit), fließt dann innerhalb der Ostmauer nach Süden und verläßt an der Südostecke die Verbotene Stadt. Die Gesamtlänge des Wasserlaufs beträgt über zweitausend Meter.

Die Fließrichtung des Inneren Goldwasserflusses von Nordwesten nach Südosten entsprach den klassischen Prinzipien der Geomantie und der Elementelehre (s. Einleitung, Abschnitt: Das Prinzip von *yin* und *yang* und der Fünf Elemente in der architektonischen Praxis) und den rituellen Regeln. Seine Anlage basierte allerdings nicht ausschließlich auf philosophischen Gesichtspunkten. Seine Hauptfunktion bestand in der Wasserversorgung und -ableitung, die für eine Palaststadt dieses Ausmaßes ein überaus bedeutsames Problem darstellten. Brände beispielsweise waren eine beständig lauernde Gefahr für Hallen, Paläste und Wohnbauten in Holzskelettarchitektur. Liu Ruoyu schrieb in seinem historischen Werk *Zhuo zhong zhi*: „Dieser Goldwasserfluß wurde nicht angelegt, um schwimmende Fische zwischen Wasserpflanzen zu bewundern, und er wurde nicht absichtlich so gewunden angelegt, um Material zu verschwenden. Er sollte genutzt werden zur Verhütung von Bränden oder anderer unerwarteter Unfälle. Der Brand des Liukelang (Korridore der Sechs Abteilungen) im vierten Jahr der Regierungsperiode Tianqi (1624) und der durch die Verbrennung der Anstrichfarbe in der Wuyingdian zwei Jahre später ausgelöste Brand wurden mit dem Wasser des Goldwasserflusses gelöscht... Die beiden Brände im Yueluangong (Palast des Singenden Seidenreihers) des Yihaodian (Erstes Palasthaus) während der Regierungsperiode Tianqi (1621–1627) wurden ebenfalls mit Hilfe des Wassers aus diesem Fluß bekämpft. Wie hätte man diese Brände löschen können, wenn nur Brunnenwasser zur Verfügung gestanden hätte?" Der Goldwasserfluß diente einerseits der Feuerbekämpfung, andererseits wurde sein Wasser bei den Bauarbeiten so großer Hallen wie der Huangjidian (Halle der Kaiserlichen Absolutheit) und der Taihedian (Halle der Höchsten Harmonie) für die Herstellung des Mörtels benötigt.

In der Verbotenen Stadt existiert ein kreuz und quer verlaufendes Netzwerk unterirdischer Wasserwege. Diese fließen in mehreren Hauptkanälen zusammen, die alle in den Hauptlauf des Goldwasserflusses münden. Die Wasserableitung ist so perfekt angelegt, daß die Verbotene Stadt niemals überflutet wurde und selbst den anhaltendsten Regenfällen standhielt.

Wenn der Lauf des Goldwasserflusses durch Gebäude behindert wird, wird er unterirdisch weitergeführt. Aus diesem Grund sagt man, daß „der Innere Goldwasserfluß manchmal gesehen und manchmal nicht gesehen werden kann, daß es aber dennoch nur ein Fluß ist". Flüsse und Brücken hängen eng miteinander zusammen. Über den Goldwasserfluß spannen sich mehr als zwanzig größere oder kleinere Brücken, an mehr als zehn Stellen verschwindet der Fluß in unterirdischen Durchlässen. Die Jinshuiqiao (Goldwasserbrücke) im Hof vor dem Taihemen ist bei weitem die majestätischste unter allen Brücken der Verbotenen Stadt. Sie besteht aus fünf auf der Zentralachse gelegenen, einheitlich gestalteten Brücken und stellt den Hauptzugang zu den Drei Großen Audienzhallen dar. Die anderen Brücken sind in Stil und Dekor unterschiedlich gehalten. Zumeist sind es alleinstehende Einbogenbrücken, nur vor der Wuyingdian wird der Fluß von drei nebeneinandergereihten Brücken überspannt.

Die älteste und mit dem schönsten Geländerschmuck versehene Brücke ist die Duanhongqiao (Gebrochener-Regenbogen-Brücke) an der Ostseite der Wuyingdian. Sie ist 18,7 Meter lang und 9,2 Meter breit. Sie besteht aus einem Bogen, dessen leicht gewölbte Oberfläche mit großen Steinplatten gepflastert

Abb. 62 Eintritt des Wallgrabens in die Verbotene Stadt durch einen Wasserdurchlaß unterhalb der Mauer in der Nordwestecke

ist. Die Balustradenplatten aus *hanbaiyu*-Marmor sind mit Pflanzenmotiven verziert. Die vierundzwanzig zwischen den Balustradenplatten aufragenden Balustradensäulen werden von vollplastischen, jeweils individuell gestalteten Löwenskulpturen gekrönt (s. Bild 266 und 267). Die Duanhongqiao wurde zu Beginn der Ming-Dynastie gebaut und statisch so sicher konstruiert, daß sie bislang noch keiner Generalüberholung unterzogen werden mußte.

Über den Wallgraben wurde vor dem Shenwumen (Tor des Göttlichen Kriegers), dem Donghuamen (Tor der Östlichen Blüten) und dem Xihuamen (Tor der Westlichen Blüten) je eine breite, ebene Brücke angelegt, um die Verbotene Stadt mit der sie umgebenden Kaiserstadt zu verbinden.

431

432

431 Seitenansicht der Nei jinshuiqiao (Innere Goldwasserbrücke) auf dem Hof vor dem Taihemen (Tor der Höchsten Harmonie)
432 Die Nei jinshuiqiao und der Nei jinshuihe (Innerer Goldwasserfluß) auf dem Hof vor dem Taihemen

Der Nei jinshuihe in der Verbotenen Stadt ist hinsichtlich seiner Projektierung und architektonischen Gestaltung ein Meisterwerk des Wasserbaus. Der Fluß weitet und verengt sich, nimmt entsprechend der baukonzeptionellen Bedingungen einen ober- oder unterirdischen Verlauf und zeigt in jedem Abschnitt ein anderes Antlitz. An allen Stellen, an denen der Fluß oberirdisch verläuft, sind die Ufer und das Flußbett mit Erbsensteinen und schwarzdunklen Steinen ausgemauert. Flußbiegungen und gewundene Partien sind unterschiedlich behandelt; zumeist wurden zur Einfassung hellere Steinquader verwendet. Mit 10,4 Meter erreicht der Goldwasserfluß seine größte Breite auf dem Hof vor dem Taihemen. An der Ost- und Westseite des Hofes verengt er sich auf 8,2 Meter. An den schmalsten Stellen hat der Fluß eine Breite von vier bis fünf Meter. Die Ufer des Goldwasserflusses sind auf dem Hof vor dem Taihemen mit Balustraden aus weißem *hanbaiyu*-Marmor eingefaßt. Weniger bedeutende Abschnitte des Flußlaufs sind nur durch eine niedrige Mauer begrenzt.

Die weite Bogenwindung des Inneren Goldwasserflusses im Hof vor dem Taihemen war der wichtigste Abschnitt des Wasserlaufs und wurde dementsprechend würdevoll gestaltet. Fünf Brücken überspannen hier den Fluß. Die auf dem Kaiserlichen Weg liegende und ausschließlich dem Kaiser vorbehaltene Mittelbrücke ist mit 23,15 Meter Länge und sechs Meter Breite die längste Brücke innerhalb der Verbotenen Stadt. Die daneben liegenden beiden Brücken sind mit einer Länge von 21 Meter und einer Breite von 5,4 Meter entsprechend kleiner gehalten. Die beiden äußeren Brücken haben mit 19,5 Meter Länge und 4,8 Meter Breite gemäß ihrem niedrigeren Range noch geringere Maße. Alle fünf Brücken sind Einbogenkonstruktionen, die mit Marmorplatten gepflastert und mit verzierten Balustraden aus weißem *hanbaiyu*-Marmor versehen sind. Die Balustraden und Balustradensäulen des Kaiserlichen Weges an der Mittelbrücke sind mit Drachen- und Wolkenornamenten geschmückt. Die für Prinzen, Generäle und Beamte bestimmten Seitenbrücken tragen auf den Balustradensäulen spitzzulaufende, fackelförmige Säulenknäufe, die mit dem Liniensymbol der 24 Solarabschnitte des chinesischen Mondkalenders verziert sind.

433
434

433 Der Innere Goldwasserfluß östlich der Duanhongqiao (Gebrochener-Regenbogen-Brücke). An der linken Bildseite die westliche Außenmauer des Hofs vor dem Taihemen mit dem Xihemen (Tor der Wunderbaren Harmonie)

434 Wasserdurchlaß des Inneren Goldwasserflusses unter der die Ostseite des Hofes vor dem Taihemen begrenzenden Galerie

435 Die Duanhongqiao östlich der Wuyingdian (Halle der Militärischen Tapferkeit)
436 Der Innere Goldwasserfluß östlich des Wenhuamen (Tor der Literarischen Blüte)

給水、排水

Wasserversorgung und -ableitung

Während der Ming- und der Qing-Dynastie versorgten hauptsächlich Brunnen die Verbotene Stadt mit Wasser. Der Überlieferung zufolge wurden während des Baus des Palastes in der Ming-Dynastie 72 Brunnen, die die 72 die Erde umkreisenden Sterne symbolisierten, gegraben. In den historischen Aufzeichnungen von Liu Ruoyu über die Bauplanung und den Bau der Paläste der Verbotenen Stadt während der Ming-Zeit werden die Brunnen mehrmals angeführt, auch die Brunnen im Bereich der Nebenpaläste, z. B. des Cininggong (Palast der Barmherzigen Ruhe), des Ciqinggong (Palast der Barmherzigen Feierlichkeit) und des Qianqinggong (Palast der Himmlischen Reinheit), finden Erwähnung. Daraus läßt sich schließen, daß man bereits bei der Projektion der Verbotenen Stadt die Anlage der Brunnen berücksichtigte. Allerdings läßt sich nicht mehr mit Sicherheit feststellen, ob damals tatsächlich 72 Brunnen angelegt wurden. In fast allen Höfen, Küchen und Lagerhäusern des Inneren Hofes sowie in manchen Baugruppen des Äußeren Hofes sind heutzutage Brunnen zu finden. Einige Baukomplexe verfügen sogar über zwei Brunnen. Die Gesamtzahl der Brunnen bestätigt annähernd die aus der Ming-Zeit überlieferte Angabe.

Die Brunnen wurden sehr planvoll angeordnet und angelegt. Den oberen Brunnenabschluß bilden eine Steindecke und ein Steinring, der mit einer Holzplatte abgedeckt wurde, die mit einem festen Schloß gesichert war. Über dem Brunnen erhebt sich zumeist ein offener Brunnenpavillon. Aus den Spuren an den Brunnenrändern ist ersichtlich, daß man damals die Eimer in der Regel an einem Seil befestigte und so das Wasser nach oben zog. In der Qing-Zeit wurden in einer Liste von Gebrauchsgegenständen der Teehäuser des Chuxiugong (Palast der Gesammelten Eleganz) und des Changchungong (Palast des Immerwährenden Frühlings) auch Wassereimer, aus Weidenzweigen geflochtene Krüge u. a. Wasserbehältnisse verzeichnet. An manchen Brunnen wurde in dieser Zeit auch eine Winde angebracht, um die Arbeit beim Wasserschöpfen zu erleichtern.

Von den über den Brunnen errichteten Brunnenpavillons haben sich dreißig bis heute erhalten. Sie gehören mit zu den prägenden Baukörpern in den Wohnpalästen des Inneren Hofes. Ihre Konstruktion erfolgte nach den Vorschriften für den Bau von Brunnenpavillons aus dem *Yingzao fashi* (*Richtschnur für die Konstruktions- und Bauarbeiten*) aus der Song-Dynastie. Die Brunnenpavillons, die der Reinhaltung des Wassers und dem Schutz vor Regen beim Wasserholen dienten, sind durchweg im Palaststil gehalten. Sie tragen ein von einem Konsolensystem gestütztes, mit aufgebogenen Traufenecken ausgestattetes quadratisches oder oktogonales Zeltdach, bisweilen auch ein schlichtes Satteldach oder ein *luding*-Dach, wobei die Spitze des Daches eine Öffnung bildet, um Tageslicht in den Brunnenschacht einfallen zu lassen und somit notwendig werdende Reparatur- und Vertiefungsarbeiten zu erleichtern. Konsolen- und Balkensystem sind im Palaststil dekoriert. Der Grundriß der Brunnenbauten ist zumeist quadratisch gehalten. Die vier tragenden Säulen ruhen auf einer oftmals von einer reichverzierten Balustrade umgebenen Plattform. Unterhalb der Plattform zieht sich eine Abwasserrinne um den Pavillon, um überlaufendes Wasser abzuleiten. Der Traufen-, Balken-, Brunnen- und Balustradenschmuck richtet sich nach dem Standort des Brunnens. Die häufig paarweise in den Höfen der Paläste und Hallen errichteten Brunnenpavillons wirken angesichts der geringen Ausmaße besonders kunstvoll und reich ausgestattet.

Die Brunnen versorgten die Paläste nicht nur mit Wasser, sie erfüllten daneben noch weitere Funktionen. Das Wasser des Brunnens an der nordwestlichen Ecke der Wuyingdian (Halle der Militärischen Tapferkeit) wurde durch steinerne Rinnen in einen Raum westlich der Yudetang (Halle zum Baden der Tugend) geleitet, denn die Wuyingdian diente in der Qing-Zeit als kaiserliches Verlagsbüro. Die Redaktion war in der Yudetang untergebracht, wo auch der Buchdruck erfolgte. Das beim Buchdruck benötigte Wasser wurde der Druckerei also unmittelbar zugeleitet. Einer anderen Überlieferung zufolge befand sich hinter der Yudetang ein Baderaum im uigurischen Stil, in dem die aus Kashi (Kashgar, Uigurisches Autonomes Gebiet Xinjiang) stammende Kaiserliche Konkubine Xiangfei des Kaisers Qianlong mit Wasser aus diesem Brunnen badete. Unabhängig von der Zweckbestimmung der Anlage ist festzustellen, daß die Projektierung der Wasserleitung so geschickt erfolgte, daß das Brunnenwasser mittels steinerner Rinnen über den Hof der Wuyingdian direkt in den Heizkessel eingeleitet wurde. Im Hof der Chuanxindian (Halle der Herzensübertragung) östlich der Wenhuadian (Halle der Literarischen Blüte) findet sich ein auch als „Große-Küche-Brunnen" bezeichneter Brunnen, der bereits in der Ming-Zeit angelegt wurde. Hier wurden jährlich einmal dem Gott der Brunnen Opfer dargebracht. Dieser Brauch wurde auch während der Qing-Dynastie beibehalten, wo die Zeremonie im 10. Monat nach dem chinesischen Mondkalender stattfand. Aufzeichnungen zufolge war das Wasser dieses Brunnens besonders klar und hatte einen süßlichen Geschmack. Daher erklärt sich der Ausdruck: „Das Wasser vom Yuquanshan (Jadequellenberg) steht an erster Stelle, das aus dem ‚Große-Küche-Brunnen' östlich der Wenhuadian an zweiter Stelle." Der Große-Küche-Brunnen darf als beste Brunnenanlage in der Verbotenen Stadt gelten. Die meisten Brunnen in der Verbotenen Stadt sind inzwischen versiegt, nur dieser Brunnen gibt nach wie vor klares und schmackhaftes Wasser.

Das Wasser, das die Kaiser tranken, stammte nicht aus den Brunnen der Verbotenen Stadt. Es wurde aus der Quelle am Yuquanshan, einem einzelstehenden Berg im westlichen Vorort von Beijing, geschöpft und mit Wagen in den Palast transportiert. Eine Zeile in einem Gedicht Kaiser Qianlongs lautet: „Bei Speise und Trank kommt nur Wasser vom Yuquanshan in Frage." Bei der Zubereitung von Speisen und Tee für die Kaiser und Kaiserinnen wurde ausschließlich Wasser vom Yuquanshan verwendet. Verließen die Kaiser die Hauptstadt, um eine Inspektionsreise zu unternehmen oder auf Jagd zu gehen, ließen sie Jadequellenwasser mitführen. Es wird berichtet, daß der Großsekretär Li Guangdi, der bei Kaiser Kangxi in hohem Ansehen stand und vom Kaiser zum Privatlehrer des Kronprinzen ernannt worden war, an Verdauungsstörungen litt und nur das beste Wasser

Abb. 63 Brunnenpavillon im Jingyanggong (Palast der Strahlenden Sonne)

vertragen konnte. Bedauerlicherweise wohnte er außerhalb des Xuanwumen (Tor der Verkündung der Militärischen Stärke) im Südteil der Stadt Beijing, wo die Wasserqualität nicht gut genug für ihn war. Infolgedessen befahl der Kaiser, daß Li täglich mit frischem Wasser vom Yuquanshan versorgt werden sollte. Daraus ist zu schließen, daß über die Verwendung des Quellwassers vom Yuquanshan allein der Kaiser zu befinden hatte.

Die Verbotene Stadt ist mit einem durchdachten Wasserableitungs- und Kanalisationssystem ausgestattet, das gewährleistet, daß das Wasser bei Regenwetter schnell und wirksam abgeleitet wird und nicht zu Überschwemmungen führen kann. Für die Wasserableitung zieht man vor allem aus der Neigung des Territoriums der gesamten Verbotenen Stadt nach Süden Nutzen. Auch die Einzelhöfe haben ein leichtes Nord-Süd-Gefälle. Das über die Höfe ablaufende oder sich in Steinrinnen sammelnde Regenwasser wird von Gullys aufgefangen, die die Form einer chinesischen Käsch-Münze (Kupfermünze mit verschieden geformtem Mittelloch) haben. Durch die Gullys fließt das Wasser in die unterirdische Abwasserkanalisation ein. Am Gebäudekomplex der Drei Großen Hallen läßt sich das Ableitungssystem besonders deutlich demonstrieren. Der Mittelpunkt der dreistufigen Sumeru-Terrasse vor der Taihedian (Halle der Höchsten Harmonie) liegt 8,13 Meter hoch. Zur Balustradenkante der obersten Terrassenstufe fällt die Plattform auf 7,12 Meter ab. Das Regenwasser läuft durch die Wasserspeier in Gestalt steinerner Drachenköpfe auf die darunterliegende Terrassenstufe ab, wo sich der Vorgang wiederholt, bis das Wasser die Ebene des Hofes erreicht hat. Der Hof neigt sich vom Fuß der Terrasse aus nach allen Seiten in südlicher Richtung. In den Fundamenten der den Hof umstehenden Hallen und Galerien befinden sich schmale Öffnungen für den Wasserablauf, die auch als offene Gullys bezeichnet werden. In den unter den Gebäuden ruhenden Sockeln werden bei diesem System Ablaufkanäle eingebaut, die das Wasser unter dem Gebäude entlangführen und den außerhalb des Hofes verlaufenden, unterirdischen Hauptentwässerungskanälen zuleiten. Das gleiche Ableitungssystem fand auch bei den Drei Hinteren Palästen Verwendung.

Zwei unentbehrliche Bestandteile des Abwasserungssystems sind die münzenförmigen Gullys (Abb. 65) und die unterirdischen Ableitungskanäle, deren oberirdische Ein- und Ausgänge mit abwechselungsreich gestaltetem, glasiertem Mauerwerk verziert sind (Abb. 66).

Ein Drainagesystem, das aus offenen Durchlässen wie auch unterirdischen Kanälen besteht, durchzieht kreuz und quer alle Höfe der Verbotenen Stadt. Das in Ost-West-Richtung aus den Höfen abfließende Regenwasser wird durch die offenen Gullys den in Nord-Süd-Richtung verlaufenden Hauptkanälen zugeführt, die alles Wasser in den Inneren Goldwasserfluß ableiten.

Die Hauptkanäle, die im wesentlichen unter den längs- und querverlaufenden Palaststraßen angelegt sind, teilen die Verbotene Stadt entsprechend der Baukomplexe in Sektoren, die im Inneren Hof aus drei Querkanälen und sieben Längskanälen gebildet werden. Im Bereich des Äußeren Hofes leiten vier Längskanäle, die im Norden und Süden der Drei Großen Hallen mit Querkanälen verbunden sind, das Regenwasser aus dem Inneren Hof und dem Äußeren Hof in den Goldwasserfluß im Süden der Verbotenen Stadt ab (s. Anhang, Graphik 30).

Das gesamte unterirdische Wasserableitungssystem wurde bereits beim Bau des Palastes in der Ming-Zeit angelegt. Der nach Süden verlaufende Längskanal unter dem Eckturm südöstlich der Taihedian ist 1,5 Meter hoch und 0,8 Meter breit. Der Oberteil des Kanals bildet ein aus Ziegeln gemauertes Tonnengewölbe, die Sohle sowie die Wände sind aus Steinplatten zusammengefügt. Die Ableitungskanäle unter der Östlichen und der Westlichen Langen Straße, deren Höhe 0,60 bis 0,70 Meter beträgt, sind mit Steinplatten abgedeckt. Projektierung und Bau des Wasserableitungssystems waren viel schwieriger und aufwendiger als die Aushebung des Goldwasserflusses. Zur Ming- und Qing-Zeit war vorgeschrieben, daß die gesamte Abwasserkanalisation im Frühling jedes Jahres gereinigt werden mußte. Während der Qing-Dynastie fand diese Reinigung im 3. Monat nach dem Mondkalender statt. Dank der kontinuierlichen und systematischen Instandhaltungs- und Reinigungsarbeiten funktioniert die Wasserableitung der Verbotenen Stadt noch heute, nach mehr als fünfhundert Jahren, reibungslos.

Das beschriebene Entwässerungssystem diente nicht zur Ableitung der Ausscheidungen, für die ein anderes Verfahren angewendet wurde.

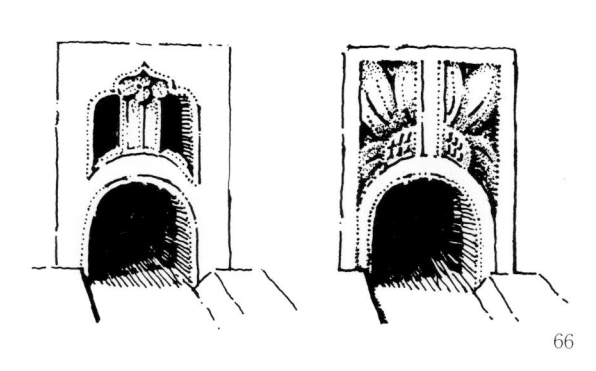

Abb. 64 Steinerner Wasserspeier in Gestalt eines hornlosen Drachenkopfes

Abb. 65 Münzenförmiger Gully mit Deckel

Abb. 66 Als offener Gully bezeichnete, mit Glasurziegeln verzierte Öffnung im Gebäudefundament für den Wasserablauf

437 Zum Wasserablauf dienende schmucklose Wasserspeier in der Palastmauer entlang der Östlichen Langen Straße
438 Brunnenpavillon mit oktogonalem Zeltdach und Balustradeneinfassung im Yuhuayuan (Kaiserlicher Garten)
439 Brunnenpavillon nordwestlich der Yudetang (Halle zum Baden der Tugend)
440 Wasserbehälter aus vergoldeter Bronze zur Brandbekämpfung vor dem Qianqingmen (Tor der Himmlischen Reinheit)
441 Wasserbehälter aus Bronze im Hof des Chuxiugong (Palast der Gesammelten Eleganz)

In den größeren Höfen der Verbotenen Stadt und entlang der Östlichen und der Westlichen Langen Straße sind große Wasserbehälter aus Bronze oder Eisen aufgestellt, die in der Ming- und der Qing-Dynastie sowohl dem Brandschutz als auch dekorativen Zwecken dienten.

Während der Qing-Dynastie mußten die Behälter stets mit Wasser gefüllt sein. Jedes Jahr im Solarabschnitt *xiaoxue* (Wenig Schnee) Ende November deckten die Hofeunuchen die Behälter mit Deckeln und wattierten Überzügen ab. Die Sockel unter den Behältern waren so angelegt, daß diese mit Holzkohle von unten erwärmt werden konnten, damit das Wasser nicht gefror. Die Feuer wurden erst nach dem Frühlingsfest im Solarabschnitt *jingzhe* (Erwachen der Insekten) Anfang März wieder gelöscht.

442 Brandmauer an der Westlichen Langen Straße

An der südlichen Seite des Longguangmen (Tor des Drachenlichts) und des Fengcaimen (Tor der Phönixstrahlen), die östlich und westlich des Qianqinggong (Palast der Himmlischen Reinheit) liegen, befinden sich zwei 16 Meter lange Brandmauern, die vom Sockel bis zum Mauerdach aus Ziegeln errichtet sind, und alle Konsolen, Tragbalken, Pfetten und Dachverschalungen sind aus grünem Stein gemeißelt, um die Ausbreitung eventueller Brände zu verhindern.

443 Drachenkopf-Wasserspeier an der dreistufigen Sumeru-Terrasse vor der Taihedian (Halle der Höchsten Harmonie)

Der Mittelpunkt der dreistufigen Sumeru-Terrasse vor der Taihedian liegt 8,13 Meter hoch. Zur Balustradenkante der obersten Terrassenstufe fällt die Plattform auf 7,12 Meter ab. Das Gefälle erleichtert die Ableitung des Regenwassers. Durch kleine, in regelmäßigen Abständen in den Balustradensockeln angebrachte Löcher wird das Wasser in die Hohlkehle der Wasserspeier geleitet. Bei starken Regenfällen kann das Wasser durch die 1100 Wasserspeier in kurzer Zeit abgeleitet werden. Dabei bietet die Terrasse den eindrucksvollen Anblick eines dreistufigen Kaskadenbrunnens.

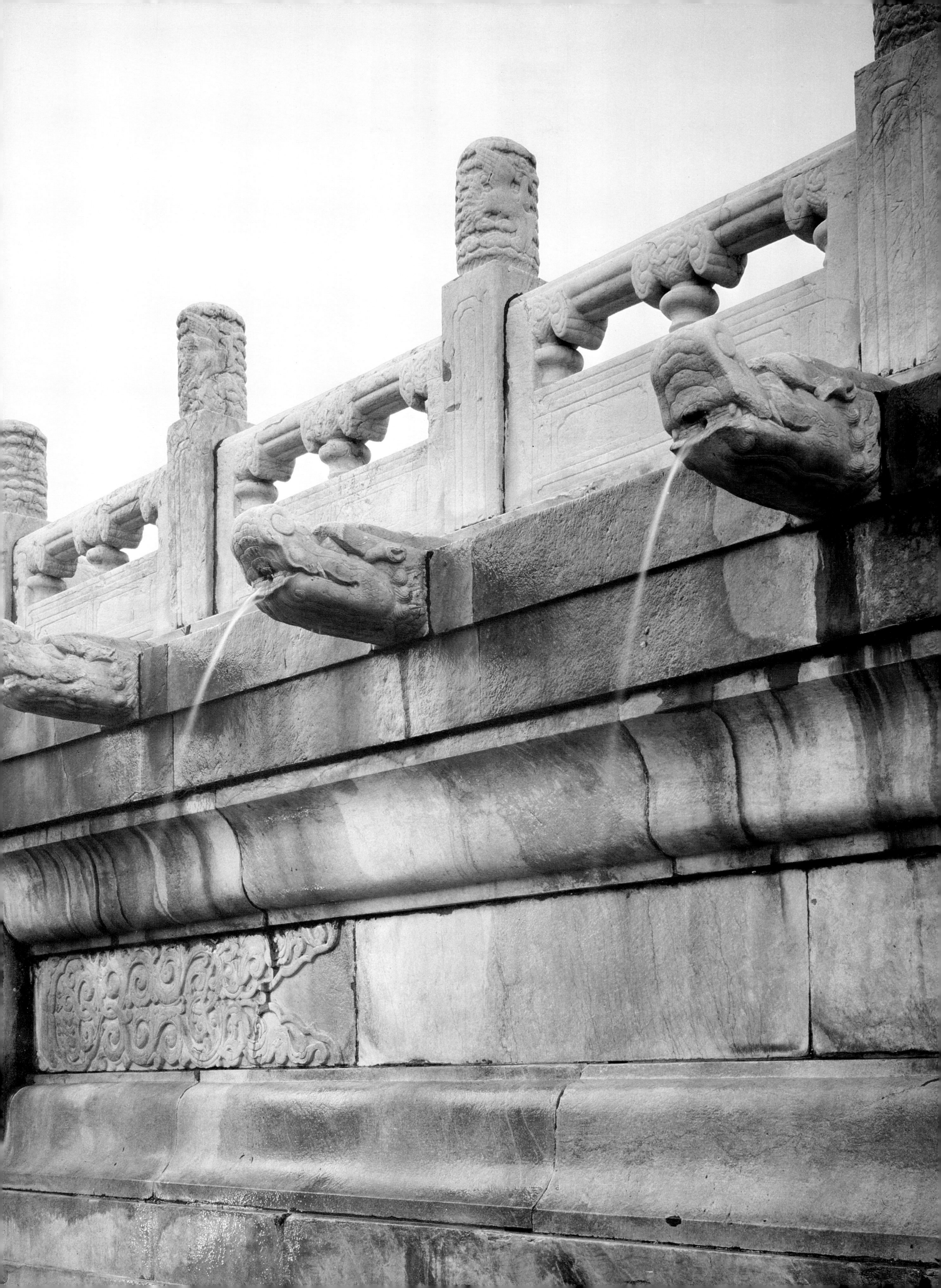

禦寒、防暑

Schutz vor Kälte und Hitze

Der 1. Tag des 11. Monats jedes Jahres nach dem chinesischen Mondkalender war in der Verbotenen Stadt der Tag zum Anheizen der Öfen. An diesem Tag begann man damit, die Öfen und *kangs* zu beheizen. In Wirklichkeit wurde dieses Datum nicht streng eingehalten, besonders in der Spätzeit der Qing-Dynastie. Der Kaiser und seine Familie konnten in dieser Angelegenheit nach Belieben verfahren, nur für die Untergebenen und Diener galt der 1. Tag des 11. Monats als bindend.

Zur Beheizung der Räume im Palast benutzte man entweder unter dem Fußboden angebrachte Rauchröhren und *kangs* oder transportable Feuerkohlenbecken.

Die Öfen wurden zumeist unter dem rückwärtigen Traufenvorsprung der Halle angelegt. In den Mauersockel wurde eine Heizhöhle eingelassen, in die ein in der Regel aus Ziegeln gemauerter, gut heizbarer Ofen eingebaut wurde. Die Heizhöhle war einen Quadratmeter groß und 1,5 Meter tief. Sie wurde mit einer Platte abgedeckt. Unter dem Fußboden der Halle wurden kreuz und quer Rauchröhren verlegt. Durch kleine Öffnungen im Gebäudesockel zog der Rauch ins Freie ab. Diese Beheizungsmethode war im Norden Chinas üblich; ihre Anlage in den kaiserlichen Palästen unterlag äußerster Sorgfalt. Die Hallen, die mit dieser Heizungseinrichtung ausgestattet waren, wurden *nuange* (Kammer der Wärme) genannt. Sowohl im Qianqinggong (Palast der Himmlischen Reinheit) und im Kunninggong (Palast der Irdischen Ruhe) als auch in den Sechs Östlichen und den Sechs Westlichen Palästen kann man derartige Einrichtungen finden. Im Buch *Minggongshi* (*Chronik der Ming-Paläste*) ist verzeichnet: „In der Regierungsperiode Tianqi (1621–1627) wurde ein *kang* in der Maoqindian (Halle der Intensiven Energie) gebaut. Der Kaiser kam oft hierher." Die Bemerkung zeigt, daß die Kaiser und die Kaiserinnen Hallen und Paläste mit geheizten *kangs* gern benutzten.

Die im Inneren Hof verwendeten transportablen Öfen zeigen sehr unterschiedliche, zumeist kunstvoll gestaltete Formen. Sie setzen sich aus einem Kohlenbecken und einem darübergestellten Gitter zusammen. Größere Öfen wiegen mehr als 100 Kilogramm. Sie erreichen eine Höhe von einem Meter oder mehr. Die Öfen ruhen auf drei oder vier Füßen. Mancher Ofen verfügt auch über einen festen Sockel. Die kleinsten Öfen haben die Größe einer Wassermelone. Sie dienten in erster Linie als Hand- oder Fußwärmer. Die Kohlenbecken mit Gittern stellen oft Meisterwerke des Kunstschmiedehandwerks dar.

In den Palästen und Hallen des Äußeren Hofes gab es kein fest installiertes Heizungssystem. Im Winter wurden dort ausschließlich transportable Kohlenbecken verwendet. Im Inneren Hof dagegen fanden beide Beheizungssysteme gleichzeitig Anwendung. Entsprechend geltender Vorschriften war die Anzahl der Öfen für jede Halle festgelegt. Bei besonders kalter Witterung waren jedoch Ausnahmen zugelassen. Bei der Abnahme der Kaiserlichen Prüfung in der Taihedian (Halle der Höchsten Harmonie) im 1. Jahr der Regierungsperiode Yongzheng (1723) befahl beispielsweise der Kaiser dem Obersten Eunuchen angesichts der Kälte, mehr Kohlenbecken in der Taihedian aufzustellen, damit Pinsel und Tusche nicht gefroren und die Prüfungskandidaten ihre Aufsätze unbehindert schreiben konnten. Der Gebrauch transportabler Kohlenbecken war nicht ungefährlich. Als im 10. Monat des 24. Jahres der Regierungsperiode Jiaqing (1819) der Kaiser sich gerade in der Taihedian aufhielt, wäre es beinahe zu einem Brand gekommen. Da zu viele Kohlenbecken aufgestellt worden waren, wurden die drei hinteren Türen der Halle weit geöffnet, so daß der Wind Funken über den Boden trieb. Glücklicherweise konnten die glühenden Kohlenstücke von den Dienern und Kaiserlichen Garden rechtzeitig unter Kontrolle gebracht werden, so daß ein Brand verhindert wurde. Auf Grund dieses Vorfalls erließ der Kaiser das Edikt, bei künftigen Anlässen, wenn z. B. in der Baohedian (Halle zur Erhaltung der Harmonie) oder der Taihedian ein Bankett gegeben oder eine Zeremonie durchgeführt würde, auf jeder Seite der Halle nur noch ein Kohlenbecken aufzustellen. Zudem gab er Anweisung, die glühende Kohle mit Erde zu bedecken. Wenn der Kaiser in der Zhonghedian (Halle der Vollkommenen Harmonie) und in der Taihedian die Inschriften auf den hölzernen Opfertafeln prüfte, war es grundsätzlich verboten, Öfen hereinzubringen. Wer mehr Kohlenbecken als festgelegt aufstellte, wurde entlassen.

Die zahlreichen Heizungsanlagen in der Verbotenen Stadt verschlangen täglich große Mengen an Holzkohle, Brennholz und Kohle. Nach dem aus der Ming-Zeit stammenden *Wanshu zaji* (*Kurze Notizen des Verwaltungsbüros von Wanping*) vom Vorsteher des Kreises Wanping, Shen Bang, wurden allein bei der Abnahme einer der mehreren Kaiserlichen Prüfungen im 18. Jahr der Regierungsperiode Wanli (1590) mehr als 500 Kilogramm Holzkohle im Palast verbraucht. Während der Qing-Dynastie wurden Holzkohle, Brennholz und Kohle nach festgelegten Rationen verteilt. In der Regierungsperiode Qianlong standen an Brennstoffen der Kaiserinmutter und der Kaiserin täglich 55 Kilogramm, den erstrangigen kaiserlichen Konkubinen 45 Kilogramm, den zweitrangigen kaiserlichen Konkubinen 37,5 Kilogramm, den Prinzessinnen 15 Kilogramm, den Söhnen des Kaisers 10 Kilogramm und den Enkeln des Kaisers 5 Kilogramm zu. In der Spätzeit der Qing-Dynastie, während der Regierungsperiode des letzten Kaisers Pu Yi, verbrauchte allein der Chuxiugong (Palast der Gesammelten Eleganz) pro Tag 1500 Kilogramm Kohle, 150 Kilogramm Holzkohle, 10 Kilogramm Rotkorb-Holzkohle und 30 Bündel kleinstückiger Holzkohle. Im Yonghegong (Palast der Ewigen Harmonie) wurden täglich 25 Kilogramm Holzkohle und 25 Kilogramm Rotkorb-Holzkohle zum Erwärmen des Wassers der Fischbecken gebraucht. Auch wurden 10 Kilogramm Kohle und 2 Körbe Holzkohle sowie 40 Körbe Rotkorb-Holzkohle täglich dazu verwendet, ein Feuer zu unterhalten, damit sich der Bestand der Grillen im Garten nicht verringerte. Die meisten Brennstoffe wurden von der Kaiserlichen Familie verbraucht, während den Untergebenen und Dienern nur geringe Rationen zustanden. Jeder Lesesaal der kaiserlichen Bibliothek Wenyuange (Pavillon der Literarischen Tiefgründigkeit) erhielt z. B. täglich nur 2,5 Kilogramm Holzkohle zugewiesen.

Die Rotkorb-Holzkohle (*hongluotan*), die im Kaiserpalast verwendet wurde, besaß eine besonders gute Qualität. Sie wurden aus hochwertigem Hartholz in den Bergen des Kreises Yizhou (Provinz Hebei) hergestellt. Zur Ming-Zeit wurde fast ausschließlich diese Holzkohle benutzt. Während der Qing-Dynastie wurden von Dienern begleitete Beamte jedes Jahr in die Gegend der Kreise Yixian und Laishui zum Holzkohlenkauf geschickt. Es gab die Bestimmung, daß Holzkohle dieser Sorte nur an das kaiserliche Lagerhaus und nicht an Privatpersonen verkauft werden durfte. Die Holzkohle wurde in eine genormte Länge gesägt und in kleine, runde, mit roter Erde eingefärbte Körbe verpackt, weshalb sich dafür der Namen „Rotkorb-Holzkohle" einbürgerte. Die Holzkohle wurde im Rotkorb-Depot (Hongluochang) in der Nähe des heutigen Xi'anmen (Tor des Westlichen Friedens) eingelagert. Der Vorzug dieser Holzkohle bestand neben der beträchtlichen Heizenergie und Brenndauer darin, daß sie weder Funken noch Rauch austrieb. Die in der Verbotenen Stadt verwendeten Kohlenbriketts wurden aus Nordchina bezogen.

In der Ming- und der Qing-Dynastie gab es im Kaiserpalast ein Amt für die Verwaltung der Brennstoffe. Es trug den Namen Xixinsi (Amt zur Einsparung von Brennstoffen). In der Qing-Dynastie unterstanden dem Amt drei Verwaltungsbüros: das Büro für Unterhalt, es war verantwortlich für die Aufstellung der Öfen und den Brennstofftransport; das Büro für Holz und Kohle, es war für die Verteilung und Lagerung von Holz und Kohle zuständig; und das Büro für die Heizung, seine Aufgabe war es, für die Beheizung der *kangs* Sorge zu tragen. Daraus läßt sich erkennen, daß die Verwaltung des Heizungssystems in der Verbotenen Stadt recht kompliziert war.

Für die so ansehnlichen Mengen an Kohle und Holz waren Lagerplätze erforderlich. Außer dem genannten Rotkorb-Depot gab es außerhalb der Verbotenen Stadt noch sechs weitere Depots, die dem Xixinsi unterstanden: das Nördliche, das Südliche, das Westliche, das Östliche, das Neue Westliche und das Neue Südliche Depot. In der Verbotenen Stadt selbst befand sich ein Lagerplatz für Kohle, Holzkohle und Brennholz für die Individualpaläste hinter dem Xiwusuo (Fünf Westliche Höfe).

Beijing besitzt ein typisches kontinentales Klima, der Temperaturunterschied in den vier Jahreszeiten ist groß. Die Winter sind sehr kalt, die Sommer sehr heiß. Die Hallen und Paläste der Verbotenen Stadt haben hohe Dächer und dicke Wände, so daß die Bauten über gute Isolationsbedingungen verfügen. Die wichtigsten Hallen und Paläste weisen mit ihrer Frontseite nach Süden. Die südliche Hallenwand setzt sich zum weitaus größten Teil aus Türen und Fenstern zusammen, so daß es hier im Winter warm und im Sommer kühl ist. Im Sommer wurden die Fenster geöffnet. Unter dem äußeren Traufenvorsprung wurden Bambusgardinen angebracht; im Hof stellte man Sonnensegel auf.

Um die Palastbewohner vor Hitze zu schützen, existierten in der Verbotenen Stadt fünf Eiskeller, von denen vier bis zu 5000 Eisblöcke aufnehmen konnten. Der fünfte Eiskeller verfügte über ein Fassungsvermögen von 9226 Eisblöcken. Im Winter schnitt man das Eis aus dem Inneren Goldwasserfluß und speicherte es in dem außerhalb des Longzongmen (Tor der Großen Ahnen) gelegenen Keller. In den Teeräumen des Changchungong (Palast des Immerwährenden Frühlings) und des Chuxiugong (Palast der Gesammelten Eleganz) gab es Eiskästen zur Kühlung von Getränken und Obst. An die verschiedenen Büros der Abteilung für die Kaiserliche Haushaltung wurden vom 1. Tag des 5. Monats bis zum 20. Tag des 7. Monats täglich zwei Eisblöcke ausgegeben.

Seit der Regierungsperiode Kangxi der Qing-Dynastie verließen die Kaiser und ihre Familien im Sommer die Verbotene Stadt und hielten sich in den Sommerresidenzen Yuanmingyuan (im Nordwesten Beijings), Xiangshan (Duftender Berg; im Nordwesten Beijings) oder Chengde (nördlich von Beijing) auf, um der Hitze in der Palaststadt auszuweichen.

444 Bronzenes Kohlenbecken mit offenem Gitter, geschmückt mit Winterkirschblüten-Motiven
445 Kohlenbecken aus Cloisonné
446 Kohlenbecken aus vergoldeter Bronze mit Netzdeckel
447 Innerer Ofen aus weißer Keramik

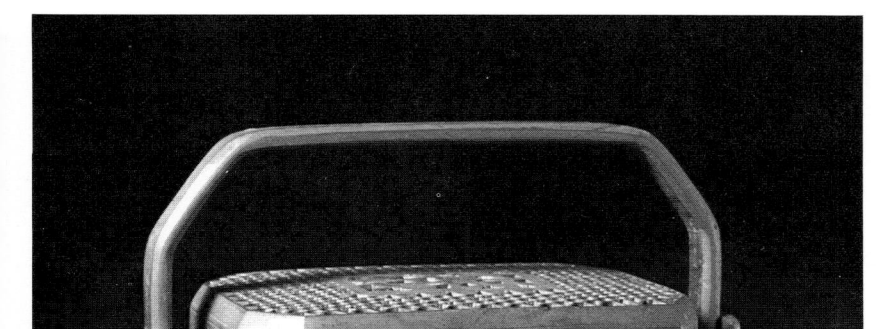

448 Kohlenbecken mit *kui*-Drachen- und Phönix-Mustern mit Gloisonné-Einlage
449 Bronzenes Kohlenbecken mit Gitteraufsatz
450 Handwärmer mit Mustern in Form des stilisierten Schriftzeichens *shou* (Langlebigkeit) aus einer Kupfer-Nickel-Legierung
451 Heizhöhle für einen heizbaren *kang* in der Leshoutang (Halle des Freudvollen Alters)
452 Rauchabzug des heizbaren *kangs* in der Leshoutang

照明

Beleuchtung

In Laternen eingestellte Kerzen waren die wichtigste Lichtquelle in der Verbotenen Stadt.

Da die Laternen leicht Feuer fingen, wurden sie streng überwacht. Mit Ausnahme der kaiserlichen Hallen und der Tore wurden während der Qing-Dynastie im Äußeren Hof keine Laternen installiert. Wenn sich Vertreter des Adels und der hohen Beamtenschaft noch vor Tagesanbruch zu einer kaiserlichen Audienz zu begeben hatten, durften nur die Prinzen von Laternenträgern bis zum Jingyunmen (Tor des Gorßen Glücks) oder Longzongmen (Tor der Gorßen Ahnen) geleitet werden. Mitglieder des Großen Staatsrats hatten die Erlaubnis, bis zum Neiyoumen (Inneres Tor zur Rechten) Laternen aus Ziegenhornstreifen zu benutzen. Allen anderen Beamten waren Laternen verboten. Für den Kaiser gab es keine diesbezügliche Festlegung. Er wurde bei allen Gängen in der Dunkelheit von mehreren Laternenträgern begleitet. In jeder Tragelaterne befand sich eine 250 Gramm schwere Kerze. Außerdem waren an jedem Tor in den von Norden nach Süden verlaufenden Palaststraßen zwei auf Steinsockeln postierte Torlampen aufgestellt. In jeder Lampe befand sich eine Kerze aus Schaffett mit einem Gewicht von 400 Gramm. Während der Regierungsperiode Jiaqing wurde festgelegt, daß die kaiserliche Kutsche mit vier Ecklaternen zur Beleuchtung des Weges ausgestattet werden dürfe. Während der kaiserlichen Morgenaudienzen im Winter wurden einige Laternen aus Ziegenhornstreifen paarweise zu beiden Seiten des Throns aufgestellt.

Im Inneren Hof und an den von Osten nach Westen verlaufenden Langen Straßen wurden ebenfalls Lampen installiert. Nach Aufzeichnungen des *Minggongshi* (*Chronik der Ming-Paläste*) wurden an allen Langen Straßen auf Steinsockeln postierte Öllampen mit Bronzerahmen und Schutzgehäusen aus Bronzedraht aufgestellt. Die Aufseher des Büros für die Kaiserliche Haushaltung hatten die Pflicht, jeden Abend Öl nachzugießen, um den Patrouillen die nächtlichen Rundgänge zu erleichtern. In der Spätzeit der Qing-Dynastie wurden die Schutzhauben aus Bronzedraht durch Glasscheiben mit aufgesetzter doppelstufiger Abdachung ersetzt. Dadurch wurden die nun verwendeten Kerzen gegen Luftzug geschützt und die Leuchtkraft erhöht. In der Mitte jeder Glasscheibe wurden in roter Farbe das stilisierte Schriftzeichen *shou* (Langlebigkeit) und in den vier Ecken je eine rote Fledermaus angebracht, die langes Leben und Glück symbolisiert. Solche Straßenlampen durften nur im Kaiserpalast benutzt werden. Ein Beamter namens He Kun, der bei Kaiser Qianlong in Gunst gestanden hatte, wurde zu Beginn der Regierungsperiode Jiaqing u.a. deswegen verurteilt und sein ganzes Vermögen konfisziert, weil er derartige Straßenlampen in seiner Residenz verwendete.

Im Inneren der Paläste und Hallen des Inneren Hofes gab es Laternen und Lampen in großer Zahl und in äußerst abwechslungsreicher, z.T. sehr kostbarer Ausgestaltung. Aufzeichnungen über die Beleuchtungseinrichtung in den drei Hallen der Yangxindian (Halle der Pflege des Herzens) aus dem 2. Jahr der Regierungsperiode Xianfeng (1852) zufolge wurden allein in der Dongnuange (Ostkammer der Wärme) 45 Laternen und Lampen in fünfzehn verschiedenen Ausführungen angebracht oder aufgehängt.

An Neujahrstagen und zu anderen traditionellen Festen wurden zusätzliche Laternen und Lampen aufgestellt. Am 15. Tag des 1. Monats nach dem chinesischen Mondkalender fand das Laternenfest statt. An diesem Tag wurden besonders zahlreiche Laternen, um ihren vielgestaltigen Zierat zu bewundern, aufgehängt. Die Laternen hatten die Gestalt von Vögeln, Tieren, Blumen oder Früchten. Sie wurden aus mit den unterschiedlichsten Motiven bemalter Seide hergestellt. Besonders bekannt waren die Schildkrötenberg-Laternen und die Drachen-Laternen. Letztere hatten eine Länge von mehr als 1,5 Meter und wurden von zehn Eunuchen mit Bambusstangen getragen. Voraus ging ein Mann mit einer Perle, um das Bild des die Perle bewachenden Drachen zu komplettieren. Die Vielzahl der Laternen in den Innenräumen überstieg durchaus die zur üblichen Beleuchtung erforderliche Anzahl von Lichtquellen und rief auf Grund ihrer Konstruktion und Verteilung im Raum die Wirkung moderner Leuchtstoffröhren hervor, obwohl nur Kerzen als Lichtquellen dienten.

Die Innenraum-Laternen trugen in ihrem Zentrum einen Kerzenhalter; das Gehäuse war in Form und Dekor sehr unterschiedlich gestaltet. Es gab Laternen mit Gehäusen aus geschnitztem Bambus oder Holz, aus ornamentgeschmückter Bronze oder anderen Metallen. Die Rahmen wurden mit Seide oder Gaze bespannt, die oft mit Scherenschnitten beklebt oder mit Vogel-, Blumen- und Insektenmotiven bemalt war. An der Innenfläche der Gehäuse wurden Ziegenhornstreifen oder Glas angebracht. In vielen Fällen erhielten die Laternen einen aufgesetzten, reich bemusterten Schirm, von dem Perlen-, Gold-, Silber- oder Edelsteinschnüre sowie Seidenquasten herabhingen. Ähnliche Gehänge wurden auch am Fuß der Laternen angebracht. Bisweilen wurden auch Schriftbänder von den hinausragenden Ecken der Schirme aus um die Laterne herum aufgehängt. Die Vielfalt der Formen entsprang nicht nur dem Zweck des Raumschmucks, sie richtete sich auch nach der Funktion. So gab es Tischlaternen, an der Decke angebrachte Palastlaternen, transportable, an Ständern aufgehängte Tisch- oder Stehlaternen und Handlaternen unterschiedlicher Größe, die man innerhalb oder außerhalb der Hallen benutzte. Zu den Aufgaben der in der Verbotenen Stadt tätigen Handwerker gehörte es u.a. auch, Lampen und Laternen entweder selbst herzustellen oder zu reparieren.

Gegen Ende der Qing-Dynastie wurden die meisten Laternen und Lampen in der Verbotenen Stadt auf elektrischen Strom umgestellt, wobei zahlreiche alte Palastlaternen durch zeitgenössische Beleuchtungskörper ersetzt wurden. Der Kaiserpalast wurde sogar mit eigenen Generatoren ausgerüstet.

Abb. 67 Lampen mit einem aus Ziegenhornstreifen hergestellten Gehäuse mit dem Schriftzeichen *xi* (Doppeltes Glück); sie wurden nur bei der Hochzeitsfeier des Kaisers im Kunninggong (Palast der Irdischen Ruhe) benutzt

453 Straßenlampe auf einem Steinsockel in einer der
Langen Straßen im Inneren Hof

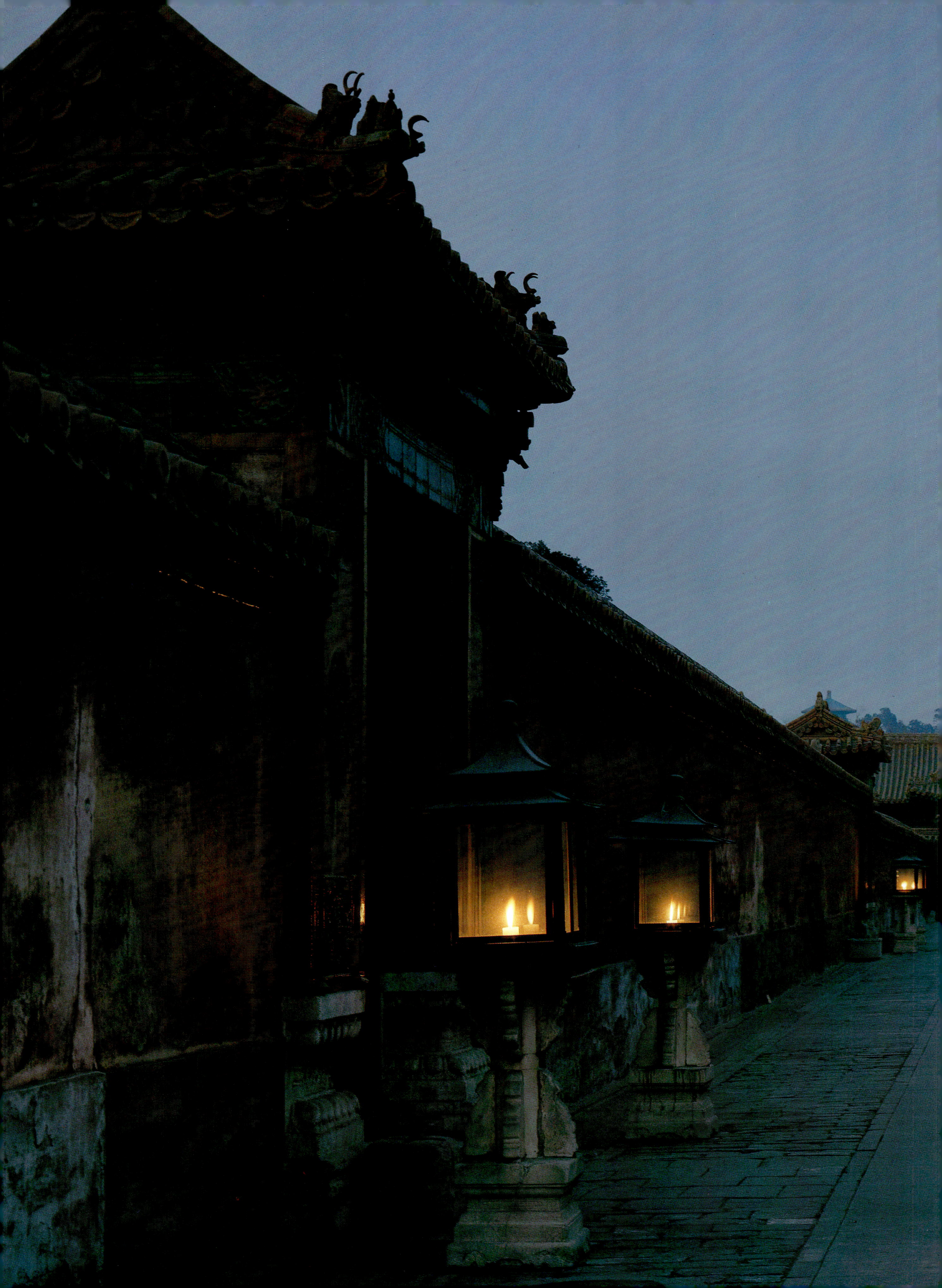

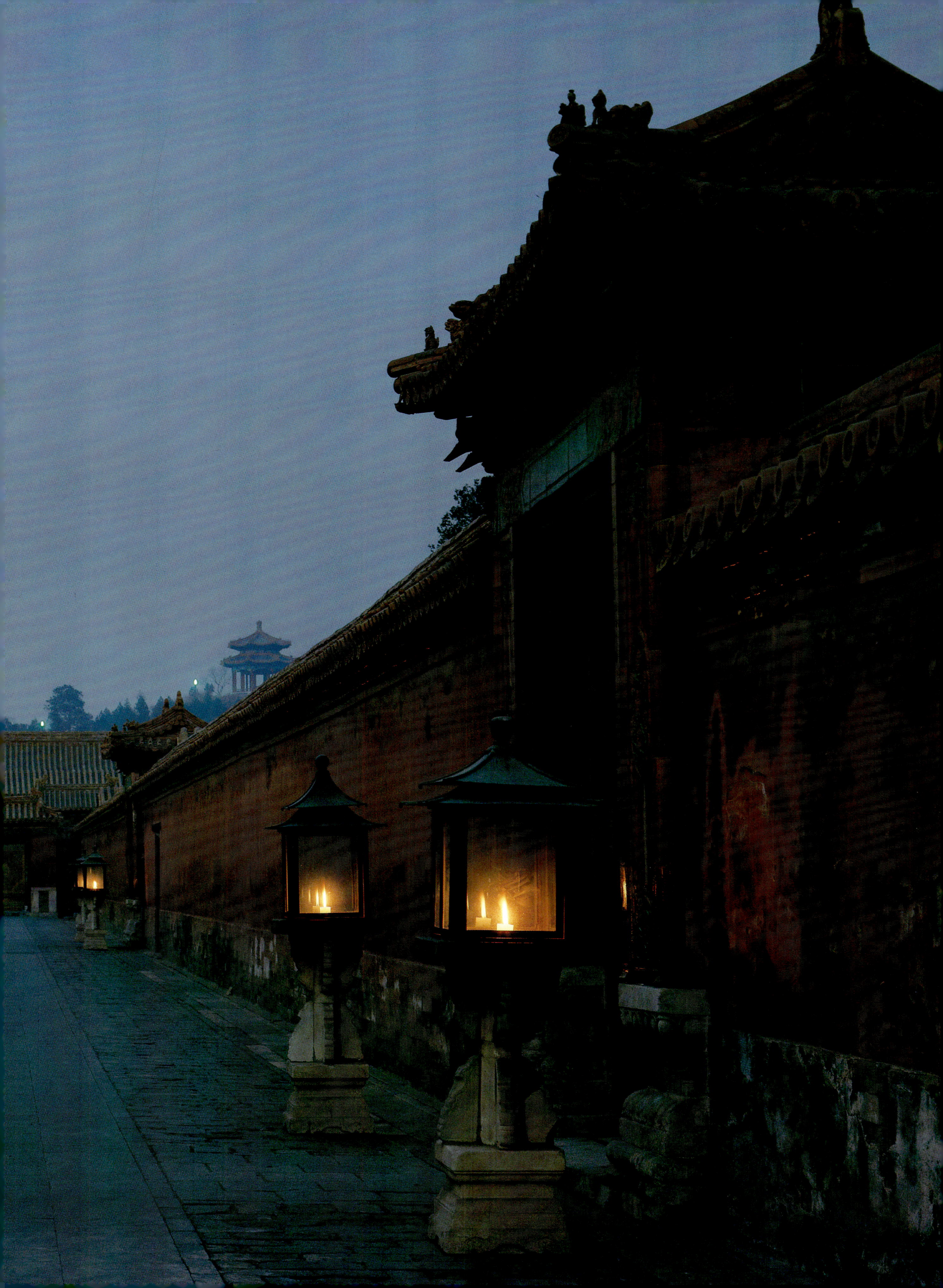

454 Nächtlicher Anblick der Zweiten Westlichen Langen Straße im Inneren Hof
455 Tischlaterne aus Cloisonné
456 Hängelaterne mit Ständer aus Nanmu-Holz in Form eines Flaschenkürbis
457 Vergoldete Tischlaterne
458 Palastlaterne mit Rahmen und Schirm aus Cloisonné und mit Ölbildern geschmückten Glasplatten

458

459

460

461

462

463

459 Mit Winterkirschblütendekor verzierte Palastlaterne mit Rahmwerk aus indischem Mahagoni
460 Palastlaterne mit Glocke aus blauem Glas
461 Palastlaterne aus Cloisonné in Gestalt eines Fischpaars

Da das Schriftzeichen *yu* (Fisch) in der Aussprache identisch ist mit dem Zeichen für „Überschuß", pflegt man mit dem Bild eines Fischpaars den Wunsch nach Reichtum und Wohlleben zum Ausdruck zu bringen.

462 Palastlaterne mit Mahagoni-Rahmen und kaligraphierten sowie bebilderten Glasscheiben
463 Palastlaterne mit fischförmigem Lampenschirm und drachengeschmücktem Schirm in Gestalt eines doppelstöckigen Pavillons

464

464 Im Kaiserpalast verwendete geschmückte Kerzen aus vielfarbigem Wachs
465 Kerzenständer aus Cloisonné mit Vogel- und Blumenmotiven
466 Kerzenständer aus Cloisonné mit Ornament des verschlungenen Lebensknotens des Buddhismus, der bei der Glückwunschzeremonie anläßlich eines Geburtstages benutzt wurde
467 Stehlampen mit Gehäuse aus Ochsenhornstreifen neben dem Thronsitz im Kunninggong (Palast der Irdischen Ruhe)

465

466

467

307

Anhang 附錄

WICHTIGE BAUELEMENTE DER VERBOTENEN STADT IN GRAPHISCHER DARSTELLUNG

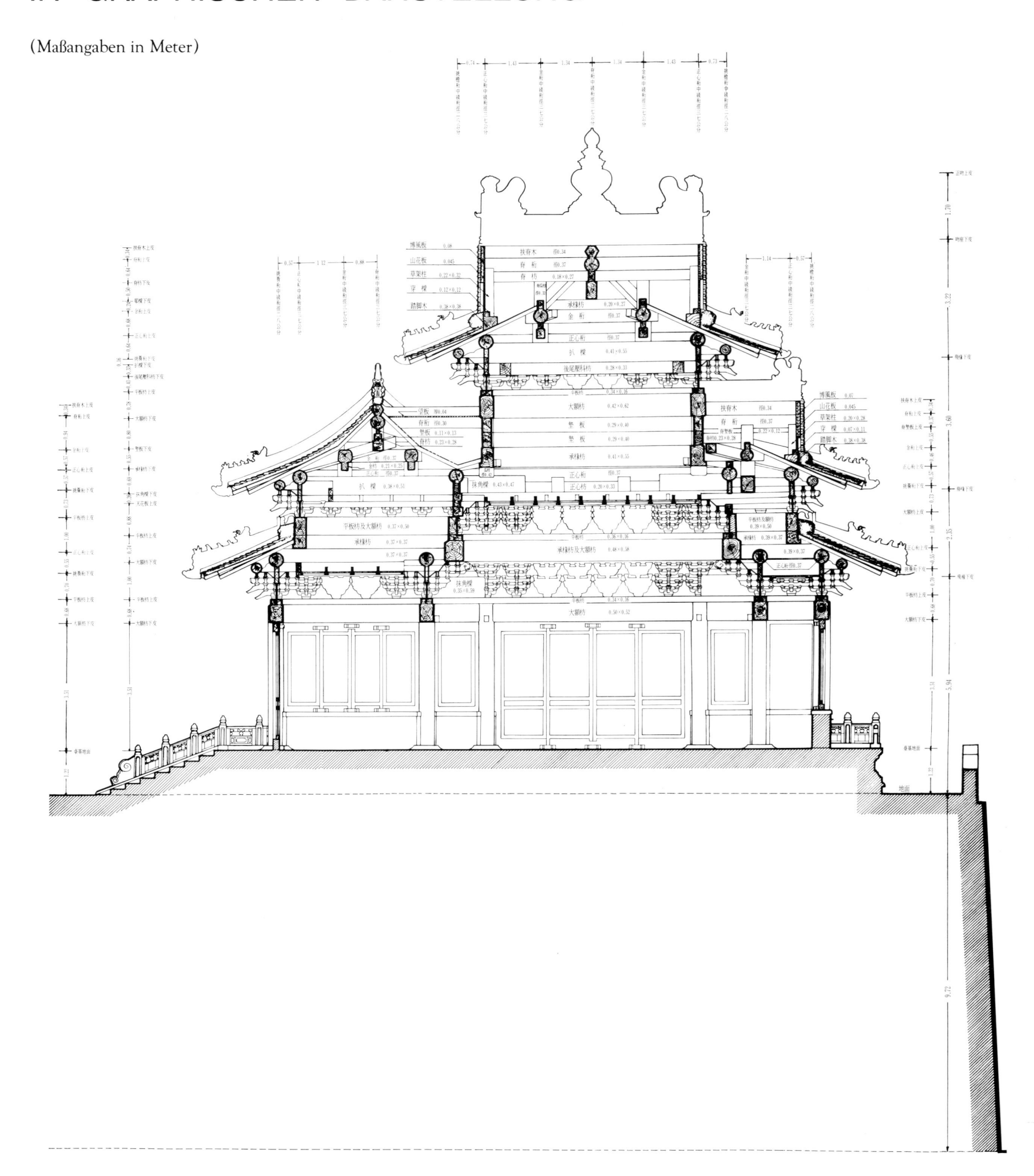

(Maßangaben in Meter)

1 Längsschnitt eines Eckturms auf der Mauer der Verbotenen Stadt

Maßstab 1:25

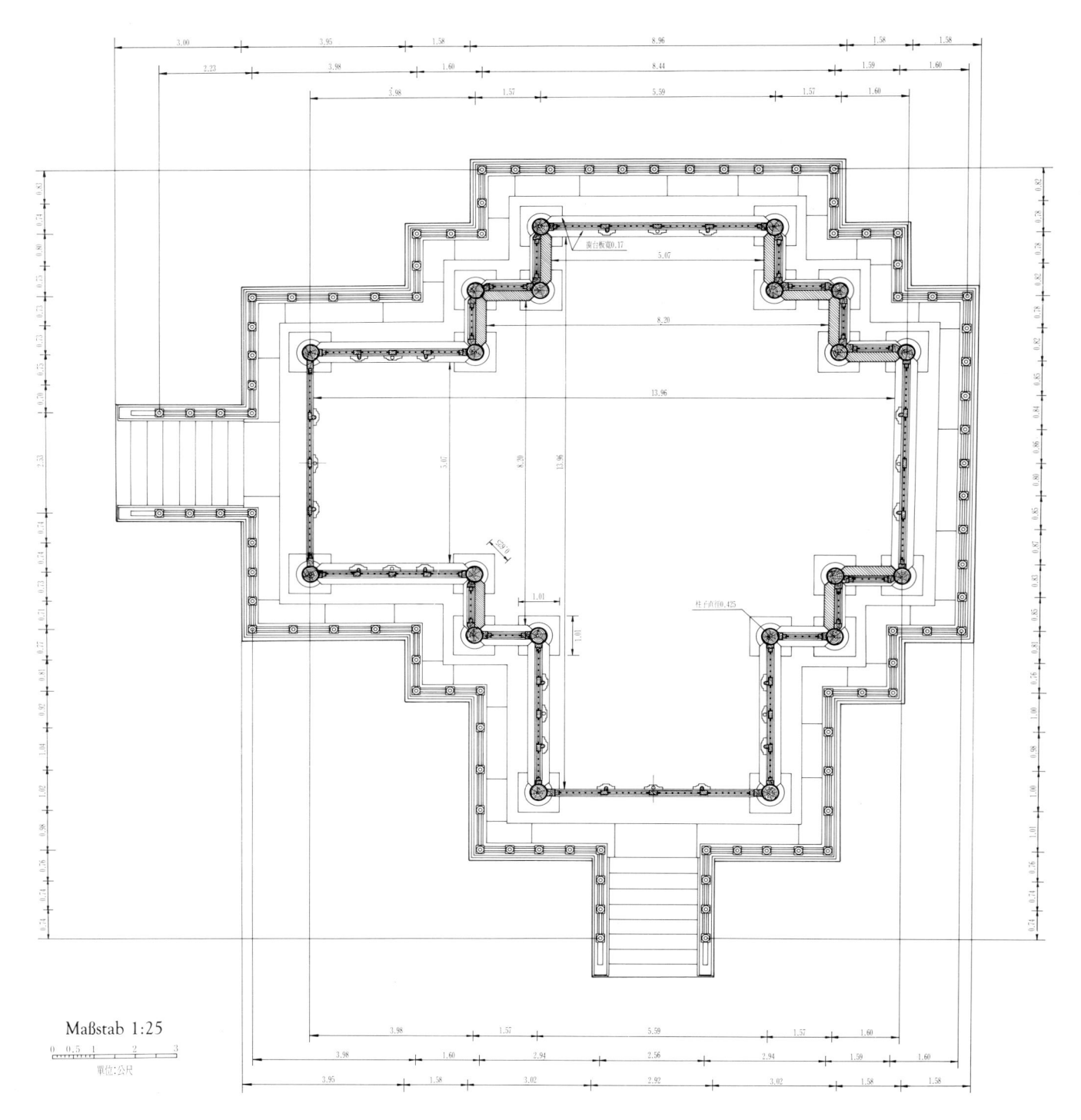

2 Grundriß eines Eckturms

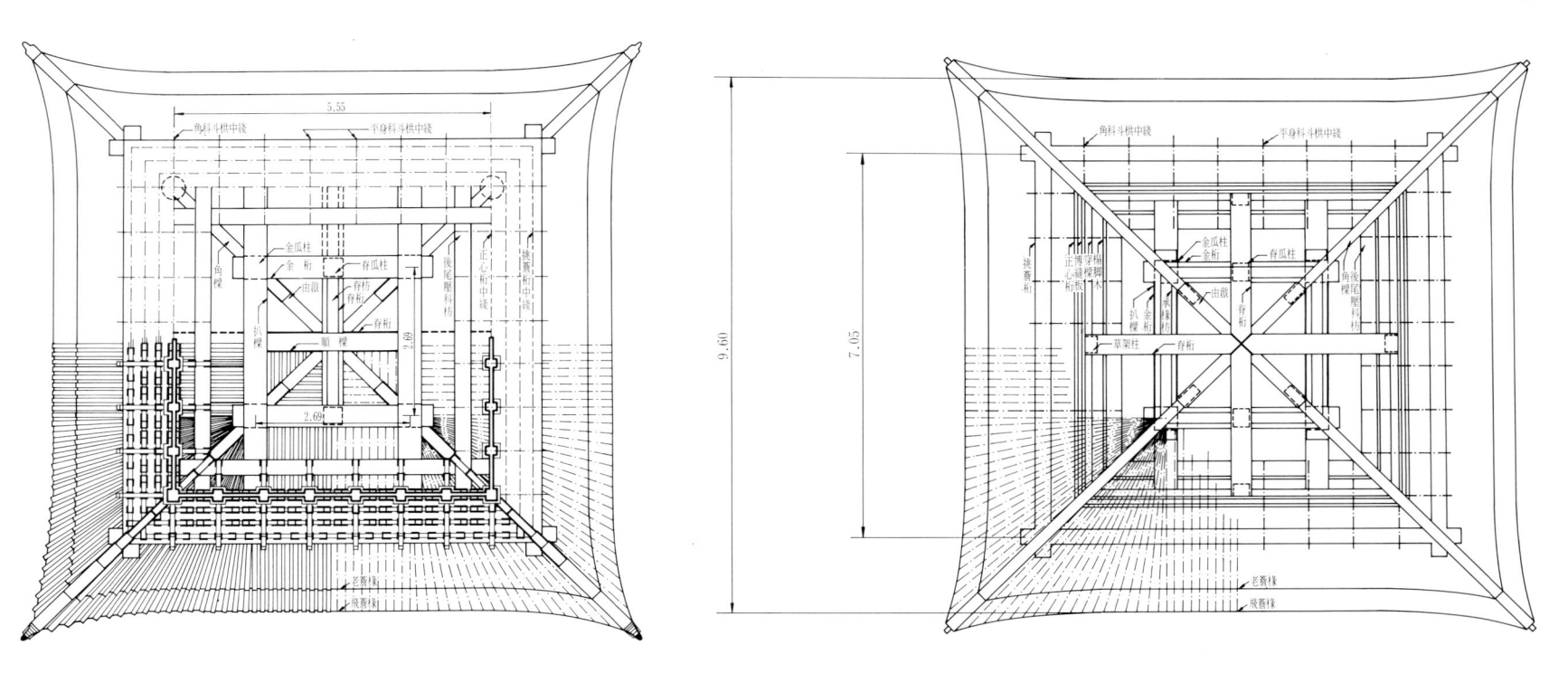

3 Horizontschnitt des Dachs eines Eckturms

311

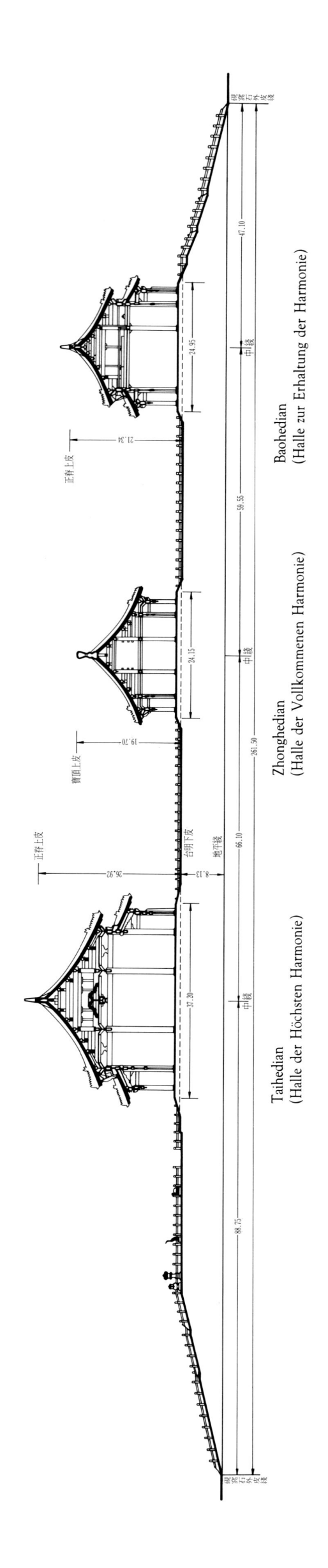

4 Längsschnitt der Drei Großen Hallen und der dreistufigen Sumeru-Terrasse im Äußeren Hof

Taihedian
(Halle der Höchsten Harmonie)

Zhonghedian
(Halle der Vollkommenen Harmonie)

Baohedian
(Halle zur Erhaltung der Harmonie)

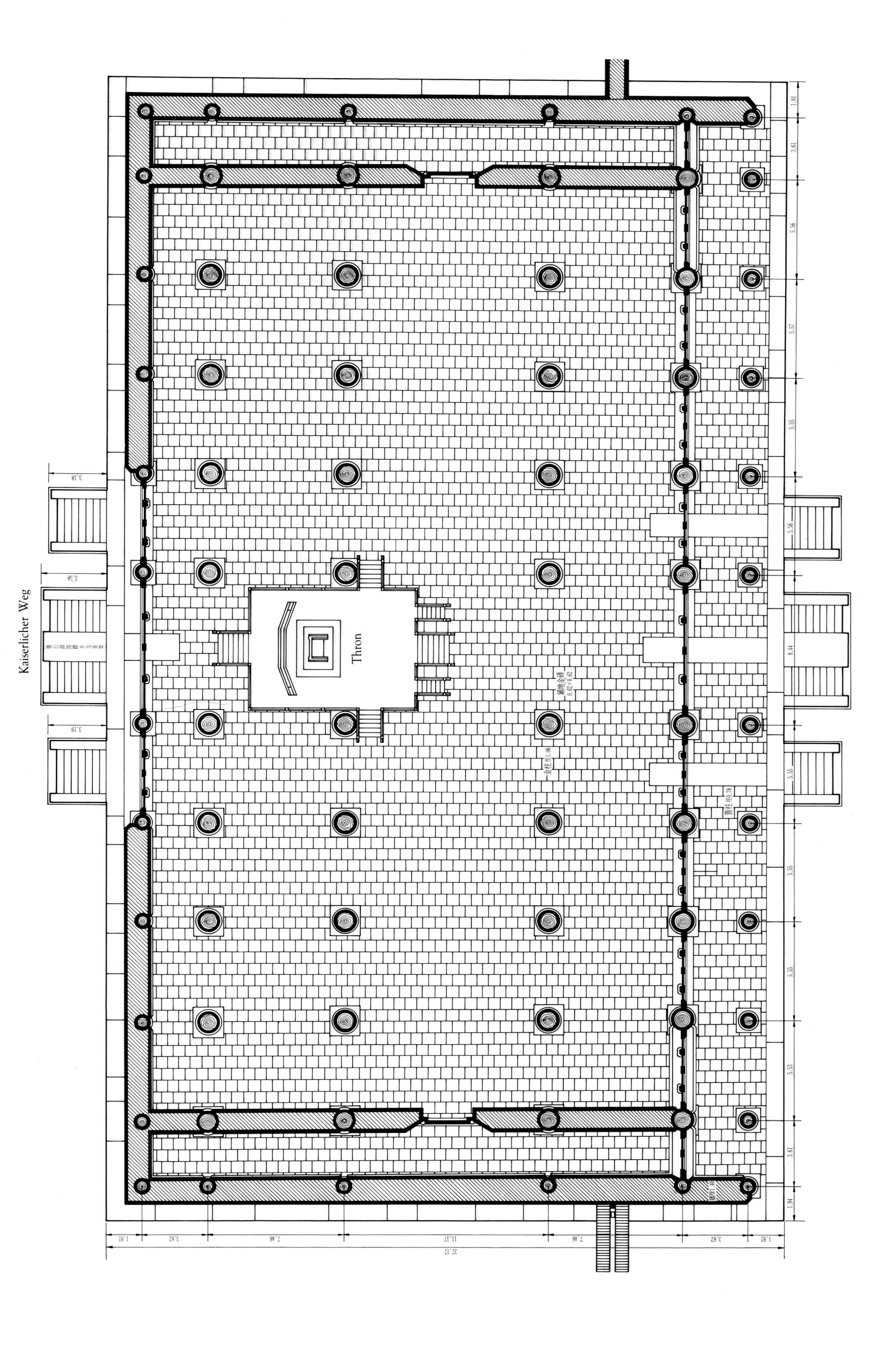

5 Grundriß der Taihedian

Kaiserlicher Weg

Thron

6 Längsschnitt der Taihedian und der Terrasse

Maßstab 1:50

單位：公尺

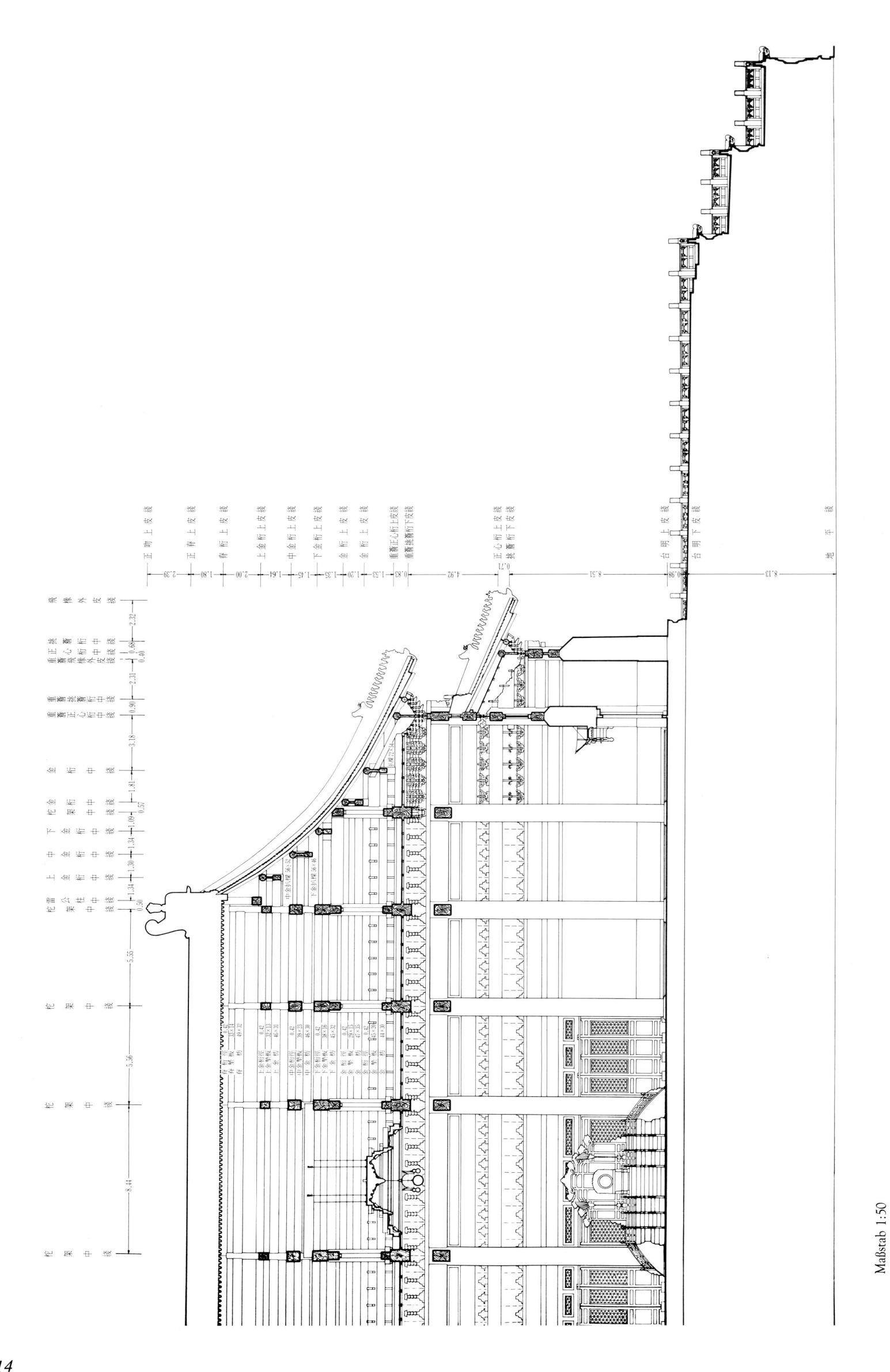

7 Querschnitt der Taihedian

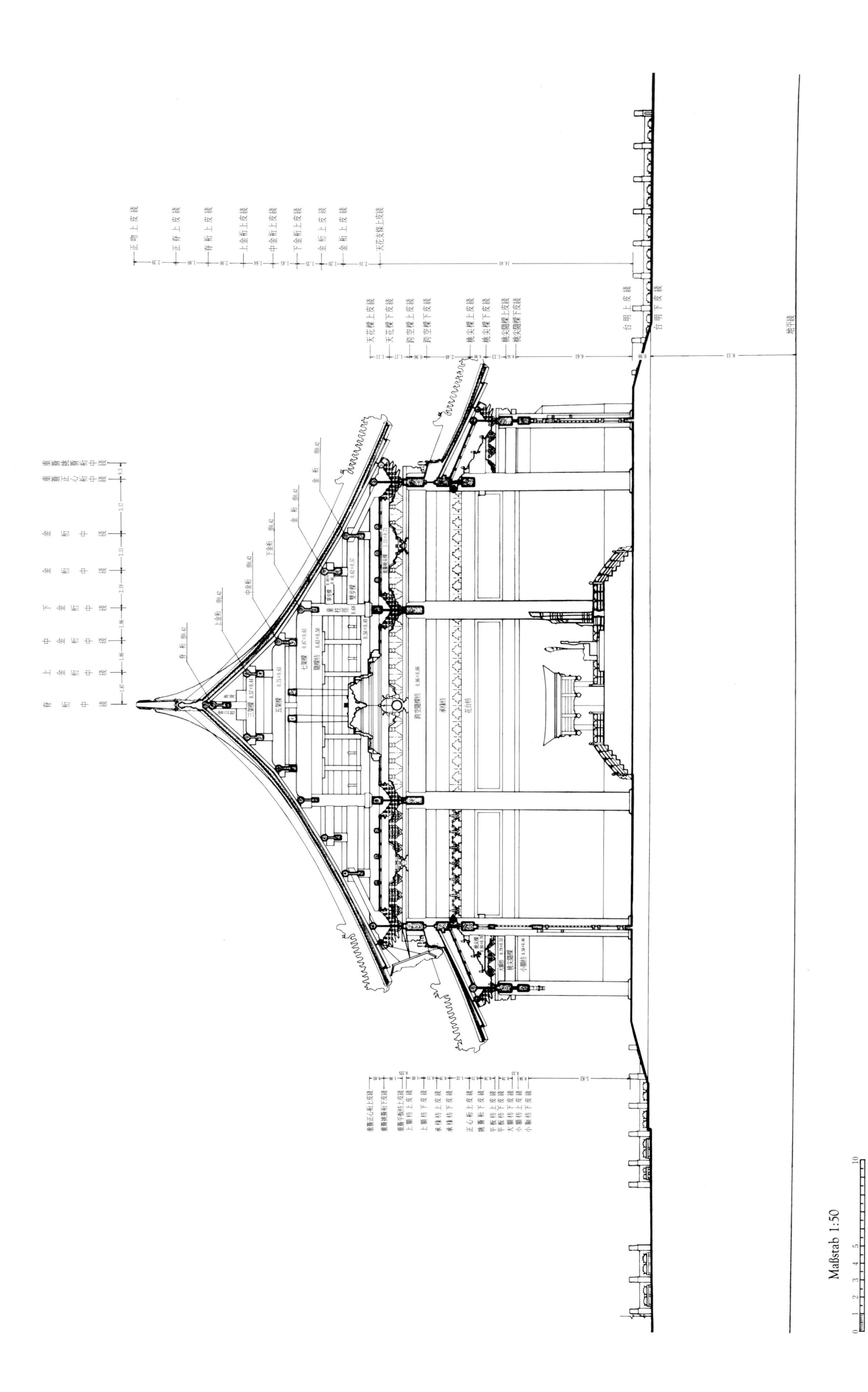

Maßstab 1:50

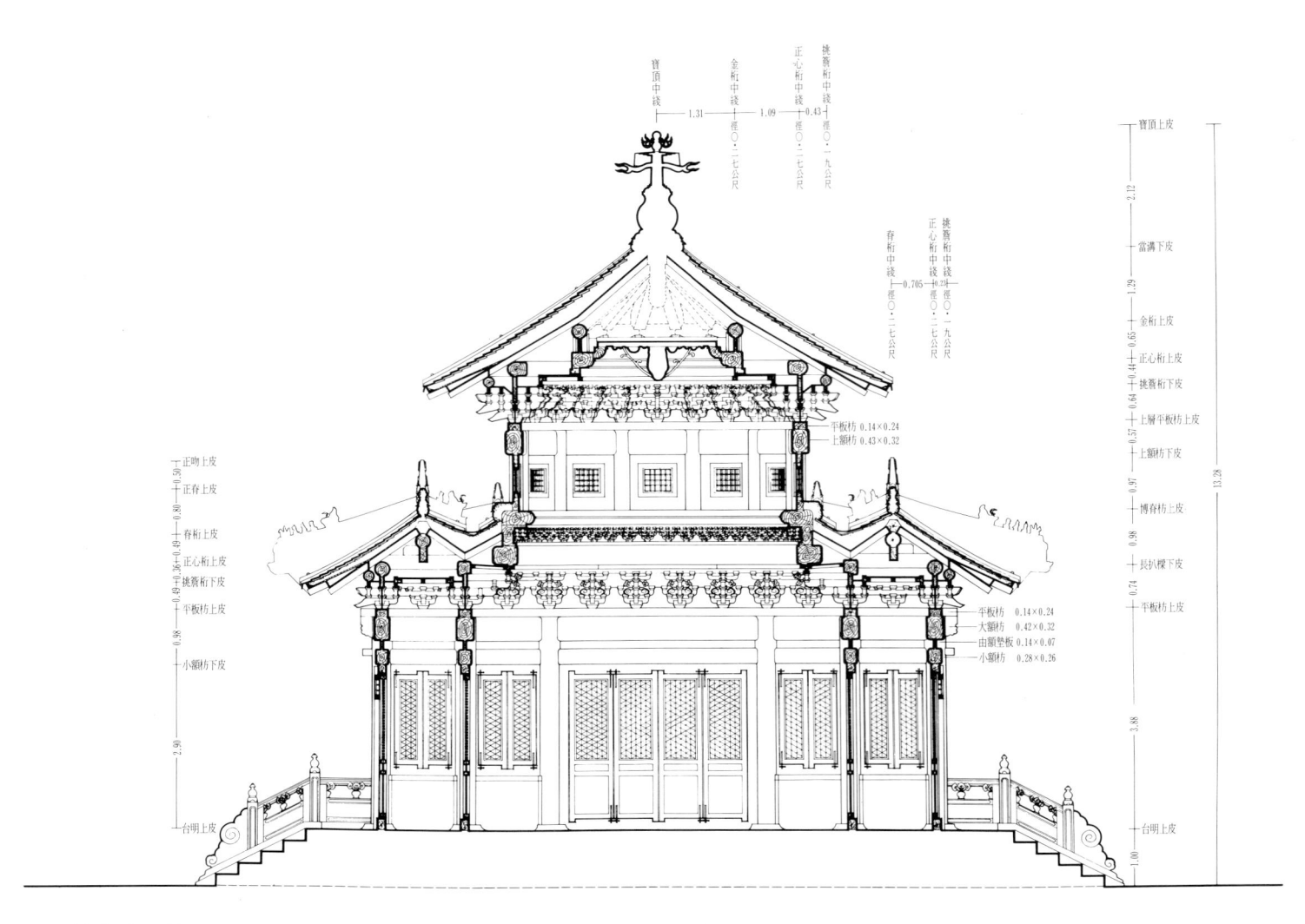

Maßstab 1:20

8 Längsschnitt der Qianqiuting (Pavillon des Tausendfachen Herbstes)

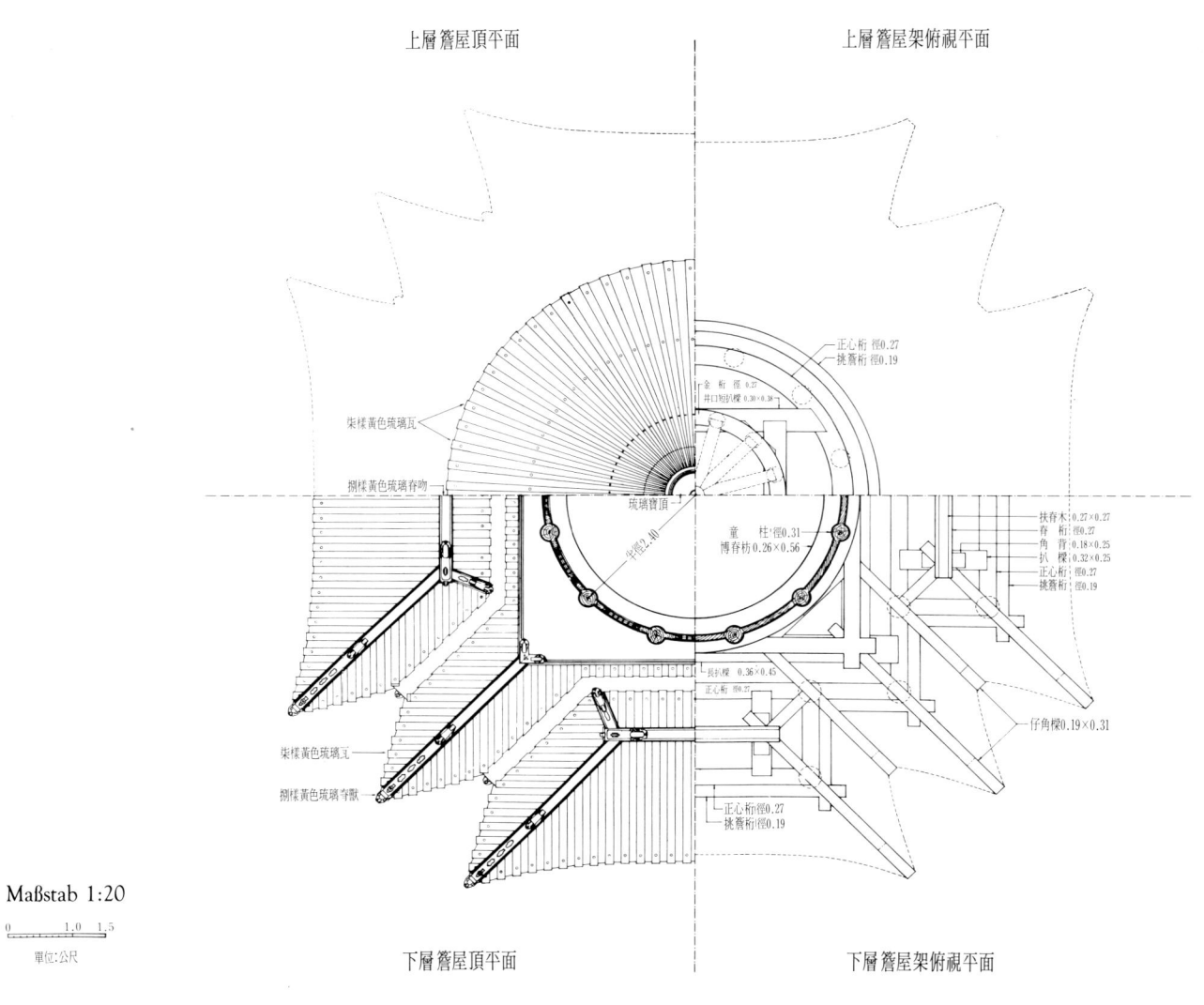

Maßstab 1:20

9 Horizontalschnitt des Dachs des Qianqiuting

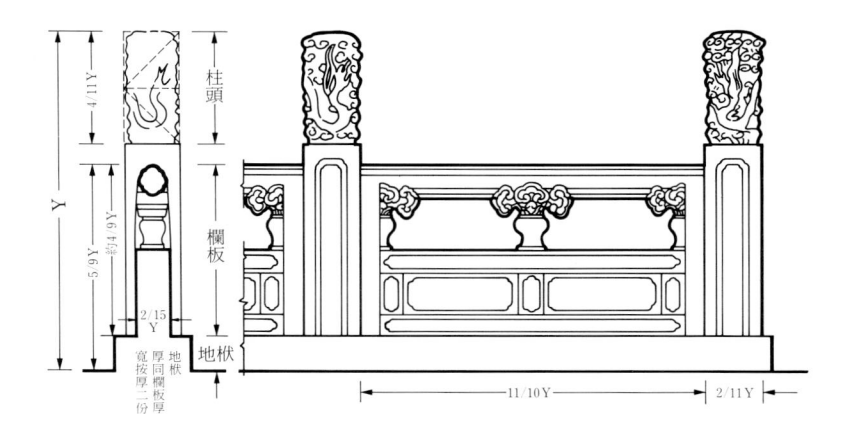

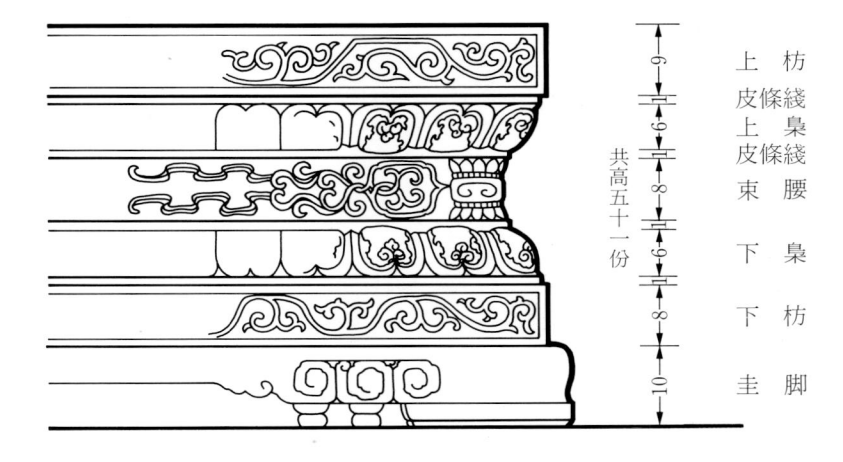

10 Balustrade aus der Qing-Dynastie

11 Basis einer Sumeru-Terrasse aus der Qing-Dynastie

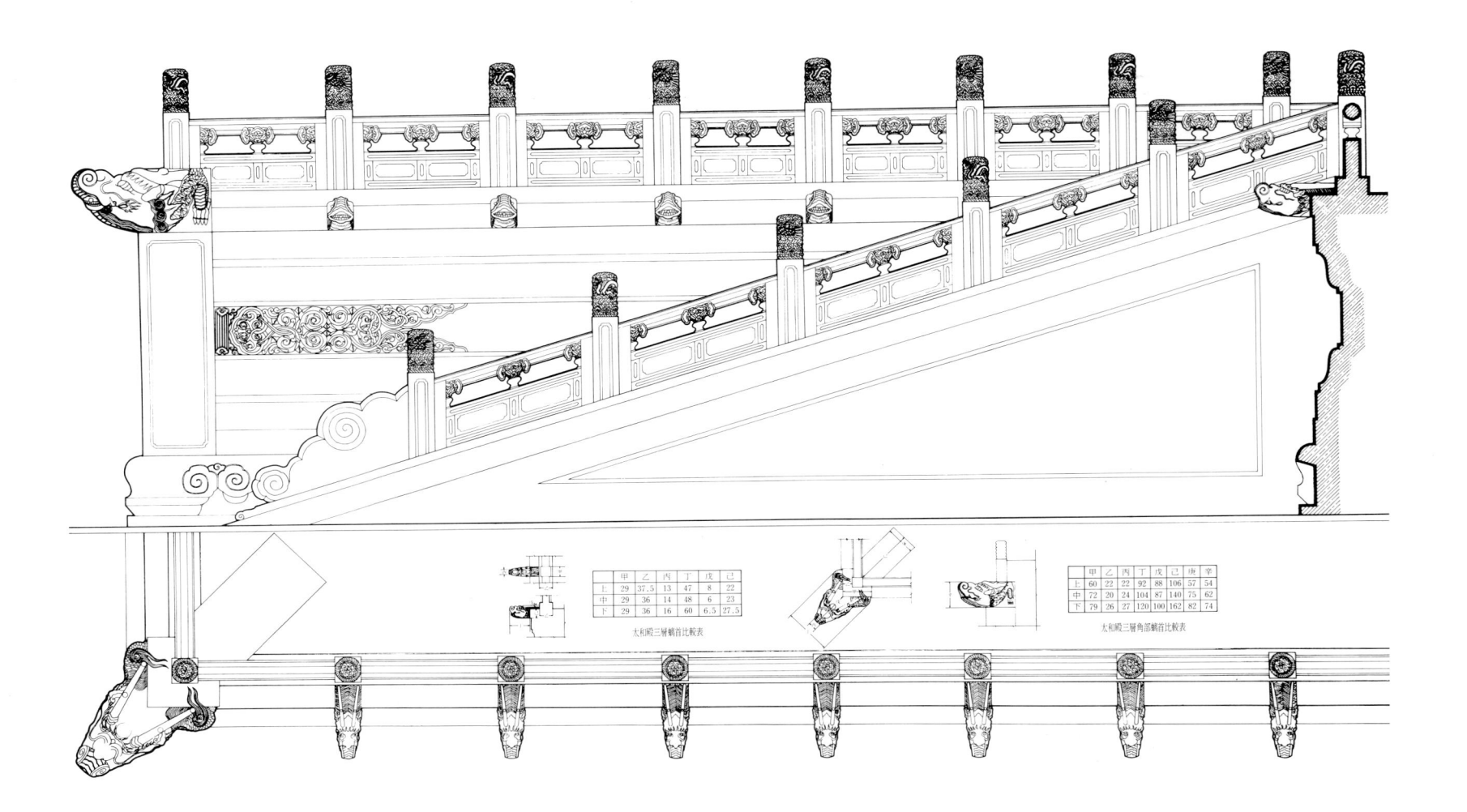

Maßstab 1:10

12 Aufriß, Grundriß und Details der Verzierung der Sumeru-Terrasse vor der Taihedian

捲棚排山勾滴　　歇山調脊　　排山勾滴　　正脊斷面　　歇山大脊正面　　廡殿正面立面　　廡殿山面立面

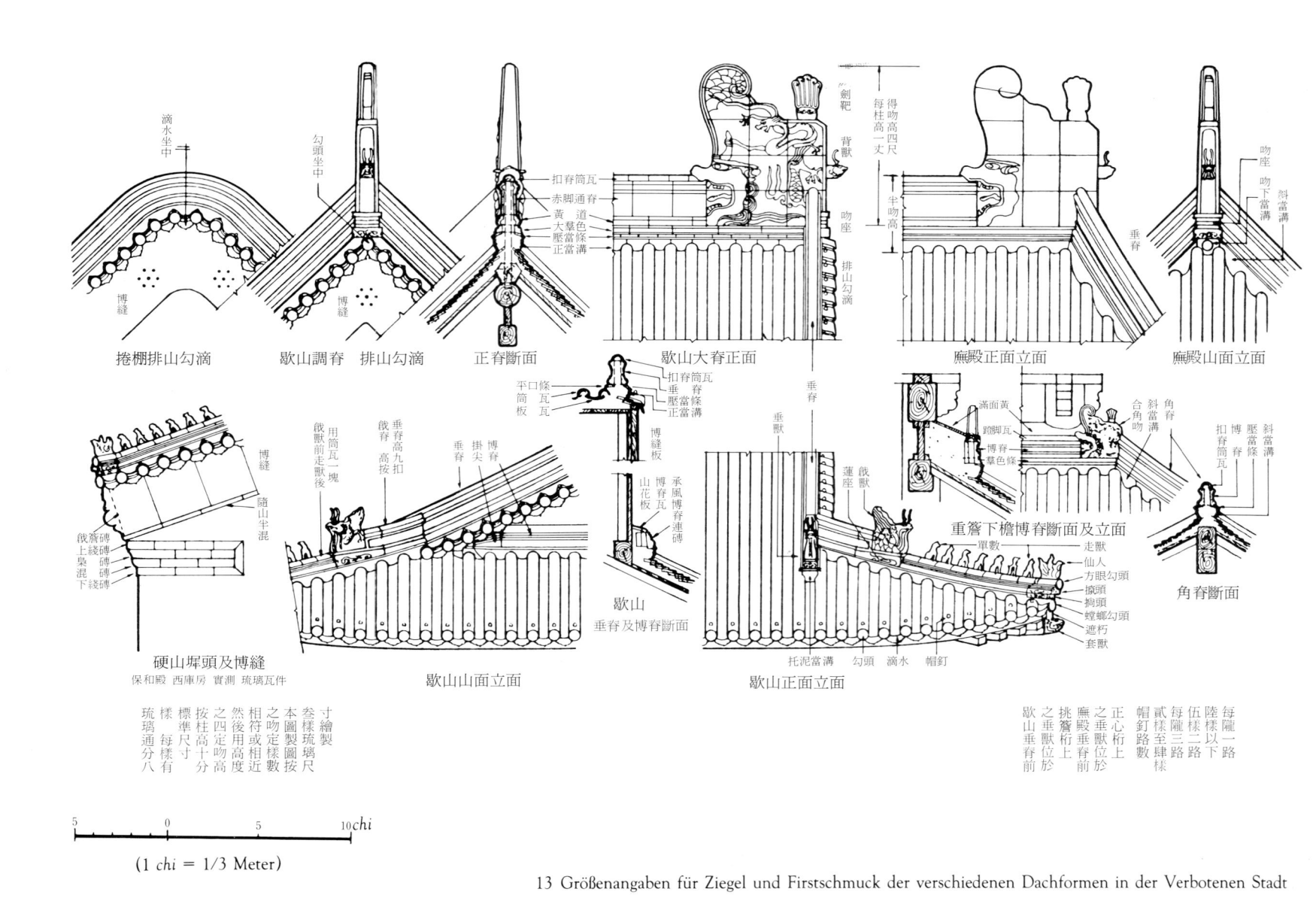

硬山墀頭及博縫
保和殿 西廡房 實測 琉璃瓦件

歇山山面立面　　歇山垂脊及博脊斷面　　歇山正面立面　　角脊斷面

(1 chi = 1/3 Meter)

13 Größenangaben für Ziegel und Firstschmuck der verschiedenen Dachformen in der Verbotenen Stadt

14 Der Knauf auf dem Zeltdach der Zhonghedian

15 Der *dawen* (Starrender Drache) auf dem Ende des Hauptfirsts der Taihedian

Querschnitt des oberen und unteren Traufenvorsprungs

Maßstab 1:20

Grundriß des Konsolensystems am oberen Traufenvorsprung

Aufriß des Konsolensystems am oberen Traufenvorsprung

Aufriß des Konsolensystems des unteren Traufenvorsprungs

Grundriß des Konsolensystems des unteren Traufenvorsprungs

18 Konstruktionsschema des Traufenvorsprungs des Qianqinggong (Palast der Himmlischen Reinheit)

16 Konsolensystem aus der Qing-Dynastie

17 Konstruktionsschema der Schrägarme aus der Qing-Dynastie

桁椀　斗　斜蓋斗板　正心桁　挑簷桁　蓋斗板　墊拱板　平板枋

1. 坐斗
2. 十八斗
3. 三才升
4. 槽升子
5. 正心瓜拱
6. 正心萬拱
7. 外拽瓜拱
8. 外拽萬拱
9. 裏拽瓜拱
10. 裏拽萬拱
11. 廂拱
12. 翹
13. 昂
14. 螞蚱頭
15. 菊花頭
16. 六分頭
17. 廂葉頭
18. 正心枋
19. 井口枋
20. 挑簷枋
21. 拽枋
22. 撐頭木

桁椀後帶鬧龍尾
撐頭後木起桿帶拳六分頭
螞蚱頭後帶起桿拳菊花頭
昂後帶六分頭接菊花頭
菊花頭
奎福雲頭
廂葉指頭
覆蓮指頭

參照武英門神武門反譜工程做法則例繪圖

按廊子步架加舉

319

19 Vier Dekorationstypen von Kassettenfeldern der Decke

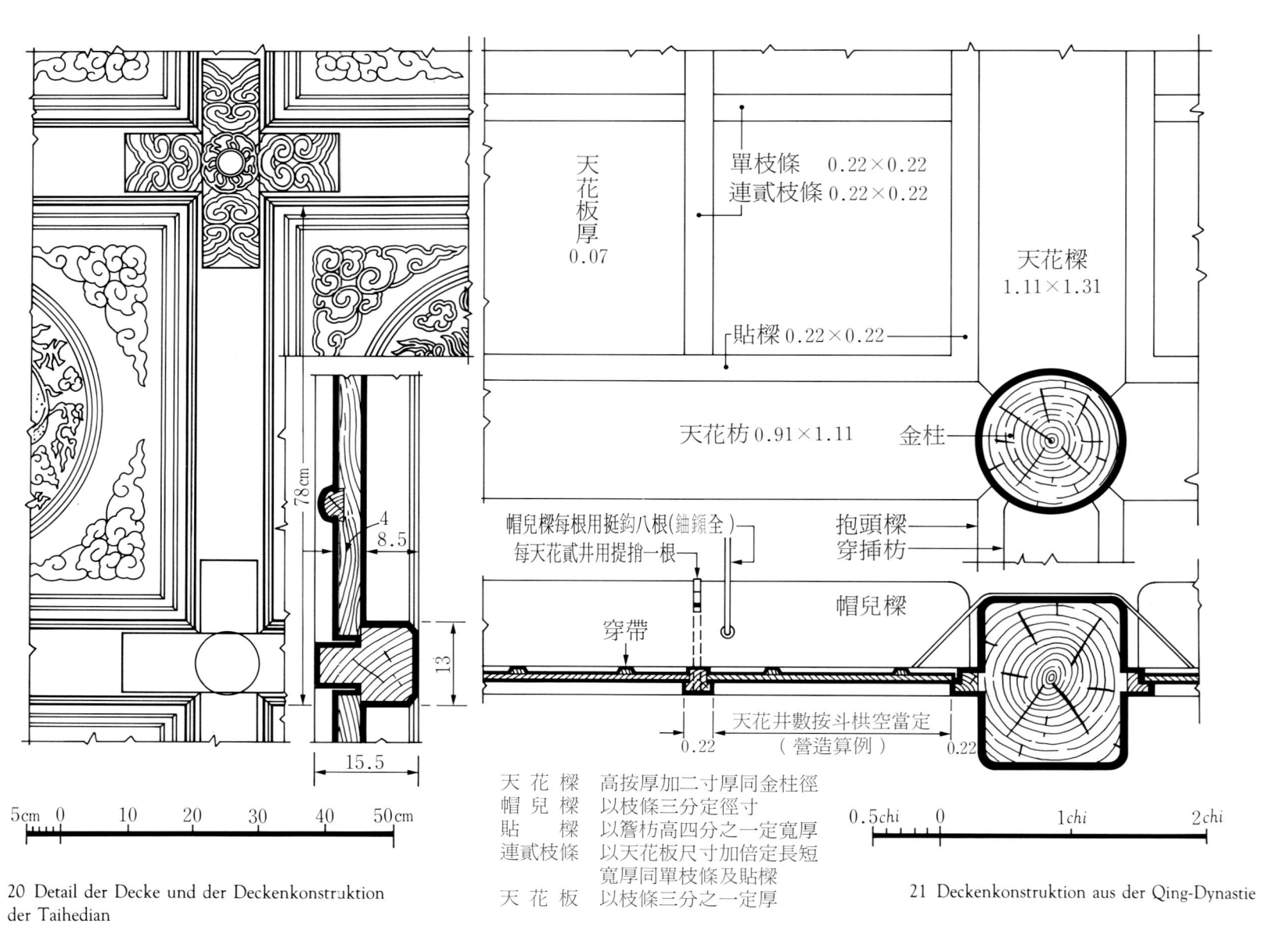

20 Detail der Decke und der Deckenkonstruktion der Taihedian

21 Deckenkonstruktion aus der Qing-Dynastie

22 Grundriß der Decke, der Deckenkassette und des Dachs der Jiaotaidian (Halle der Berührung von Himmel und Erde)

Maßstab 1:25

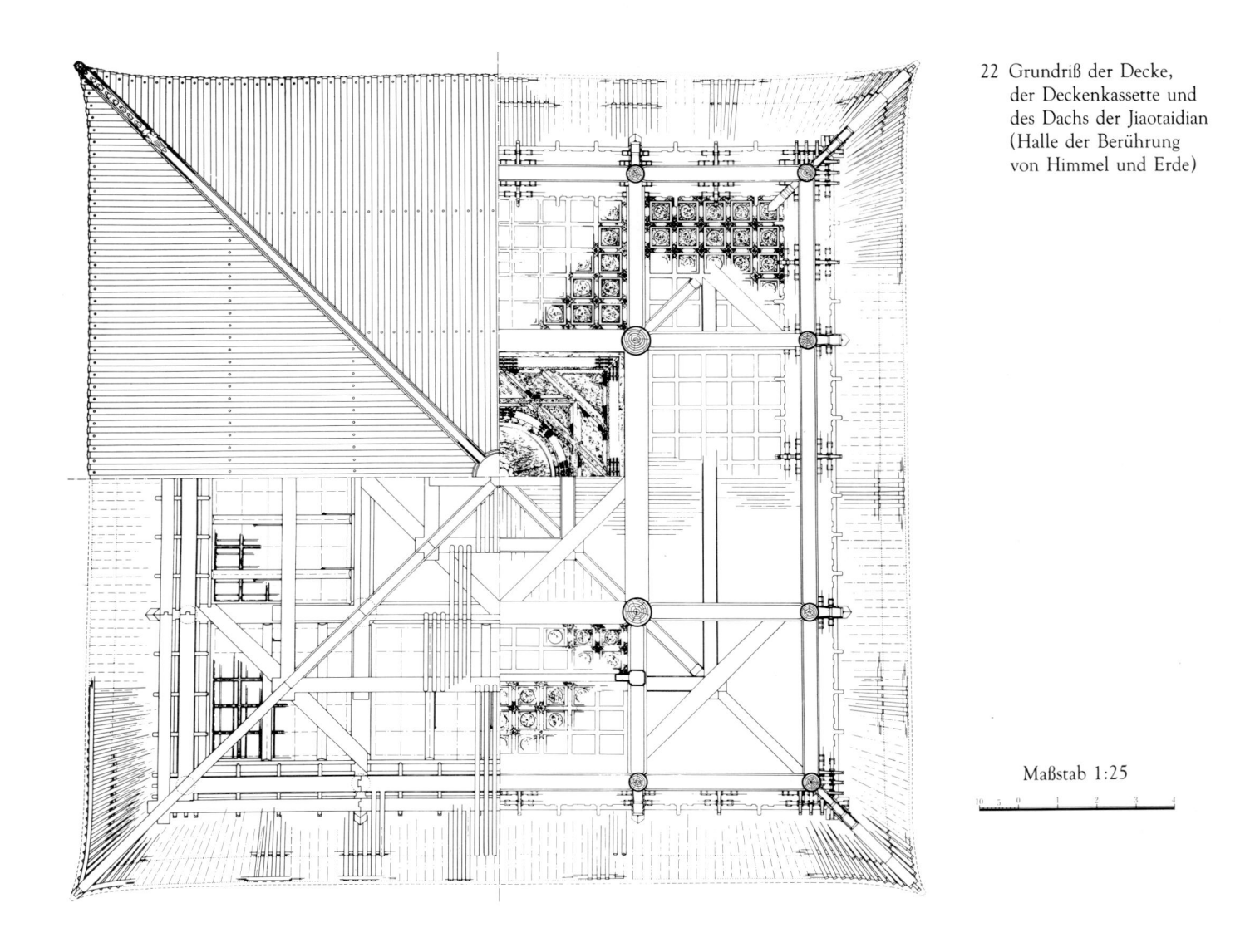

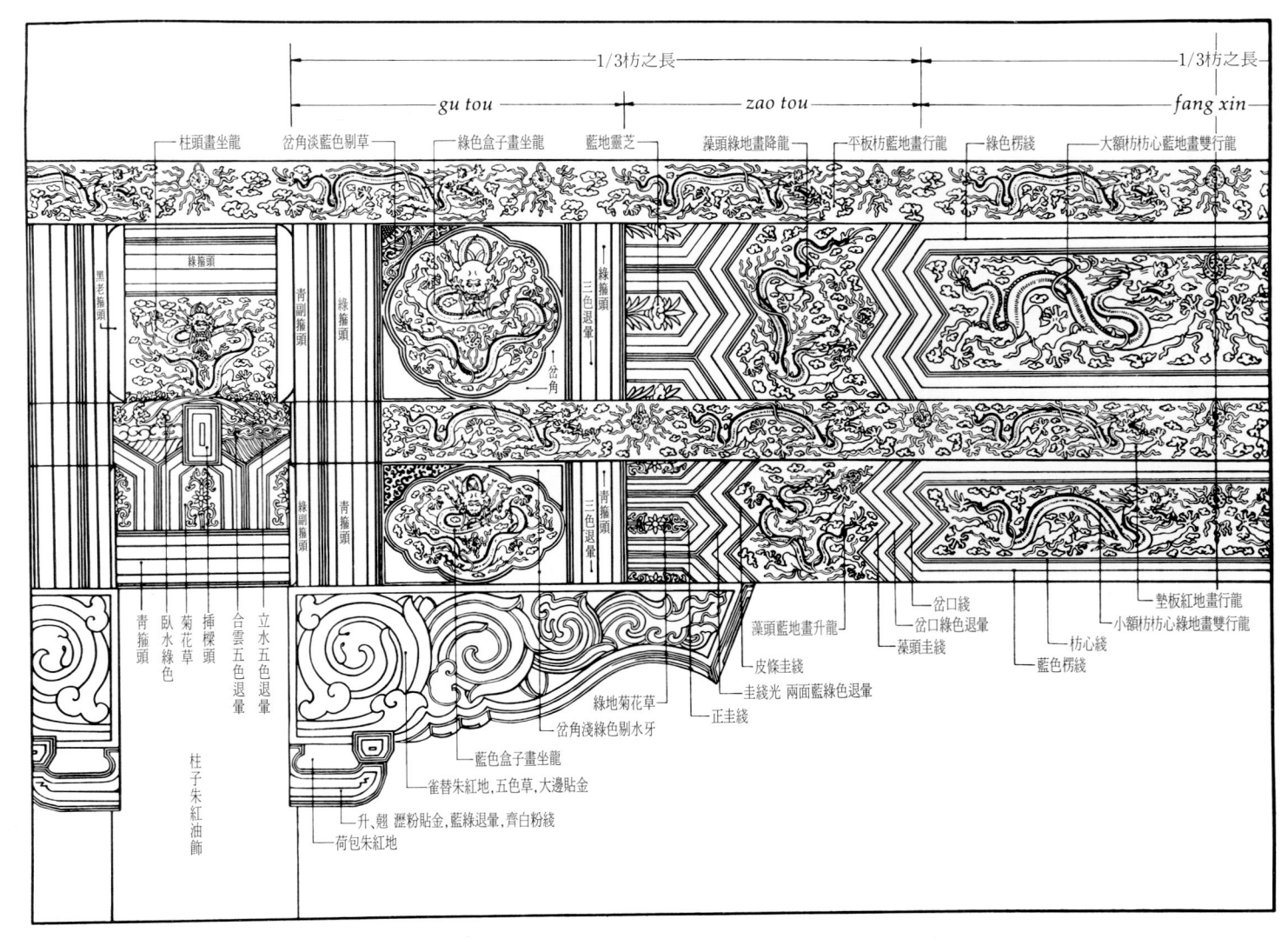

23 Balkendekor im *hexi*-Stil

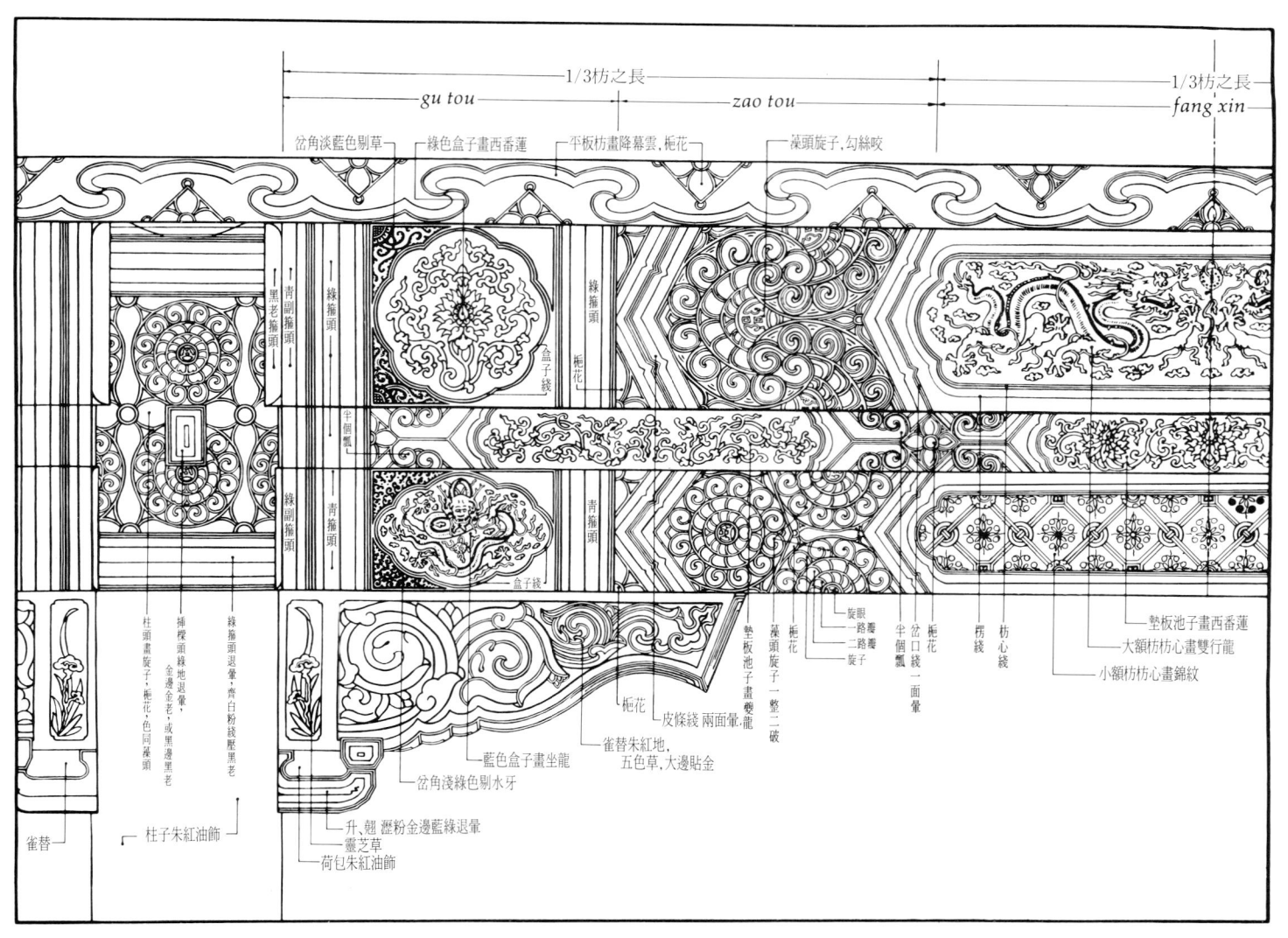

24 Balkendekor im *xuanzi*-Stil

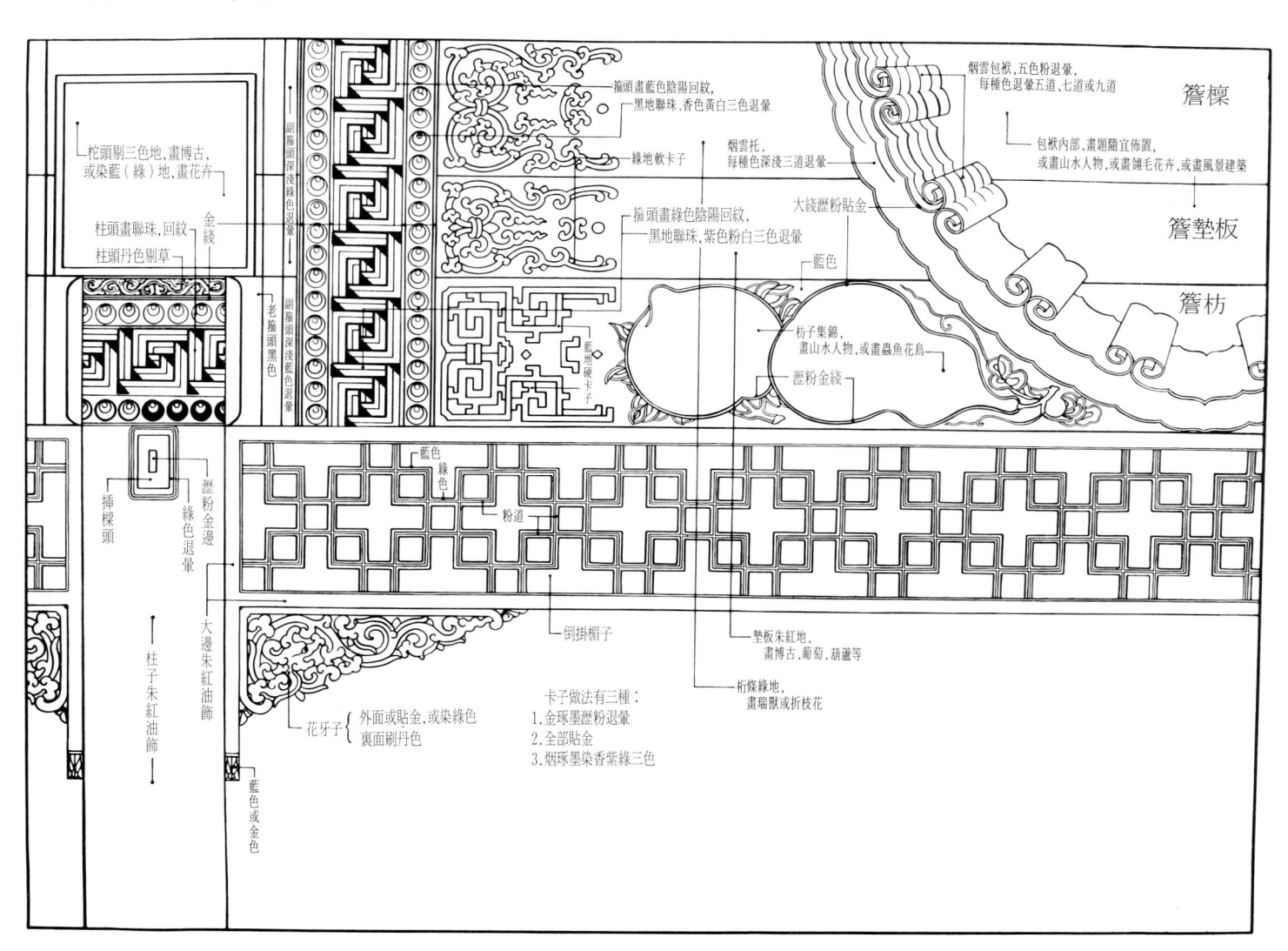

25 Balkendekor im Suzhou-Stil

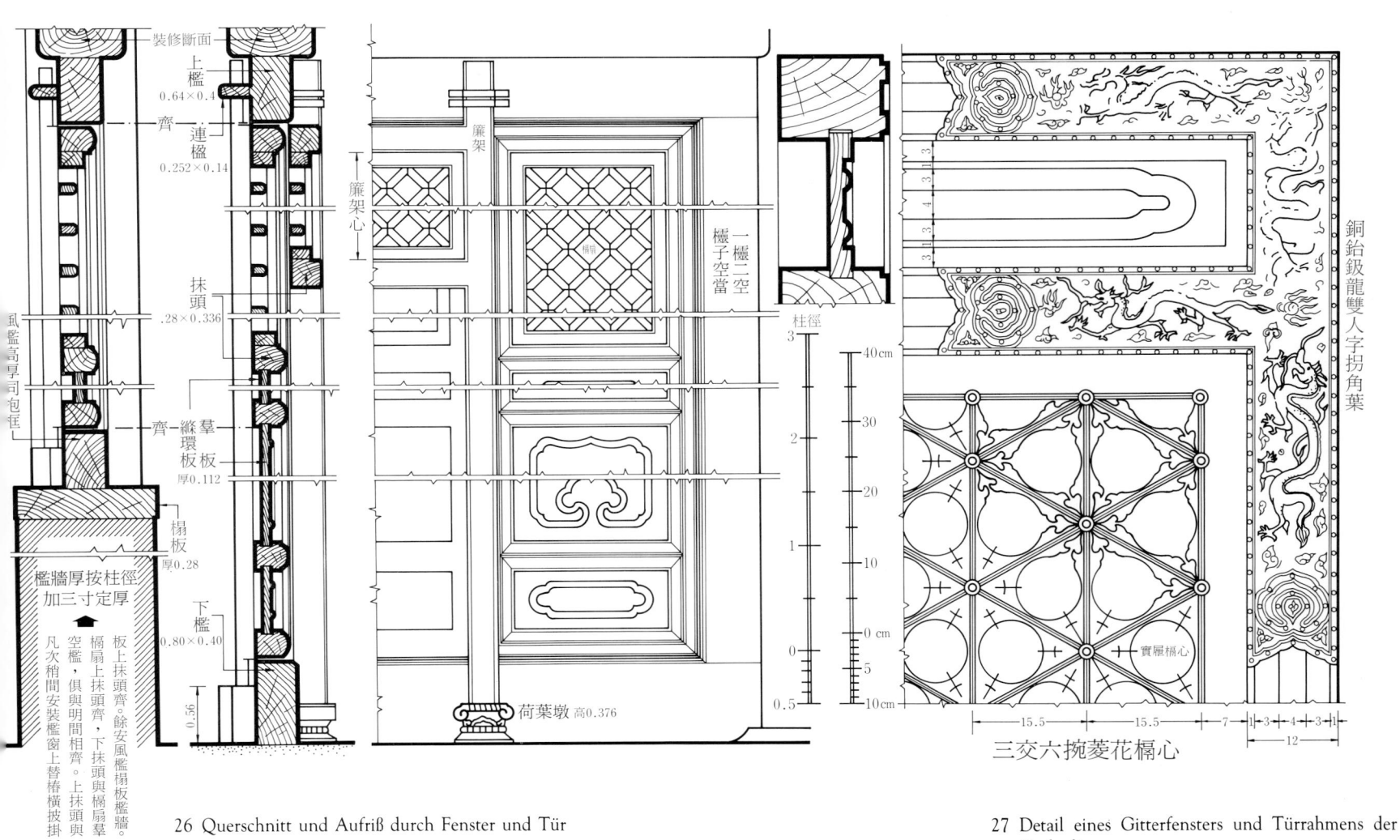

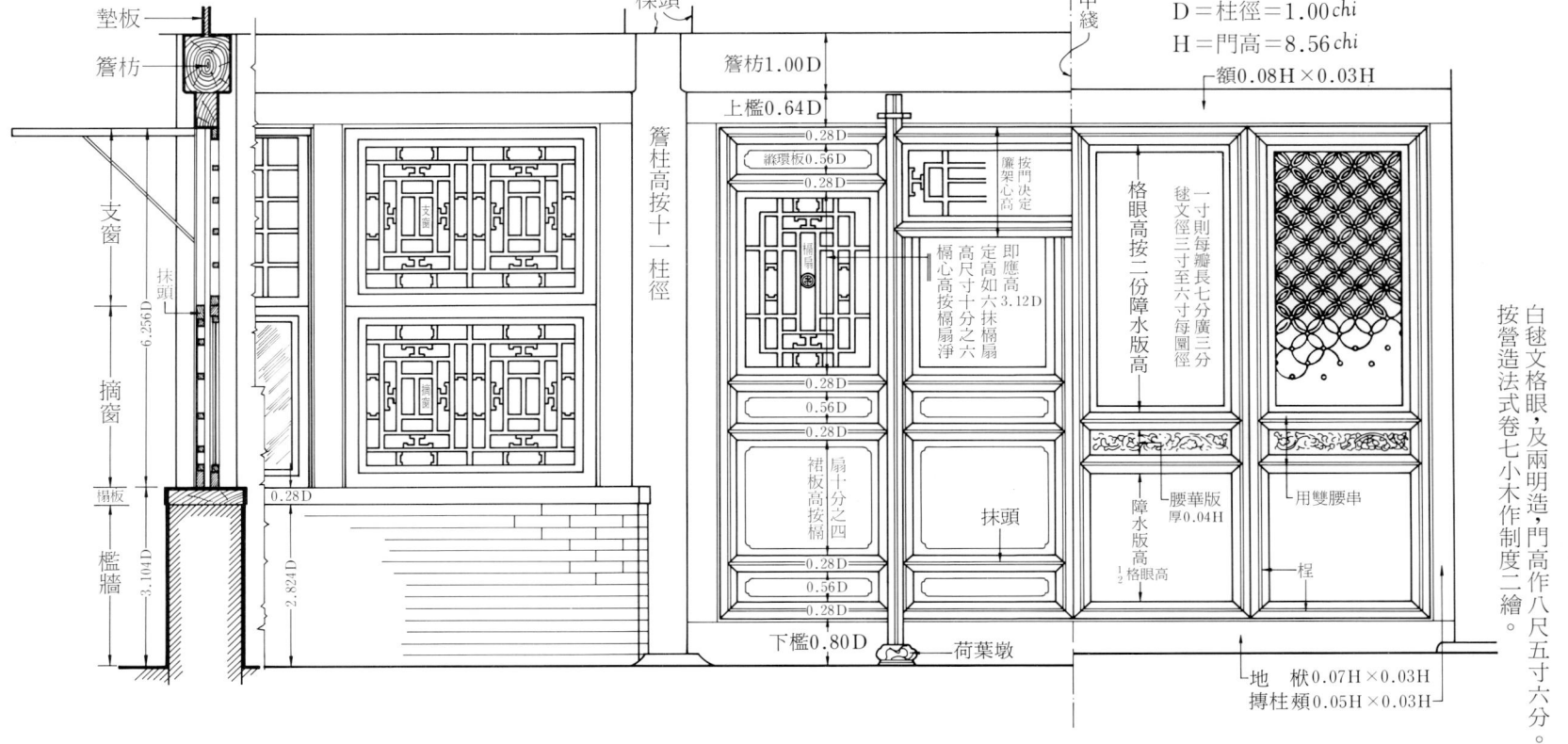

26 Querschnitt und Aufriß durch Fenster und Tür

27 Detail eines Gitterfensters und Türrahmens der Baohedian

28 Querschnitt und Aufriß einer Fensterwand mit vertikal verschiebbarem Gitterfenster aus der Qing-Dynastie

29 Türgestaltung. Vergleich zwischen Laternendekor aus der Qing-Dynastie (*links*) und Lochmünzen-Dekor im Stil der Song-Dynastie (*rechts*)

------- unterirdischer Ableitungskana

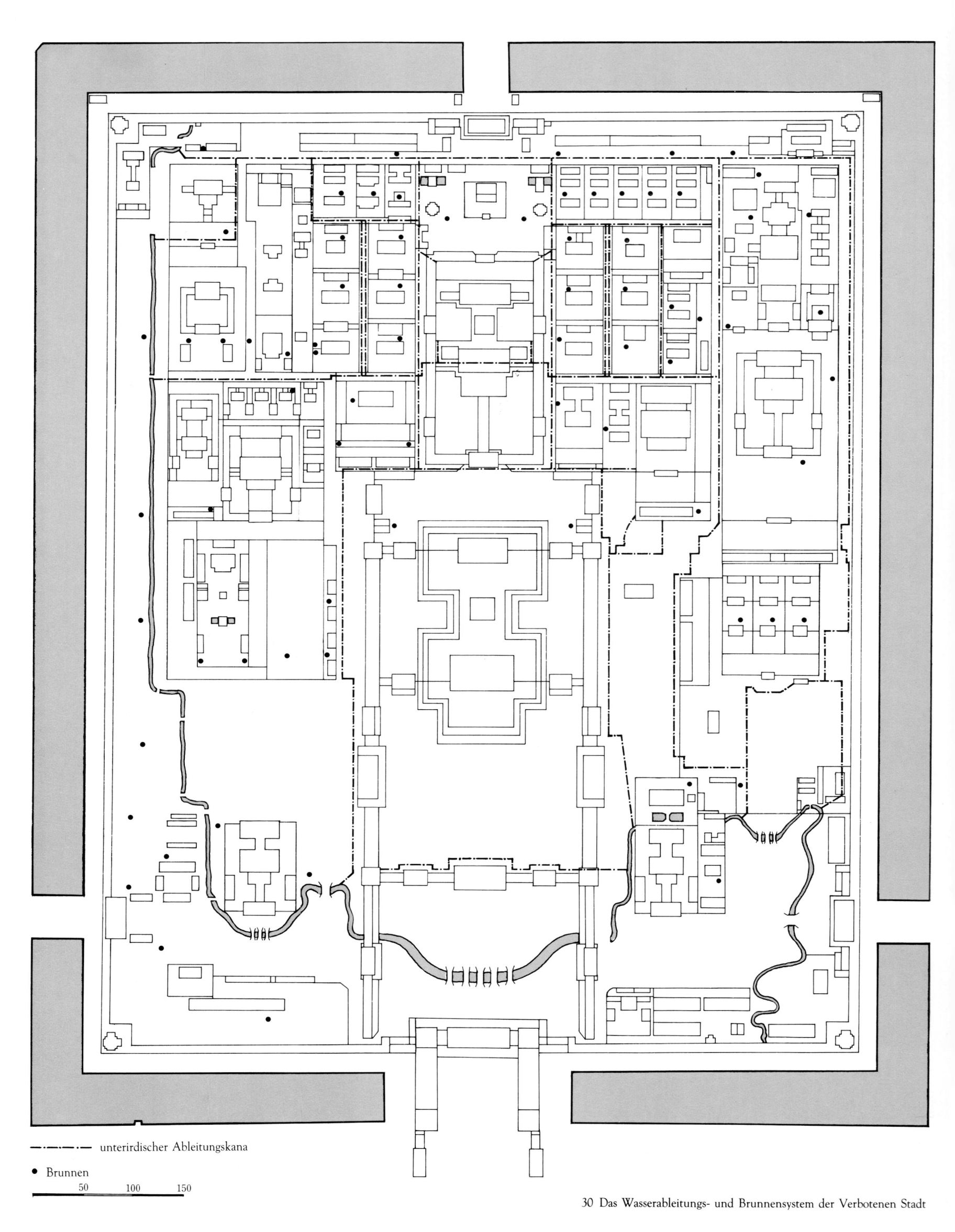

• Brunnen

50 100 150

30 Das Wasserableitungs- und Brunnensystem der Verbotenen Stadt

CHRONOLOGIE

(zusammengestellt von Zheng Lianzhang)

Ming-Dynastie (1368–1644)

Jahr	Regierungs-periode	Jahr der Regierungs-periode	Monat	
1406	Yongle	4	7 (Schaltmonat)	Der Kaiser erläßt ein Edikt, demzufolge im 5. Monat des nächsten Jahres mit dem Bau des Kaiserpalastes in Beijing begonnen werden soll. Beamte werden in alle Landesteile entsandt, um die Lieferung von Baumaterialien vorzubereiten sowie Handwerker, Soldaten und Arbeiter anzuwerben und sie zu verpflichten, sich zur angegebenen Zeit in Beijing zu versammeln.
1417		15	2	Der Fürst des Friedens und der Ruhe, Chen Gui, wird zusammen mit Wang Tong und Liu Sheng mit der Leitung des Baus des Kaiserpalastes beauftragt.
1420		18	12	Abschluß der Bauarbeiten der Verbotenen Stadt in der Nördlichen Hauptstadt.
1421		19	4	Die Fengtiandian (heute Taihedian), die Huagaidian (heute Zhonghedian) und die Jinshendian (heute Baohedian) brennen nieder.
1422		20	12 (Schaltmonat)	Der Qianqinggong brennt nieder.
1436	Zhengtong	1	9	Eunuch Ruan An und Militärgouverneur Shen Qing sowie der Lehrer des Kronprinzen, Wu Zhong, werden mit dem Neubau der Drei Großen Hallen beauftragt.
1439		4	12	Der Qianqinggong wird rekonstruiert. Minister Wu Zhong wird beauftragt, für den Gott der Bautätigkeit eine Opferzeremonie abzuhalten.
1440		5	3	Der Neubau der Drei Großen Hallen sowie der Paläste Qianqinggong und Kunninggong wird abgeschlossen.
1449		14	12	Der Wenyuange samt der darin untergebrachten kaiserlichen Bibliothek werden ein Raub der Flammen.
1475	Chenghua	11	4	Das Qianqingmen brennt in einer Nacht nieder.
1487		23	9	Rekonstruktion des Renshougong und der ihn umgebenden Bauten.
1490	Hongzhi	3	2	Bau der Longdedian. Dreihundert Angehörige der Kaiserlichen Garde werden zu den Bauarbeiten herangezogen.
1492		5	6	Nach Plänen von Qiu Junqing, Mitglied der Hanlin-Akademie, wird ein zweistöckiges, brandsicheres Ziegelgebäude in der Nähe des Wenyuange gebaut. Die Dokumente der früheren Dynastien und die kaiserlichen Genealogien werden im ersten Stock und die Archivmaterialien des Inneren Hofes im Erdgeschoß eingelagert.
1498		11	10	Der Qianqinggong brennt nieder.
1499		12	10	Abschluß des Wiederaufbaus des Qianqinggong.
1514	Zhengde	9	1	In der Neujahrsnacht führen Feuerwerkskörper zu einem Brand im Qianqinggong und Kunninggong. Beide Paläste sowie andere Bauwerke brennen nieder.
			12	Zum Neubau der Paläste wird eine Sondersteuer in Höhe von einer Million Tael Silber erhoben.
1519		14	8	Abschluß des Neubaus des Qianqinggong und des Kunninggong.
1522	Jiajing	1	1	Drei kleinere Paläste hinter dem Qingninggong brennen nieder.
1523		2	4	Bau der Guandedian hinter der Fengcidian.
1525		4	3	Der Renshougong brennt nieder.
			8	Das Ministerium für Öffentliche Bauten diskutiert mit den Beamten über die Rekonstruktion des Renshougong. Beginn des Wiederaufbaus des Palastes.
			10	Abschluß der Renovierung des Qingninggong.
1526		5	7	Der Kaiser kritisiert die Pläne für den Bau der Guandedian, die zu klein und zu beengt ausgefallen war. Es wird beschlossen, den Mangel durch ein neues Bauwerk zu beheben, das in Erinnerung an den Vater des Kaisers den Namen Chongxiandian erhalten und östlich der Fengxiandian errichtet werden soll.
1527		6	3	Der Bau der Chongxiandian wird abgeschlossen.
1531		10	6	Blitzschlag in das Walmdach des Wumen und in eine Säule in der Nordwestecke der Torhalle auf dem Xihuamen.
1534		13	9	Bau des Jiuwuzhai und des für Opferzeremonien vorgesehenen Gongmoshi hinter der Wenhuadian.
1535		14	5	Renovierung des Weiyanggong. Umbau der Qinandian zu einer daoistischen Kultstätte und Errichtung des davorliegenden Tianyimen. Umbenennung der Sechs Östlichen und der Sechs Westlichen Paläste (s. S. 73)
1536		15	4	Bau des Ciqinggong hinter dem Qingninggong als Ruhestandsresidenz des Kaisers und der Kaiserin. Bau des Cininggong anstelle des Renshougong als Residenz der Kaiserinmutter.
			11	Die Wenhuadian, in der Kaiser Jiajing als Kronprinz studierte, wird mit gelbglasierten Ziegeln gedeckt. Seit dieser Zeit dient der Palast als Stätte, an der der Kaiser Vorlesungen der Werke der Klassiker anhörte.
1537		16	4	Der Kaiser erläßt das Edikt, die Halle des Kaiserlichen Sekretariats auszubauen.
			5	Abschluß der Bauarbeiten am Speiseraum des Qingninggong, an der Duanjingdian, der Kaiserlichen Speisehalle, der Yuanhuidian, der Fangdian und am Verwaltungsbüro. Außerdem wird die Shengjidian hinter der Wenhuadian errichtet als Stätte des Opfers für die früheren kaiserlichen Ärzte.
			6	Fertigstellung des Baus der Yangxindian.
1538		17	7	Abschluß des Baus der Paläste um den Cininggong.
1539		18	1	Fertigstellung der Fengxiandian.
			10	Abschluß der Bauarbeiten am Yongshougong.
1540		19	11	Fertigstellung des Ciqinggong und des Hallenkomplexes der Ben'endian.
1557		36	4	Am 13. Tag heftiges Gewitter und starke Regenfälle. Die drei Hallen im Inneren Hof, der Wenlou (heute Tirenge) und der Wulou (heute Hongyige) sowie fünfzehn Tore werden durch einen von Blitzschlägen verursachten Brand vernichtet.
			10	Der Kaiser ordnet Opfer vor dem Neubau der verbrannten Hallen und Tore an.
1558		37	6	Fertigstellung der Rekonstruktion des Wumen, Taihemen, Dongjiaomen, Xijiaomen, Zuoshunmen und Youshunmen.
1562		41	9	Auf Befehl des Kaisers erhalten viele Hallen und Tore neue Namen.
1566		45	6	Lei Li erhält den Befehl, die Xuanjibaodian zu erbauen. Sie wird im 9. Monat dieses Jahres fertiggestellt und dient als Opferstätte für den Vater des Kaisers.
1567	Longqing	1	4	Renovierung des Jingrengong. Die Longxidian wird in Yinghuadian umbenannt.
1569		3	6 (Schaltmonat)	Renovierung des Traufenvorsprungs und der Galerie des Qianqinggong.
			11	Renovierung des Chengqiangong und des Yonghegong.
1570		4	2	Der Kaiser erläßt das Edikt, den Longdaoge, die Rendetang und den Zhongyishi zu bauen.
1573	Wanli	1	9	Renovierung der Torhalle des Wumen.
			11	Brand in den hinteren Räumen des Cininggong.
1575		3	5	Renovierung der Kammer der Wärme des Cininggong.
1578		6		Die Linxiguan (heute Linxiting) wird fertiggestellt.
1580		8	4	Einer der Hauptbalken des Huangjimen (heute Taihemen) wird ausgewechselt.
			4 (Schaltmonat)	Beginn der Rekonstruktion des Huangjimen.
			6	Abschluß der Rekonstruktionsarbeiten am Huangjimen.
1583		11	2	Der Kaiser erläßt das Edikt zur Renovierung der Wuyingdian.
			5	Die Linxiguan wird in Linxiting und der Xianruoting in Xianruogan umbenannt.
			8	Abschluß der Renovierung der Wuyingdian.
			9	Umgestaltung des Yuhuayuan. Der Sishenci und die Guanhuadian werden abgetragen. An ihrer Stelle wird der künstliche Berg Duixiushan angelegt mit dem Yujingting auf der Spitze, der die Aufschrift dui xiu (Auftürmen der Vorzüglichkeiten) trägt. Fischteiche werden im Osten und Westen des Yuhuayuan angelegt. Über den Fischteichen werden der Fubiting und der Chengruiting errichtet. Die Gartenanlage wird durch weitere Neubauten komplettiert.
1584		11	12	Nächtlicher Brand im Cininggong.
		12	2	Kaiser Wanli erteilt dem Kaiserlichen Sekretariat das Edikt, den Cininggong so schnell wie möglich zu rekonstruieren, da er die Residenz der Kaiserinmutter ist.
1585		13	2	Beginn der Bauarbeiten am Cininggong.
			6	Fertigstellung des Cininggong.
1591		19		Abriß einiger Gebäude und Umgestaltung des Yuhuayuan.
1594		22	4	Renovierungsarbeiten an der Palastmauer der Verbotenen Stadt.
			6	Blitzschlag und Brand in der Torhalle des Xihuamen.
1596		24	3	Brand im Kunninggong, der sich bis zum Qianqinggong ausbreitet. Beide Paläste brennen nieder.
			7	Der Kaiser gibt dem kaiserlichen Astrologen den

Jahr	Regierungs-periode	Jahr der Regierungs-periode	Monat	
				Auftrag, einen günstigen Tag für den Beginn des Neubaus des Qianqinggong zu wählen.
			8 (Schaltmonat)	Abschluß der Reparaturarbeiten an der Torhalle des Xihuamen.
1597		25	1	Beginn des Wiederaufbaus des Qianqinggong und des Kunninggong.
			6	Die Drei Großen Paläste des Inneren Hofes geraten in Brand. Das Feuer breitete sich von hier aus über den ganzen Komplex aus und erfaßt auch die Drei Großen Hallen im Äußeren Hof sowie alle Korridore und Galerien.
1598		26	7	Wiederaufbau des Qianqinggong, der Jiaotaidian und des Kunninggong sowie anderer Gebäude des Komplexes. In diesem Verlauf werden 240 Schränke und 2400 Holztruhen angefertigt. Die Kosten dafür belaufen sich auf 720 000 Tael Silber.
			11	Beginn der Bauarbeiten am Longzongmen.
1599		28	8	Der Ciqinggong wird fertiggestellt.
1603		31	4	Abschluß der Anlage des Ciqinggong huayuan. Der Hofastrologe bestimmt den 16. Tag als günstigen Termin für den Beginn des Wiederaufbaus der Drei Großen Hallen im Äußeren Hof; Vorbereitung des Baugrundes.
1608		36	9	Vor dem Huijimen (heute Xiehemen) und Guijimen (heute Xihemen) werden Säulenbalken angebracht.
1615		43	8 (Schaltmonat)	Beginn des Wiederaufbaus der Drei Großen Hallen im Äußeren Hof.
1616		44	11	Die Longdedian brennt nieder.
1620	Taichang	1	8	Beginn der Bauarbeiten am Huangjimen.
			10	Brand im Yueluanggong.
1625	Tianqi	5	2	Der Kaiser befiehlt dem Minister Cui Chengxiu, eine Inspektion des Baus der Drei Großen Hallen im Äußeren Hof sowie der Tore und Galerien des Komplexes durchzuführen. Beginn der Bauarbeiten am Hongzhengmen (heute Zhaodemen) und am Xuanzhimen (heute Zhendumen).
1626		6	9	Fertigstellung der Huangjidian (heute Taihedian). Dem Kaiser wird von der Beamtenschaft zu Einweihung der Halle gratuliert.
1627		7	3	Beginn des Wiederaufbaus der Longdedian.
			4	Abschluß des Neubaus der Longdedian.
			8	Abschluß des Wiederaufbaus der Drei Großen Hallen im Äußeren Hof.

Qing-Dynastie (1644–1911)

Jahr	Regierungs-periode	Jahr der Regierungs-periode	Monat	
1645	Shunzhi	2	5	Die Drei Großen Audienzhallen und andere Bauwerke des Äußeren Hofs erhalten ihre heutigen Namen. Beginn der Rekonstruktion des Qianqinggong.
1647		4		Beginn des Neubaus des Wumen auf Befehl des Kaisers.
1653		10		Umbau des Cininggong zur Residenz der Kaiserinmutter.
1655		12		Renovierung mehrerer Paläste des Inneren Hofes.
1657		14		Der Kaiser erläßt das Edikt zum Bau der Fengxiandian.
1669	Kangxi	8		Rekonstruktion der Taihedian und des Qianqinggong.
1672		11	7 (Schaltmonat)	Abschluß der Rekonstruktion der Drei Großen Audienzhallen und anderer Bauwerke und Galerien im Äußeren Hof, wobei u. a. die Hallendächer neu gedeckt und der Firstschmuck erneuert wurden.
1673		12		Rekonstruktion der Jiaotaidian, des Kunninggong sowie des Jinghemen und des Longfumen.
1679		18		Fertigstellung der Fengxiandian. Umbau des Taizigong zum Wohnpalast des Kronprinzen. Brand in der Taihedian.
1682		21		Umbau des Xian'angong (heute Shou'angong).
1683		22		Rekonstruktion der Wenhuadian. Renovierung des Qixianggong (heute Taijidian), des Changchungong und des Xianfugong.
1685		24		Bau der Chuanxindian östlich der Wenhuadian.
1686		25		Renovierung des Yanxigong und des Jingyanggong.
1688		27		Bau des Ninggonggong.
1695		34		Beginn des Wiederaufbaus der Taihedian.
1697		36		Rekonstruktion des Chengqiangong und des Yongshougong. Anbau der Östlichen und der Westlichen Kammer der Wärme an den Kunninggong.
1698		37		Abschluß des Wiederaufbaus der Taihedian.
1726	Yongzheng	4		Der Kaiser erläßt das Edikt, in der nordwestlichen Ecke der Verbotenen Stadt den Chenghuangmiao, Tempel für den Stadtgott, zu errichten.
1731		9		Auf Befehl des Kaisers wird der Zhaigong an der Östlichen Langen Straße gebaut.
1734		12	9	Der Plan zur Rekonstruktion und zum Ausbau des Komplexes des Cininggong wird vorgelegt. Der Kostenvoranschlag beläuft sich auf mehr als 69 000 Tael Silber.
1735		13	12	Baubeginn des Shoukanggong.
1736	Qianlong	1	10	Der Kaiser führt eine Inspektion auf der Baustelle des Shoukanggong durch. Fertigstellung des Shoukanggong. Einschließlich der Mauer des Palastes, der Galerien, der Wandteilungen, der Lampen usw. kostete der Palastbau mehr als 74 123 Tael Silber und 188,7 Tael Gold.
1737		2		Renovierung der Fengxiandian.
1740		5		Beginn des Baus des Jianfugong und der Anlage des Jianfugong huayuan sowie weiterer Bauten in der Gartenanlage und der Umgebung. Der Jianfugong huayuan und andere Bauten brannten in der Nacht des 26. Juni 1923 nieder.
1743		8		Umbau des Yuqinggong mit einem Kostenaufwand von 48 980 Tael Silber.
1745		10		Die Renovierung des Chonghuagong und des Yongshougong, die Innendekoration der Qin'andian und die Erhöhung der Mauer um den Xianfugong kosten mehr als 25 600 Tael Silber.
1746		11	3	Die Xiefangdian wird als Residenz der Kronprinzen zum Nansansuo umgebaut.
1747		12		An der linken und rechten Seite außerhalb des Qianqingmen werden je zwölf Amtsgebäude (später Hauptamt der Neun Minister und der Große Staatsrat) gebaut. Südlich der Gebäude werden Büros für die Beamten des Großen Staatsrats und das Amt für Mongolische Fürsten errichtet. Abschluß der Bauarbeiten am Nansansuo.
1750		15		Der Bau des Yuhuage und anderer Nebenbauten sowie ihre innere und äußere Dekoration kosten insgesamt 22 533 Tael Silber und 196,81 Tael Gold.
1751		16		Umbau des Xian'angong und Umbenennung in Shou'angong. Renovierung des Cininggong.
1754		19		Beginn der Rekonstruktion des Yuhuayuan.
1758		23	4	Am Mittag des 28. Tages bricht in der Seitengalerie der Taihedian ein Brand aus, der sich schnell ausbreitet und 41 Lagerräume vernichtet.
			12	Wiederaufbau der Seitengebäude der Taihedian mit einem Kostenaufwand von insgesamt 103 943 Tael Silber.
1759		24		Errichtung von drei Torbogen aus glasierten Ziegeln nördlich der Steinbrücke innerhalb des Donghuamen.
1760		25		Umgestaltung von 360 Räumen zu Wohnstätten der kaiserlichen Prinzen. Renovierung von 27 Unterrichtsräumen im Xian'angong.
1761		26		Instandsetzung des Kaiserlichen Weges auf der Sumeru-Terrasse hinter der Baohedian.
1762		27		Umbau von 121 Räumlichkeiten östlich des Shenwumen zu Wohnresidenzen der kaiserlichen Enkel. Renovierung der Wenhuadian.
1763		28	2	Instandsetzung der Traufenvorsprünge und der Balustraden der Drei Großen Audienzhallen.
1765		30		Renovierung der Drei Großen Audienzhallen. Bau der Ciyinlou, des Jiyunlou und des Baoxianglou sowie Errichtung zweier Räume vor dem Linxiting und Renovierung der Xianruoguan im Cininggong huayuan für insgesamt 59 452 Tael Silber.
			4	Renovierung von mehr als zehn Nebengebäuden der Verbotenen Stadt einschließlich des Chenghuangmiao und des Mashenmiao für 9180 Tael Silber.
1766		31	5	Die Renovierung von 140 Bauwerken einschließlich des Nansansuo, mehrerer Teeräume und Speisezimmer kostet ungefähr 3900 Tael Silber.
1767		32	12	Der Cininggong erhält statt des einstufigen Dachs ein doppelstufiges Dach. Der Umbau sowie die Renovierung mehrerer Nebenbauten kosten 108 744 Tael Silber.
1770		35	11	Vorlage des Plans und des Modells für den Umbau des Ningshougong.
1771		36		Beginn der Bauarbeiten im Komplex des Ningshougong.
1772		37		Das Büro für die Kaiserliche Haushaltung erklärt, daß der Bau des Ningshougong einige Jahre beanspruchen wird. Es wird festgelegt, daß der nördliche Teil mit der Yangxingdian, der Leshoutang,

Jahr	Regierungs-periode	Jahr der Regierungs-periode	Monat	
				dem Jingqige, dem Xiefangting, dem Xishangting und dem Juanqinzhai zuerst errichtet werden soll. Der Kostenvoranschlag für diesen Bauabschnitt beläuft sich auf 719 357 Tael Silber.
1744		39		Der Kaiser erläßt das Edikt, hinter der Wenhuadian den Wenyuange zur Lagerung des *Siku quanshu* zu bauen.
1776		41		Der 1183 *jian* umfassende Bau des ersten Abschnitts des Ningshougong wird abgeschlossen. Die Kosten betragen insgesamt 1 270 340 Tael Silber, ausschließlich der Wiederverwendung alter Baumaterialien.
1783		48	6	Der Tirenge brennt nieder.
		7		Wiederaufbau des Tirenge für 41 171 Tael Silber.
1790		55		Rekonstruktion der Lager für Frischobst, der Wachstube der Silberkammer und anderer renovierungsbedürftiger Lagerhäuser für etwa 5521 Tael Silber.
1795		60	2	Vorlage des Modells zur Rekonstruktion der großen Halle vor dem Yuqinggong und Billigung des Entwurfs.
1797	Jiaqing	2		Im Qianqinggong bricht Feuer aus und erfaßt die Jiaotaidian, die Hongdedian und die Zhaorendian. Die Hallen brennen restlos nieder. Beginn des Wiederaufbaus.
1798		3		Abschluß des Wiederaufbaus des Qianqinggong und der Jiaotaidian sowie der Hongdedian und Zhaorendian. Am 10. Tag des 10. Monats inspizieren der emeritierte Kaiser Qianlong und Kaiser Jiaqing den Qianqinggong und die Jiaotaidian.
1799		4		Abbau des Theaterpavillons im Hof des Shou'angong und Übergabe der Baumaterialien an die Bauabteilung des Yuanmingyuan.
1801		6		Renovierung des Wumen und des Zhaigong.
1802		7		Renovierung der Yangxindian, des Chonghuagong, des Jianfugong, des Chuxiugong und des Yanxigong sowie der Shangshufang.
1819		24		Die Renovierung des Ningshougong, des Changyinge, des Yueshilou, des Forilou und des Fanhualou kostet insgesamt 49 571 Tael Silber.
1831	Daoguang	11		Renovierung der Baohuadian. Dabei werden 91 buddhistische Bildrollen entfernt und in den Donghuangsi überführt.
1869	Tongzhi	8	6	Am Abend des 20. Tages bricht in der Wuyingdian ein Feuer aus, das schnell um sich greift und mehr als dreißig Bauwerke erfaßt. Die Wiederaufbauarbeiten beginnen erst in späterer Zeit.
1870		9	1	Das Lagerhaus für Bauholz im Beiwusuo brennt nieder.
1888	Guangxu	14	12	In der Nacht des 15. Tages bricht am Zhendumen Feuer aus. Das Tor brennt nieder; das Feuer breitet sich bis zum Taihemen aus und erfaßt die Nebengebäude des Taihemen.
1889		15		Rekonstruktion des Taihemen, Zhendumen und Zhaodemen.
1891		17		Renovierung des Ningshougong und des Chonghuagong.

DIE CHINESISCHEN DYNASTIEN

Xia-Dynastie	2100–1600 v.u.Z.
Shang-Dynastie	1600–1100
Zhou-Dynastie	
Westliche Zhou-Dynastie	1100–771
Östliche Zhou-Dynastie	770–256
Frühlings- und Herbstperiode	770–476
Periode der Streitenden Reiche	475–221
Qin-Dynastie	221–207
Han-Dynastie	
Westliche Han-Dynastie	206–24 u.Z.
Xin-Dynastie (Interregnum)	v.u.Z. 9–u.Z.23
Östliche Han-Dynastie	u.Z. 25–220
Drei Reiche	
Wei	220–265
Shu	221–263
Wu	222–280
Westliche Jin-Dynastie	265–316
Östliche Jin-Dynastie	317–420
Südliche Dynastien	
Song	420–479
Qi	479–502
Liang	502–557
Chen	557–589
Nördliche Dynastien	
Nördliche Wei	386–534
Östliche Wei	534–550
Westliche Wei	535–557
Nördliche Qi	550–577
Nördliche Zhou	557–581
Sui-Dynastie	581–618
Tang-Dynastie	618–907
Fünf Dynastien	
Spätere Liang	907–923
Spätere Tang	923–936
Spätere Jin	936–947
Spätere Han	947–950
Spätere Zhou	951–960
Song-Dynastie	
Nördliche Song-Dynastie	960–1127
Südliche Song-Dynastie	1127–1279
Liao-Dynastie	916–1125
Jin-Dynastie	1115–1234
Yuan-Dynastie	1271–1368
Ming-Dynastie	1368–1644

Name der Regierungsperiode	Erstes Regierungsjahr
Hongwu	1368
Jianwen	1399
Yongle	1403
Hongxi	1425
Xuande	1426
Zhengtong	1436
Jingtai	1450
Tianshun	1457
Chenghua	1465
Hongzhi	1488
Zhengde	1506
Jiajing	1522
Longqing	1567
Wanli	1573
Taichang	1620
Tianqi	1621
Chongzhen	1628
Qing-Dynastie	1644–1911
Shunzhi	1644
Kangxi	1662
Yongzheng	1723
Qianlong	1736
Jiaqing	1796
Daoguang	1821
Xianfeng	1851
Tongzhi	1862
Guangxu	1875
Xuantong	1909
Republik China	1912
Volksrepublik China	1949

BIBLIOGRAPHIE
Chinesische Literatur

1. 申時行〔明〕等重修，《大明會典》，明萬曆年刊本。
2. 張廷玉〔清〕等撰，《明史》，北京中華書局，1974年第一版。
3. 《明實錄》，江蘇圖書館傳抄本，1940年。
4. 劉若愚〔明〕著，《明宮史》，北京古籍出版社，1980年。
5. 龍文彬〔清〕撰，《明會要》，光緒年刊本。
6. 孫承澤〔清〕撰，《春明夢餘錄》，光緒九年刊本。
7. 孫承澤〔清〕撰，《天府廣記》，北京人民出版社，1962年。
8. 沈德符〔明〕編，《萬曆野獲編》，北京中華書局重印本，1959年。
9. 趙爾巽等修，《清史稿》，北京中華書局，1977年第一版。
10. 《大清會典》，清雍正年刊本。
11. 托津〔清〕等撰，《欽定大清會典事例》，清嘉慶年刊本。
12. 王先謙〔清〕撰，《東華錄》，長沙王氏刊本。
13. 《大清會典事例》，清光緒年印本。
14. 于敏中〔清〕等撰，《國朝宮史》，東方學會據乾隆版鉛印本，1925年。
15. 桂〔清〕等編，《國朝宮史續編》，故宮博物院，1932年。
16. 《欽定內務府現行則例》，故宮博物院，1937年。
17. 繆荃孫〔清〕等纂，《順天府志》，清光緒年刊本。
18. 黃彭年〔清〕纂，《畿輔通志》，光緒年刊本。
19. 朱彝尊〔清〕撰，《日下舊聞》，康熙二十七年刊本。
20. 于敏中〔清〕等編纂，《日下舊聞考》，乾隆四十三年刊本。
21. 高士奇〔清〕著，《金鰲退食筆記》，北京古籍出版社，1980年。
22. 震鈞〔清〕著，《天咫偶聞》，光緒年刊本。
23. 吳長元〔清〕輯，《宸垣識略》光緒年刊本。
24. 翁同龢〔清〕撰，《翁文恭公日記》，上海涵芬樓影印本，1952年。
25. 《工程作法》，清雍正九年纂，乾隆元年刊本。
26. 《內庭工程作法》，清雍正九年纂，乾隆元年刊本。
27. 梁思成、劉敦楨著，〈清故宮文淵閣實測圖說〉《中國營造學社滙刊》第六卷第三期。
28. 劉敦楨著〈清皇城宮殿衙署圖年代考〉，《中國營造學社滙刊》，第六卷第三期。
29. 單士元著〈故宮〉，《文物參攷資料》，1957年第一期。
30. 王璞子著〈元大都平面規劃述略〉，《故宮博物院院刊》總第二期，1960年。
31. 于倬雲著〈故宮三大殿〉，《故宮博物院院刊》，總第二期，1960年。
32. 單士元著〈文淵閣〉，《故宮博物院院刊》，1979年第二期。
33. 王璞子著〈太和門〉，《故宮博物院院刊》，1979年第三期。
34. 王義章著〈故宮午門的油漆彩畫〉，《故宮博物院院刊》，1979年第四期。
35. 于倬雲・傅連興著〈乾隆花園的造園藝術〉，《故宮博物院院刊》，1980年第三期。
36. 賈俊英・鄭連章著〈紫禁城宮殿屋頂式樣〉，《故宮博物院院刊》，1980年第三期。
37. 茹競華・鄭連章著〈慈寧花園〉，《故宮博物院院刊》，1981年第一期。
38. 傅連興・白麗娟〈建福花園遺址〉，《故宮博物院院刊》，1980年第三期。
39. 北京故宮博物院《紫禁城》雜誌社編，《紫禁城》第一期至第十二期（1980－1982年）。

Weiterführende Literatur

Blaser, W., Chinesische Pavillon Architektur, Stuttgart 1974

Boerschmann, E., Baukunst und Landschaft in China, Berlin 1923

Boerschmann, E., Chinesische Architektur, 2 Bde., Berlin 1925

Boerschmann, E., Chinesische Baukeramik, Berlin 1927

Greiner, P., Thronbesteigung und Thronfolge im China der Ming (1368–1644), (Abhandlungen für die Kunde des Morgenlandes 43,1), Wiesbaden 1977

Haldane, C., The Last Great Empress of China, London 1978

Huang, R., 1587 A Year of No Significance: The Ming Dyansty in Decline, New Haven/London 1981

Johnstone, R.F., Twilight in the Forbidden City, London 1934

Keswick, M., The Chinese Garden, London 1978

Ledderose, L., und H. Butz (Hrsg.), Palastmuseum Peking. Schätze aus der Verbotenen Stadt. Ausstellungskatalog, Frankfurt/M. 1985

Lin Yutang, Imperial Peking, seven centuries of China, London 1961

Palludan, A., The Imperial Ming Tombs, New York/-London 1981

Pirazzoli-t'Serstevens, M., N.Bouvier und D.Blum, Weltkulturen und Baukunst: China, München 1970

Sickman, L., und A.Soper, The art and architecture of China, London 1956

Siren, O., The Imperial Palaces of Peking, 3 Bde., Paris/Brüssel 1926

Spence, J.D., Emperor of China. Self-portrait of K'ang-hsi, New York 1974

Thilo, T., Klassische chinesische Baukunst. Strukturprinzipien und soziale Funktion, Leipzig/Wien 1977

Warner, M., The Dragon Empress: Life and Times of Tz'u-hsi 1839-1908, London 1972

Weng Wango und Yang Boda, Das Palastmuseum Peking. Die Schätze der Verbotenen Stadt, München 1982

Willets, W., Das Buch der chinesischen Kunst, Leipzig 1970

REGISTER

Andingmen (Tor der Ruhigen Festigkeit) 8

bagua (Oktogon mit den Acht Trigrammen) 27, 28, 105, 279
bai zi tu (Hundert spielende Kinder) 83
Baohedian (Halle zur Erhaltung der Harmonie) 11, 22, 23, 24, 25, 29, 48, 49, 58, 59, 60, 71, 73, 75, 207, 208, 212, 214, 223, 225, 235, 260, 270, 296, 325, 326
Baohuadian (Halle der Heiligen Blüten) 327
Baoxianglou (Gebäude des Buddhaantlitzes) 138, 176, 326
Baozhongdian (Halle des Gedeihens) 200, 201
Beihai (Nördlicher See) 8, 18, 19, 283, 288
Beiping 18
Beiwusuo (Fünf Nördliche Höfe) 207, 327
Ben'endian (Halle des Ursprünglichen Segens) 325
Bianjing 5, 18
Bilinguan (Kiosk der Azurblauen Edelsteine) 136
Biluoting (Pavillon der Jadegrünen Muscheln) 142, 155, 219, 233, 263, 277
Bo Liang 232
Boshan (Provinz Shandong) 22
Buddha, Buddhismus, buddhistisch 48, 55, 73, 82, 87, 101, 121, 145, 157, 162, 176, 177, 178, 180, 183, 184, 187, 189, 190, 195, 212, 236, 268, 271, 273, 280, 306

Cai Xin 23
Castiglione, Guiseppe 95
Chang'an 5
Chang'an dajie (Straße der Langen Ruhe) 8
Changchungong (Palast des Immerwährenden Frühlings) 11, 55, 72, 98, 103, 105, 162, 166, 175, 272, 292, 297, 326
Changchunmen (Tor des Immerwährenden Frühlings) 162
Changchunyuan (Garten des Ewigen Frühlings) 297
Changjiang (Yangtse) 20, 21, 23, 150
Changjie (Lange Straße) 72
Changling (bei Beijing) 18, 212
Changpu (Fluß) 18
Changximen (Westtor der Ziegelei) 21
Changyinge (Pavillon des Heiteren Klangs) 73, 162, 165, 166, 168, 227, 327
Chengde (Provinz Hebei) 24, 169, 200, 297
Chengguangmen (Tor des Aufgenommenen Lichts) 123, 134, 222
Chenghua 325
Chenghuangmiao (Tempel des Stadtgotts) 177, 326
Chengqiang (Palastmauer) 11, 32, 223, 294, 326
Chengqianggong (Palast des Himmlischen Erbes) 11, 110, 176, 217, 264, 325, 326
Chengruiting (Pavillon der Klarheit und Glückseligkeit) 123, 131, 221, 257, 325
Chengtianmen (Tor der Stütze des Himmels) 19, 20
Chen Gui 18, 23, 325
Chengzu 18, 19
chi oder *chiwen* (Drache ohne Hörner) 26, 48, 219, 232, 235
Chizaotang (Halle der Literarischen Eleganz) 200
Chonghuagong (Palast der Doppelten Herrlichkeit) 73, 162, 201, 280, 326, 327
Chonghuamen (Tor der Doppelten Herrlichkeit) 284
Chongtianmen (Tor der Anbetung des Himmels) 18, 19
Chongwenmen (Tor der Erhabenen Literatur) 8
Chongxiandian (Halle des Ahnenkults) 325
chongyang-Fest (Fest des Doppelten Neunten) 78, 134, 165
Chongzhen 24
Chuanxindian (Halle der Herzensübertragung) 49, 176, 177, 292, 326
Chuihuamen (Tor der Hängenden Blüten) 148
Chunhuamen (Tor der Frühlingsblüten) 176
Chuxiugong (Palast der Gesammelten Eleganz) 11, 98, 101, 103, 279, 292, 294, 297, 326
Cijiawu (bei Beijing) 22
Ciningong (Palast der Barmherzigen Ruhe) 11, 27, 73, 176, 223, 292
Ciningong huayuan (Garten des Palastes der Barmherzigen Ruhe) 11, 112, 121, 138, 139, 141, 146, 176, 187, 257, 285, 325, 326
Ciningmen (Tor der Barmherzigen Ruhe) 275
Ciqinggong (Palast der Barmherzigen Feierlichkeit) 292, 325
Cixi 68, 72, 73, 75, 92, 93, 98, 101, 102, 103, 112, 116, 119, 166, 168
Ciyinglou (Gebäude des Barmherzigen Schutzes) 138, 176, 326
Cuichanglou (Gebäude der Bewunderung der Quintessenz) 73, 121, 142, 155
Cui Chengxiu 326
Cunxingmen (Tor der Bewahrung des Geistes) 136

Dachaomen (Tor der Großen Dynastie) 23
Dadu 18, 19, 266, 288
Dafotang (Halle des Großen Buddha) 11, 73, 176
Damingmen (Tor der Großen Ming) 19
Damucang 21
Danei (Großer Innenhof) 19, 20
Dang'anku (Kaiserliches Archiv) 48
Daoguang 110, 327
Daoismus, daoistisch 80, 176, 177, 196, 280
Daqing huidian (Statut der Großen Qing) 52
Daqingmen (Tor der Großen Qing) 28, 29
Dashiwo (Große Steinöffnung) 22
Datong (Provinz Shanxi) 283
dawen (Starrender Drache) 25, 229, 232, 235
dengjiangzhuan (Ziegel aus Klärschlamm) 19, 21, 32
Deshengmen (Tor des Tugenhaften Sieges) 8
Dezhaomen (Tor der Leuchtenden Tugend) 227
Di'anmen (Tor des Irdischen Friedens) 8, 21, 29
Di'anmen dajie (Straße des Tors des Irdischen Friedens) 8
Ditan (Erdaltar) 8, 19, 177
Dongbianmen (Tor der Östlichen Bequemlichkeit) 8
Dongchangjie (Östliche Lange Straße) 294, 326
Donghuamen (Tor der Östlichen Blüten) 11, 32, 33, 43, 201, 207, 289, 326
Donghuangsi (Dong-Huang-Tempel) 327
Dongjiaomen (Östliches Ecktor) 325
Dongliugong (Sechs Östliche Paläste) 72, 73, 83, 110, 176, 201, 207, 223, 232, 236, 252, 267, 280, 296, 325
Dongnuandian (Östliche Halle der Wärme) 205
Dongnuange (Ostkammer der Wärme) 83, 90, 92, 95, 298, 326
Dongpeifang (Östliche Seitenhalle) 138
Dongpingmen (Östliches Schutzscheibentor) 240
Dongtongzi zhijie (Zweite Östliche Lange Straße) 112
Dongwusuo (Fünf Östliche Höfe) 11, 73
Dongzhifang (Östliche Dienststuben) 87
Dongzhimen (Östliches Aufrechtes Tor) 8
dougong (Konsolensystem) 80, 222, 228, 229, 231, 252, 255, 268, 273, 275, 292
Duanhongqiao (Gebrochener-Regenbogen-Brücke) 213, 221, 288, 289, 291
Duanjingdian (Halle der Rechtschaffenheit und des Respektes) 325
Duanmen (Tor der Aufrichtigkeit) 19, 22, 29, 40, 49, 223
Duanningdian (Halle der Vervollkommneten Rechtschaffenheit) 72
Duanzemen 207
Duixiumen (Tor der Aufgetürmten Vorzüglichkeiten) 259
Duixiushan (Hügel der Aufgetürmten Vorzüglichkeiten) 120, 123, 134, 259, 325

Epanggong 5

Fangdian (Quadratische Halle) 325
Fangzhuanchang (Lagerstätte für quadratische Ziegel) 21
Fanhualou (Gebäude des Blühenden Buddhismus) 11, 162, 178, 180, 183, 185, 327
Fanzonglou (Gebäude der Vorfahren Brahmas) 177
Fengcaimen (Tor der Phönixstrahlen) 294
Fengcidian (Halle der Respektvollen Barmherzigkeit) 325
Feng Qiao 24
fengshui (Geomantie) 28, 67, 288
Fengsutong (Über Sitten und Gebräuche) 254
Fengtiandian (Halle zur Anbetung des Himmels) 59, 212, 325
Fengtianmen (Tor zur Anbetung des Himmels) 23, 52
Fengxiandian (Halle der Ahnenverehrung) 11, 176, 177, 209, 212, 222, 245, 273, 275, 325, 326
Fengyacun (Bewahrung der Kultur) 162, 175
Foguangsi (Tempel des Lichtes Buddhas) 222
Forilou (Gebäude der Buddhistischen Sonne) 176, 277, 327
Fubiting (Schwebender Jadegrüner Pavillon) 123, 131, 205, 233, 252, 260, 262, 325
Fuchendian (Halle der Zeitkontrolle) 136
Fuchengmen (Tor der Großen Stadt) 8
Fuchunjiang (Fluß) 20
Fuwangge (Pavillon der Erwartung Guten Geschicks) 73, 121, 142, 157
Fuxingmen (Tor der Wiedererstehung) 8

Ganjiang (Fluß) 20, 41
Gaozong 73
Gongcheng zuofa (Buch der Baukonstruktion) 223
Gonghouyuan (Garten hinter den Palästen) 84
Gongmoshi (Kammer der Stillen Opferung) 325
Guandedian (Halle der Betrachtung der Tugend) 325
Guang'anmen (Tor der Umfassenden Ruhe) 8
Guangchusi (Abteilung für Umfassende Lager) 207
Guangqumen (Tor des Breiten Kanals) 8
Guangxu 52, 68, 69, 72, 78, 83, 92, 97, 103, 110, 119, 327
Guanhuadian (Halle der Beobachtung der Blumen) 325
Gugong Bowuyuan 5
Guhuaxuan (Pavillon Antiker Blüten) 73, 121, 142, 144, 145, 218, 246, 252, 263
Guijimen (Tor der Rückkehr der Absolutheit) 326
Gujin shiwu kao ji (Überprüfte Notizen über Dinge von gestern und heute) 288
Gujin tushu jicheng (Sammlung der Bücher und Illustrationen der Ver-

gangenheit und Gegenwart) 200
Gulou (Trommelturm) 8, 21, 28, 29
Guoshiguan (Büro der Nationalen Geschichte) 201

hanbaiyu (weißer Marmor) 22, 26, 27, 48, 52, 213, 289
Hanlin 72, 325
Hanqingzhai (Studio der Versinnbildlichung der Echtheit) 138, 141
Hanshui (Fluß) 20
Hangzhou (Provinz Zhejiang) 200
Heiyaochang (Brennofen für schwarze Dachziegel) 21
He Kun 298
Hepingmen (Tor des Friedens) 21
hexi-Stil 55, 67, 266, 267, 268, 270, 272, 275
Heyimen (Tor der Harmonie und Rechtschaffenheit) 288
Hongdedian (Halle der Grandiosen Tugend) 326
Hongloumeng (*Der Traum der Roten Kammer*) 105
Hongxi 23
Hongyige (Pavillon des Offenbaren Wohlwollens) 49, 61, 207, 222, 243, 325
Hongzhengmen (Tor der Großen Regierung) 326
Hongzhi 325
Housangong (Drei Hintere Paläste) 72
Houyoumen (Hinteres Tor zur Rechten) 227
Huagaidian (Halle des Prächtigen Baldachins) 59, 70, 325
Huairou (bei Beijing) 22
Huangdi neijing (*Kanon des Gelben Kaisers über innere Krankheiten*) 26
Huanghe (Gelber Fluß) 20
Huanghelou (*Gelber-Kranich-Turm*) 33
Huangjidian (Halle der Kaiserlichen Absolutheit) 59, 73, 115, 217, 219, 223, 227, 231, 242, 245, 271, 275, 283, 288, 326
Huangjimen (Tor der Kaiserlichen Absolutheit) 11, 52, 73, 280, 281, 283, 326
Huchenghe (Wallgraben) 8
Huifengting (Pavillon des Günstigen Windes) 121, 136, 223
Huijimen (Tor der Sammlung der Absolutheit) 326
Huiyaolou (Gebäude der Weisheit und des Sonnenlichts) 136, 176

Jiajing 23, 27, 32, 59, 70, 71, 72, 73, 80, 84, 107, 325
Jialingjiang (Fluß) 21
Jianfugong (Palast der Glücksgründung) 73, 136, 326, 327
Jianfugong huayuan (Garten des Palastes der Glücksgründung) 11, 121, 136, 137, 176, 223, 326
Jianfumen (Tor der Glücksgründung) 136
Jiangshan sheji fangting (Quadratischer Pavillon der Götter des Bodens und der Feldfrüchte) 77
Jiangxuexuan (Pavillon des Roten Schnees) 123, 126, 130, 243, 277, 285
Jianting (Pfeilpavillon) 11, 207, 209, 266
Jianwen 18
Jiaolou (Eckturm) 11, 33, 223
Jiaotaidian (Halle der Berührung von Himmel und Erde) 11, 24, 26, 29, 72, 74, 75, 80, 223, 225, 233, 236, 240, 244, 254, 260, 326
Jiaqing 32, 52, 73, 168, 296, 298, 326
Jicuiting (Pavillon des Gesammelten Grünen Jade) 136
Jikongchu (Konfuzius-Opferhalle) 177
Jincisi (Sippentempel von Jin, Provinz Shanxi) 228
Jinfei 73
Jingfugong (Palast des Strahlenden Glücks) 73, 176, 279
Jinghemen (Tor der Schönheit und Harmonie) 326
Jingqige (Pavillon der Großen Glückseligkeit) 119, 161, 326
Jingrengong (Palast der Strahlenden Menschlichkeit) 11, 110, 325
Jingshan (Schöner Berg) 8, 19, 32, 36, 46, 78, 84, 288
Jingshengzhai (Studio des Respekts der Vortrefflichkeit) 136
Jingtai 52
Jingting (Pavillon über dem Brunnen) 138
Jingyanggong (Palast der Strahlenden Sonne) 11, 110, 201, 222, 225, 260, 264, 279, 292, 326
Jingyixuan (Pavillon Stiller Seelenruhe) 136
Jingyunmen (Tor des Großen Glücks) 71, 298
Jinhe (Fluß, Provinz Shaanxi) 222
Jinling 18
Jinshendian (Halle der Respektvollen Pflege) 71, 325
Jinshuihe (Goldwasserfluß) 33, 288, 289
Jinshuiqiao (Goldwasserbrücke) 11, 40, 288
Jin Tingbiao 95
Jinzhao yucui (Kammer des Goldenen Jade) 162, 175
jinzhuan (Metall-Ziegel) 19, 21
Jishuitan (Wasserspeichersee) 288
Jiujidian (Neun-First-Halle) 223
Jiulongbi (Neun-Drachen-Mauer) 11, 280, 283
Jiuqingfang (Hauptamt der Neun Minister) 206
Jiuwuzhai (Neun-Fünf-Halle der Enthaltsamkeit) 325
Jiyunlou (Gebäude der Glückverheißenden Wolken) 136, 138, 176, 189, 326
Juanqinzhai (Studio der Mühe und des Fleißes) 121, 142, 159, 162, 171, 252, 326
Junjichu (Büro des Großen Staatsrats) 11, 87, 206, 207

kang 72, 82, 97, 101, 150, 208, 296, 297, 298
Kangxi 19, 21, 24, 32, 41, 42, 52, 69, 72, 73, 75, 77, 78, 79, 83, 87, 110, 169, 292, 297, 326
Kashi (Kashgar, Uigurisches Autonomes Gebiet Xinjiang) 292
Kongzi (Konfuzius) 177
Kuai Xiang 23, 24
kui-Drache 212, 298
Kunming-See (im Yiheyuan) 267
Kunninggong (Palast der Irdischen Ruhe) 11, 24, 26, 28, 29, 69, 72, 73, 74, 75, 82, 83, 84, 176, 232, 244, 260, 296, 300, 306, 325, 326
Kunningmen (Tor der Irdischen Ruhe) 11, 24, 72, 74, 84, 123, 124

Laishui (Provinz Hebei) 297
Lei Fada 24
Lei Faxuan 24
Lei Li 23
Leng'endian (Halle des Himmlischen Segens) 212
Leshoutang (Halle des Freudvollen Alters) 11, 73, 116, 118, 148, 247, 249, 252, 263, 298, 326
Liang Jiu 24
Li Guangdi 292
Li Mingzhong 212, 213, 232
Lingxingsi (Tempel Lingxing) 223
lingzhi 26
Linqing (Provinz Shandong) 21
Linxiguan (Halle am Bach) 325
Linxiting (Pavillon am Bach) 138, 141, 257, 264, 285, 325, 326
Liubeiqu (Becher-schwebender Bach) 121, 142, 146
Liukelang (Korridore der Sechs Abteilungen) 288
Liulichang (eine bekannte Antiquitäten-Straße) 21
Liulimen (Glasur-Tor) 284
Liuliqu (Kanal für glasierte Dachziegel) 21
Liuliwachang (Werkstätte für glasierte Dachziegel) 21
Liu Ruoyu 288
Liu Sheng 325
Liu Tingqu 24
Liu Tingzhan 24
Lizhengmen (Fronttor der Schönheit) 18
Li Zicheng 49
Longdaoge (Pavillon des Geistigen Himmels) 325
Longdedian (Halle der Großen Tugend) 325, 326
Longfugong (Palast des Gedeihens und Glücks) 19, 20
Longfumen (Tor des Großen Glücks) 326
Longguangmen (Tor des Drachenlichts) 294
Longqing 325
Longxidian (Halle des Großen Glücks) 325
Longzongmen (Tor der Großen Ahnen) 71, 227, 275, 297, 298, 326
Luanyiwei (Abteilung der Kaiserlichen Ehrengarde) 48
Lushan (Provinz Shandong) 22
Lutai (Terrasse zum Auffangen des Taus) 142, 145, 146, 218, 246
Lu Xiang 23, 24
Lüyunting (Pavillon der Grünen Wolken) 146

Ma'anshan (Provinz Anhui) 22
Manjusri 177
Maoqindian (Halle der Intensiven Energie) 72, 177, 201, 296
Mashenmiao (Tempel des Gottes der Pferde) 326
Meihuating (Winterkirschblüten-Pavillon) 155
Menggu wanggong zhifang (Amt für Mongolische Fürsten) 206
Mentougou (bei Beijing) 22
Minggongshi (*Chronik der Ming-Paläste*) 296, 298
Minghuang bishutu (*Sommersitz des Kaisers Minghuang*) 223
Minjiang (Fluß) 21

Nanchansi (Tempel des Südlichen Zen) 223
Nanhai (Südlicher See) 19, 146
Nanjing (Provinz Jiangsu) 18, 20, 23
Nansansuo (Drei Südliche Höfe) 11, 73, 207, 326
Nanshufang (Südliche Studierstube) 72, 201
Nanxundian (Halle des Südlichen Wohlgeruchs) 49, 256, 260, 267, 273
Neige (Kaiserliches Sekretariat) 206, 207
Neige daku (Großes Lager des Kaiserlichen Sekretariats) 201
Neige datang (Große Halle des Kaiserlichen Sekretariats) 48, 206, 208
Neijing (*Kanon der Inneren Medizin*) 26
Nei jinshuihe (Innerer Goldwasserfluß) 18, 25, 28, 52, 288, 289, 293
Nei jinshuiqiao (Innere Goldwasserbrücke) 25, 52, 217, 289
Neiting (Innerer Hof) 26, 71, 72, 266, 301, 304, 326
Neiyingbi (Innere Schattenwand) 88
Neiwufu (Büro für die Kaiserliche Haushaltung) 206
Neiyoumen (Inneres Tor zur Rechten) 84, 207, 298
Ninghuitang (Halle des Kristallisierten Glanzes) 136
Ningshougong (Palast des Ruhevollen Alters) 11, 72, 73, 112, 115, 162, 165, 166, 176, 178, 223, 239, 245, 271, 280, 281, 283, 326, 327
Ningshougong huayuan (Garten des Palastes des Ruhevollen Alters) 11, 73, 121, 142, 143, 145, 148, 150, 153, 159, 162, 218, 233, 235, 239, 246, 263, 267, 277, 279
Ningshoumen (Tor des Ruhevollen Alters) 55, 73, 115, 212, 239, 283
Niulanshan (Kreis Shunyi, bei Beijing) 22
nuange (Kammer der Wärme) 296
Nurhachi 177

Peidian (Begleithalle) 72
penjing (Bonsai-Miniaturlandschaften) 22, 126
pinjishan (Beamtenrang-Berg) 48, 49, 61

Pu Yi 103, 297

Qiandian (Vorder- oder Haupthalle) 72
Qianlong 20, 21, 27, 73, 78, 79, 80, 95, 110, 112, 115, 126, 166, 169, 177, 189, 200, 201, 203, 205, 208, 280, 283, 292, 296, 298, 326
Qianmen dajie (Straße des Vordertors) 8
Qianqinggong (Palast der Himmlischen Reinheit) 11, 22, 24, 26, 29, 69, 72, 74, 75, 77, 78, 79, 200, 205, 217, 222, 232, 239, 245, 260, 294, 296, 325, 326
Qianqingmen (Tor der Himmlischen Reinheit) 11, 24, 25, 55, 72, 74, 75, 77, 176, 177, 201, 207, 208, 212, 239, 260, 280, 285, 294, 325, 326
Qianqiuting (Pavillon des Tausendfachen Herbstes) 123, 129, 233, 252
Qin'andian (Halle des Kaiserlichen Seelenfriedens) 11, 22, 23, 29, 84, 87, 123, 125, 176, 177, 196, 197, 200, 212, 219, 220, 223, 225, 235, 242, 271, 325, 326
Qindian (Wohnhalle) 72, 73
Qingbaikou (Grün-weiße Steinöffnung) 22
Qing Kuan 68
Qingninggong (Palast der Reinheit und Ruhe) 72, 325
Qingshoutang (Halle der Geburtstagsfeier) 73
qingwa (Schwarzdachziegel) 21
Qingyinge (Pavillon des Klaren Klangs) 169
Qiniandian (Halle der Ernteopfer) 212, 213
Qiongdao (Insel der Erlesenen Jade) 19, 20
Qixianggong (Palast des Glückbringens) 107, 209, 326
Quchilang (Korridor des Zimmermannswinkels) 121, 142, 148, 263

Rendetang (Halle der Wohltätigkeit und Tugend) 325
Renshougong (Palast der Wohltätigkeit und Langlebigkeit) 73, 325
Renzong 23
Ritan (Sonnenaltar) 8
Ruan An 23, 325
ruan-Decke (weiche Decke) 252, 263, 264
Ruting (Ru-Pavillon) 233, 246

Sandadian (Drei Große Hallen) 288, 293, 325, 326
Sanggan-Fluß 21
Sanxitang (Halle der Drei Raritäten) 91, 95
Sanxitang ji (Widmung für die Halle der Drei Raritäten) 95
Sanyouxuan (Pavillon der Drei Freunde) 121, 142, 150, 153
Shangshu (Buch der Geschichte) 27
Shangshufang (Obere Studierstube) 72, 177, 200, 201, 327
Shangsiyuan (Kaiserlicher Marschstall) 207
Shanhaijing (Buch der Berge und Meere) 89
Shejitan (Altar für die Götter des Bodens und der Feldfrüchte) 19, 20, 27, 77
Shen Bang 296
Shengjidian (Halle der Heiligen Hilfe) 200, 325
Shengmudian (Halle der Heiligen Jungfrau) 228
Shen Qing 325
Shenwumen (Tor des Göttlichen Kriegers) 11, 24, 29, 32, 36, 42, 46, 78, 221, 222, 231, 235, 244, 275, 289, 326
Shenyang (Provinz Liaoning) 72, 200
Shenzong 52
Shizong (Zhu Houcong) 23
Shichahai (Shicha-See) 8
shou (Langlebigkeit) 26, 98, 101, 243, 271, 298
Shou'angong (Palast des Friedvollen Alters) 11, 27, 73, 176, 177, 268, 326, 327
Shouchanggong (Palast der Langlebigkeit und Prosperität) 98
Shoukanggong (Palast der Rüstigen Alters) 11, 27, 73, 176, 268
Shufangzhai (Studio der Frischen Aromen) 108, 162, 173, 175, 240, 247, 249, 250, 265, 279
Shuidian (Wasser-Halle) 73
Shunzhenmen (Tor der Gehorsamen Keuschheit) 84, 123, 134, 142
Shunzhi 32, 36, 49, 69, 72, 77, 107, 326
Siku quanshu (Komplette Bibliothek in Vier Kategorien) 200, 201, 203
Siku quanshu huiyao (Essenz der Kompletten Bibliothek in Vier Kategorien) 200, 205, 326
Siku quanshu zongmu kaozheng (Kommentar zum Gesamtkatalog der Kompletten Bibliothek in Vier Kategorien) 200
siposhui (Wasser in Vier Richtungen) 223
Sishenci (Tempel der Vier Götter) 123, 129, 176, 260, 262, 325
Songjiang (Kreis bei Shanghai) 21
Songxiuting (Pavillon der Herausragenden Schönheit) 121, 142, 153, 155
Suichutang (Halle des Regsamen Ruhestandes) 73, 121, 142, 148
Suzhou (Provinz Jiangsu) 21, 23, 267, 275, 277
Suzhou-Stil 98, 202, 267, 275, 277

Taichang 326
Taihedian (Halle der Höchsten Harmonie) 11, 22, 23, 24, 25, 26, 41, 48, 49, 52, 58, 59, 60, 61, 63, 64, 67, 68, 70, 73, 79, 207, 212, 213, 217, 218, 219, 220, 222, 225, 228, 229, 231, 232, 235, 236, 240, 252, 254, 255, 260, 268, 270, 285, 288, 293, 294, 296, 326
Taihemen (Tor der Höchsten Harmonie) 11, 25, 28, 29, 36, 41, 48, 49, 52, 55, 61, 69, 206, 207, 212, 217, 223, 227, 231, 235, 260, 288, 289, 290, 325, 327
Taijidian (Halle des Höchsten Prinzips) 11, 29, 36, 98, 106, 162, 217, 227, 231, 326
Taimiao (Kaiserlicher Ahnentempel) 19, 20
Taiyiyuan (Kaiserliche Medizinische Abteilung) 207
Taizigong (Palast der Prinzen) 326
Tanghuiyao (Wichtige Dokumente der Tang-Dynastie) 232
Taoranting (Pavillon des Frohsinns) 21
Taoranting hu (See des Pavillons des Frohsinns) 8
Tengwangge (Pavillon des Prinzen Teng) 32, 33
Tian'anmen (Tor des Himmlischen Friedens) 8, 22, 28, 29, 40, 223
Tian'anmen guangchang (Platz des Tores der Himmlischen Friedens) 8
Tianqi 24, 103, 288, 296, 326
Tiantan (Himmelstempel) 8, 19, 177, 212, 213
Tianyige (Erster Pavillon unter dem Himmel) 200, 201, 203
Tianyimen (Erstes Tor unter dem Himmel) 123, 124, 177, 280, 284, 325
Tihedian (Halle der Verkörperten Harmonie) 11, 73, 98, 277
tingni chengzhuan (Stadtmauerziegel aus festem Schlamm) 21
Tirenge (Pavillon der Glorreichen Rechtschaffenheit) 49, 207, 222, 325, 326
Tishuntang (Halle der Offenbarung der Willfährigkeit) 73, 87, 97
Tiyuandian (Halle des Verkörperten Ursprungs) 11, 72, 98, 162
Tonghuihe (Fluß) 8, 18, 20, 21
Tongzhi 69, 72, 78, 83, 92, 103, 107, 326
Tongzihe (Rohr-Fluß, Wallgraben) 11, 32, 33, 288, 289
Tsong-Khapa 176, 177

Waichao (Äußerer Hof) 26, 48, 58, 72, 222, 266, 296, 298, 326
Wai jinshuiqiao (Äußere Goldwasserbrücke) 19
Wanchunting (Pavillon des Ewigen Frühlings auf dem Berg Jingshan) 20, 29, 32
Wanchunting (Pavillon des Zehntausendfachen Frühlings) 123, 129, 218, 225, 231, 242, 259
Wangfujing dajie (Straße der Fürstenresidenz) 8
Wang Hui 19
Wang Shun 95
Wang Tong 325
Wang Xianzhi 95
Wang Xizhi 95, 146
Wanli 22, 24, 41, 73, 134, 213, 296, 326
Wanping (bei Beijing) 288, 296
Wanshu zaji (Kurze Notizen des Verwaltungsbüros von Wanping) 296
Wansuishan (Berg der Langlebigkeit) 20
Weiyanggong (Palast der Gebrechlichkeit) 107, 325
Weiyu shushi (Studio des Bleibenden Geschmacks) 200, 201
Wenhuadian (Halle der Literarischen Blüte) 11, 27, 48, 176, 177, 200, 201, 206, 208, 222, 292, 325, 326
Wenhuamen (Tor der Literarischen Blüte) 229, 231, 291
Wenlou (Literarischer Turm) 325
Wenyuange (Pavillon der Literarischen Tiefgründigkeit) 200, 202, 203, 205, 218, 221, 223, 260, 288, 297, 325, 326
Wenyuange ji (Aufzeichnung über den Wenyuange) 200, 203
Wubeiyuan (Kaiserliche Waffenkammer) 207
Wufenglou (Turm der Fünf Phönixe) 32
Wulou (Militärischer Turm) 325
Wumen (Mittagstor) 8, 11, 18, 19, 22, 24, 29, 32, 36, 39, 40, 49, 52, 59, 69, 206, 223, 325, 326, 327
Wutaishan (Berg, Provinz Shanxi) 222
Wuxian (bei Suzhou) 23
Wuyingdian (Halle der Militärischen Tapferkeit) 11, 28, 48, 49, 201, 207, 212, 213, 288, 291, 292, 327
Wuyingmen (Tor der Militärischen Tapferkeit) 212
Wu Zhong 18, 23, 325

xi (Doppeltes Glück) 28, 68, 72, 83, 300
Xian'angong (Palast des Vollkommenen Friedens) 73, 326
Xianfeng 72, 75, 78, 208, 298
Xianfugong (Palast des Allumfassenden Glücks) 11, 222, 326
Xiangfei 292
Xiangjiang (Fluß) 20
Xiangshan (Duftender Berg, bei Beijing) 297
Xi'anmen (Tor des Westlichen Friedens) 297
Xiannongtan (Altar des Ackerbaus) 19, 77
Xianruoguan (Halle der Allumfassenden Übereinstimmung) 11, 138, 176, 187, 326
Xibianmen (Tor der Westlichen Bequemlichkeit) 8
Xichangjie (Westliche Lange Straße) 294, 304
Xiefangdian (Halle der Blütensammlung) 326
Xiefangting (Pavillon der Blütensammlung) 143, 148, 235, 326
Xiehemen (Tor der Vereinten Harmonie) 48, 206, 221, 275, 290, 326
Xihemen (Tor der Wunderbaren Harmonie) 48, 326
Xihuamen (Tor der Westlichen Blüten) 11, 32, 33, 43, 201, 207, 222, 289, 326
Xijiaomen (Westliches Ecktor) 325
Xijingting (Westlicher Brunnenpavillon) 224

331

Xiliugong (Sechs Westliche Paläste) 72, 73, 83, 98, 107, 207, 223, 232, 252, 267, 280, 296, 325
Xingshenggong (Palast des Großen Glücks) 19, 20
Xinuange (Westkammer der Wärme) 90, 94, 326
Xipeifang (Westliche Seitenhalle) 136
Xishangting (Pavillon der Feierlichen Reinigung) 121, 142, 146, 148, 218, 279, 326
Xiwusuo (Fünf Westliche Höfe) 73, 297
Xixinsi (Amt zur Einsparung von Brennstoffen) 297
Xiyi changjie (Erste Westliche Lange Straße) 84
Xiyouji (*Die Reise nach Westen*) 267
Xizhimen (Westliches Aufrechtes Tor) 8, 288
Xuanhua (Provinz Hebei) 22
Xuanjibaodian (Palast der Höchsten Oberhoheit) 325
Xuanqiong baodian (Schatzhalle der Dunklen Himmelstiefe) 11, 176, 177
Xuantong 83
Xuanwumen (Tor der Verkündung der Militärischen Stärke) 8, 21, 32, 42, 293
Xuanye 32
Xuanzhimen (Tor der Erklärung der Herrschaft) 326
xuanzi-Stil 266, 267, 272, 275, 280, 285
Xuanzong 23
Xu Gao 23
Xuhuiting (Pavillon der Prächtigen Morgenröte) 142, 148, 277

Yanchilou (Wildgans-Flügel-Turm) 32, 36
Yanchunge (Pavillon des Verlängerten Frühlings) 136
Yang Qing 23
Yangxindian (Halle der Pflege des Herzens) 11, 22, 72, 73, 77, 84, 87, 88, 91, 92, 94, 96, 112, 115, 208, 235, 236, 240, 255, 280, 298, 325, 327
Yangxingdian (Halle der Pflege der Persönlichkeit) 11, 73, 115, 207, 217, 326
Yangxingmen (Tor der Pflege der Persönlichkeit) 115
Yangxingzhai (Studio der Pflege der Persönlichkeit) 123, 130
Yangxinmen (Tor der Pflege des Herzens) 55, 87, 88, 281, 284
Yangzhou (Provinz Jiangsu) 200
Yanhemen (Tor der Verlängerten Harmonie) 123, 134
Yanhuige (Pavillon des Verlängerten Glanzes) 120, 129
Yanhuiting (Pavillon des Verlängerten Glanzes) 242
Yanqimen (Tor der Ausbreitung der Glückseligkeit) 121, 142, 146, 239
Yanqulou (Gebäude der Verlängerten Vergnügungen) 121, 142, 153
Yanshoutang (Halle der Verlängerung des Lebens) 138

Yantongshan (bei Xuanhua, Provinz Hebei) 22
Yanxigong (Palast des Verlängerten Glücks) 326, 327
Yanxitang (Halle der Feierlichen Freude) 73, 97
Yaotai (Terrasse des Brennofens) 21
Yemen (Achselhöhlen) 32, 39
Yihaodian (Erstes Palasthaus) 288
Yiheyuan (Sommerpalast) 162, 163, 267
Yijing (*Buch der Wandlungen*) 27
Yikungong (Palast des Beistandes des Kaisers) 98, 244, 251
Yinghuadian (Halle des Üppigen Blühens) 11, 176, 177, 195, 212, 222, 325
Yinghuamen (Tor des Üppigen Blühens) 177, 212, 280
Yingzao fashi (*Richtschnur für die Konstruktions- und Bauarbeiten*) 212, 213, 232, 292
Yingzong 23
Yixian (Provinz Hebei) 297
Yizhou (Provinz Hebei) 297
Yongdinghe (Fluß) 20
Yongdingmen (Tor der Ewigen Festigkeit) 8
Yonghegong (Palast der Ewigen Harmonie) 11, 110, 325
Yongle 18, 19, 23, 32, 36, 42, 98, 201, 212, 325
Yongle dadian (*Große Yongle-Enzyklopädie*) 200, 201
Yongshougong (Palast des Ewigen Alters) 11, 325, 326
Yongzheng 72, 73, 77, 78, 87, 92, 208, 223, 296, 326
You qianbulang (Rechter Tausend-Schritte-Korridor) 19
Youshunmen (Rechtes Tor des Gehorsams) 325
Yuanhuidian (Halle der Großartigkeit und Herrlichkeit) 325
Yuanmingyuan (bei Beijing) 24, 200, 297, 327
Yuanshi (*Geschichte der Yuan-Dynastie*) 288
Yucuiting (Pavillon des Grünen Jade) 262
Yudetang (Halle zum Baden der Tugend) 292, 294
Yuehuamen (Tor des Mondscheins) 201
Yueluangong (Palast des Singenden Seidenreihers) 288, 326
Yueshilou (Gebäude zur Betrachtung der Darbietungen) 162, 168, 327
Yuetan (Mondaltar) 8
Yuhe (Kaiserlicher Fluß) 18
Yuhuage (Pavillon des Blütenregens) 11, 176, 177, 189, 190, 192, 193, 265, 326
Yuhuayuan (Kaiserlicher Garten) 11, 74, 120, 121, 123, 126, 133, 134, 176, 177, 196, 200, 218, 219, 224, 231, 233, 235, 252, 257, 259, 260, 262, 267, 277, 284, 285, 294, 325, 326
Yujingting (Pavillon der Kaiserlichen Aussichten) 123, 134, 325
Yuqinggong (Palast des Hervorbrin-

gens der Glückwünsche) 73, 110, 177, 201, 326
Yuquanshan (Jadequellenberg) 288, 292, 293
Yuyuan (Kaiserlicher Garten) 19

Zhaigong (Palast des Fastens) 176, 177, 256, 285, 326, 327
Zhaodemen (Tor der Leuchtenden Tugend) 48, 326, 327
Zhaorendian (Halle der Leuchtenden Wohltätigkeit) 200, 205, 326
Zhengde 325
Zhendumen (Tor des Richtigen Verhaltens) 48, 326, 327
Zhen Fei 110
Zhenfei jing (Der Brunnen der Kaiserlichen Konkubine Zhen) 119
Zhengding (Provinz Hebei) 223
Zhengtong 23, 325
Zhengyangmen (Tor der Mittagssonne) 8, 18, 19, 21, 28, 29, 48
Zhenjiang (Provinz Jiangsu) 200
Zhibuzuzhai (Studio der Vermehrten Kenntnisse) 200, 201
Zhongcuigong (Palast der Gesammelten Essenz) 11, 110, 225, 228, 236, 243, 267, 272, 279
Zhonghai (Mittlerer See) 19, 146
Zhonghedian (Halle der Vollkommenen Harmonie) 11, 23, 24, 25, 29, 48, 49, 58, 59, 60, 70, 80, 223, 235, 260, 296, 325
Zhongjidian (Halle der Mittleren Obergewalt) 70
Zhonglou 28, 29
Zhongyishi (Kammer der Loyalität und Rechtschaffenheit) 325
Zhongyoumen (Mittleres Tor zur Rechten) 207
Zhongzuomen (Mittleres Tor zur Linken) 207, 242
Zhoukoudian (Heimat des Peking-Menschen, bei Beijing) 22
Zhoushu (*Buch der Geschichte der Zhou-Dynastie*) 27
Zhu Di 18, 19, 23
Zhu Gaozhi 23
Zhu Qizhen 23
Zhu Yuanzhang 18, 23
Zhu Zhanji 23
Zhuo zhong zhi 288
Ziwei-Stern 18
Zunyimen (Tor der Gerechtigkeit) 281
Zuo'anmen (Ruhiges Tor zur Linken) 8
Zuo qianbulang (Linker Tausend-Schritte-Korridor) 19
Zuoshunmen (Linkes Tor des Gehorsams) 325